史料翻刻

佐賀藩深堀日記

平　幸治　編

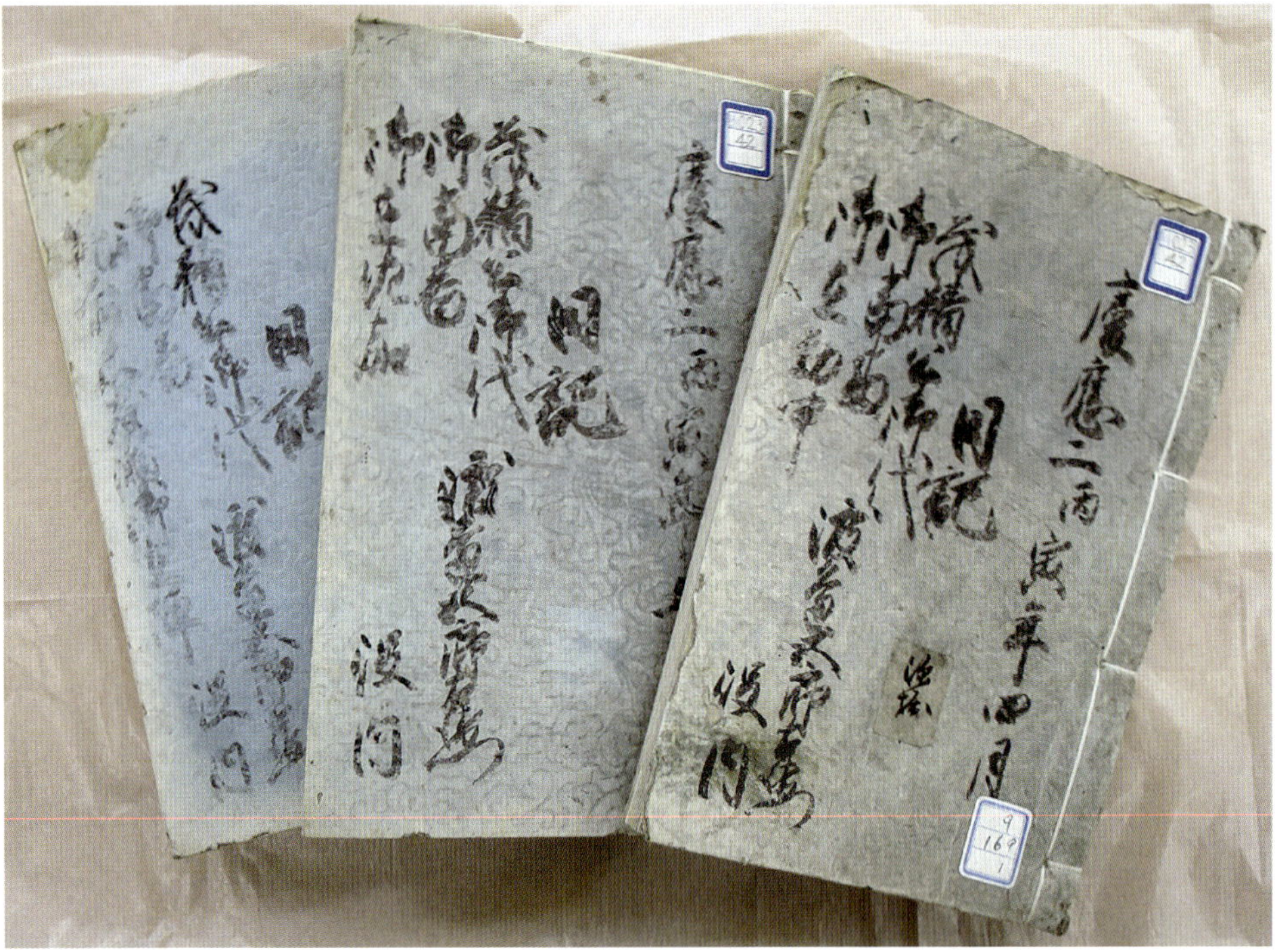

「深堀日記」表紙（慶応二年）

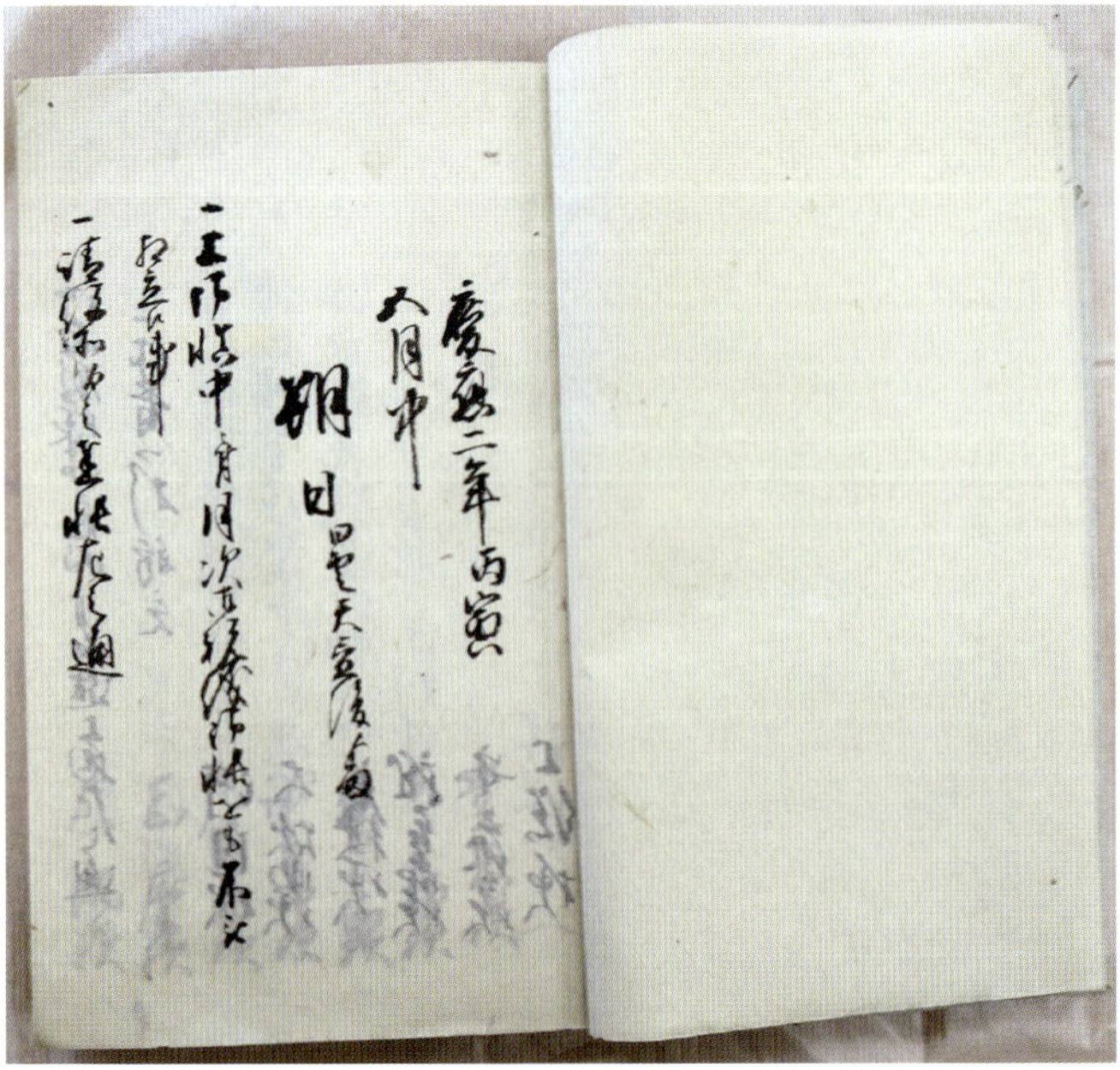

同本文

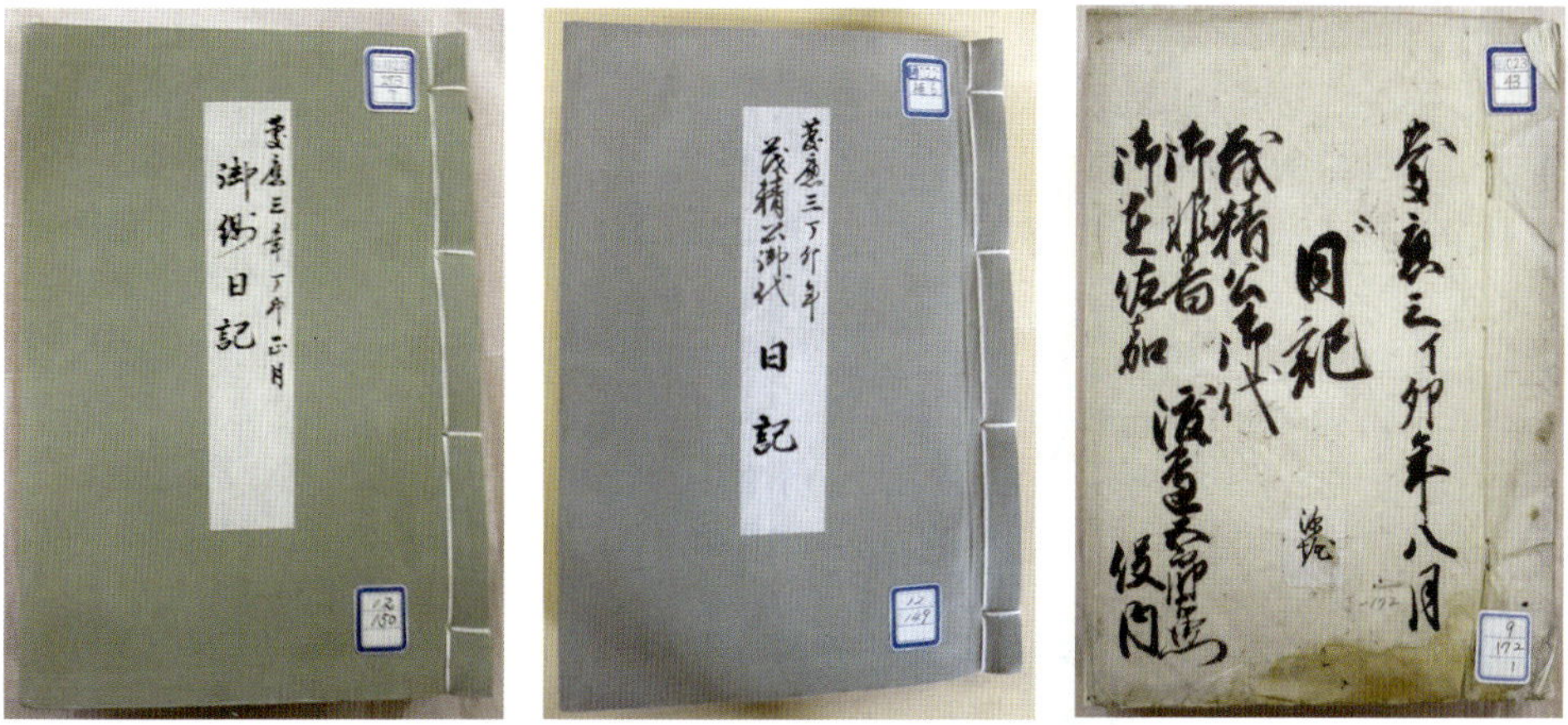

「深堀日記」
表紙（慶応三年）

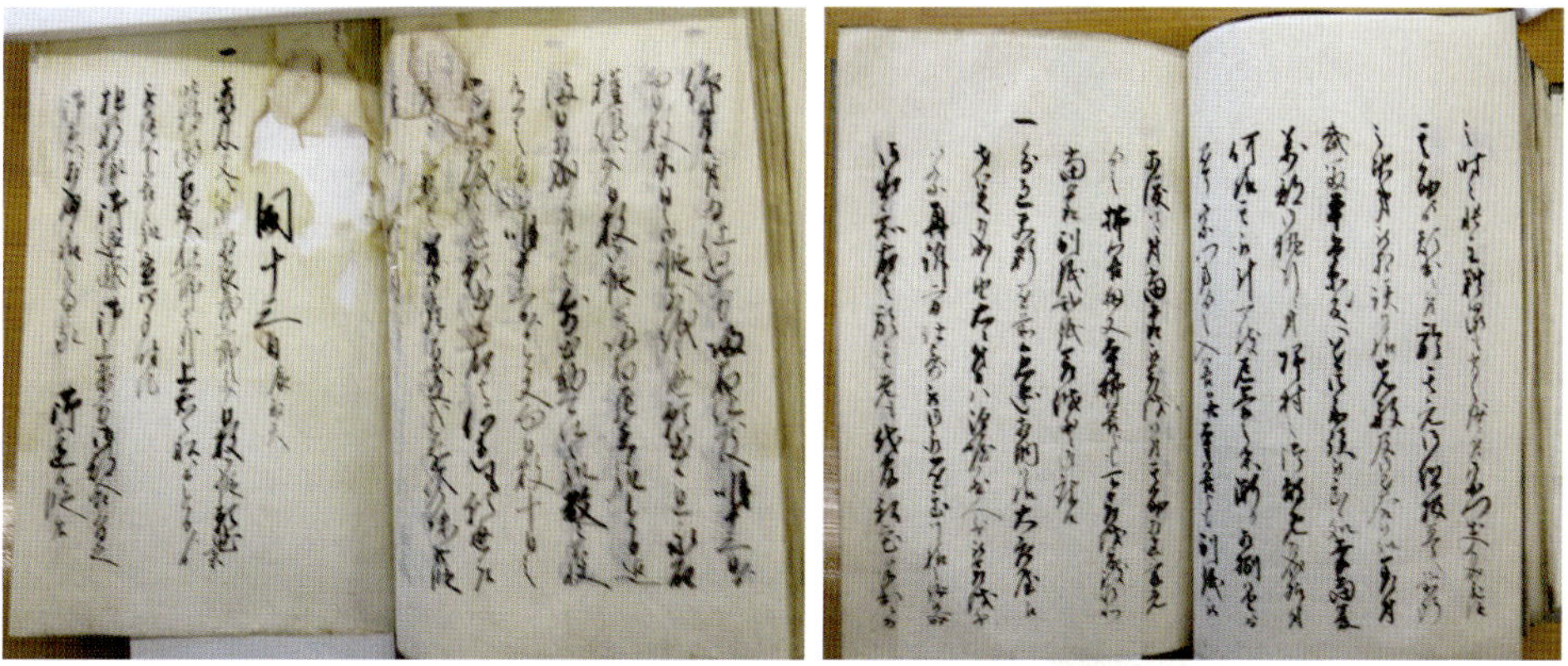

同本文

いずれも公益財団法人鍋島報效会所蔵（佐賀県立図書館寄託）

佐賀城内深堀鍋島家屋敷（部分図の鍋嶋七左衛門）

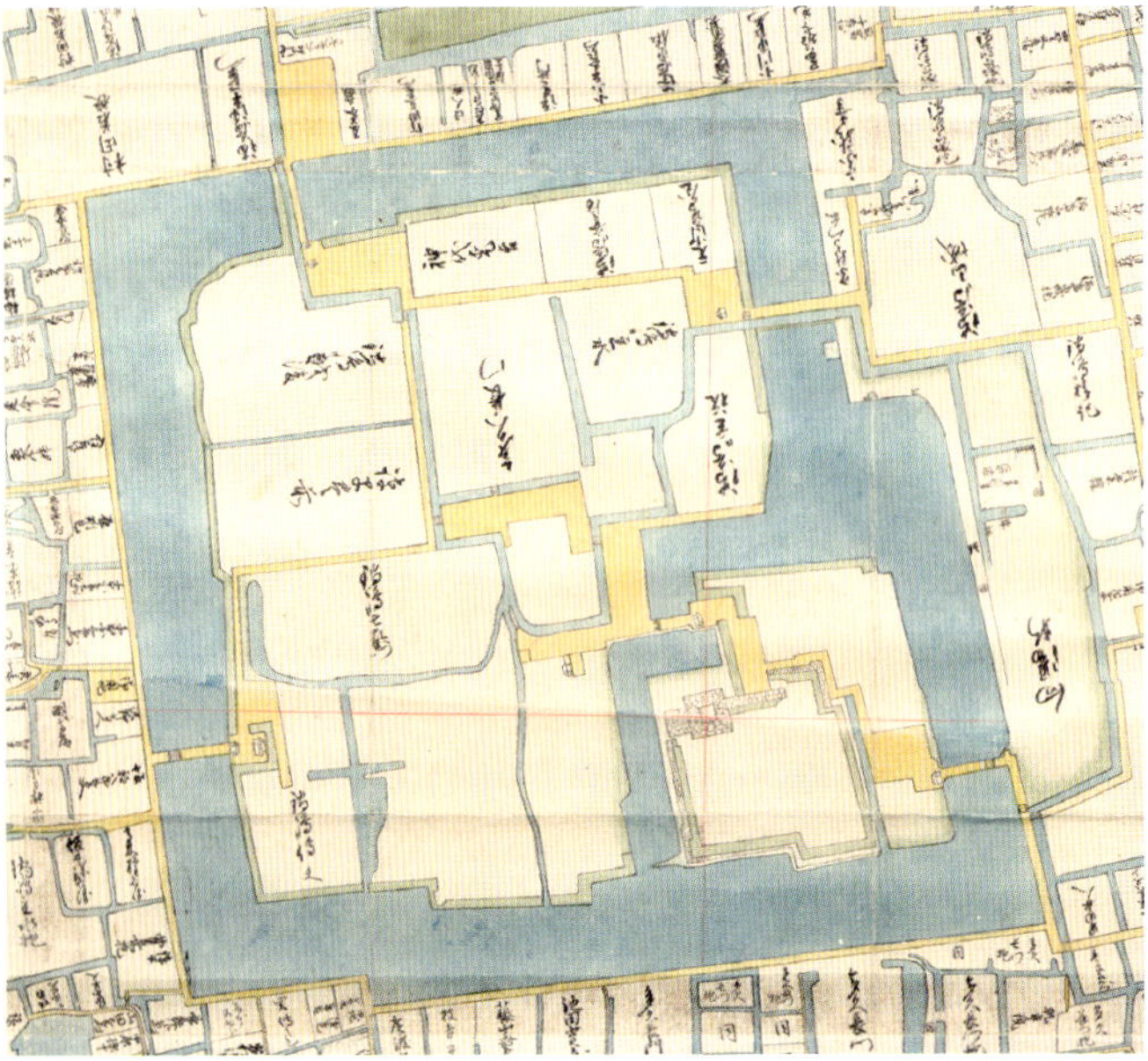

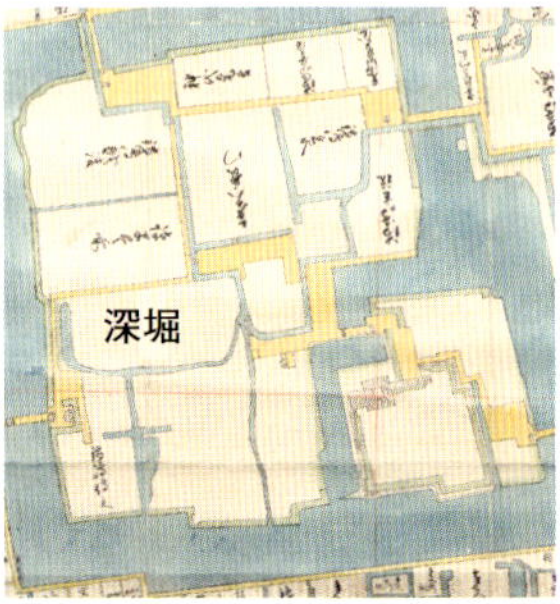

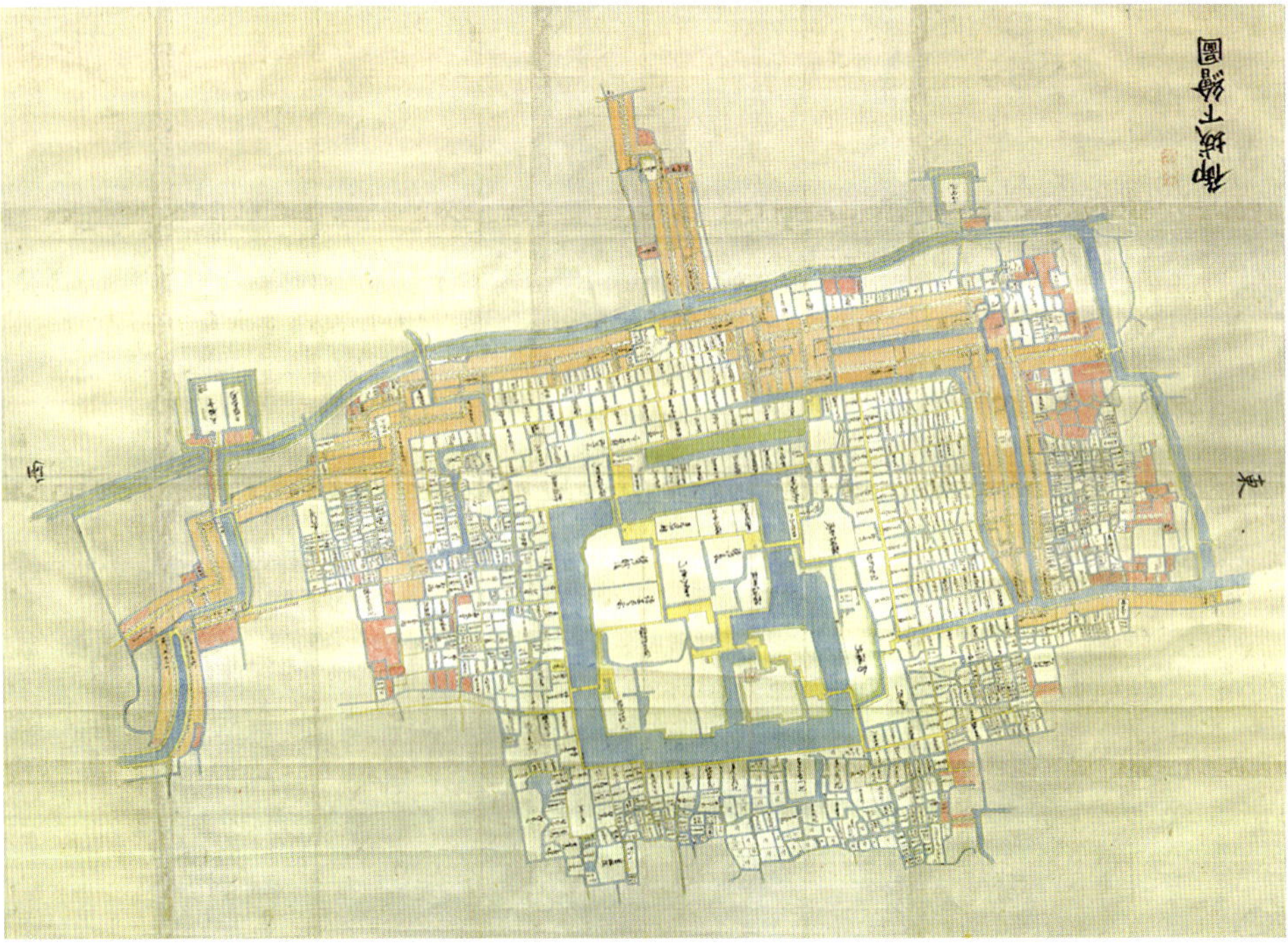

御城下絵図（文化年間）公益財団法人鍋島報效会所蔵

史料翻刻

佐賀藩深堀日記

目次

〈史料紹介〉

「深堀日記」について

深堀日記

本書は佐賀藩家老家である深堀鍋島家の佐賀屋敷における『日記』を翻刻したものである。

鍋島家文庫（公益財団法人鍋島報效会所蔵、佐賀県立図書館寄託）には以下の九冊の深堀鍋島家日記が残されている。鍋島家文庫の目録名と請求番号は次のとおりである。

①	深堀鍋島御記録	鍋023-17	文政八年九月
②	深堀日記	鍋023-42	慶応二年四月
③			同五月
④			同七月（②から④は一帙）
⑤	御側日記	鍋022-273	慶応三年正月から四月
⑥	（茂精公御代）日記	鍋022-補6	同七月
⑦	日記	鍋023-43	同八月
⑧	日記	鍋022-272	同九月
⑨	日記	鍋022-271	同十二月

このうち本書では①文政八年九月を除く慶応二年、三年の六件八冊を翻刻した。

⑤以外の史料原題は『日記』であるが、目録名は右のように区々である。本書の表題は深堀鍋島家の日

記であることを明確にするため、『佐賀藩深堀日記』とした。

翻刻は底本として長崎歴史文化博物館に架蔵するマイクロフィルム複写本を用いたが、文字の不鮮明な個所などは佐賀県立図書館寄託の原本を参照した。長崎の複写本は県立長崎図書館郷土課が平成三年～八年（一九九一～一九九六）に実施した「佐賀鍋島家文書の複製本化事業」に係るものである。
⑤の慶応三年正月から四月は当主左馬助の御側日記、それ以外は佐賀役所の記録である。したがって記録者の視点に若干の相違があるが、佐賀藩家老の日常生活や深堀鍋島家の家政向き・配分地統治の様子が多岐にわたって覗われる内容である。
なお、この佐賀屋敷日記に対応する采地深堀における日記類も存在した。その一部はすでに中尾正美『郷土史深堀』に摘録されている（ただし若干の読み誤りがみられる）。両者を併せ読むと、さらに深堀領の様子がわかるはずである。しかし残念ながら深堀における日記は現在散逸して、その所在は不明である。

佐賀藩深堀領

深堀鍋島氏の家格は家老家、佐賀藩彼杵郡深堀領（現長崎市深堀町）の邑主で知行六千石、代々先手組大番頭を勤めた。また采地の地理的状況から佐賀藩長崎港警備の常詰が家役とされた。

深堀鍋島氏の遠祖は上総国深堀を本貫とする西遷御家人深堀氏である。建長七年（一二五五）深堀能仲が肥前国戸八浦地頭職に補任されて以来、野母半島を中心に勢力を伸張した。元寇にも軍功を挙げ、南北朝から戦国の動乱もしたたかに潜り抜けた。しかし龍造寺氏の幕下であった深堀純賢は豊臣政権下、海賊禁止令に抵触するとして一時所領を召し上げられた。純賢は佐賀鍋島氏に臣従し鍋島を賜姓された。朝鮮出兵から帰国した純賢は鍋島直茂の重臣石井信忠の未亡人を後室とし、信忠次男茂賢が深堀の家督を継承した。ここに深堀鍋島家が成立し、以降幕末まで存続した。

佐賀藩深堀領は、彼杵郡深堀村・大籠村を中心に小ケ倉・土井首・為石・蚊焼・脇岬など野母半島の村々、長崎港外の高島・伊王島・香焼島・神ノ島などの島々や、中世深堀氏の遺領である外海の黒崎・賤津などを含んだ。そのほか高来郡の深海・福田など諫早付近の村々、神埼郡の蓑原村など広汎に散在した。

なお、深堀氏および深堀の歴史については拙著『肥前国深堀の歴史』(平成二六年新装版　長崎新聞社)をご参照願いたい。

深堀鍋島家佐賀屋敷

深堀鍋島氏は配分地の深堀に御屋敷と称する陣屋を有したほか佐賀城内にも屋敷があり、当主は家族とともに通常佐賀に居住した。

元文五年『佐賀城廻之絵図』を見ると、佐賀城内の深堀鍋島屋敷地は、北と西は道路に面し、南は佐賀城西之丸と東は百間蔵とそれぞれ堀で区切られている。同年『城下大曲輪内屋敷帳』(翻刻平成二三年鍋島報效会)によると、北一二六間三尺、東五三間五尺、南一三五間、西五二間五尺などとある。屋敷地は幕末まで変更がないので、慶応二~三年(一八六六~七)当時も同じ地割りであったろう。位置は現在の佐賀西高校のあたりである。建物については不明。

この当時の当主は一〇代邑主・鍋島左馬助茂精(のち孫六郎と改名)、三四歳である。茂精は天保四年(一八三三)出生、幼名を秀一郎という。九代茂辰の嫡孫である。父茂勲(茂辰嫡男)が天保一五年(一八四四)、茂辰に先立って死去したため祖父の養嗣子として嘉永三年(一八五〇)家督を相続した。母は佐賀藩主斉直の第九女勝姫(のち区《まち》)。母もまた弘化三年(一八四六)に死去した。

当主茂精父子は「旦那様」「若旦那様」（『日記』の表記は担那様）と敬称され、妻室・筆（毫、のち富喜、白石鍋島直喬女）は「御上様」と呼ばれている。また祖母にあたる幹《より》（初め真、武雄鍋島茂順女、茂辰室）を「御母堂様」と呼ぶのは前述の事情による。

また、屋敷には深堀から赴任した多くの家臣が勤務し、深堀から佐賀に留学中の文武稽古人たちも居住していた。配分地では御頭人と呼ばれる深堀家家老職が政務を預かった。このため在所深堀との間で頻繁に書状や伺の稟議書を遣り取りし配分地における諸決裁を行った。『日記』にはこの往復書簡がそのまま記事として綴じ込まれている。佐賀詰の家臣もしばしば深堀に往復した。これらの連絡は毎月三度定期的に飛脚を仕立ててなされたが、急用の場合は臨時に飛脚を立てた。長崎街道六角宿を経由する陸飛脚もあったが、ほとんどは本庄江の厘外津から諫早まで有明海をわたる海上交通であった。有明海は遠浅で潮の干満によっては運航できなかったから、満潮を見計らって出船した。『日記』に「朝汐」「夕汐」とあるのはこれである。なお厘外と諫早福田には深堀の波止場屋敷もあった。

深堀日記の記載内容

既述のとおり日記の内容は極めて多岐にわたるが、以下、記事内容を概観してみよう。

［慶応二年の記事］

○石炭値上げ

深堀領高島などで産出した石炭は藩が買い上げた。

四月三日、石炭御仕組所から、かねて願い出ていた石炭の買い上げ価格について、百斤につき六匁を八匁五分に値上げを認める旨達せられた。早速深堀に知らせた。

なお、石炭に関しては、直接販売を許されている下炭が異人経由で薩摩口にて販売されているが、好ましくない。異人へは藩が買い上げて販売する旨、注意がなされている（四月五日条）。

○褒信院一七回忌法要

本年は先代茂辰（褒信院）の一七回忌である。茂辰は嘉永三年（一八五〇）四月一一日、在所深堀で没した。佐賀における菩提寺たる妙玉寺で法事を行った。四月二日、御勝手方に対し必要な品や経費の準備を指示し、六日には親類など関係先に知らせた。一一日・一二日と法要。家臣も早朝から妙玉寺に出役。諸家からも代香堂参があり、詰中役々には御茶講拝領があった。

なお、この時期、当主茂精は長崎へ勤番出張中で、在所深堀の菩提寺で法要を執り行った。『日記』には記事は無いが、『白帆注進外国船出入注進　三』に「亡鍋嶋孫六郎殿十七年忌ニ付、村田若狭殿四月三日浜八丁立・八丁立深堀屋敷御着崎、尤五嶋町深堀屋敷止宿」とあり、同じく「同十二日、菩提寺御供養」とある（『佐賀県近世史料　第五編第二巻』三四一頁）。村田若狭は茂辰の実男、茂精の叔父である。

○戸町のうち替地

四月九日、御境方に対し替地に関する口達を提出した。かねて長崎奉行所から戸町の中にある深堀領小ヶ倉村の飛び地の替地を打診されていたのである。外国人が戸町に馬責馬場を造立するためという。本来替地は好ましくないが、異人の往来が農民の耕作に支障混雑も懸念されるから、やむなく替地を承知する。ただし村続替地の場所へ損失ないように願いたい旨、回答したのである。

○引痘冥加銀

四月一三日、深海在番多々良平太夫から村々引痘冥加銀が送達された。あわせて、植え付けても感応せず再種の場合は二回分徴収するのか、好生館に問い合わせるよう申し入れがあった。この当時、領内村々で好生館主導の種痘が実施されていたようである。

○エンヒールト銃購入

四月一五日、先般購入したエンヒールト銃一七挺代金は五ケ年賦で支払うよう御武具方から通達された。

○御助力米

四月二二日、御番方御助力米について請役所から達し。深堀鍋島家には長崎港警備に関し御番方御助力米二〇〇石が支給されていた。しかし藩財政縮減により昨年夏以来半高に減額された。従来通りの支給を再三にわたり願い出、ようやく認められたのである。破格の扱いであるが、藩当局も理由付けとして深堀の献米率を引き下げ一〇〇石支給するという苦肉の策であった。

○脇津波止築立

深堀鍋島家では自領脇津（現長崎市脇岬町）を開港し、米・酒の移出入による税収を見込んで新しく波止場を建設しようと計画した。残念ながら、事業計画の詳細や、その後の経過は不明であるが、建設資金を藩から拝借する計画であったらしい。しかし拝借金は断られたので、米酒旅出入について請負、冥加銀を徴収する方法に変更したらしい。

この件は早く峰弥次右衛門が佐賀に出向き要路と交渉を重ね（五月五日条）、長崎出張中の原五郎左衛門にも相談した（四月一〇日条）。

五月二四日に「米酒旅出入之儀跡方之通請負冥加納被仰付被下度」とする正式な願書を提出し、翌二五日に御小物成所から波戸築留と米酒旅出入請負を許可する旨達せられた。願書では、近年武備充実が必要であるが、現在の所務高では困難につき別段の所務筋として脇津開港を計画したこと、将来の建設資金・

武備充実のため請負冥加納を許可してほしい旨述べている。

○甲子丸乗組員

五月一一日の記事に、藩庁から深堀領脇津の市十・市太という者を甲子丸乗組員として雇い入れたいとの相談があったので手配するよう深堀へ連絡している。甲子丸は佐賀藩の軍艦。北海道松前に運用するにあたり、乗組員が海路不案内につき、経験のある脇津の市十・市太が指名されたのである。深堀で調査したところ、市十や市太でなく市次郎という者が該当した。彼はもはや松前航海は断りたい意向であったが、説得したところ給銀について質問があった。希望を聞くと、家族の養育もあるので一航海二〇両の他酒代などの名目で合計三〇両、半金は前渡しでと願い出た。この深堀からの回答に対し佐賀屋敷からは藩庁に伝達し再度連絡する旨返答している（五月二四日条）。ただし結果がどうなったかは不明である。

○長州征討出勢

五月二七日、年寄衆から長崎勤番中の左馬助（茂精）に宛てた文箱が渡された。長州追討に付き出張を命じる内容という。また幕府から藩主直大に宛てた「来月五日諸手一同討入」との書附写などももたらされた。すぐさま登佐中の峰弥次右衛門が深堀に持参した。

翌日、御備立方から諸組出勢日割が示された。先手組の左馬助は先陣として多久縫殿とともに筑前木屋瀬へ来月三日の出立である。同じく先手組の鷹之助と志摩が二日、上総・河内は四日、原田大右衛門・武具方・仕組方が五日とされた。進発日程については左馬助が長崎勤番中のため最終日を希望する旨、事前に願い出ていた（五月五日条・一〇日条）ものの叶わなかったのである。もっとも既に先月から出勢必至とみて準備は整えてあった（四月一三日条）。この日以後、家中の仕組みや組内の仕組みも慌ただしく整えられた。

ただし実際には大幅に延期され、佐賀を出発したのは六月二二日のようである。『日記』は六月を欠くので詳細は不明ながら、七月三日の記事に以下の記載がある。二三日朝、轟木駅を出馬、筑前山家に着いた夕刻から終夜強い雨で川が増水した。土地の案内人が、流れが速いから川口は空くだろうという。翌二四日暁、雨が止み出発した。川の水勢は強かったが無難に渡り、同夜飯塚泊。二五日午後、木屋瀬駅植木屋孫助宅に着陣した。道中、病人なども無かった。

左馬助が本陣を置いた植木屋孫助は先年元治元年の第一次長州出勢のときも宿陣した所である。

七月三日昼、従軍中木屋瀬で病死した吉田捲蔵の遺骸が佐賀屋敷に到着した。一日暁から突然、暴吐瀉、攪乱の症状で手当の甲斐なく死亡したという。妙玉寺に埋葬し、木屋瀬から付き添って来た被官高比良善十が遺髪を深堀に届けるため厘外津を船出した。

四日、木屋瀬陣所から九州勢の討ち入りは今月九日頃の見込みなどと知らせてきた。もっとも佐賀勢は後続の河内組や大砲などを積んだ蒸気船も未着の状況であるという。また敵地の案内役として長崎の町絵師岡月洲を呼びたいとも言ってきた。そのほか木屋瀬で聞き取った六月の詳細な戦況報告も届いた。七日にも戦況報告があった。大里で戦争が始まったが佐賀軍は援兵を断り「今日迄木屋ノ瀬駅圏外罷在」という。佐賀藩首脳は軽慢の行動を戒め、長い滞陣にはなるまいと見ていた（九日・一〇日条）。

戦争中、深堀からは漁船や漁民が兵器運搬などの「御雇」として徴発された。在所からの手紙には徴募の苦労や仕度料の立替え交渉の依頼などが見える（一八日条）。

戦局は幕府軍に不利であった。『日記』には無いが、七月晦日小倉城が落城、九月には幕府征長軍は撤退せざるを得なかった。左馬助らも戦うことなく佐賀へ引き上げた。

［慶応三年の記事］

○新年の儀礼

『御側日記』は元日の新年行事から始まる。

元旦の暁七ツ（午前四時）に起床。若湯で洗面など身仕舞の後、雑煮を食べ、明六ツ（六時）には供揃えで登城である。鑓・鋏箱と裃を着けた御徒の多々良源内が先導し、駕籠脇には深堀琢磨ら小姓四名が同じく裃姿で従っている。うしろには草履・長柄傘・又小者・合羽箱が続いた。八ツ（午後二時）頃、下城。直ちに日峰・八幡・鳩森の三社と重臣各家への年始回礼を行い、七ツ（午後四時）頃帰館し、家族一同で祝膳。その後、御外御居間で御側頭を始め御側中・御匕医中の挨拶を受け、さらに広間において佐賀屋敷詰の各士にも目通り。主だった者には盃を賜った。

二日は朝六ツ半頃から堂参である。昨日同様供揃え、ただし本日は馬乗である。まず善応庵で生母松寿院の位牌と墓塔に拝礼、ついで高伝寺・妙玉寺へ参詣して四ツ半（一一時）頃屋敷に戻った。妙玉寺では雑煮を供され上人へ盃を授けた。

三日。供揃えで一類着座の人々ならびに士組代の人々を回礼。一昨年までは日勤着座中にも回礼していたが昨年から省略されている。帰館してからは外様の家来一人一人に目通り。また本日は文学始・弓馬始の日であるが節縮中につき行わなかった。

四日。足軽目渡しのため登城。帰館後、組内足軽への目通り。足軽の名前が披露され左馬助が「いずれもめでたし」と言葉をかけた。挨拶は翌五日にも東目村々の役者・大串寄合の被官などと続いた。

また五日は御城初寄合、六日は弘道館開講日であったが、左馬助はいずれも不快にて欠席した。

七日は鬼火・鬼豆。一一日には御鎧祝のため登城などと新年の行事が続いた。

○勤務ぶり

『御側日記』には左馬助の御城への出仕状況も毎日記録されている。たとえば正月一〇日には「一　五ツ時比ゟ御出仕、四ツ時被遊御帰館候事」とある。朝八時頃出勤し、この日は一〇時には帰宅している。下城は九ツ（一二時）が多いから大体午前中のみ勤務したようである。また昼食後はしばしば火術方に出席している。正式の登城の際は行列を組んだ供揃えであった。しかし当時は節縮中であるから平生は鑓持ちを省略し草履取りと仲間のみであった（七月二三日条参照）。出仕しない場合は請役所と御目付に欠勤の届けを提出している。「不快」つまり体調不良を理由とすることが多いが、「御暇日之内」や「敷山社御祭ニ付社参仕儀ニ付」（三月二七日条）というのもあるから、一定の休暇は認められていたようである。正月から四月までの間、出仕しなかった日は三七日もある。なお二月二四日から三月一二日までは在所へ出張中であった。これを含めても出勤したのは八一日、約69％である。

○武雄へ猪狩り

左馬助主従は武雄に猪狩りに行った。武雄の上総様（茂昌）に大隅様（倉町文武）とともに誘われたのである。一月一四日暁七ツ時、佐賀屋敷を出発、六ツ半武雄到着、五ツ半時、狩り場に入った。勢子が追い出した猪を左馬助が銃撃したが遠くて射とめられなかった。これは大隅様が射止めた。昼食後も一匹追い出したが銃撃の間がなかった。場所を変え、武雄家の家来が一匹仕留め、都合二匹が戦果である。翌日も六匹、これは猟犬が噛み殺した。夜は本陣で上総様から饗応があり大隅様とともに出席。三日目、上総様から獲物の配分が届けられ昼食後帰路につき夕方七ツ時ころ佐賀に帰館した。この間出発の前後、武雄家との贈答や世話になった人々へ差し出した礼金などや御供をした深堀琢磨と深堀助太夫が武雄温泉湯治のため居残ったことなども逐一記録している。

○御番渡しのため長崎下向

当年の長崎番は筑前福岡藩であった。左馬助は御番引き渡しのため長崎に下向した。筑前藩の意向は大番頭が出張するには及ばぬというものであった。しかし、番代りのとき長崎奉行所への挨拶が必要であるという左馬助の意見を請役所で吟味した結果、下向が決まったのである（二月一四日条）。今回は若旦那様茂麟一〇歳も同道した。二月二四日、今津から乗船。南風が強く波が高かったので随分難渋した。ようやく明六ツ過ぎ諫早福田に着船、徒歩で福田屋敷に入った。二五日四ツ時ころ茂麟が駕籠で先発、左馬助も騎馬で出発した。貝津あたりから降り出した雨が強く一同大いに難儀した。矢上宿の糸荷屋で昼休み。いつも休憩に利用する教宗寺の都合が悪かったのである。そうして昼前長崎浦五島町の深堀屋敷に到着した。そのまま船（秀丸）で深堀に向かった。さいわい風雨も止み夜五ツ時ころ深堀に到着、裏波止から上陸した（在所深堀の御屋敷前には西浜が広がり波止内と呼ぶ船溜りがあった）。

二八日、船で長崎屋敷に赴き出崎中の伊東外記そのほかを招いた。番代りの日取りなどの報告を聞き夕方七ツ半ころ深堀に戻った。筑前藩屋代からの情報では来月三日から五日ころだという。さらに三月五日、小川右源太を出崎させ聞番方に問い合わせた。筑前藩の番手人数は本日蒸気船で国許を出帆予定であるから、七日か八日には番代りが出来そうだという。七日夜、聞番方の永渕嘉兵衛が面談を求め、今夕筑前の蒸気船が入港し十日には引き継ぎができると報告してきた。

三月一〇日、御番所と御台場で無事福岡藩への引き渡しが済んだ。前日の九日には長崎奉行能勢大隅守を立山役所に、また西役所に徳永石見守をそれぞれ訪ね、御番を福岡藩に引き渡し佐賀に帰る旨の口上を伝えた。

一一日六ツ半時長崎を出発、諫早から乗船して一二日朝五ツ時厘外着津。海上が穏やかで予定より早く着船したので、供揃いも間に合わず、お忍び徒歩で帰館した。

○大浦アメリカ部屋にて買い物

深堀滞在中には異人館見物に行った。藤山丈左衛門・松永宗円や原口重蔵とともに、出入りの商人岸川才吉の案内で長崎大浦の異人館を見物し、小間物屋で買い物をしている。その後、英商グラバーを訪問した。また御番渡しが済んだ一〇日にも大浦のアメリカ商人ハリマンスの店に副嶋左源太を案内し、二丁込ピストルやガンベルトなどを献上された。佐賀に戻ったのち御礼として料紙箱などを贈っている。

○長崎での買い物斡旋

深堀は長崎に隣接するから、記事には他家から長崎での買い物を依頼された様子がしばしば見える。たとえば七月一五日には河内様・若狭様御注文赤葡萄酒一箱（一二本入）・白葡萄酒五本・茴杏酒一本のほか棕櫚団扇二〇本が飛脚船で届いている。また河内様御注文の綿羊について「体重およそ百斤ほどで値段が一八ドルもする。飛脚便では道中の飼い方が手に負えないが、購入するかどうかもう一度尋ねてほしい」などとある。

そのほか伊豆様御注文赤葡萄酒一二瓶入一箱・ヲロシコフル薬用砂糖一本（七月二五日条）、さらに御城三ノ丸女中から依頼の黒繻子一本（九月六日条）などがみえる。なおこの黒繻子の代金は一九両二歩（九月一六日条）と相当高価な品物である。

○日峯社二五〇年御祭

この年三月には藩祖鍋島直茂を祀る日峯大明神二五〇年祭があった。日峯社は安永元年に城下松原小路に創建された。二五〇年祭礼は日峯社前の新馬場一帯で、沿道に三階建ての飾り小屋を設けるなどにぎやかに行われた。藩主直正も三月七日に参拝した（『直正公譜』）。

長崎出張から佐賀に帰った左馬助も一三日早速見物に出かけている。御祝いとして藩から家臣に樽肴が下付された。深堀にも送っている。また藩では恩赦も行い、私領にも「軽罪之者被差免候様」と達せられ、深堀でも手当を免除している（四月五日条）。

○文粛夫人奠式

四月三日、文粛夫人の御忌祭が行われた。左馬助は御名代を命じられ勤仕した。文粛夫人は直正の前室、将軍家斉の娘盛姫。文政八年一一月直正に嫁したが弘化四年二月三日死去（『徳川実記』では三月十日卒）。文粛夫人御忌祭については伊東外記の日記にもこれより以前の嘉永三年二月二日条に「三ノ御丸ニ而文粛夫人様御忌祭之周礼有之候事」と見える（『佐賀県近世史料　第五編第一巻』一七頁）。

○万部執行

四月一一日から二四日まで万部御祈祷が執行された。これについて、一一日と二四日の両日は領内での殺生を禁じることや科人は赦免するので私領でも免除することなどが請役所から達しられた。また侍・手明鑓など身分家格や男女別に応じて参詣の日程と通路が示された。

左馬助は一一日と二四日には裃を着用して登城し拝礼した。二四日には殿様（直大）も参詣し、左馬助らも万部嶋に参詣した。

○分過夫賃割懸并御雇船舸子献力御断り願い

佐賀藩では前年夏に出兵した長州征討に要した分過夫の賃米と雇替夫賃を領中竈割にして賦課した。さらに深堀には舸子二千三百人分も無賃とするよう求められた。しかし深堀家はこれを両方とも拒否したのである。御断願を請役所に提出し、永昌・横辺田両代官所にもその旨達し出ていた。藩庁はこれを不許可とし前年冬以来の願書を返却した（四日）。代官所も再三にわたり催促を続けた。それでも深堀家はあきらめず何度となく願書を出し続けた。二四日にもまた請役所に羽室雷助を訪ね願書を提出している。

深堀の主張は二四日の口達に切々と述べられている。深堀は藩祖勝茂から頂戴した判物により「点役御免」を許されている家柄であるから長崎御番を勤めて来た。また二度にわたる長州出兵を果たし、一昨年船舸子八千人を献力したのもその御恩に報いるためであった。毎回当然のごとく無賃とされては諸色高騰の折柄領民の暮らしも成り立たない。藩の大事を安閑と傍観するわけではないが、諸家に異なる事情を御熟察され願いどおり聞き入れてほしい。

本件は八月二四日「何分御吟味難被相付」として再び不許可となった。しかし深堀は納付しなかったらしく、代官所から催促された記事が七月、八月、九月にも繰り返し現れる。一二月晦日には横辺田代官所から「当節季ニ者是非相納候様」と言われている。結局この結末がどうなったかはわからない。

○長州船頭殺害一件

七月五日、深堀からの月次飛脚船で山口弥平次が佐賀に出張して重大な案件をもたらした。

先月一八日夜、逆風を避けて深堀野牛島辺に潮懸りしていた長州荒神丸が強盗に逢い、船頭甚六が殺害されたという。担当の江口央助と山口弥平次が出役、検分のうえ乗組の水主らから内済手形を徴求した。ところが深堀在番の洪助之進から、「私領役人が手形まで徴求したのはやりすぎで筋違いだ」と咎められ、紛糾しているという。深堀としてはどちらが正しいか請役所に指図を仰ぎたいとして出佐したのである。

佐賀屋敷側用人の渡辺五郎右衛門も種々工作したが、請役所への伺いは簡単ではなかった。一〇日ひとまず弥平次と深堀蔵人は現状を説明するため深堀に帰った。

一六日、深堀から陸夜通飛脚が到着した。深堀では佐賀で検討したとおり御頭人田代五八郎の書付を提出しようとしたが受理されず、かえって江口央助・山口弥平次を尋問するという。五八郎の書付は不要、央助と弥平次に病人書付を出したらどうかなどと言われ、そんなものは出すいわれがないと突っぱねている。五郎右衛門も羽室雷助に面談するなど解決に奔走した。請役所内ではまだ一件書類は回付されていないので現在のところ何とも言いようがないとのことであった。

八月八日夕、緊急の吟味御用で七月二三日から深堀に下向していた五郎右衛門が佐賀に戻った。彼は提出する口達書など事の次第を詳しく左馬助に報告し、さらに羽室雷助らに接触するよう五八郎から指示を受けていた。

五八郎が洪助之進に提出した口達は八月九日条にみえる。口達は今回の手続きはすべて助之進殿の指図にしたがったものと事情を説明している。最初弥平次が難破船溺死などの手続きにより手形を取ることを説明した。旧例を示せとの御尋ねにも書取を提出した。横死の次第を文書で達し出よとの指示も文達した。確かに手形を取れと直接の指示はないが、弥平次との応答は御指図の意図が一貫しているから手続きを運んだ。地方が全く関与しないのは従来のやり方と相違するなどと縷々主張を述べている。

一六日、請役所から難船処理のやり方を問合せてきた。私領浦方で難破船があった場合、私領方から支配役人を派遣のうえ難船手形を取り、在番方に達し出、同所からの指図により出帆を申し渡す手続きであるかという。そのとおりであると回答した。また以前は右手形を在番方に達し出るとともに佐賀屋敷用人を経由して役筋へ達し出るしきたりであったが、五〜六年前の指図により、在番方から報告するので用人経由の報告は不要とされている旨も返答した。

この記事を見ると、請役所では深堀サイドの主張に近い見方をしている様子である。

しかし本件はその後も膠着状態のままだったらしい。九月二六日付深堀からの書状は、佐賀の動きはどうかと問い合わせている。五郎右衛門は原口重蔵や羽室雷助からの情報を伝え、現在長崎出張中の伊東外記が本件について内々含んでいるからそちらで何らかの沙汰があるだろうと回答している。

実際、伊東外記の日記『胸次録』慶応三年八月と『胸秘録』同年九月には本件に関する記事がみえる（『佐賀県近世史料』第五編第一巻）。伊東は「深堀家来申分とは莫々致相違候付、孰弥平次より誤入候一件ハ申込候通有之度」、「右付然と深堀ニハ申遣不申候事」などとしている（前掲書九一四頁）。またその翌日の記事には「洪・原口被罷出、見分一件申談有之候得共、素リ可預筋ニ無之候得共互ニ組内之義ニも有之、得と彼方へも可申聞致返詞候事」（同九一六頁）とある。伊東が問題解決に向けて動いている様子がみえる。しかし九月二八日の記事は「昨日深堀家来共参候而、監察一件ニ付而申分有之候得共、成丈押候付而可然■、夫々理解いたし候事」（同九三八頁）とあり、解決の困難さもうかがわれる。

なお、本件記事の中に旧例として示された文久元年と安政四年の事例は浦法のしきたりなどを考えるうえでも興味深い。

配分地の警察権、特に浦法による手続きを主張する深堀サイドと、これを否定する藩庁出先在番方との面子争いの様相は問題解決を困難にしたのであろう。残念ながら本件の結末もわからない。

○佐賀屋敷薪料など節減の意見書

七月二〇日の記事には経費節減に関する副嶋大七らの意見書草案がある。

佐賀屋敷詰めの諸士には塩噌料として、御徒以上には一日銀一匁、御仲間以下には同じく四分五厘の手当金が支給されている。ところが近年の諸色沸騰により、これでは薪料にも足らず難渋している。しかし時節柄当家も入費が嵩み塩噌料増額予算の計上は困難である。幸い東目の両村社倉に貯蔵籾が二九八石余あるので、このうち半分を年一割の利息で両村に貸し付ければ米七石四斗五升余になるからこの代金で薪を購入し詰中に配分すれば助成の一端になる。

また佐賀屋敷の仲間・又小者・手男など使用人についても削減が可能だという。それはルールがないまま使っているからで、銘々が要件を言い附け一度に出払うなど急用の場合に役に立たないこともある。次のように改革したい。御側の仲間二人又小者二人はそれぞれ一名を削減、代わりに手男二人を増員する。役所の仲間一人又小者一人は、仲間一人手男一人とする。御台所手男四人は三人とし、炊方風呂方各一、惣使番一と担当を明確にする。修理方の手男は一名増員して三人とする。ただし他の部署で必要な時は御勝手方に届け出てこの三人のうちから使用する。

以上のような提案を行っている。

○船舸子賃金増額願い

八月朔日、かねて願い出中であった御雇舸子賃金の増額を認める旨、御蔵方から通達された。長崎御番方の用向きを勤める深堀御雇舸子の賃金は一昨慶応元年以後、舸子一人あたり定銀四匁二分・役米五合、櫓一挺につき一匁八分三厘であった。昨年一〇月以降は増額してほしい旨の口達を五月に提出し、深堀元〆方丹羽五郎助と文案の打ち合わせなどののち七月一二日願書を提出していた。

口達は次のように苦境を訴えている。深堀は田畑が少なく領民の生活は漁業に依存し、穀物諸色の自給は困難である。物価高の上、不漁がちで困窮している。近年御繋船舸子の減員により御雇舸子が増員となり三江・脇津・為石などからも徴発している。彼らは往来に三日もかかり御城下諸津臨時御雇いの賃料にくらべ違いが目立つようになった。ついては舸子一人あたり正銀六匁五分・役米五合、櫓一挺につき正銀六匁に増額してほしい。

これに対し藩庁は「当今諸色存外之高直ニ而内分難渋も無余儀」として賃上げを認めたのである。舸子一人あたり正銀三匁七分六厘・飯米九合、櫓一挺につき正銀一匁六分、飯米は据え置き賃料は四割増である。

○スタルフ銃購入

八月一六日、請役所からスタルフ銃が長崎に到着したので代金を支払うよう連絡された。藩が購入することを知った左馬助が軍艦取入方に注文していたものである。もともと後込銃二〇挺が希望であったがスタルフ銃一〇挺となった。一挺洋銀二五枚という。佐賀屋敷では代金の調達ができず猶予を願い出たが、支払期限が切迫しているので、長崎平戸町に出張中の松林源蔵に直接在所深堀から支払うこととした。八月二一日深堀蔵人が源蔵と面談、日本円換算二〇両に決定したと聞き、翌日二百両を渡した。深堀からは年度末で銀配り困難ながらスタルフ銃を購入したから、後込銃二〇挺は購入しないようにとクギを指している。深堀家の財政逼迫のなか最新式の武器調達に苦心している様子がわかる。

この銃については佐賀藩重松善右衛門とアメリカのヲルス商会との契約書写しが八月一六日条にみえる。

○火術方稽古願い

深堀助太夫と山本嘉平太は銃陣専業稽古を命じられ、火術方に出席して訓練に励んでいた。ただ火術方の銃陣式日は毎日でなく三六九の日であった。毎日稽古する家中有志もあったから、ふたりもこれに加えてほしいと願い出ている。

○石炭運上銀御断り願い

高島・香焼島の石炭移出について冥加金を賦課する旨達せられ、御断りの願いを提出したが、六月不受理となった。再度願い出るべきところ延引していたが、八月再度石炭御仕組方へ願い出た。また問屋に賦課される五部口銭も断った。

　願い出の口上は次のように述べている。

　高島香焼島石炭の旅出について百斤あたり冥加銀五厘づつ賦課するとの達しがなされた。しかし深堀の場合は諸運上の初穂を小物成所に納付するのが古来からの仕来りであるから冥加銀賦課は二重納付となる。深堀の物成のうち四六〇石余は海成で、これは魚類はもちろん諸色海上運送の商品までを含んでいる。安永年中にも小物成所から俵銭賦課の沙汰があったが断った。以来取り立てた運上の初穂を納付する仕来りとなった。従来の仕来りどおり冥加銀賦課は除外していただきたい。

　問屋五部口銭についても従来の商法どおり船積高の五部を口銭として渡していただきたい。

○知行所冠水につき献上米免除

八月一三日、御蔵方から昨年夏の大洪水で冠水した田畠の地米について当卯年から未年までの五年間は献米を免除するとの達しがあった。

　深堀の知行所では一八八石九斗八合である。他に鷹之助は四一石七升二合、孫四郎は一〇七石六斗八升七合、監物が一一石四斗三升などであった。

○当秋役組

　九月朔日、今年度の役組担当が発令された。佐賀藩の会計年度は毎年九月から翌年八月までであった。深堀領の人事もこれに合わせて九月である。佐賀屋敷におけるおもな役職は、御用人渡辺五郎右衛門のほか、御側に深堀琢磨・荒木文八郎・古賀松一郎・江口尉九そのほかなどである。在所深堀では政雑当役が田代五八郎、政務相談人は峯弥次右衛門・深堀蔵人・峯為之允・多々良平太夫の四名である。発令にともなって深堀からの上佐賀着任・在所への帰任など人々の往来があった。

当役は深堀の家老三家、深堀猪之助・田代五八郎・樋口作右衛門が交代で勤めた。小人数の家中であるから役職の兼務が多いことも特徴的である。

○異宗門取り締まり

九月二日の記事には、黒崎・賤津など三江村々および沖ノ島村における異宗門信徒の状況に関する報告書がみえる。沖ノ島ではキリシタン信徒の存在はすでにお上にも知られているから少しも構わないと公然と信仰を語り、円成寺住持の教化にも改心しないなどと述べている。また賤津村や黒崎村では日曜日にあたる日に信仰の者たちが寄合日として農耕も休んでいること、浦上から来た者を泊めたこと、領主から弾圧されたらフランス国へ逃げそれぞれの職業に従事すると噂しているなどと詳細に探索の様子を報告している。

長崎浦上村のいわゆる潜伏キリシタンがフランス人神父プチジャンに信仰を表白した「信徒発見」は慶応元年のことであった。長崎奉行は慶応三年六月、浦上の信徒六八名を捕縛するにいたった。

こうした動きは潜伏キリシタンが多かった深堀領にも影響が及んだ。もともと深堀領では潜伏キリシタンに寛典であったが、信徒の表面化と幕府の動きは佐賀藩をして取り締まりの強化に乗り出させた。深堀家でもすでに七月五日、在所へ対応を指示し、深堀においても長崎出張中の伊東外記から大殿直正の意向を確かめたうえ差図する旨の沙汰を受けていた（八月二五日条）。そして当秋の役組でも異宗門対策として異宗門取締方心遣請持に深堀蔵人・峯為之允を特別に任命し、三江村々在役江口十兵衛、伊王島在役江口央助を加えて取り締まり強化の体制を整えている。

伊東外記の日記『胸次録』には「田代五八良義罷出、右は三重樫山之筋ニ而召呼置末也」（慶応三年七月二三日条）、「昨日深堀蔵人召呼候而異宗一件手続ニ而差出候様申達置」（同年八月五日条）などとある。

また伊東が長崎奉行との面談の折、「異宗取締一件」を話し合っている（同年八月五日条）。さらに九月二三日にも田代五八郎は伊東を訪ね異宗一件を相談し、一〇月二二日には峰為之允らと次のように対策を打ち合わせている（『胸秘録』）。「今日は峰弥次右衛門・峰為之允参リ候付、三重樫山之義取調子候処、少しツ、ハ改心之者出来候哉ニ候得共、動スレハ首魁之者共スカシ立候而約リ兼候付、頭取之者ヨリ両人計リ、旅人ヲ留置候次第等を以、捕方いたし方可然旨申達候付、必捕迦シ又ハ騒立候義等無之様、申含置候事」（『佐賀県近世史料』第五編第一巻）。

その後『日記』一二月二日の記事では、賤津村樫山村沖ノ島村の異宗門信仰の者たちが「惣改心」となり、一一月二九日から五日間、円成寺に参詣させたことが見える。また同月一三日には、これらの者から仏体や書物を提出させたとある。さらに取り締まり担当の江口央助が佐賀屋敷詰めになり、同人から伊東外記へ詳細の報告をする予定であること、改心に尽力した村役人に対し褒美を遣わしたいなどとある（同月一八日条）。

○土井首村嘉吉ら盗み被害品返却手続き

九月五日、評定所からの呼び出しがあった。土井首村の仙之助・嘉吉が盗まれた鰯網と小船を返却する手続きのため二人を佐賀まで出頭させよという。盗みの犯人島原布津村生まれの松之助は深堀で捕えられ先月二五日佐賀の評定所に送致されていた。盗品は深堀の別当田中大助が留置しているが、返却の手続きのためには本人たちが佐賀の評定所まで出頭しなければならない。早速深堀に連絡した。深堀からは遠方を出頭するのは難渋するから佐賀で「作リ一類」を仕立ててほしいとの回答が来た。往復の費用はさておき現在は漁業最中だから困難である。酒肴料として何程か差出してもよいなどと歎願している。佐賀屋敷では評定所役人と酒食をともにするなど交渉を重ねた結果、代理人でもよいこととなった（九月二八日条）。かくて一〇月朔日、手男市松を二人の一類に仕立てて無事手続きを終えることができたのである。

また九月二五日には、深堀鍛冶町の嘉市が盗みにあった旨を盗賊方に届けたとの記事がみえる。

刑事犯の処分は深堀ではなされず佐賀の評定所で行ったようである。また役所の手続きには便法もあったらしい。

○物成米運送許可願い

九月一四日、本年の年貢米新穀を高来郡五ケ村と佐賀の蓑原・駅ケ里両村から深堀へ運送する許可を請役所へ願い出た。

米の移出には俵銭が賦課されたようで、自家消費分（台所用）の移送について免除許可を必要としたのである。請役所の許可は小物成所に通達され、同役所から諫早俵銭方に連絡されている。廻米の都度必要とされる俵筈も本来佐賀で手続きすべきところ船便のため現地諫早での手続きを申請している。

○田代へ使者を勤める

九月一九日、左馬助は対馬藩領田代（現鳥栖市）への使者を命じられた。大殿直正の養女綱姫と対馬藩主宗義達との婚儀が整い、宗氏からの結納の使者を応接するためである。

二一日朝六ツ半、行列を組み出発。田代での使者の役目を終え、二三日暮六ツ帰館した。急な下命だったから人足や馬の手配に苦労した様子や、現地での贈答、帰任後の報告など詳細に記録してある。

○左馬助の休暇願い

九月二五日、左馬助は当冬から明春にかけ四〇日の休暇届けを提出した。二八日には許可された。『日記』には「例年之通」とあるから、彼は例年冬休みをとったようである。しかし詳細はわからない。

もっとも当年は後述のとおり上洛を命じられたから休暇どころではなかったが。

○浦川長安オランダ医術修行願い

医師浦川長安は佐賀の医者西岡春益に入門修行し深堀で開業した。このころ藩庁は西洋医学を奨励し漢方医の開業は差し留められるかも知れなかった。しかし佐賀の好生館での修行もできず困っていた。ちょうど長崎でオランダ医師が病院を始め諸藩からも入塾者が多かった。佐賀藩の相良孝庵が病院塾長になったので、長安も一年間入塾の許可を願い出た（九月二六日条）。

○脇津番所鑑札

九月二六日夜、深堀から夜通飛脚が到着した。永昌代官所から脇津御番所に渡した年行司頭人監物様の印鑑を月末までに返却するよう達せられたが、脇津では受け取っていないという。年行司へ届けたところ「今年正月に番所を交代した際、印鑑もなくいかなる心得にて番所勤めをしているのか」などと厳しく達せられ、引き続き調査するよう深堀に指示した。

この結末は日記からはわからない。しかし深堀の回答に「此御方御請持以来御印鑑不被相渡」とあるように代官所の誤りであった可能性が高い。番所交代手続きの一例として挙げておく。

○佐賀屋敷内に文武寮建設

深堀には家臣子弟の教育機関として謹申堂があった。これは嘉永三年に開設した学館・羽白館を安政七年三月改称したものである。さらに慶応三年二月には佐賀屋敷内にもあらたに学塾を建設することを決定した。

七月五日、建設位置変更案を図面のとおり了承したこと、費用の一部を上金すること、壁竹その外相応の入用を深海御建山から伐採して送るよう深海在役峯五大夫に申し越したことなどを在所から連絡してきた。七月初めに工事を着工したらしい。また八月一七日には峯五大夫に対し竹材を早く送るよう催促している。九月半ば頃には完成したらしく、九月一八日条には文武寮造営のため深堀から来ていた大工が「御用相済み引き払い罷り下る」旨の記事がみえる。

当時、佐賀屋敷には稽古人とよばれる深堀から佐賀に登った留学生が大勢いた。当介として合力米を支給される官費留学生と自弁の私費留学生があった。彼らは藩校弘道館で学んだり、剣術・体術の道場に入門し文武の修行をおこなった。免許相伝を受けた者や成績優秀な者には報奨のため拝領金が支給された(二月六日条ほか)。

深堀家は子弟の教育にも熱心であった。

○左馬助の上京

この年一〇月、将軍徳川慶喜は朝廷に大政を奉還した。中央の政治情勢が混迷する中、佐賀藩では重臣の在京がなかった。京都に重臣を駐在させる必要を感じた直正は一一月、左馬助に京都詰めを命じた。「当時公は京都に重役を駐在せしむる必要あるを察し長崎大番頭家老鍋島孫六郎賢精に之を命ぜらる」(『鍋島直正公伝』六巻七一頁)。孫六郎賢精とは茂精のことである。左馬助は上京に際し、官途名を憚り孫六郎と改めた。

『日記』一二月の記事はもっぱら上京準備の様子に費やされている。なお、本件については拙著『肥前国深堀の歴史』(五二五頁~五四七頁)に詳述したので、ここでは概略を述べる。

三日、藩庁御進物方を通じて上京費用の立替金三千両を拝借したい旨願い出た。今回の費用を見積もったところおよそ五千両は必要と考えられ、外様の御蔵方から三千両、藩主御側金から二千両の拝借を願い出ることとしたものである。御蔵方からは五日、吟味の結果八五〇両だけ許可するとの回答があった。再度千両を京大坂で必要の都度拝借できるようして欲しいと願い出た。また御側懸硯方からは願い出の半額千両を月五朱の御益付で許可された。こちらも再度さらに千両を願い出て五〇〇両許可されている。

藩庁からの出発指示を待ちながらも準備に追われていたところ一〇日登城を命じられ、藩主直大が来正月中旬から上京するので随従するよう直達された。直大に来正月から三月までの京都警衛が命じられたのである。ここにいたって左馬助の任務は当初の京都駐在重役としての上京から直大の御供としてのそれに変更され、出発も年明け早々に延期された。関係先に延期の連絡を行った。ところが延期になったはずの出発が一三日再び早まった。肥後侯上京の情報を聞いた直大も年始早々には上京するから左馬助は今月二〇日ころ出発せよという。方針が一定せずたびたびの変更で深堀家の準備も大変である。御供の人数も増加が必要となった。あわただしく在所とのやり取りが続いている。大坂や黒崎での宿所の手配依頼、主従の路銀小荷駄賃合力金の受け取り、抱夫方への人足馬の手配許可などの準備も続いた。かくて左馬助主従は二一日昼ころ行列を整え佐賀を出発、京都に向かった。

二五日、またまた事態が急転する。藩庁からの呼び出しで「京都都合により黒崎で待機せよ」と告げられたのである。京都で起こった王政復古のニュースがもたらされたからであった。佐賀屋敷の留守を預かる田代大九郎はすぐさま早打ちで左馬助の跡を追わせた。在所深堀にも急報した。さいわい下関で追い付き一行は黒崎で滞留するとの使者が戻ったのは晦日であった。

このあと『日記』にはないが、翌慶応四年正月元日、再び左馬助に進発の命が下り三日黒崎を出船。一四日大坂に到着した。直大は二一日出発、二七日大坂到着。左馬助をして翌日入京せしめ、自身は二月二日京都に至った。左馬助主従は維新動乱の渦中に飛び込み、やがて戊辰戦争に従軍することとなるのである。

○石炭値上げ

一二月六日、石炭仕組方から高島・香焼島御買上げ石炭の値上げを認める旨達せられた。上質の高島白麻崎石炭は百斤につき正銀一八匁、その他の高島・香焼島石炭は百斤につき一五匁とするという。それぞれ三匁増、二匁値上げである。さる九月に願い出ていたものがようやく認可されたのである。深堀家が経営する両島の石炭は、塊炭は藩が買い上げ、下炭は直接売却した。買上げ石炭の値上げは深堀家にとって望ましいことである。

○拝借金三千両返済猶予願い

一二月一一日には、藩庁からの拝借金三千両の返済期限を年末に控え、当暮れには利息のみ支払うから元金は来年六月まで返済猶予して欲しい旨願い出ている。これはもちろん先日の上京費用とは別の借入金である。このころ各家とも財政は逼迫し藩庁からの借り入れに頼らざるを得なかった。しかもその返済さえ猶予が必要な状況であったらしい。二三日の記事には、倉町家から今後五年間は格外の減略減人につとめ、歳暮年始暑寒などや吉凶の贈答交際を断る旨連絡してきたことがみえる。

○スペンセール銃の購入

一二月二五日、近々入荷するスペンセール銃四〇挺の代金支払い方法について白石家から問い合わせがあった。河内様（白石直嵩）は二〇挺購入したかったが、臨時方から少量では註文できないと言われ、左馬助と二〇挺ずつ購入する約束で註文したものらしい。一挺三一～二両という。早速、在所深堀へ報告、指示を仰いでいる。

小銃は藩が購入して諸隊に配布したが、上級家臣は自費でも購入した。このケースのように数量がまとまらない場合は共同で（御取束）註文したようである。

八月に購入したスタルフ銃とともに、荘内戦で活躍したのである。なお佐賀藩家臣の小銃調達については、伊藤昭弘「幕末佐賀藩の小銃調達と拝領買」(『佐賀学Ⅲ　佐賀をめぐる「交流」の展開』二〇一七所収)も参照。

以上、主な記事をみてきた。『日記』にはこのほか家臣の休暇その他にともなう往来附状や親族死去にともなう忌引願い、跡目相続願いなど深堀家中の人々の様子が見える。また縁組・出産・死去・病気見舞い・法事など佐賀藩上級家臣相互の儀礼贈答の情況が記録されている。先例を重視する当時ではこれらの記録は必要事項であった。

凡例

一　本書は深堀鍋島家の佐賀屋敷における『日記』を全文翻刻したものである。

一　底本は公益財団法人鍋島報效会所蔵　佐賀県立図書館寄託の鍋島家文庫である。ただし実際の判読に当たっては県立長崎図書館が作成した複製本（現在は長崎歴史文化博物館架蔵）を使用した。鍋島家文庫の目録にある書名と分類番号は以下のとおり。

(1)	深堀日記	鍋023　42	慶応二年四月
(2)			同年五月
(3)			同年七月（以上一帙）
(4)	御側日記	鍋022　273	慶応三年正月～四月
(5)	（茂精公御代）日記	鍋022　補6	同年七月
(6)	深堀日記	鍋023　43	同年八月
(7)	日記	鍋022　272	同年九月
(8)	日記	鍋022　271	同年十二月

一　漢字の字体は固有名詞を含めておおむね常用漢字を使用し、異体字俗字は常用の字体に改めた。原文で正字体と略字体を混用している場合も区別せずいずれも現在の常用の字体とした。

（例）舩→船　叓→事　吴→異　捴→総　など　處・処→処　など

一　変体仮名は平仮名に改めた。合字「ゟより」「〆しめ」は残した。「〆して」は印刷の都合で「シテ」に改めた。

一　助詞の真仮名はそのまま残した。

（例）而て　者は　江え（へ）　得え（へ）　欤か　之の　与と　茂も　哉や　など

一　漢字の反復記号は「々」に統一し、「〱」は残した。

一　原文の抹消（ヒ　〃　ミ　■　□　○）は左傍に「ミ」を付けた。抹消した文字を判読できないときは■で表示した。

（例）抹消した文字が判読できるとき　早速深堀及懸合候処

抹消した文字が判読できないとき　吟味■■之上

一　書き入れは原文の挿入符号にしたがって修正した。ただし挿入符号・挿入箇所はいちいち明示していない。

一　文字の虫損・破損は□で表し、文字数が不明なところは［　］で表した。

一　原文に頻出する闕字・平出は残した。印刷の都合で行頭に来た場合の注記は省いた。

一　原文は請役所と受役所、峯と峰、渡辺と渡部、神埼と神崎などをしばしば混用しているが、一々注記することなく元のまま表記した。中小性（姓）・出情（精）など近世の慣用字についても同様。

一　原文には伺手覚や往復の書簡そのものを記事として綴じ込んでいる個所がある。この場合半丁程度の余白があるが、この余白に関しては注記を略した。

一　印刷上の都合により、文字の布置など一部原文の体裁を変更した場合がある。

一　原文には句読点などは一切ないが、編者が任意で読点（、）および中黒（・）を付した。

一　疑問の箇所は右傍に（ママ）あるいは（カ）を付した。

一　原文に差別的用語が見えるが、研究史料としての性格を勘案、元のまま翻刻した。

一　編者の力量不足により判読できなかった文字は〓で表した。後考のため原文の写真を付けたので、ご教示を賜れば幸甚である。

一　読解の参考のため、語義・人名・地名その他に註を付した。（註記項目の前に該当の頁段を表示）。ただし、註記が必要であっても不詳な場合には項目の列挙を割愛した。

なお深堀鍋島家の家臣については註記を省略した。

付註の参考文献は註に明示したもののほか以下のとおりである。特に佐賀藩の人名については多く「安政年間の佐賀藩士」によった。記して感謝申し上げる。

『日本国語大辞典』（小学館）

福山裕『佐賀弁一万語』（平成七年）

『日本地名大辞典』佐賀県・長崎県ほか（角川書店）

『佐賀県の地名』ほか長崎県・福岡県・山口県・広島県など（平凡社）

青木歳幸「佐賀藩『医業免札姓名簿』について」（『佐賀大学地域学歴史文化研究センター研究紀要』第三号
二〇〇九年）

中野正裕「幕末佐賀藩の職制について」（『佐賀県立佐賀城本丸歴史館研究紀要』第四号　二〇〇九年）

生馬寛信・中野正裕「安政年間の佐賀藩士」（『佐賀大学文化教育学部研究論文集』一四巻一号　二〇〇九年）
生馬寛信・串間聖剛・中野正裕「幕末佐賀藩の手明鑓名簿及び大組編成」（『佐賀大学文化教育学部研究論文集』一四巻二号　二〇一〇年）
中野正裕「『大組次第』にみる明暦期～慶応期の大組編成について」（『佐賀大学地域学歴史文化研究センター研究紀要』第四号　二〇一〇年）
中野正裕「幕末期佐賀藩の役料帳について」（『佐賀大学地域学歴史文化研究センター研究紀要』第六号　二〇一二年）

一　その他参考として、深堀氏系図・深堀鍋島氏系図などのほか、『日記』に見える家臣人名一覧を付した。深堀鍋島家の家臣団については分限帳が残っていないので全容が不明。部分的な復元にとどまる。

一　本書は公益財団法人鍋島報效会の出版許可（平成29年6月29日　報発　第78号）および佐賀県立図書館の出版許可（平成29年7月6日　受付番号25）を取得済みである。

日記　慶応二丙寅年四月中

（表紙）

慶応二丙寅年四月中
日記
茂精公御代
御在佐嘉　渡辺五郎右衛門役内

慶応二年丙寅四月中

四月朔日　曇天

一　月次御祝儀御慎中ニ付、御帳をも不被相立候事

一　先般与兵衛様御内方様長崎ボードヘン為御治療御越之処、御雑作ニ被為成候旨ニ而御肴壱折為御挨拶御到来、偖又深堀理右衛門儀其砌彼是心配有之候ニ付、是又為御挨拶金子入壱封被為頂戴候、御挨拶御使御承知之日積を以、今日堤壮右衛門被相勤候事

一　御進物方ゟ飯後呼出ニ付、平川大助差出候処、上使被成候御作法、達帳を以、被相達候、左之通

天明度
上使被成下候節之作法
　　御家老

一　家来頭立候者、門内白洲罷出候事
一　子息玄関拭板式迄出会、書院へ引入候事
一　但一類組内之者一両人参居候ハヽ、同前ニ下拭板迄相附可罷出候事
一　上使相済候上者、子息御城罷上、病人并ニ一家へ御詞被成下候御礼をも年寄中迄申上候事
　但シ子息無之人者一類罷上御礼之事
右者本文病気御尋之節之作法、余者准右
右者天明度御定之作法候、以上
　　慶応二年
　　寅四月

別紙御作法之儀、奉承知候、以上
慶応二年
寅四月

一　御在所ゟ之上金飛脚到着、懸合来候、左之通
一筆致啓達候、御蔵方別段方より其許御勝手方へ上銀ニ付、飛脚之儀被申達、宰領附ニシテ差立申儀御座候、此段附状為可申越如此御座候、恐惶謹言

深堀謙九郎
三月廿九日　長渕菅右衛門
朋致（花押）
渡辺五郎右衛門様

一　永石権作ゟ父方伯母相果候ニ付、定式之忌引入候段、達出相成候事

同二日　雨天

一　為石津卯八・文八共刃傷方内済願之末、願通被差免旨、先月廿八日達帳相成候ニ付、羽室雷助殿・古賀源四郎殿為御挨拶、手紙附ニシテ酒肴差送候、左ニ

一円不揃之気候ニ御座候処、愈御健達被成御座奉恐賀候、然者為石津卯八文八共刃傷方内済願通被仰付、於自分方も御蔭安心仕候、右ニ付而ハ段々御配慮を以右之次第重畳難有奉存候、随而近来乍是式御挨拶之寸志迄、麁酒一陶并交肴一折進呈之仕候間、御笑留可被下候、此段為可得貴意如斯御座候、以上

四月二（ママ）日　渡辺五郎右衛門
羽室雷助様
古賀源四郎様　各札

一　武雄御用人より種香院様御七回忌為知来候、贈答左之通
以手紙致啓達候、種香院様御七回忌御相当ニ付、明三日ゟ四日迄御在所於円応寺御仏事被相営儀ニ候、此段為御知如斯御座候、以上

四月三（ママ）日
渡辺五郎右衛門様　佐々木健蔵

御手紙致拝見候、種香院様御七回忌御相当ニ付、明三日ゟ四日迄御在所於円応寺御仏事被相営候段、御紙面之趣申上儀ニ候、此段為御答如斯御座候、以上

四月二日

佐々木健蔵様　　渡辺五郎右衛門

一　前断ニ付、

御母堂様相伺候、左ニ

種光院様御七回忌御法事御執行之旨為御知ニ付而ハ御三回忌之節比竟、従

御一家様、御■待夜御野菜一折被進、御当日御屋敷御仏前へ白麻なし、御代香被差出方ニ者有御座間敷哉、此段奉伺候、以上

四月二日

一　褒信院様十七回御忌御法事ニ付、跡方十三回御忌■■比竟御勝手方書出相整候、左ニ

附リ、御待夜御茶講之内御取肴等被相減候事

一　金子百疋

右者従

担那様御香典

一　白麻二拾帖ツ、

右者従

御上様

御母堂様右同断

一　長押花一餝

一　饗留花弐拾四本

一　菓子花壱本

一　五種香三袋

一　御位牌隠シ一瓶

一　御前花壱対

一　天井花一餝

右者御寺上リ

一　溝口紙二帖

一　茶

一　炭五拾斤

一　二拾丁懸　蝋燭四斤

一　十丁懸リ　蝋燭壱斤

一右者於御寺入用
一饗菓子六盛
一五種香壱袋
一蝋燭線香
一饗留花六本
一御位牌隠シ壱瓶
一御霊膳壱汁五菜
右者
御内御持仏堂上リ
一金子百疋 杉原包 常照院
浄円寺
一青銅五百文ツ、 妙玉寺
一三百文ツ、 寺持僧六人
一丁銭壱貫弐百文 伴僧六人

右者御寺上リ切、御仏前御備物料
一同六貫文
右僧衆賄料拾五人前
一素麺七斤
右者御待夜僧衆夜喰
此廉以前ゟ御仕来ニ候得共、当時柄些与手薄
相見候ニ付、吟味[redacted]之上当節今又壱両相増
弐両之辻被差下之
一銀壱両
右者諸家御代香立宿謝礼
一同壱両
右御一類立宿謝礼、浄円寺渡リ
一茶菓子 饅頭
右者諸家様御代香御一類方被差出用
御待夜御[redacted]茶講御仕組
一御茶請
一御吸物
一御銚子
一御重

一　御鉢
　御膳
御皿　酢あへ　　御汁
　御壷
御平　　御飯
　右者
　御母堂様御出懸リ御連枝様方
一　茶請
一　銚子
一　重
　宗閑
四ツ組
右者御代香女中御仲間入テ
一　茶請
一　銚子
一　重
　宗閑
四ツ組
右者御連枝様方御供女中

一　銚子
一　重
一　鉢
　右者御内外詰中袴■着限リ・御医師、御
　待夜御茶講拝領
一　饅頭　弐段ツ、
　河内様
　若狭様
　上総様
　豊前様
　安房様
　鷹之助様
一　同　壱段ツ、
　石井左近様
　原田大右衛門様
　佐野又四郎殿
　藤山丈左衛門様
　石隈寿吉郎殿
　綾部一郎左衛門殿

石川庯三郎殿
鍋嶋隼人殿
深堀又太郎殿
深堀弁次郎殿
石井平学殿
岡部杢佐殿
有田亀之助殿
坂部又右衛門殿
多久縫殿殿

〆

一　銀弐両（杉原包折居）
右者御家来中ゟ御寺納相成候ニ付、取替書出
相整候事

同三日　晴天

一　来込之飛脚差立、御在所偖又深海在役多々良
平太夫江之懸合、左之通リ

一筆致啓達候、為石津卯八文八同所辰右衛門其
外を及刃傷候一件、最前御贈答之通、内済願其
筋差出置候末、願之通被差免旨、頃日郡方呼出
ニ而被相達候、別紙達帳写差越申候、惣而右願
筋ニ付而者羽室雷助殿古賀源四郎殿へ示談方
毎々面倒相成候ニ付、為挨拶酒壱陶三升交肴壱
折ツヽ、私ゟ差越送置申候

一　先月廿八日豊前様ゟ別紙手覚之通、御挨拶
御使御座候間、右之趣御側可被仰上候

一　武雄御屋敷種光院様七年御忌御仏事御執行
之旨、別紙之通彼御用人ゟ為知来候ニ付、跡
方三年御忌比竟、御待夜御野菜壱折被差送、
当日爰許御屋敷御代香被差出通、
御母堂様申上取計儀ニ候間、右之趣御側可被
仰上候

一　御進物方呼出ニ而
上使之節御仕成振別紙之通、達帳を以被相
達、写差越申候、
右者先達諫早江

上使之節豊前様御送迎之場ニ異変為有之哉ニ
而右之通不時達帳相成由相聞申候
一　先達而
三御丸御広敷ゟ御拝領物ニ付而ハ御礼御使者
等可差出哉、内々相伺候処、改而御使者ニ不
及、慥ニ御頂戴之訳御達仕候分ニ而可然旨ニ
付、右之段永石権作を以相達置候間、右之趣
御側可被仰上候
一　追々
褒信院様十七回御忌御法事之儀、跡方十三回
御忌御比竟諸事
御母堂様申上、可取計候間、右之趣御側可被
仰上置存候
一　原田大右衛門様御上坂御帰着之節、五八郎
殿始御土産頂戴ニ付而ハ御■《ミ》着御歓之御仕
成、先達而峯弥次右衛門御談置之旨ニ付、五
八郎殿ゟ松魚壱連、相浦三兵衛始役々舫ニ《シテ》
同弐連差上候通取計置候間、右之趣御頭人可
被相達置存候

右廉々為可申越如斯御座候、恐惶謹言
四月三日　渡辺五郎右衛門
長渕管右衛門様
深堀謙九郎様
追而、御玄関帳書上壱品差越申候、以上
一筆致啓達候、先月廿七日立之飛脚ゟ其許村々
引痘冥加銀為替納銀壱件、別紙之通及御懸合候
処、飛脚之者途中取落候旨ニ而、右連署頃日六
角ゟ手ニ入、格別急御用筋ニ而無之候得共、拾
向ニ而開封等相成居、彼是不埒之次第ニ付而ハ
以後之警ニも可相成ニ付、右飛脚之者於其許被
相調子通合次第ニ者手軽夫料代ニも被相懸方ニ
者有之間敷哉、尚御勘考御取計被成度存候、依
之最前之連署其侭差越候間、納銀之儀者早急御
取立可被差越候、此段為可申越如斯御座候、恐
惶謹言
四月三日　渡辺五郎右衛門
多々良平太夫様
追而、藤山様《ミ》丈左衛門様其外ゟ其許出来立

之茶別紙之通御調達御相談之由、
西御内ゟ任御沙汰無拠御取次差越候条、乍
御厄害夫々御手当、追々出来次第御仕向可
被成候、右代銀先以藤山様ゟ御渡之分弐歩
丈当節差越申候、惣而深堀茶運送方根居例
年願来候ニ付而者当年も打追可願取哉、山
口嘉藤次御当合否可被仰越存候、以上
一　石炭御仕組方ゟ則呼出ニ付、石炭直揚達帳を
以被相達候、左之通
深堀鎔々其外石炭之儀、当時諸色無類之高価ニ
而者何分引合兼、実ニ難渋之参懸ニ付、直段揚
被仰付被下度願出之次第、筋々御吟味之処、当
時之振合ニ而者難渋無余儀相聞候ニ付、左之通
御買揚相成義ニ候
一　正銀八匁五分　　深堀鎔々
右者高嶋土場ニ而是迄百斤ニ付六匁を上ニ
シテ御買揚相成来候得共、已来ハ運賃銀九
分入テ長崎届本文を上ニシテ御買揚相成候
一　正銀六匁　　山代郷々
右者是迄土場ニ而百斤ニ付銀五匁ツ、ニシテ
御買揚相成居候得共、以来ハ本文之通御買
揚相成儀ニ候、尤運賃之儀者打追之通ニシテ
以上
石炭仕組方
右之趣承届候、以上
高岸兵次
石隈兵之助
右之趣承知仕候、以上
一　前断達帳ニ付、御在所江之懸合、左之通
致追啓候、今三日石炭仕組方呼出ニ而石炭買直
揚別紙之通、達帳を以被相達候、写差越申候、
此段為可申越如斯御座候
四月三日　　五郎右衛門
菅右衛門様
謙九郎様
一　種光院様武雄御七回御待夜ニ付、最前伺之
通、従
御一家様御野菜一折御使を以被差送候事

同四日　雨天
一　種光院様御仏事御当日ニ付、従
御一家様之御代香高浜貫一郎被相勤候、尤御香
奠無之候事
同五日　晴天
一　石炭仕組方ゟ則呼出ニ而被相達候、達帳写左
之通
高嶋・香焼石炭之儀、塊石一式被御買上揚、下
炭之儀者旅出被差免置候処、長崎商人へ得意相
求、其手筋を以薩州申入、異人へ売渡候趣ニ
而、御仕与筋差構候ニ付、筋々御吟味之処、御
仕与柄御領内之石炭右様薩州口ニ而売渡候通ニ
而者決而不相済義ニ付、先以異人相望下炭被御
買揚儀ニ候条、此上抜々相[redacted]運《ハコヒ》候通之儀於
有之ハ屹度御手締被仰付儀ニ候条、旁其筋懇ニ
可被相達候、以上
寅四月　　石炭仕組方
右之趣承知仕候、以上
一　長栄院様諱早四十九日御取越御仏事、為知来
候、贈答左之通
以手紙致啓達候、来八日ゟ九日迄長栄院四十九
日取越仏事、在所[redacted]天祐寺偖又三ツ溝大興寺ニ
おゐて被相整儀ニ候、此段為御知如斯御座候、
以上
四月五日
渡辺五郎右衛門様　　中嶋九左衛門
御手紙致拝見候、来八日ゟ九日迄長栄院様四十
九日御取越御仏事、御在所天祐寺偖又三ツ溝大
興寺ニおゐて被相整候段、御紙面之趣申越儀ニ
候、此段為御答如斯御座候、以上
四月五日
中嶋九左衛門様　　渡辺五郎右衛門
一　前断ニ付、御仕成振
御母堂様相伺候、左ニ

伺手覚
来ル八日ゟ九日迄長栄院様四十九日御仏事ニ付
而者、従
御一家様御待夜御野菜壱折被差送、御当日御代
香被差出、白麻十帖御寺納相成方ニ者有御座間
敷哉、此段奉伺候、已上
四月五日

同六日 曇天
一 褒信院様十七回御忌御仏事、諸家様其外為御
知左之通
以手紙致啓達候、褒信院十七回忌正当ニ付、来
十一日ゟ十二日迄上飯盛村於妙玉寺仏事相整儀
候、此段為御知如斯御座候、以上
四月　渡辺五郎右衛門
渕井弾助様　片田江
大隈新左衛門様　久保田
中嶋九左衛門様　諫早
古賀七太夫様　須古
吉岡仁右衛門様　東御門
石 左近様
原 大右衛門様
鍋 隼人様
坂 又右衛門様
岡 杢佐様
多 縫殿様
御小性中様
以手紙致啓上候、・・・・・・・・以上
渡辺五郎右衛門
岡部七之助様
有田亀之助様
石隈寿吉郎様
佐野又四郎様
石川帋三郎様
藤山丈左衛門様
綾部一郎左衛門様

御組扱
市川新之允様
以手紙致啓達候、褒信院様十七回御忌御正当ニ付、来十一日ゟ十二日迄上飯盛村於妙玉寺ニ御仏事被相整儀ニ御座候、此段為御知如斯御座候、以上
四月　　渡辺五郎右衛門
佐々木健蔵様　　武雄
以手紙致啓上候、・・・・・・御座候、以上
四月　　渡辺五郎右衛門
深堀又太郎様
深堀弁次郎様
石井平学様
石井清八様
褒信院様十七回御忌御正当ニ付、来十一日ゟ十二日迄上飯盛村於妙玉寺御仏事被相整候条、当日者御堂参御勘忍可被成候、此段為可相達如斯御座候、以上
渡辺五郎右衛門

詰中
御家来中
褒信院様・・・・・・・・・・以上
永石権作
峯為之允
中小性中様
御徒中殿
一　永石権作儀忌引入相成居候得共、地道御無人御用繁ニ付、忌被差免候通
御母堂様相伺候、左ニ
伺手覚
永石権作儀忌引入被罷在候処、地道御用繁之上追々
褒信院様御仏事ニ付、諸手配等差支候ニ付、忌被差免方ニ者有御座間敷哉、此段奉伺候、以上
四月七日
一　前断伺通被仰付候ニ付、永石権作へ懸合、左之通

貴様儀、忌御引入被居候得共、被差免候、此段
為可相達如斯御座候、以上

四月七日

渡辺五郎右衛門

永石権作様

一　御在所へ厘外船便を以懸合越候廉々、左之通
一筆致啓達候、其許舸子御雇増賃銀、今又格割
ニ《シテ》束而定銀四匁弐分去丑秋ゟ被差出候段、
願済之次第ハ最前申越候得ハ御承知可被成、御
助力米半高其外艫之末、打追之通被差出度段願
立之次第、諸家様へ相隔り何分御聞済相成兼候
御都合ニ付、御小家柄御番方御勤向不相応之御
仕来与申、就中、小給之御家来
公辺他邦ニ跨候勤筋、諸家様不相並廉々を以、
向々申砕、及歎願候処、請役所之処、太図相
砕、御吟味書取艫罷成候趣内々致承知候、御蔵
方ニも御相談人付役亘リ相砕居候都合ニ付而ハ
多分御趣意通リ可相成哉ニ申合居候、就而者御
役々御挨拶振之儀、最前舸子賃願済之儀ハ其許
申越候段挨拶申達置候迄ニ而、于今御仕成不相
成義ニ付、御助力願済之上取束、差付御仕成被
成候ハ、不都合ニ相見候付而者、脇津波戸方ハ
今暫差啓兼候模様ニ付、無拠切離、右二廉之御
挨拶御仕成相成方ニハ有之間敷哉、於然ハ太図
別紙之通ニも可有之哉、猶又被遂御吟味御品物
早々可被差越存候、此段為可申越如斯御座候、
恐惶謹言

四月七日　峯弥次右衛門

渡辺五郎右衛門

追而、波戸方願、原五郎左衛門殿帰宿相成候
ハ、畳置相成居候付、御船方之儀いつれ共差操
を以早々帰宿被相成候通有之度段、先便及御懸
合置候得ハ定而各様ニハ御出崎御懇談被相整た
る義ニ可有之、右者いつれ之通相決候哉、御都
合可被仰越存候

覚

一　四着物唐木綿壱反充
一　鰹節壱連充
〆

原田大右衛門様

伊東外記殿
坂部又右衛門殿
深江助右衛門殿

一　同壱反壱連充
但年々　　　波止方ニも釣張
一　油弐樽　　　羽室雷助殿
〆
一　酒三升壱陶　　　山本伝左衛門殿
一　鰹節壱連充　　　宮嶋寿平殿
〆
一　四着物唐木綿壱反　　　藤瀬孫太郎殿
一　鰹節壱連充　　　八戸彦兵衛殿
〆
右者舸子賃願御助力願ニ廉御挨拶、御使を以
当節被差贈候
但波戸方御挨拶ハ今暫延引相成義ニ候へ共御
品物一同被差越置度事
一　四着物唐木綿壱反充
一　鰹節壱連ツヽ　　　波戸方御助力方

当時芸州留主　　中野数馬殿
波戸方請負運上方
多久縫殿殿

一　同壱反壱連
年々　　　波戸方御助力方
一　小者壱人扶持　　　横尾文吾殿
〆
一　同壱反壱連充　　　波戸方請負運上方
渡部善左衛門殿
松永卯右衛門殿
一　金弐拾両　　　継願済
一　鰹節壱連　　　原五郎左衛門殿
〆
一　金五千疋　　　波戸方請負運上方
一　鰹節壱連　　　副嶋左源太殿
〆
但渡部五郎右衛門・峯弥次右衛門手紙付
一　唐木綿弐着充　　　御小物成所手許三人
一　鰹節壱連ツヽ

〆
但右両人ゟ尤有り品
一　皿紗弐着ツヽ　　原五郎左衛門殿
　　　　　　　　　　副嶋左源太殿
〆
一　豊前様御挨拶振之義、追々原殿申談候上可
申越候事
　以上
　寅四月
致追啓候、本文舸子賃願済ニ付而ハ其許在番役
御挨拶之義定而諯御仕成相成居可申存候、此段
為念申越候
　四月七日　　弥次右衛門
　　　　　　　五郎右衛門
菅右衛門様
謙九郎様
一筆致啓達候、御助力米御願済可相成御都合ニ
付、御挨拶御品物被差越候様、今七日厘外船便
を以最前申越置候得者御承知可被成候、然処、
右御願筋甚以御六ケ敷御都合之処、伊東外記
殿・羽室雷助殿被砕心魂取扱相成候処ゟ別紙写
之通り御仕組所御吟味相驢、明後日御当役様御
聞届之上、河内様御聞届相済、御蔵方被差廻候
手筈之由、乍其上ハ坂部又右衛門殿呑込相成居
候付、多分御趣意通御願取可相成ニ付而ハ当秋
御願継之糸口差啓ケ候儀ニ付、前条御挨拶方十
分手重ク御仕成被置方可有之処、唐木綿四着物
壱反ツヽニ而者些与手軽、向秋之詮相立兼可申
儀ニ付、極上品着物壱反充被差贈候様有之度、
今又申合候条、猶御吟味、波戸方御挨拶品をも
同様ニシテ態与早々可被差越存候、此段今又為
可申越、厘外船便を以、如斯ニ御座候、恐惶謹
言
　四月七日　　峯弥次右衛門
　　　　　　　渡辺五郎右衛門
長渕菅右衛門様
深堀謙九郎様

追而、別紙御吟味書御仕与所ニ而相整候品ニ而外聞等有之候而不相叶由御座候条、其御含可被成候、偖又原五郎左衛門殿其外御仕成金子之儀、最前ハ五千疋三千疋之積リニ候処、人々酒饗筋等迄手前仕出ニ而深切ニ取計相成来候処、右之分ニ而ハ余リ勘定過、手軽相見候付、弐拾両五千疋与相増為申儀ニ御座候間、右等之亘リも猶又御吟味可被成存候、以上

致追啓候、一昨五日石炭方呼出ニ而高嶋・香焼石炭之儀、下炭迄被御買揚旨、別紙之通、達帳を以被相達候、写差越申候、右者達帳通畏置可然哉、惣而先書及御懸合候百太俗御仕組方被相結候達帳をも定而御承知、其筋可為被相達置候得者、旁之趣いつれ卒仰立相成方ニ者無之哉、差支之有無現地御当合否、可被仰越存候、此段為御懸合如斯御座候、以上

五郎右衛門

菅右衛門様
謙九郎様

同八日　晴天

一　大詫間村龍王社例祭、御慎中ニ付、差延相成居候末、今日執法相整候段覚養坊ゟ為知来候ニ付、御代参堤壮右衛門被仰付被相勤候事

一　長栄院様謙早御四十九日御取越御仏事、今晩御逮夜ニ付、最前伺之通、御野菜一折御使を以被進候処、御向方ゟも御茶講之品御野菜一折御到来ニ付、
御母堂様差上置候事

一　御境方呼出ニ而高浜貫一郎差出候処、戸町飛地御替地一件、頃日五郎右衛門ゟ委細演達相成居候得共、右者書取を以達出候様、附役北嶋与左衛門殿ゟ演達之由、引取被申達候事

同九日　雨天

一　長栄院様御四十九日御法事ニ付、三ツ溝大興寺へ従
担那御一家様御代香高浜貫一郎被相勤、白麻十帖御寺納相成候事

一　昨日御境方ゟ演達之末、左之通口達相認、永石権作を以、彼附役北嶋与左衛門殿へ相達置候事

口達

長崎表戸町之内へ外国人共馬責馬場造立之儀申立居候故、小ケ倉村同所飛地向々混雑等ニおよひ候義抔出来候而ハ御互不被相好義ニ付、御替地相成度段、御奉行所ゟ御沙汰ニ付而ハ於自分方いつれ之通可相心得哉之旨、御問合之趣、早速深堀及懸合候処承知仕候、右者一体　御国柄容易ニ御替地等不被相好次第、前々ゟ承知罷在、於自分方も御同様之心得ニ御座候得共、右様馬責馬場相開候半ハ馬上者往来者勿論幾々遊歩其外異人共之往来只様可致繁冗、然節者小ケ倉村地主之農民共耕作方、往来馬懸け或者荷を負候義も有之候得者、御奉行所ゟ御越仰(マヽ)之通、向々混雑之義等万一出来候哉も難計、右等之亘リ甚懸念之筋ニ御坐候、就而ハ聊之飛地与申且者当節柄前断格別之訳を以ニ而、御国体御差支共無之不相成通之御手筈を以、村続[redacted]替地之場所へ無損失様、御替地被仰下候義者[redacted]相叶間敷哉、之趣申越候付此段御達仕候、以上

———内

寅四月　渡部五郎右衛門

羽室雷助殿

其外

同十日　晴天

一　評定所ゟ飯後御用ニ付、高浜貫一郎を以承候処、盗人幸平与申者
此御方御門番所ニ而袷壱ツ盗取ノ段申出候条、品物紛失之否調子合達出候様、福地彦太郎殿ゟ

演達之旨、引取申達候ニ付、則調子合候処、修リ方手男儀平、去二月十八日ゟ廿日頃迄之内嶋袷壱ツ紛失いたし候由候へ共、聊之事ニ而事々敷達出之儀も如何与相心得差扣罷在候段申出候ニ付、達後之都合書附潤色を加へ相達置候事

　口達

此方屋敷門番所ニおゐて衣■類盗取候者為有之旨ニ付而、調子合御達仕候様被仰達候趣承知仕、早速調子合候処、手男之内儀平与申者所持之袷壱ツ去二月廿日頃同所ニおゐて致紛失候得共、其頃同輩之内数人帰宿之者有之候ニ付、間違持帰居儀共ニ者無之哉、折角内輪調子合半之■旨申出候、就而者御達之次第右ニ相当リ可申儀与奉存候、此段御達仕候、以上

左馬助家来
渡辺五郎右衛門

石井平九郎殿
福地彦太郎殿

一　今夕汐舟飛脚到着、御在所ゟ懸合来候廉々左之通

御状致拝見候、為石津卯八・文八同所辰右衛門其外を及刃傷候一件、最前御送答之通、内済願其筋被差出置候末、願通被差免旨、頃日郡方呼出ニ而被相達候、達帳写別紙被差越相達申候、物而右願筋ニ付而ハ羽室雷助殿・古賀源四郎殿示談方毎々面倒被相懸候ニ付、挨拶与して酒一陶三升交肴一折ツ、被差進候由、致承知候

一　先月廿八日豊前様ゟ別紙手覚之通、御挨拶御使御座候由

一　武雄御屋敷種真院様七年御忌御仏事御執行ニ付、別紙之通彼御用人ゟ為知来候ニ付、御母堂様被仰上、三年忌御比竟、御仕成相成候由

一　御進物方呼出ニ而
上使之節御仕成振別紙之通、達帳を以被相達候写被差越、右者先達而諫早江
上使之節豊前様御送迎之場ニ違変為有之哉ニ

而右之通不時達帳相成候都合相聞候由
一　先達而
三御丸御広敷ゟ御拝領物ニ付而ハ御礼御使者等被差出儀ニ候哉、内々被相伺候処、改而御使者ニ不相及、慥ニ御頂戴之訳御達出之分ニ而可然旨ニ付、右之御取計被成置候由
一　追々
褒信院様十七回御忌御法事之儀、跡方十三回
御忌御比竟諸事
御母堂様被相伺、可被御取計之旨、廉々御側
申上置候
一　原田大右衛門様御上坂御帰着之節、五八郎殿始御土産頂戴ニ付而御着御歓之御仕成、先達而峯弥次右衛門江談置之通、五八郎殿ゟ松魚節一連、相浦三兵衛始役々舫ニシテ同弐連被差上置候由、御頭人相達申候
右廉々御答為可申越如斯御座候、恐惶謹言
四月八日　深堀謙九郎
賢一（花押）

長渕菅右衛門
渡辺五郎右衛門様
追而、御玄関帳書上被差越御側差上申候、以
上
御状致拝見候、脇津波戸方其外御願方ニ付而者、原五郎左衛門殿引請心配相成候半、甲子丸御船釜為仕部出崎相成候ニ付而、忽チ御願方差支候ニ付、何レ卒差繰を以早々引払被呉候通り被及御相談候処、事柄初而之様ニ付、一応出崎諸事佐野栄寿左衛門殿へ引継、追々
殿様御越崎御帰船便ニ而被引払候段約諾相成居候由、惣而同人出立前御内々片山伝七殿を以、波戸方一条被達
上聞候儀有之、右者留主中副嶋左源太殿取捌相成候手筈之処、片山殿取扱方別紙之通り申来り反的一条手を束御運び相付兼、殊ニ
殿様御越崎方御都合有之、当月廿日比ゟ御下向之趣相聞候ニ付而者、夫迄安閑与難被差置、第一

中野殿ニも頃日暫時帰宅又々芸州被相越候趣、旁ニ付、前断釜部込方之儀何レとも差繰を以栄寿左衛門殿江引継、早々帰宿被致呉度、別封を以、原殿へ被御申越候間、我々間ニも出崎、前断之訳砕込候様、依之副嶋殿ゟ之御来状并原殿江之御書通被差越、委細之御書中致承知、謙九郎儀一昨六日出崎、五八郎殿ニも若狭様へ為御伺、同船幸之席一同甲子丸相尋、原殿面会、御懸合之旨を以談込候処、自身ニも懸念被罷在候へとも釜部替方案外手込、殊ニ雨天彼是ニ而隙取、漸明七日ともニ部込相成候見渡ニ付、来ル九日ゟ出立差急き夜を日継帰宅可有之答話相成候条、其御含可被成候、依之同人ゟ之返書別紙段差出不相成候ニ付、我々ゟ右之次第懸合越呉候様口能御座候、此段為御答如斯御座候、恐惶謹言

四月八日

深堀謙九郎

賢一（花押）

長渕萱右衛門

渡辺五郎右衛門様

峰弥次右衛門様

追而、原殿長崎着湊之上為見廻罷越何そ差送候様、御懸合之旨も有之、去ル三日謙九郎出崎、幸、葛網漁事之活魚有之候ニ付、大鯛大魴等取交七尾、蓮薇其外野菜物取集、沢山差送候処、同人始乗組之人々ニも厚礼謝被申述候、此段も御含迄御懸合候、以上

御状致拝見候、先月廿七日立之飛脚ゟ爰許村々引痘冥加銀為替納銀一件、別紙之通被御懸合候処、飛脚之者途中取落候旨ニ而、右連署六角ゟ被入御手、拾イ向ニて開封相成居、旁不埒之次第ニ付、后後之警ニも可相成、右飛脚之者取調子候様、偖又御前書納銀方彼是委曲御紙面之趣承知之、則及手当別紙目割之通引痘冥加銀差越候条、其筋御返納相成候様可被御取計存候、且前断飛脚甚以不埒千万之儀ニ付、早速可取調子

之処、少々取紛候儀有之、未夕軀兼候ニ付、重而可及御左右候

一　御追書拝見、茶深堀運送根居可願取哉、山口嘉藤次江当リ合候様、御紙面之趣致承知候、右者先達而私帰邑中於其許願開相成候様、御在所ゟ貴様迄御懸合相成候通談置候得共、御客方取粉等ニ而其儀間落相成候事与被相考候、就而者最早茶摘之義不遠内仕廻相成候間、右根居旧年之通早急被御願取、永昌江之根手紙も早々差越相成候通被御取計度御座候

一　藤山丈左衛門様其外ゟ茶御頼相成候付、調差越候様、御註文書ニ并金子弐部被差越慥ニ相達、御懸合之趣致承知候、当便迄ハ間合兼候故、期後便候、一体脇方ゟ之茶頼不相好筋々候間、成丈御用捨相成度、其上代銀不差送懸取之頼買入村役間之難題事ニ而尚不相好事ニ御座候

右廉々御答旁取束為可申越如斯御座候、恐惶謹言

四月九日　　多々良平太夫

義鳴（花押）

渡辺五郎右衛門様

追而、本文冥加銀之儀、最前植付候得共、不相感再種之人者両度分相納儀ニ候哉、爰許取立方ニ相拘候条、乍御面倒好生館御聞繕否、可被仰越候、以上

同十一日　晴天

一　御寺勤之人々朝飯後ゟ出張相成候事

一　最前伺置候通、御逮夜御茶講詰中被為拝領候事

一　御両殿様御朦中且御忌明ニ付而者、進上物御割合前納銀相整候様、御進物方ゟ御廻達相成候、左之通

覚

一　正銀壱貫百八拾九匁五分

右者
御両殿様江御朦中、御舫進上相成候御菓子其
外代、別紙売揚前
一　同八百六拾壱匁弐分
右者
御両殿様御忌明ニ付、御舫進上相成候御肴其
外代、右同断
〆正銀弐貫五拾匁七分
右拾七割ニシテ御壱人様前銀百弐拾壱匁充御
納銀可被成候

六角喜左衛門
増田忠八郎

渕井弾助様
古川作左衛門様
大隈新左衛門様
石橋権太夫様
梶原九郎左衛門様
木村新様
古賀七太夫様
相良新左衛門様
江口三左衛門様
峯羽右衛門様
光岡兵左衛門様
高嶋猪七郎様
吉武来助様

猶以御順達早速御納銀可被成候、已上

御親類様　御同格様　御家老様
同御部屋住様　同御部屋住様　御部屋住様

覚
一　正銀六百三拾弐匁弐分　万菊
窓の梅
花の深　三貫三百目
源氏香
其外
一　同六拾九匁六分　明月のまん頭　百六拾ツ
一　同拾匁四分　最中月　六拾枚

一　同五拾弐匁弐分　　関の雪　百弐拾ッ
一　同弐百八拾弐匁　　筋有平
弓津登
壱貫九百五拾匁
早わらひ
一　同拾壱匁六分　　色付ちり桜百弐拾匁
〆正銀壱貫五拾八匁
右銀請取申候、以上
八丁馬場御菓子屋
寅三月　伊兵衛
久(ママ)吉久七殿
嘉村新平殿
覚
三月十一日上リ
御両殿様へ御親類中様始ゟ御家老中様迄
正銀百六拾匁　鯛　尺四寸　五枚
同百五拾匁　くち　七寸　五拾ツ
同八拾八匁五分　伊勢海老　弐拾五ツ
〆正銀三百九拾八匁五分

右銀請取申候、以上
御肴屋
寅三月　五郎右衛門
富吉久七殿　弥兵衛
其御外
覚
正銀百五拾五匁　鯛　尺三寸　五枚
同九拾六匁　鰡　尺七寸　三本
同百五拾匁　くち　八寸　五拾ツ
〆正銀四百壱匁
右銀請取申候、以上
御肴屋
寅三月　五郎右衛門
富吉久七殿　弥兵衛
其御外
覚
白木大形御肴居折弐枚
代正銀六拾壱匁七分
右之通代銀受取申候、以上

寅三月　　桧物屋　徳市
留吉久七殿
嘉村新平殿

覚
干菓子拾五斤入桐箱弐ツ
代正銀七拾四匁
右銀請取申上候、已上
寅三月　　差物屋　和七
右両人殿

覚
大奉書拾枚　内張用
代正銀七匁五分
右銀受取申上候、以上
寅三月　　振〓や　伊助

覚
干菓子箱大居折弐枚
代正銀五拾匁
右之通代銀受取申候、已上
寅三月　　桧物屋　徳一
右両人殿

同十二日　雨天

一　御寺勤之人々早朝ゟ出役相成候事
一　御母堂様ゟ詰中役々御茶講被為拝領候事
一　褒信院様御法事ニ付、諸家御代香并ニ御寺勤
御堂参、左之通
四月十一日
御寺総心遣
担那様御代香請持　　渡辺五郎右衛門
御上様御代香　　永石権作
御寺勤　　高浜貫一郎
若担那様右同
御門番　　御徒　原定一郎
深町与三
御塔前番　　木下勘助
北原重蔵
台子番賄方兼　　野母観之丞

香奠
右同
白麻拾帖
右同

使番御仲間三人
石井平学殿
石川庯三郎殿
石井辰吉郎殿
於清様
相浦平八郎
峯弥次右衛門
峯小五郎
田口亥助
古賀松一郎
馬渡大蔵
江副豹七郎
横尾道碩
川副寿一郎
田代幸之助
大久保大助
香月春陽

重松豊安
重松玄雄
高浜伝之助
大串春嶺
江口龍之介
中原要右衛門
中小性　石丸熊吉

同十二日
御寺総心遣
担那様御代香請持　渡辺五郎右衛門
御上様御代香
御寺勤　堤壮右衛門
御母堂様御代香　峯利兵衛
若担那様右同　峯小五郎
各様方御代香立宿台子　深町与三
御仲間
御一類御組内立宿台子　原定一
御仲間

御門番　木下勘助
　　　　野中喜代作
御寺台子　北原重蔵
台子賄方兼　野母観之丞
御仲間
峯小五郎
田代大九郎
古賀松一郎
江副豹七郎
川副寿一郎
田代幸之助
大久保大助
香月春陽
山田又蔵
高浜伝之助
江口龍之介
中小性　石丸熊吉
宮崎芳兵衛
久保恒三

西久保官三
藤山丈左衛門様
深堀又太郎殿
深堀弁次郎殿
石井豹三郎殿
藤山庸太郎殿
原田清一郎殿
河内様御代香
　白麻拾帖ツヽ　諸嶋儀一郎
於興様御代香　田中十郎右衛門
若狭様御一統様御代香　馬場弥右衛門
鷹之助様右同　宮永安太郎
岡部杢佐殿代香　三嶋七兵衛
多久縫殿殿代香　納富守三郎
〆
上総様御一統様御代香
　白麻弐拾帖　浦田寛作
白麻壱折ツヽ　市川新之允

田中雄七
其外
土山与右衛門
其外
清水良作
其外

一 御野菜御到来之御向々、左之通
御野菜一折ツ、
河内様
若狭様
上総様
豊前様
鷹之助様
石川帍三郎殿
原田大右衛門殿
岡部七之助殿
石隈寿吉郎殿
多久縫殿殿
坂部又右衛門殿

綾部一郎左衛門殿
鍋嶋隼人殿
佐野幸兵衛殿
鍋嶋道太郎殿
成富礼太郎殿
石井平学殿
藤山丈左衛門様
石井清八殿

一 御菓子　二重
右者片田江御屋敷老女御代香之節
一 饅頭　二重
右者久保田御屋敷右同断
一 餅　壱重
右者深江女ゟ
一 饅頭　壱重
右者とも女ゟ
一 御船方より則御用ニ付、高浜貫一郎を以承候処、追々
殿様御越崎之上、御奉行所御勤、御供立之内、

合羽箱其外之者共御雇舸子之内御引揚相成度、先
達而原五郎左衛門殿ゟ五郎右衛門迄演達相成居
候得共、夫ニ不及旨演達之由、引取被申達候事

同十三日　雨天

一　長州御追討ニ付、
公辺ゟ之御書附昨十三日(ママ)大与組頭中様被相渡候
を士与代伊東外記殿御請次、御在所可被差上越
旨ニ而御与扱市川新之允殿持参、被相達候、左
之通

別紙相達候期限ニ至リ万一名代茂不差出候
ハヽ、
御裁許違背よりも其罪重く候ニ付、速ニ御
討入可相成候間、兼而其心得ニ而差図相待
候様可被致候

付紙

四月二日於芸州広嶋小笠原
壱岐守殿ゟ被相達候御書附写三

松平肥前守江

毛利大膳父子
御裁許之儀ニ付、末家毛利左京・毛利淡路・
毛利讃岐并吉川監物、大膳家老宍戸備前・毛
利筑前広嶋表江罷出候様、先達而相達候処、
いまた出芸之模様も不相分候付而者猶又別紙
之通、松平安芸守を以相達候間、此段為心得
相達候

四月

毛利大膳家老
宍戸備後助

毛利大膳・毛利長門并長門惣領興丸江相達候
儀有之候間、来ル廿一日迄ニ広嶋表江可罷出
候、若病気候ハヽ、末家并一門之内為名代可差
出候、右之段早々罷帰大膳始江可申達候

毛利左京
毛利淡路

毛利讃岐
吉川監物

本家大膳父子并長門惣領江申渡旨有之候付、先達而其方江相達候儀有之、広嶋表江可被罷出旨相達置候儀ニ付、若病気候共押而来ル廿一日迄ニ可被致出芸候、尤押而も難罷出候ハヽ、重役之内壱人可被差出候

四月

毛利大膳江
毛利大膳家老
宍戸備前
毛利筑前

右之者共江相達儀有之候間、広嶋表江可差出旨先達而相達置候処、若病気候共押而来ル廿一日迄ニ罷出候様可被申付候

四月

一　来込之飛脚差立、御在所申越候廉々、左之通

一筆致啓達候、長州御追討方ニ付、公辺ゟ之
御書附昨十二日大与組頭中様へ被相渡候旨ニ而、伊東外記殿ゟ其許可差上旨、今十三日被相渡候ニ付、差越候条、御側可被差上候、右御書附御与中へ者写を以拝見有之候通被取計旨候、此段為可申越如斯御座候、恐惶謹言

四月十三日　　渡辺五郎右衛門
田　五八郎様

一筆致啓達候、
褒信院様十七回御忌御法事、十一日ゟ十二日迄無滞御執行被相済候、依之諸家様御代香其外御仕成并ニ御家来御堂参書上差越候条、御側可被差上候

一　追々
殿様御越崎之上、御奉行所御勤、御供立之内、合羽箱其外之者共凡四拾人計、於其許御雇舸子内御引揚相成度段、原五郎左衛門殿ゟ

演達之次第、先達峯為之允含越置候、然末今
十三日御船方呼出ニ而、前断原殿ゟ被相達置
候舸子引揚御雇之儀、夫ニ不及旨演達御座候
間、其御含可被成候

一　諌早御屋敷ゟ長栄院様四十九日御法事、去
八日ゟ九日迄御執行之旨、為御知ニ付、御逮
夜御野菜壱折被差送、御当日御代香被差出、
白麻拾帖御寺納相成候通、
御母堂様相伺、夫々取計候間、右之趣御側可
被仰上候

一　峯小五郎・山本嘉平太当春原田大右衛門様
御上坂御供之節、俄之儀ニ而仕廻方不行届旨
ニ而金五両ツヽ、御取替願出相成、差懸リ候儀
ニ而御勝手方相談シ一先被差出候通取計置
候、然末右返上之儀何分届兼当惑之由ニ而出
切被仰付被下度、別紙之通願出候ニ付、右願
書差越候条、御頭人被仰達、御吟味之否、可
仰越存候
右廉々為可申越如斯御座候、恐惶謹言

四月十三日　　　渡辺五郎右衛門
長渕萱右衛門様
深堀謙九郎様

致追啓候、長州御追討方ニ付、
公辺ゟ之御書附写、当節五八郎殿へ差越申候、
右
御書附之御都合を以ハ只様詰合御手筈ニ付而者
其期ニ至リ
御国御出勢御所置振、
殿中之御都合、原田大右衛門様江御内々御尋申
上候処、一体者当節之御書附面大分詰合、自然
者御出勢之場ニ可相移哉難計ニ付、折角御仕
与、猶又御手配相成義ニ候、併シ是迄之末ニ而
何れ之通移行可申哉、長州遁道之術計有之哉も
難計ニ付、現業相施被置候通ニ而ハ色々御費も
相立候故、今一准一左右迄之処ハ覚悟迄之手心
ニ而御仕与相成義ニ候、惣而中野数馬芸州罷在
義ニ付而者表向之一左右御栄出不相成内、今一

准往者尚又聞合之都合も有之、多分可申来与いつれも差含居候、乍其上含ニも可相成拘筋者早速為知可及間、於
御内輪も格別御費等不相立通り御仕与被成置方ニ者有之間敷哉、尤前断
御書附御承知之上者
御覚悟可相拘ニ付、前度同様
御在勤中なからも其期ニ至り出張可被仰付哉之旨、表向伺出被置方ニ者無之哉、右之亘り者勿論御賢慮可被在哉ニ候得共、御存寄之次第被及
御沙汰義候間、其段申上越候様、御沙汰御座候間、右之趣御側被仰上、御差図之否、可被仰越存候、此段為御懸合如斯御座候

四月十三日　五郎右衛門

菅右衛門様

謙九郎様

追而、本文ニ付而者御朋勢御仕与之内、年内之処、謙九郎殿御病気中ニ付、私御供被仰付置候得共、最早謙九郎殿御供可相成御都合ニ候哉、私覚悟ニ可相拘候間、否為御知相成度
御座候、以上

致追啓候、御与内諸願別紙廉書之通差越候条、
御側被相伺御下知之否、可被仰越候、此段為御懸合如此御座候、以上

四月十三日　五郎右衛門

菅右衛門様

謙九郎様

一　中野忠太夫殿与野崎林右衛門忰改名願壱紙
一　宮崎杢兵衛殿与与代再勤達壱紙
一　合川儀一郎忌明達壱紙
一　原口重蔵殿元組西村五平次跡御切米相続壱括

〆

一　相浦平八郎御暇帰宿ニ付、附状左之通

一筆致啓達候、相浦平八郎義無拠内用有之、帰宿仕度旨ニ而御暇別紙之通願出相成候ニ付、

御母堂様申上、今晩汐ゟ厘外津出船被罷下儀ニ候間、右之趣程克御側可被仰上候、此段為附状如斯御座候、恐惶謹言

四月十三日　　渡辺五郎右衛門

長渕菅右衛門様

深堀謙九郎様

御答書致拝見候、其許村々引痘冥加銀別紙目割書之通被差越、無別条相達申候、右冥加銀再種之人者両度分相納義ニ候哉、其筋聞繕可申旨、何様其取計可致哉ニ候得共、御法事方混雑ニ而当便迄聞合届兼候、併右冥加銀之儀壱人弐匁充ニ而百九拾六人前之儀ニ付而者於其許ニ現人御引合セ相成候ハ丶可申、尤其内ニ田代大九郎悴兄弟迄も相加リ居候義与存候

一　其許出来之茶、深堀運送根居願出置候得共、当便迄御差図之否間ニ合兼候間、重而可及御左右ニ候、惣而当節度直段格別引揚可申都合ニ付、其御心得ニ而代銀註文書一同仕向候様、委細御内書之趣をも致承知、早速触出置候得共、当節迄者註文相避兼候間、爰許ゟ註文迄之処、一切津留被成置度存候

右廉々御再答旁文略如斯ニ御座候、恐惶謹言

四月十二日　　渡辺五郎右衛門

多々良平太夫様

追而、当年ゟ其許津八郎儀御国産方茶小頭被仰付旨相聞候付而者、自然御自分御上下入用茶調度方邪魔相成儀共ニ者無之哉、然節者其筋へ願開可申間、否之趣都合被仰越度御座候、以上

同十四日　曇天昼ゟ晴

一　岡部杢之助殿嫡娘病気之末、死去之段、御内迄使を以為知有之候、左之通

手覚

於万事、病気之末養生不相叶、今酉刻相果申候、此段為御知使申付候

明十五日月次御祝儀、長崎御越ニ付、御帳ニ而被為請候由候条、此段可被御中上候、以上

寅四月

宮嶋寿平
山本伝左衛門
羽室雷助

渡辺五郎右衛門様

同十五日 晴天

一 御武具方ゟ之達帳、左之通

先般御取入相成候エンヒールト銃代銀拝領買被差出置候、右代銀返上之儀頭壱割御益入テ当寅秋ゟ左ニ書載之通、向五ケ年賦返上ニシテ納銀之儀御懸硯方相納候様、被仰付儀ニ候条、旁可被相達候、以上

右之趣承届候、以上

左馬助殿

正銀拾三〆七百七拾弐匁五分弐厘

岡部杢佐

使

一 前断ニ付、従

御母堂様御弔詞御使、堤壮右衛門被相勤候事

一 前断ニ付、法号其外尋遣候、左之通

以手紙致啓達候、然者其御方御凶変ニ付、左之

廉々及御尋候

一 御法号之事

一 御葬式御日刻之事

以上

四月十三日

一 前断死去ニ付、上総様御実姪定式之忌御請被成候段、為知来候、左之通

以手紙致啓達候、岡部杢佐殿嫡女此夜死去ニ付、上総様御実姪定式御忌被相請儀候、此段為御知如斯御座候、以上

四月十四日

渡辺五郎右衛門様

佐々木健蔵

一 請役所ゟ之触状、左之通

右エンヒールト銃拾七挺・剣拾七本
鞘五本・背負皮・捻抜右同断

同十六日　晴天
無事

同十七日　晴天

同十七八日　晴天
一　安房様御病気之末、漸々被御差重候段、為知
来候ニ付、
御母堂様申上置候事
以手紙致啓達候、安房儀病気之末漸々差重候、
此段為御知如斯如斯(ママ衍)御座候、以上
四月十八日　古賀七太夫
渡辺五郎右衛門様

同十九日　晴雨
一　御在所ゟ之飛脚深海ゟ継替今朝汐着船、懸合
来候廉々、左之通
御状致拝見候、御助力米御願済可相成御都合ニ
付、御挨拶御品物差越候様、両度之御懸合致承
知候、然処右御願筋甚以御六ケ敷御都合之処、
伊東外記殿・羽室雷助殿被砕心魂取扱相成候処
ゟ別紙写之通御仕与所御吟味相躰、去ル九日御
当役様御聞届之上、河内様御聞届相済、御蔵方
被差廻候手筈之由、乍其上者坂部又右衛門殿呑
込相成居候ニ付、多分御趣意通御願取可相成候
付而者当秋御願継之糸口差啓候儀ニ付、前条御
挨拶方十分御手重御仕成被置方ニ可有之処、唐
木綿四着物壱端充ニ而者些与手軽、向秋之詮相
立兼可申儀ニ付、極上品八着物壱端充被差送候
様有之度、今又仰合ニ付、尚吟味、波戸方御挨
拶品をも同様ニシテ差越候様、致承知候

一　別紙御吟味書御仕与所ニ而相整候品ニ而外聞等有之候而不相叶ニ付、致其含候様、扨又、原五郎左衛門殿其外御仕成金子之儀、最前者五千疋三千疋之積候処、人々酒食筋等迄手前仕出ニ而深切ニ取計相成来候処、右之分ニ而者余リ勘定過、手軽相見候付、弐拾両五千疋与被相増候付、右之亘リも尚又吟味合候様、御懸合之趣致承知、御頭人相達候処、いつれも其許仰合之通御取計相成度旨ニ付、当節八着物唐木綿拾三反・鰹節拾九連丈長持入組ニシテ差越候条、御改御落手可被成候、此段為御答如斯ニ御座候、恐惶謹言

四月十七日　　深堀謙九郎

長渕菅右衛門

朋致（花押）

渡辺五郎右衛門様

峯弥次右衛門様

追而、本文舸子賃銀願済ニ付而者、爰元在番始御挨拶之儀、其許御打合之末、夫々御仕成相成筈之処、色々都合も有之候ニ付、去ル九日別紙之通被差送候、惣而者御懸合之都合ニ付而者荒増致符合候儀与於爰許者為申合儀ニ御座候、以上

一　呉絽幅連羽織地壱着

一　鰹節壱連　　在番　相良五兵衛殿

但四着物

一　金巾壱端

一　鰹節壱連　　元〆　綾部新五郎殿

但三着物

一　金巾壱端

一　肴一折　　郡目付　大財雄平

一　奥嶋壱端

充

一　肴一折

元〆方手元　千綿作之進

酒井大之助

〆

御状致拝見候、

褒信院様十七回御忌御法事、十一日ゟ十二日迄無滞御執行被相整、依之諸家様御代香其外御仕成并ニ御家来御堂参書上被差越、御側差上置候
一　追々
殿様御越崎之上、御奉行所御勤、御供立之内、合羽箱其外之者共凡四拾人計、於爰元御雇舸子之内御引揚相成候段、原五郎左衛門殿より談達之次第、先達而峰為之允ニ而御含越被置候処、去十三日御船方呼出ニ而、前断原殿ゟ被相達置候舸子引揚御雇之儀、夫ニ不及旨演達有之候間、致其含候様、御懸合之趣致承知候
一　諌早御屋敷ゟ長栄院様御四拾九日御法事、去八日ゟ九日迄御執行之旨、為御知ニ付、御逮夜御野菜一折被差贈、御当日御代香被差出、白麻御寺納相成候通、
御母堂様被相伺、夫々被御取計候由、右之趣御側申上置候
一　前断御法事ニ付、御茶講御野菜一折、豊前様ゟ御使を以御到来ニ付、西御内被差上置候由、是又御側申上置候
一　御組内諸願別紙廉書之通被差越、御側差上、御聞済被成候ニ付、致御返達候
一　高浜貫一郎其元役所見習之儀被仰付旨ニ候条、其段同人可被相達与存候
一　立川悦之助悴作一郎儀文武為稽古其元御屋敷為相詰度、依之塩噌飯料御取替之義別紙之通願出候ニ付而者、自余同様願通御取替被差出方ニ者有之間敷哉之段、御頭人相達候処、願通被差出旨ニ候条、其段同人被相達度存候
一　余条之義者
殿様御越崎ニ付、
担那様御事、御出崎中ニ付、后便及御懸合義ニ御座候
右廉々御答旁為可申越如斯御座候、恐惶謹言
深堀謙九郎
四月十七日　長渕菅右衛門

朋致（花押）

渡辺五郎右衛門様

御状致拝見候、長州御追討方ニ付、

公辺ゟ之　御書附去ル十二日大与組頭中様江

被相渡候旨ニ而伊東外記殿ゟ爰許可差上旨、翌

十三日被相渡候付、被差越候間、御側差上候

様、右

御書附御与中江者写を以拝見有之候通被取計

旨、旁御側申上置候、此段為御答如斯御座候、

恐惶謹言

深堀猪之助（花押）

四月十七日

渡辺五郎右衛門様

追而、本文之次第五八郎ゟ御答可相成之処、

同人儀御暇ニ而其許被罷登候ニ付、拙者ゟ及

御答儀ニ御座候、以上

一　稽古人中於敵操ニ小銃的前稽古被相整候事

一　請役所ゟ呼出御用ニ而被相達候、左之通

当二月朔日神野御茶屋之花見之節御入費銀、御

壱人様まへ正銀弐拾七匁壱分二厘、来廿五日迄

之内御出銅可被成候

河内様

其外様

御名様

一　若狭様御事、長崎御越之末御帰着之由ニ而御

土産御到来ニ付、

御母堂様差上置候事

一　前断ニ付、御着為御歓従

御一家様御肴一折御使を以被差遣候事

一　安房様御事、御病気御差重之段、昨日為御知

相成居候ニ付、

御母堂様ゟ御容子御尋御使被差出候事

同廿日　晴天

一　中小性鳥巣熊之助義文武為稽古罷登候由、今

朝汐上着、附状相達候、左ニ

一筆致啓達候、中小性鳥巣熊之助義、文武為稽古明十八日ゟ其元罷登儀ニ御座候、此段為附状如斯御座候、恐惶謹言
四月十七日　深堀謙九郎
長渕萱右衛門
朋致（花押）
渡辺五郎右衛門様
口達
一　深海村出来立之茶深堀相運度、陸地運送根居願、峯利兵衛を以請役所差出置候、左之通
深堀表之儀地道茶払底之場所柄ニ付、諫早深海村其外出来立之茶弐千斤丈、家来始郷津用として跡方比竟彼地差送度、運送根居被差免被下度奉願候条、何卒願之通被仰付被下度、筋々宜御相達可被下儀深重奉願候、以上
御名内
渡辺五郎右衛門
羽室雷助殿
山本伝左衛門殿
宮嶋寿平殿
一　右之序、山本伝左衛門殿ゟ被相達候者、去三月
担那様為御請番御下向之節、人馬不足ニ付、於諫早ニ一先取替ニ《シテ》相運候ニ付、右賃紛御高札前引合相整候様被仰付度願出候処、御当役志摩様御聞届、御蔵方相廻候処、願通御吟味難被相附旨ニ而差返シ相成候ニ付、致返達候段演達ニ而書附被差返候段、引取被申達候事
一　立川悦之助悴作一郎儀塩噌飯料御取替、願通被仰付候旨、当節申来候ニ付、御勝手方江之懸合、左之通
立川悦之助悴作一郎儀文武為稽古御屋敷被相詰候ニ付、塩噌飯料御取替願出相成、願通被仰付旨御在所ゟ申来候間、其御心得可被成候、此段為御懸合如斯御座候、以上
寅四月　役所
御勝手方様
一　安房様御病気御太切之旨為知来候、贈答左之

通
以手紙致啓達候、安房儀病気之末差重候末及太
切候、此段為御知如斯御座候、以上
四月廿七日
渡辺五郎右衛門様
古賀七太夫
御手紙致拝見候、安房様御事御病気之処、被御
差重候末被及御太切候段、為御知之趣申越ニ
候、此段為御知答如斯御座候、以上
四月廿日
一　若狭様ゟ御使を以、御同人様先般長崎御越ニ
付、於諫早人馬手当方等於爰許御相談相成、
役々彼是心配之旨以、御挨拶与として御樽肴被
為頂戴候事

同廿一日　晴天

一　御与内月次寄会被相整候ニ付、例之通仕与被
差出候事
附リ、本文寄会之儀、廿日定日ニ候得共、
御火術方ニおゐて月之内中十日銃陣仕切稽
古被相整候ニ付、以来廿一日ニ式日定替相
成候事
一　大詫間村龍王社鳥居石橋再建ニ付、御寄附
願、覚養坊ゟ被差出候、左之通
一　峯弥次右衛門儀為御願方被罷登居候末、一先
引払相成ニ付、御在所懸合并ニ附状、同人手覚
廉々左之通
一筆致啓達候、峯弥次右衛門儀為御願方被罷登
候末、御雇舸子賃銀増願偖又御助力米減石増願
之儀夫々願済相成候得共、脇津波止方一条、御
側向碎方之都合、原殿取扱方今少シ者日間も可
相懸旨之処、夏季仕廻方彼是ニ而於内輪難渋之
次第有之義ニ而、当今閑暇之隙帰宿度旨被申
達、今夜汐ゟ厘外津出船被罷下儀ニ候、此段為
附状如斯御座候、恐惶謹言
四月廿一日
渡辺五郎右衛門
長渕萱右衛門様
深堀謙九郎様

手覚

一　昨年拝領買之エンヒルト代銀、当秋ゟ向五年賦返上、別紙之通被仰付旨、御武具方ゟ被相達候ニ付、其筋可被相達置度事

一　安房様御病気之末漸々被御差重候段、去十八日彼御用人ゟ為知来、其末同廿日御太切之段、別紙之通為知来候ニ付、御母堂様申上、御容子御尋御使被差出候通取計置候、就而者追々御死去之旨御知可相成ニ付、乍其上御葬式其外之節御代香等之御仕成振

御母堂様申上、夫々可取計間、旁之趣御側可被仰上候

一　爰許役所見習之内、江口小平太引払被仰付、跡代高浜貫一郎江被仰付候旨申来候ニ付而者、御当介之儀、小平太同様可被仰付哉之事

一　大詫間龍王社華表并橋再建方案外之入費共ニ付、何程歟御寄附被成下度段、同村ゟ歎願之旨、覚養坊ゟ別紙之通願出候、右御宮前方ゟ御由緒之訳を以、為御寄附其外毎々御仕成来も有之由ニ付而者、当節迚も願出之末、空難被閣ニ付、金子弐千疋歟三千疋歟程者御寄附相成方ニ者有御座間敷哉、尚御吟味相成度事

右廉々委細致御談候通御頭人被仰達、夫々御取計可被成候、以上

四月廿一日　　渡辺五郎右衛門

峯弥次右衛門殿

以手紙致啓達候、安房病気之末養生不相叶、今暮六ツ時致死去候、此段為御知如斯御座候、以上

四月廿一日　　古賀七太夫

渡辺五郎右衛門様

御手紙致拝見候、安房様御病気之末、御養生不被為叶御死去被成候段、為御知之趣申越義ニ候、此段為御答如斯御座候、以上

四月廿一日

古賀七太夫様　　渡辺五郎右衛門

以手紙致啓達候、其御方御凶変ニ付、左之廉々
致御尋候
一　御法号之事
一　御出棺御日刻之事
一　御出棺
一　御道筋之事
一　御寺之事
一　御葬送御日刻之事
以上

四月廿二（ママ）日

一　右返答為知来候、左ニ
但此返答御出棺後知セ来候付、跡打相成候
ニ付、辻固等之御仕成無之候事

御手紙致拝見候、此方凶変ニ付御尋之廉々左
一　法名　文昭軒清蔭大庇居士
一　入棺　今夜五ツ時
一　出棺　右同四ツ時半時
一　寺　須古陽興寺
一　道筋　西御門中小路十五縄手
一　中陰　葬送相決候上可及御左右候
此段為御答如斯御座候

四月廿一日

渡辺五郎右衛門様　　古賀七太夫

一　今夜八ツ時半頃、安房様御死去ニ付、伺
御機嫌、触来候、左之通
安房殿病気之処、今廿一日御死去ニ付、御親類
御同格御家老中様則
御城御出仕、
上々様江御機嫌相伺候様
一　右同断ニ而御女中様御隠居様御母儀様方ゟ
御使者被差出候様
右之通可被御申上候、以上

寅四月　　宮嶋寿平
山本伝左衛門
羽室雷助

渡辺五郎右衛門様

一　請役所ゟ則御呼出ニ而御穏便其外被相達候、
左之通
安房殿病気之処御死去ニ付、則ゟ廿三日迄日数
三日御領中謡乱舞鳴物作事御停止被仰付候旨、
御当役御申候、以上
寅四月　　三人
右之趣承届候、以上
安房殿御死去ニ付而停止之儀、来廿四日ゟ被差
免儀ニ者候得共、来月廿四日迄ハ
御両殿様御忌日数ニ付、相慎罷在候様
此段筋々懇ニ可被相達候、以上
三人
右之趣承届候、以上
一　右ニ付、
御上様
御母堂様ゟ之伺御機嫌御使者左之人々被相勤、
御帳場御目附久保六郎助殿被相達置候事
附リ
担那様ゟ者御承知之日積を以御使者被差出候事

御名妻使者　堤壮右衛門
御名母使者　峯利兵衛
一　前断御穏便ニ付、詰中触達、左之通
安房殿病気之処御死去ニ付、則ゟ廿三日迄日数
三日御領中謡乱舞鳴物作事御停止被仰付候旨、
御当役御申候、以上
寅四月　請役所
安房殿御死去ニ付而停止之儀、来廿四日ゟ被差
免義ニ者候得共、来月朔日迄者
御両殿様御忌日数ニ付、相慎罷在候様与有之候
条、此段筋々[redacted]懇ニ可被相達候、以上
右同
右之通請役所ゟ被相達候ニ付、其御心得可被成
候、以上
寅四月　役所
詰中
追而、御仲間以下々々江者懸リ々々ゟ可被相
達候

同廿二日　晴天

一　安房様御死去ニ付、従
御母堂様ゟ之御弔伺御使、平川大助被相勤候事

一　安房様御死去ニ付、大炊助様其外御忌請為御
知贈答、左之通
以手紙致啓達候、然者安房様今日御死去ニ付、
大炊助殿父母伯父之縁ニ候得共、他家相続ニ
付、定式半減之忌被請候、此段為御知如斯御座
候、以上
　　　四月廿一日
　　　　　　　　　　　　　　　松瀬作兵衛
　　渡辺五郎右衛門様　　古川作左衛門
以手紙致啓達候、然者安房様御病気之末御養生
不被相叶、今廿一日御死去有之、乾一郎母方伯
父之縁ニ付、定式服忌相請儀ニ候、此段為御知
如斯御座候、以上
　　渡辺五郎右衛門様　　木下忠左衛門
以手紙致啓達候、然者安房様御死去ニ付、於伝
殿祖父之縁柄ニ付、定式之忌被相請儀候、此段
為御知如斯御座候、以上
　　　四月廿二日
　　渡辺五郎右衛門様　　大隈新左衛門
御手紙致拝見候、安房様御死去ニ付、大隅様定
式半減之御忌御請被成候段、御紙面之趣申越義
ニ御座候、以上
　　　四月廿一日
　　吉武来助様　　　　　渡辺五郎右衛門
御手紙致拝見候、安房様昨廿一日御死去ニ付、
孫四郎様御伯父之御縁続ニ而定式半減之御服忌
御請被成候段、御紙面之趣申越義ニ候、此段為
御答如斯御座候、以上
　　　四月廿二日
　　永松五郎右衛門様　渡辺五郎右衛門
御手紙致拝見候、・・・・・・・・・・・
安芸様　・・・・・・・・・・・・・已上
　　溝田新助様　　　　渡辺五郎右衛門
以手紙致啓達候、安房様御死去ニ付、大隅儀定

式半減之服忌相請儀ニ候、此段為御知如斯御座
候、以上
四月廿一日
渡辺五郎右衛門様　　吉武来助
以手紙致啓達候、安房様御死去ニ付、孫四郎伯
父之縁続ニ付、定式半減之服忌相請義ニ候、此
段為御知如斯御座候、以上
四月廿一日
渡辺五郎右衛門様　　永松五右衛門
御手紙致啓達候、安房様御死去ニ付、大炊助様
御伯父之続ニ候得共、他家御相続ニ付、定式半
減之御服忌御請被成候段、御紙面之趣申越義ニ
候、此段為御答如斯御座候、以上
四月廿二日
松瀬作兵衛様
古川作左衛門様　　渡辺五郎右衛門
御手紙安房致拝見候、安房様御死去ニ付、於伝
様御祖父之御縁柄ニ付、定式之御忌被成候段、
御紙面之趣申越義ニ御座候、已上
四月廿二日
大隈新左衛門様　　渡辺五郎右衛門
御手紙致拝見候、安房様御病気之末御養生不為
叶御死去有之、乾一郎様御母方御祖父之御縁ニ
付、定式之御服忌御請被成候段、御紙面之趣申
越義ニ御座候、此段為御答如斯御座候、以上
四月廿二日
一　御番方ニ付、被渡下候御助力米、去夏半高被
相減置候旨相達之末、打追被差出被下度段、是
迄再往歎願之処、今日請役所呼出ニ而願通被仰
付旨、達帳を以被相達候、左之通
一　左馬助殿御番方家役之処、追年御手配増相
成、家来扶助等届兼候処ゟ御助力米弐百石充
去ル酉年ゟ五ケ年之間被差出旨、被相達候
を、御仕組ニ付、去夏半高被相減候処、諸手
配偖又戦具之手当等不行届ニ付、打追之通弐
百石ツヽ被差出度、委細彼家来ゟ願出之趣、
御当役御聞届、一般之仕組ニ付而ハ吟味難被
相付、併去秋献米甘被仰付候得共、兼而三ケ

ニ被相甘置候ニ付而ハ自余ゟ者甘米相減、殊ニ右家之儀者諫早家ニも不相並大番頭之家柄ニ付而者、別段之訳合を以半高被相甘、米百石去丑秋被差出儀ニ候条、此段筋々可被相達候、以上

寅四月廿二日

一 茶運送根居、御当役御聞届、願通被差免、請役所ゟ小物成所江之懸合手紙被相渡候ニ付、写置候、左ニ

茶弐千斤、諫早深海村其外深堀運送被差免度、左馬助殿家来ゟ願之趣、御当役御聞届、如願被差免候条、可被得其意候、以上

四月廿二日

松永卯右衛門様　羽室雷助
渡辺善左衛門様　山本伝左衛門
副嶋左源太様　宮嶋寿平

以手紙致啓達候、然者安房殿昨廿一日御死去ニ付、安芸殿実伯父之縁続ニ付、定式半減之忌被相請義ニ御座候、此段為御知如斯御座候、以上

四月廿二日

渡辺五郎右衛門様　溝田新助

一 御与内於御火術方銃陣仕切稽古被相整、出席度数書上、且来廿七日於同断調練場小銃的前稽古放出被相整候由ニ而仕与事有之、文武方其外被罷出懸合所望ニ付、例之通被差出候事

同廿三日　晴天

一 茶運送根居願之義、願通被差免候ニ付、諫早俵銭方江之根手紙被差出度、平川大助を以願書差出候、左之通

口達

深堀表之儀、地行茶払底之場所柄ニ付、諫早深海村其外ゟ弐千斤丈彼地江陸地運送根居之儀奉願候処、願通被差免候、就而者運送之時々諫早於俵銭方御手数可奉願候条、同所江之根手紙被差出被下度、此段御達仕候、以上

──内
寅四月廿三日　　渡辺五郎右衛門
松永卯右衛門殿
渡辺善左衛門殿
副嶋左源太殿

同廿四日　晴天

一　安房様御死去ニ付、
担那様御忌請之儀、当時
御在勤中ニ付、御承知之日積を以、今日請役所
御進物方御目附方御達取計候、左之通

手覚
安房様御病気之末、去ル廿一日御死去有之、左
馬助伯父之縁ニ付、定式半減之忌相請申候、以
上
左馬助内
寅四月　　渡辺五郎右衛門

口達
安房様御病気之末、去ル廿一日御死去有之、左
馬助伯父之縁ニ付、定式半減之忌相請申候、此
段御達仕候、以上
──内
寅四月　　渡辺五郎右衛門
増田忠八郎殿
六角喜左衛門殿

口達
安房様御病気之末、去ル廿一日御死去有之、左
馬助伯父之縁ニ付、定式半減之忌相請申候、此
段御達仕候、以上
──内
寅四月　　渡辺五郎右衛門
羽室雷助殿
山本伝左衛門殿
宮嶋寿平殿

一　前断御達之次第
御内申上、御一類方為御知、左之通
書上

安房様御死去ニ付、
担那様定式半減之御忌御引入、
御書附今日被差出候、此段申上候、以上
　四月廿四日
以手紙致啓達候、安房様御病気之末、御死去有之、左馬助伯父之縁ニ而定式之忌相請申候、此段為御知如斯御座候、以上
　四月廿四日　渡辺五郎右衛門
　渕井弾助様
　松瀬作兵衛様
　古川作左衛門様
　大隈（ママ）新右衛門様
　溝田新助様
　佐々木健蔵様　御両敬
　弥永三右衛門様
　木下忠左衛門様
　吉岡仁右衛門様
　永松五右衛門様
　吉武来助様

江村岡之允様
高嶋猪七郎様
石　左近様
原　大右衛門様
鍋　隼人様
岡　杢之佐様
坂　又右衛門様
　御小性中様
以手紙致啓達候、・・・・・・・・・・・・・・・・
已上
　渡辺五郎右衛門
岡部七之助様
有田亀之助様
御両敬
深堀又太郎様
深堀弁次郎様
石井清八様
石井平学様
綾部一郎左衛門様

藤山丈左衛門様
佐野又四郎様
石川虎三郎様
石隈寿吉郎様
市川新之允様

一　前断御忌請ニ付、詰中伺
御機嫌触達、左ニ
安房様御病気之末、去ル廿一日御死去ニ付、
担那様御忌被為請候、依之御機嫌可相伺与相談
候条、則役所御出、御帳場御釣合可被成候、以
上

役所
詰中

一　御両殿様御忌中ニ付、伺
御機嫌之儀、
担那様御在勤中ニ付、
御承知之日積を以、今日御使者被(ママ)永石権作被相
勤、当番御目付渡辺善太夫殿へ被相達置候、左
之通

手覚
安房様去廿一日御死去之■段、於深堀ニ承知仕
候、依之為可奉伺
御機嫌差上使者候

左馬助使者
永石権作

一　安房様御死去ニ付、監物様御忌請之旨、為知
来候、左之通
安房様御死去ニ付而監物伯父之縁ニ付、定式之
忌相請候、此段為御(ママ)答如斯御座候、以上

四月廿三日

渡辺五郎右衛門様　光岡兵左衛門

一　田代幸之助拡充局出席願、左之通

口達
此方家来田代幸之助儀、当年拾八歳罷成候付、
学館入学、拡充局出席為仕度奉願候条、此段支
所無御座候ハヽ、願之通被仰付被下候様、筋々宜
御相達可被下儀深重奉願候、以上

御名内

寅四月　　　渡辺五郎右衛門
小代兵右衛門殿
米倉重作殿
相良平作殿
副嶋嫌（ママ）助殿
一　伊豆様ゟ御使を以被仰進候ハ今晩ゟ文昭軒一
七日逮夜ニ相当候ニ付、御茶講之印迄御野菜一
折差遣候、尤最前表向ハ廿一日死去之旨及御知
置候得共、実者十九日死去罷在候故、明日一七
日相当旨口能之由ニ付、旁之趣、
御母堂様申上、御野菜をも差上候事
一　前断御仏事ニ付、従
御一家様御野菜一折被遣候通
御母堂様相伺、御使を以被進候事

同廿五日　晴天

一　稽古人中於敵繰小銃的前稽古被相整候事
一　担那様御忌請為御知之向々ゟ返答申来候、略
之
一　文昭軒様御法名御改号之旨、為知来候、左之
通
以手紙致啓達候、此方凶変ニ付、最前御尋之廉
之内、法号文昭軒清蔭大庇居士与為御知置候得
共、都合有之、今又昭之文字を成ニ相替、文成
軒与相改申候、此段為御知如斯御座候
四月廿五日
渡辺五郎右衛門様　　古賀七太夫

同廿五（ママ）日　晴天

一　御助力米願并御雇舸子賃銀増願いつれも願通
相済候ニ付、為御挨拶書載之通御役々へ御使を
以被差遣候、左之通
但杉原水引結
一　八着物唐木綿　壱反ツ、
一　鰹節　壱連ツ、
原田大右衛門様

伊東外記殿
坂部又右衛門殿
深江助右衛門殿
羽室雷助殿
藤瀬孫太郎殿
八戸彦兵衛殿
但渡辺五郎右衛門ゟ奉札付、年々被差贈候事

一 油　壱荷　　　羽室雷助殿

一 銘酒　壱陶

一 鰹節　壱連　ツ、　　山本伝左衛門殿
　　　　　　　　　　　宮嶋寿平殿

此両人手札無之、御使御口上ニ而御助力
米願方ニ付而彼是御心副之段■承知致シ
忝存候、右御挨拶両種差遣候
御使手札左之通

御助力米■并舸子 賃銀増願方ニ付、彼是 彼是(ママ衍カ)御心副被下忝 存候、右為御挨拶両種差遣候 　　　　　　　　御名使

一 今夕御在所ゟ宗門地帳仕登せ相成由ニ而、飛
脚御仕登せ相成候由ニ而、飛脚附状、左之通

同廿七日　晴天

一 御助力米■二百石之儀、去夏御仕与依リ半高
被相減旨被相達候ニ付、是迄再往願出之末、漸
頃日相啓、願通被差免旨、請役所ゟ被相達候ニ
付、右御助力米与去秋献米秋納分御引合被下
度、御蔵方願出候、左之通

一 筆致啓達候、宗門地帳差登相成候付、来込之飛
脚差立申候

一 御当役様江之御答書一差越候条、彼御方可被

相達候、此段為可申越如斯御座候、恐惶謹言

深堀謙九郎

四月廿四日　賢一（花押）

長渕菅右衛門

渡辺五郎右衛門様

口達

御番方御手配増ニ付、去酉年ゟ向五ケ年之間、御助力米弐百石ツヽ、被渡下旨、最前被仰付置候末、去夏御仕与ニ依リ、半高被相減旨被仰達候得共、家役之勤向家来扶助彼是届兼、難渋之次第奉願候処、格別之訳を以、右半高被相甘旨蒙御達候ニ付而者、去丑秋分米弐百石被相渡被下度奉願候、惣而去秋左馬助ゟ差上候献米之儀、村々抜穂シ勝ニ而性合悪敷、現米相備候通無御座ニ付、右被相渡候米弐百石之内、秋納百六拾六石三斗八升三合四杓御引合被下、残米三拾[redacted]三石六斗壱升六合六杓丈現米ニ而被相渡被下候様、旁奉願候条、何卒願之通被仰付被下候様、

筋々可被下（ママ相達脱カ）儀深重奉願候、以上

――内

寅四月　渡辺五郎右衛門

藤瀬藤太郎殿

其外

覚

一　赤米四拾九石九斗壱升五合

一　白米百拾六石四斗六升八合四杓

〆米百六拾六石三斗八升三合四杓

一　米弐百石

内

丑秋献米秋納

米百六拾六石三斗八升三合四杓

残米三拾三石六斗壱升六合六杓

以上

一　今夕汐来込之飛脚差立、御在所并ニ深海在役

多々良平太夫江之懸合、左之通

一筆致啓達候、安房様御病気之末、御太切之次第、弥次右衛門殿御下之砌、御含越之通ニ候、

然末去ル廿一日暮六時御死去之段為御知相成、追々大炊助様其外諸家様御忌請之御向々別紙之通為御知ニ付、御仕成振等
御母堂様申上、夫々取計申候、右ニ付、請役所御停止触其外別紙之通被相達候ニ付、
御城江伺御機嫌
御上様
御母堂様ゟ之御使者堤壮右衛門・峯利兵衛相勤被申、御帳場御目附久保六郎助殿被相達置候、担那様ゟ之御使者、御承知之日積を以、去廿四日永石権作被相勤、当番御目附渡部善太夫殿へ被相達置候、請役所御進物方御目附方江之御忌請御達も同日差出、左候而纔之御忌日数ニ付、御月代偖又番船方白帆方勤御家来月代等之儀、別段不伺出、打追御心得之段、演達を以申達置候間、旁之趣御側可被仰上候、此段為可申越如斯御座候、恐惶謹言

渡辺五郎右衛門

峯弥次右衛門様
長渕萱右衛門様
深堀蔵人様

追而、本文御忌請ニ付、詰中伺
御機嫌書上扱又御玄関帳書上差越候条、御側可被差上候、以上

一筆致啓達候、其許村々出来立之茶、陸地運送根居弐千斤丈跡方比竟其筋願請、御小物成所ゟ永昌俵銭方江之根手紙をも受取之、当節差越候条、其筋可被相達存候、此段為御懸合如斯御座候、恐惶謹言

四月廿七日　渡辺五郎右衛門

多々良平太夫様

追而、御番方御助力米願筋漸相啓候ニ付、右米津廻リ根居弐百石丈[redacted]其許場所替願啓可差越哉、先達而ゟ御贈答之末ニ付、致御尋候間、否可被仰越存候、以上

致追啓候、御番方御助力米願、弥次右衛門殿御

下後、去ル廿二日、別紙之通、達帳相成候ニ付、差付御挨拶可取計之処、安房様御死去ニ付、御忌明之上、昨廿六日御使を以最前仰合之通、夫々被差送候通取計申候、此段為御懸合如此御座候、以上

一　御与内櫛山弥助殿縁与願并中野忠太夫殿与手明鑓田中武右衛門忰組出願、出浮候ニ付、差越候条、御聞済之否、可被仰越存候、以上

五郎右衛門

三人様

一　御与内侍手明鑓中於調練場小銃的前稽古被相整候ニ付、最前御与扱市川新之允殿へ相談之通、幕・薄べり其外用意、台子番野母観之丞・御仲間・手男今朝暁六ツ時ゟ同所差遣候処、夕七ツ時半頃相済候旨ニ而、跡仕廻彼是延引、暮比何れも罷帰候事

同廿八日　晴天

一　綾部三左衛門様御事、明廿九日より五卿為守護宰府御越之旨ニ付、御仕成振、御母堂様相伺候処、伺通取計可然旨被仰出候ニ付、御肴壱折被差遣候、御使高浜貫一郎被相勤、尤御使口上左之通

三左衛門様御事、五卿為守護昨今廿九日ゟ宰府御越之旨承知いたし御苦労之御事ニ存候、全体致御招御離盃等可相整之処、留主中与申、近来不勝ニ有之其儀不任心候、依之乍些少御歓之印御肴壱折差遣候、

伺書之儀伺留書ニ有リ略ス

同廿九日　晴天

無事

大尾

校注（数字はページ数）

43上表紙　御在佐嘉　この時期、左馬助は深堀にあって長崎港警備勤番中であった。「御在佐嘉」とするのは誤り。外表紙（口絵参照）には「御当番在勤中」とある。なお「白帆注進外国船出入注進三」に「同（慶応二年三月）九日、鍋嶋左馬助殿為出小城船手出立」とあり、一四日には「左馬助殿御奉行所御勤有之」とある（『佐賀県近世史料第五編第二巻』三三五〜六頁）。

43上　与兵衛　多久茂族。親類同格。佐賀藩多久領邑主。

43上　ボードヘン　ボードウィン。A.F.Bauduin　オランダ出身の医師。一八六二年来日し長崎小島養生所の教頭となり蘭医学を教授。

43下　御進物方　佐賀藩の御側役所。贈答ほか大名家との交渉を掌る。

44上　為石津　肥前国高来郡為石《ためし》村（現長崎市為石町）。深堀領。地米八八石三斗九升八合。

44上　羽室雷助　佐賀藩士。物成一六五石。請役所附役。

44下　古賀源四郎　佐賀藩士。扶持米一三石四斗。

44下　交肴　まぜざかな。祝儀のとき贈答する数種の鮮魚。タイ・サワラ・エビなど季節により適宜の魚を三種・五種・七種使用。

44下　種香院　円応寺過去帳に種香院は見当らず。ただし万延元年四月五日没の種真院殿芳室貞香大姉がある。武雄鍋島茂順の男信明室・於岑（以上、円応寺西海住職のご教示による）。深堀鍋島茂辰室幹《より》の兄嫁にあたり、かつ当年が七回忌。種真院の誤記であろう。一〇日条深堀からの返書（五九頁）には種真院とある。

44下　円応寺　武雄市にある曹洞宗寺院。武雄鍋島家の菩提寺。

45上　御母堂様　深堀鍋島茂辰の室幹（寛政二〜明治二）を指す。武雄鍋島茂順の娘。左馬助の実祖母。左馬助は父茂勲の早世により祖父茂辰の養子として家督を相続したため実祖母の幹は養母にあたる。左馬助の生母区《まち》（九代藩主斉直女）はすでに弘化三年五月に卒去。

45上　白麻　はくま。紙の異称。

45上　褒信院様　深堀鍋島茂辰。左馬助の祖父。嘉永三年四月一一日没。法名褒信院殿賢徳日量大神儀。

45上　御茶講　法要のための集会会食。茶講の原義は茶を飲みに集まる人々の会合。

45下　担那様　左馬助茂精のこと。『日記』では「担那」の表記が用いられている。

45下　**御上様**　おかみさまと訓むか。左馬助室富喜（初め筆）。天保九～明治六。白石鍋島直喬の次女。

45下　**饗留花　饗菓子**　饗は供に同じ。供える。

45下　**溝口紙**　筑後溝口村で漉かれた書写用の和紙。

46上　**杉原**　杉原紙。播磨杉原谷原産の和紙。奉書紙より薄く柔らかい。

46上　**常照院**　佐賀市本庄町にある日蓮宗寺院。石井一族の菩提所。深堀鍋島氏の初代茂賢は石井氏の出身。

46上　**浄円寺**　佐賀市本庄町にある日蓮宗寺院。

46上　**妙玉寺**　佐賀市本庄町にある日蓮宗寺院。深堀鍋島家菩提寺。

47下　**袴着限**　袴の着用を許された者のみ。足軽には袴着用が許されないなど袴は諸士の身分表象とされた（磯田道史『近世大名家臣団の社会構造』文庫版七八頁）。

47下　**河内**　白石鍋島直暠。親類家。白石領邑主。母は深堀鍋島茂辰の嫡娘絢（産母正室幹）。河内と左馬助とはいとこにあたる。さらに左馬助室富喜（筆）は河内の妹。

47下　**若狭**　村田政矩。親類家。久保田領邑主。実は茂辰二男（産母正室幹）。左馬助には叔父にあたる。

47下　**上総**　武雄鍋島茂昌。親類同格家。武雄領邑主。

47下　**豊前**　諫早一学。親類同格家。諫早領邑主。

47下　**安房**　須古鍋島茂真。親類同格家。須古領邑主。前藩主直正の庶兄。請役。

47下　**鷹之助**　鍋島主水家一〇代当主。諱未詳。家老家。大組頭。

47下　**石井左近**　実名孝祖。着座家。物成五〇〇石。大組頭。実は茂辰三男袈裟八郎（産母正室幹）。左馬助には叔父にあたる。

47下　**原田大右衛門**　実名種賛。着座家。物成二五〇石。大組頭。実は茂辰四男順吉郎（産母正室幹）。左馬助には叔父にあたる。

47下　**佐野又四郎**　佐賀藩士。物成一八七石五斗。茂辰四女益千代の夫。

47下　**藤山丈左衛門**　藤山寛太（貫房）カ。藤山貫房は茂辰五男雄三郎、藤山内蔵允貫貞に養子。

47下　**石隈寿吉郎**　茂辰六男虎三郎の子カ。虎三郎は石隈五郎左衛門の養子となるも万延元年没。

47下　**綾部一郎左衛門**　佐賀藩士。実名幸教。物成一八三石五斗。茂辰七男鹿之助（のち三左衛門幸煕）の養親。

48上　**鍋嶋隼人**　佐賀藩士。実名忠房。着座家。物成三七〇石。
48上　**深堀又太郎**　佐賀藩士。実名祐道。物成二三〇石。左馬助組。慶応四年七月野州にて戦死。
48上　**深堀弁次郎**　佐賀藩士。物成一二五石。左馬助組。
48上　**石井平学**　佐賀藩士。物成一二〇石。
48上　**岡部杢佐**　佐賀藩士。実名重安。着座家。物成五〇〇石。大組頭。
48上　**有田亀之助**　佐賀藩士。物成二七五石。母茂辰養娘。
48上　**坂部又右衛門**　佐賀藩士。実名明矩。着座家。物成四〇〇石。大組頭。
48上　**多久縫殿**　佐賀藩士。実名安美。物成二〇〇石。大組頭。
48上　**深海**　ふかのみ。高来郡深海村（現諫早市高来町）。深堀領。地米一四三石二斗四升七合。
48下　**郡方**　佐賀藩で農村支配を担当する役所。
49上　**三御丸**　隠居した直正が居住。直正は文久二年一一月隠居して閑叟と号した。
49上　**五八郎**　田代五八郎。深堀鍋島家の在所家老のひとり。
49下　**六角**　長崎街道六角宿。現佐賀県杵島郡白石町。
49下　**調子**　この二文字で「しらべ」。調べること。
50上　**西御内**　左馬助祖母幹の部屋か。ここでは幹を指すか。
50上　**根居**　「ねすえ」と訓むか。予め運送などの限度を定めて許可発給する書面の意か。本件史料には以下頻出するが、文献などの解説は未見。
50上　**石炭御仕組方**　佐賀藩の役所。石炭に関することを掌る。
50上　**高嶋**　深堀領。現長崎市高島町。石炭を産出した。
50上　**山代**　小城藩領山代郷。現伊万里市。石炭を産出した。
50下　**打追**　もとのまま。従来。
50下　**高岸兵次**　佐賀藩士。切米二〇石。
50下　**石隈兵之助**　佐賀藩士。扶持米二七石。
51上　**香焼**　こうやぎ。彼杵郡香焼村（現長崎市香焼町）。深堀領の島。地米六六石三斗六升。石炭を産出した。また佐賀藩の長崎港警備のため香焼詰番士が詰めた。
51下　**長栄院**　諫早茂孫。一四代諫早領主。慶応二年二月二〇日没。法名長栄院殿無敵高健大居士。
51下　**天祐寺**　諫早市にある曹洞宗寺院。諫早家菩提寺。
51下　**三ツ溝**　三溝村。佐賀郡神野村の枝村。本藩領。現佐賀市。
51下　**大興寺**　佐賀市にある黄檗宗寺院。諫早家菩提寺。
52上　**上飯盛村**　かみいさかい。佐賀郡。本藩領。現佐賀市本庄町。
52下　**岡部七之助**　佐賀藩士。『鍋島直正公伝』第二編一八二頁によると着座家、二五〇石。
53上　**市川新之允**　佐賀藩士。切米二〇石。左馬助組。
53上　**石井清八**　佐賀藩士。物成二五石（内加米五石）。左馬助組。
53上　**勘忍**　堪忍番。すすんで奉仕的に行う当番のこと。
53下　**一永石権作儀**　おそらくこの項から七日の記事。原文は前条に続けて記載。原文「同七日」を脱漏か。
53下　**地道**　平素。地行。
54上　**厘外**　りんげ。厘外津。本庄江と本庄川の合流点付近に位置。諫早への海路の船着き場があった。ここには深堀家の屋敷もあった。
54上　**定銀**　藩札のこと。これに対し全国に通用する銀貨幣は正銀という。
54上　**躽之末**　躽は「すくみ」と読み、正味の意（城島正詳『佐賀藩の制度と財政』一五三頁）。ここでは完遂する、きちんと始末するなどの意。
54上　**都合**　ぐあい。状況。状態。事情。
54上　**申砕**　砕くは了承する。申し砕くは詳細に説明して了承を求めるの意か。
54下　**脇津**　高来郡御崎村の枝村（現長崎市脇岬町）。深堀領。船出入の津として重視された。
54下　**原五郎左衛門**　佐賀藩士。実名誠一。切米三五石。深堀鍋島家の立入を務めた。
54下　**畳置**　心の中で承知しておく。胸にたたんでおく。
54下　**出崎**　長崎へ行くこと。長崎に出張する。
55上　**伊東外記**　伊東次兵衛。佐賀藩士。実名元重。切米一五〇石（内加米九五石役米一五石）。文久二年左馬助組士組代。なお『幕末伊東次兵衛出張日記』（佐賀県近世史料第五編第一巻・第二巻）参照。
55上　**深江助右衛門**　佐賀藩士。実名種忠。物成一五〇石（内加米九〇石）。士組代。
55上　**山本伝左衛門**　佐賀藩士。物成一三〇石。
55上　**宮嶋寿平**　佐賀藩士。切米二〇石。

55上　**藤瀬孫太郎**　佐賀藩士。切米五〇石。

55上　**八戸彦兵衛**　佐賀藩士。物成二五石。

55下　**中野数馬**　佐賀藩士。実名匡明。物成二五〇石。請役相談役。維新後は参政。

55下　**横尾文吾**　佐賀藩士。切米二五石。深堀鍋島家の立入を務めた。

55下　**渡辺善左衛門**　佐賀藩士。扶持米二八石八斗。

55下　**松永卯右衛門**　佐賀藩士。切米一〇〇石。

55下　**副嶋左源太**　佐賀藩士。切米二〇石。

56上　**但右両人ゟ尤有り品**　不詳。この部分解読誤りカ。原文写真。

56上　**皿紗**　更紗。人物・鳥獣・草花などの模様を種々の色で染めた綿布。江戸時代、インド・ペルシア・シャムなどから渡来。

57下　**大詫間村龍王社**　佐賀郡大詫間村は寛永年間に佐賀城下の豪商武富家が泥土地に搦五〇町を築いたもの。二五町は佐賀藩に二一町は深堀家に献上された（のち深堀家から藩に返上）。元和九年鍋島勝茂が深堀鍋島茂賢に命じてこの地の干潟に龍王の神祠を建立させたという。

57下　**戸町**　彼杵郡戸町村（現長崎市）。始め大村藩領、安政四年からは幕府領。なおこの幕領戸町村の南隣、深堀領小ヶ倉村の北部にも幕領戸町村とは別に深堀領戸町村があった。

57下　**北嶋与左衛門**　佐賀藩士。「文久元年外様役料帳」御境目方に名前がみえる。

58上　**小ヶ倉村**　彼杵郡のうち。現長崎市。深堀領。地米二二石二升二合。

58上　**幾々**　いくいくと。幾つも幾つも。たくさん。

58下　**評定所**　佐賀藩外役役所。裁判を扱う。盗賊方・抜荷改方を管轄。

59上　**石井平九郎**　佐賀藩士。物成六〇石。

59上　**福地彦太郎**　佐賀藩士。切米三五石四斗。

60下　**甲子丸**　佐賀藩軍艦。元治元年イギリスから購入。鉄製スクリュー蒸気船。

60下　**釜**　ボイラー。

60下　**部**　はまる。佐賀方言。従事する。担当する。一所懸命に励む。

60下　**佐野栄寿左衛門**　佐野常民。佐賀藩士。切米七〇石。佐賀藩の艦船製造と海軍軍人養成に尽力。のちに日本赤十字社を創設。

60下　**殿様**　佐賀藩主鍋島直大。

60下　**御越崎**　殿様が長崎に御越しになること。
60下　**片山伝七**　佐賀藩士。切米四五石。
60下　**反的**　たんてき。端的。早速。すぐさま。
61下　**大魴**　かがみ鯛。魴、原文は魚偏に房。
61下　**后後**　向後。今後。
62上　**躸兼**　すくみかね。完了しかねる。躸は佐賀方言、すくむ、すくみ。
62上　**永昌**　現諫早市。佐賀藩蔵入地。藩は長崎街道永昌宿に代官所・俵銭方を置いた。
62下　**好生館**　佐賀藩立医学校。天保五年創設の医学館を安政五年に好生館と改称。
62下　**御両殿様**　藩主直大と前藩主直正（大殿様）。
62下　**朦中**　忌中に同義カ。
63上　**御舫**　もやい。催合・最合。他の人と共同して物事をおこなうこと。二人以上の人がいっしょに事を行うこと。
63上　**六角喜左衛門**　佐賀藩士。「文久元年御側役料帳」には御小性として名前がみえる。この時期、御進物方。
63上　**増田忠八郎**　佐賀藩士。切米二五石。武雄鍋島茂義から蘭法砲術を学ぶ。
64下　**富吉久吉**　佐賀藩手明鑓。一代切米五石。
64上　**嘉村新平**　佐賀藩手明鑓。切米一一石。
64上　**くち**　ぐじ魚名。甘鯛。
65上　**振〓や**　この部分未解読。原文写真。

65下　**褒信院様御法事**　左馬助は長崎勤番中で同日、在所深堀菩提寺でも法要を営んだ。「白帆注進外国船出入注進三」（『佐賀県近世史料第五編第二巻』三四三頁）に「同十二日、菩提寺御供養」とある。なお村田若狭らも出崎して参列した（中島一仁「幕末期プロテスタント受洗者の研究三」『佐賀大学地域学歴史文化研究センター研究紀要』第八号）。
67下　**石井豹三郎**　石井孝祖男（鍋島家文庫『石井系譜』）。左馬助には従兄弟にあたる。石井孝祖は既出。
67下　**原田清一郎**　着座家原田大右衛門嫡子。左馬助には従兄弟にあたる。
68上　**土山与右衛門**　佐賀藩手明鑓。切米一三石五斗。
68上　**清水良作**　佐賀藩手明鑓。切米一〇石。
68下　**佐野幸兵衛**　佐賀藩士。実名種方。物成一八七石五斗。
68下　**片田江御屋敷**　白石鍋島家の佐賀屋敷。
68下　**久保田御屋敷**　久保田村田家の佐賀屋敷。

68下　御船方　慶応元年に新しく設置された船方は以後海軍関係すべてを取り扱った（木原溥幸『幕末期佐賀藩の藩政史研究』三八〇頁）。

69上　士与代　士組代。大組頭の補佐役。宝暦十年「士組代手頭」（佐賀県立図書館坊所鍋島家資料）に「一軍之差引大組頭一人ニ而難立入儀茂可有之候条、士与代として諸物頭諸役人中申談、万端無迦様心遣可仕候」とみえる。伊東外記は文久二年左馬助組士組代を仰付けらる。

69上　小笠原壱岐守　小笠原長行。肥前唐津藩世子。幕府老中。長州征討総督。

69下　松平肥前守　佐賀藩主鍋島直大。

71上　取替　立替え。

71下　遁道　遁逃。とんとう。逃げ遁れる。

71下　一准　当分。一応。

71下　栄出　はえだし。触れ達し。

72下　中野忠太夫　佐賀藩士。物成七五石。

72下　野崎林右衛門　手明鑓に野崎林左衛門（切米七石）あり。同人か。

72下　宮崎杢兵衛　佐賀藩士。物成一六二石七斗五升。左馬助組。

72下　原口重蔵　佐賀藩士。切米四〇石。

74上　上総様御実姪　岡部杢之助重安の継室（坂部又右衛門養娘）は、実は鍋島上総（武雄鍋島茂昌）の妹（鍋島家文庫『岡部家系図』）。

74上　請役所　佐賀藩の役所。藩政を総括する請役家老が執務する役所。請役家老は当役とも呼ばれ交代制であった。

74下　エンヒールト銃　エンフィールド銃。英国エンフィールド造兵廠で開発された前装式小銃（施条銃）。

74下　頭壱割　不詳。頭金として一割の利息相当額を付加する意カ。

74下　御益　利息相当額カ。

75上　捻抜　ねじぬき。螺子を抜く道具カ。

75上　同十七日　原文日付のみで、この日の記事を欠く。おそらく無事。

76上　爰元在番　本藩から深堀詰の役人として、在番一名、元〆役一名、元〆手伝二名、郡目附一名、物書ヨリ御武具方一名、下目附一名など計一八名がいた（中野正裕「幕末佐賀藩の職制について――史料翻刻『明細録抜萃』」『佐賀県立佐賀城本丸歴史館研究紀要第四号』）。

76下　呉絽幅連　ごろふくれん。近世に舶来のごつごつした毛織物。帯地や合羽地などに用いた。

76下　相良五兵衛　佐賀藩士。実名常晃。物成二〇〇石。深堀在番。

76下　金巾　かなきん。堅く撚った糸で織った目の細かい薄地の綿布。

76下　綾部新五郎　佐賀藩士。切米一八石。元蓮池藩士。深堀詰元〆役。

76下　大財雄平　佐賀藩手明鑓。切米七石。深堀詰郡目付。

76下　奥嶋　奥縞。サントメ縞の一。紺地に赤色入り縦縞模様の綿織物。

76下　千綿作之進　佐賀藩手明鑓。切米九石、内米二石御書出。深堀詰元〆方手元役。

76下　酒井大之助　深堀詰元〆方手元役。

78上　敵操　敵繰。てっくり。佐賀城東の地名。

78下　神野御茶屋　弘化三年鍋島直正が佐賀城下北西神野村に造営した別邸。現在神野公園。

79下　志摩　倉町鍋島敬哉。家老家。大組頭。

80下　御火術方　佐賀藩の役所。銃砲鋳立と砲術調練のため弘化元年に設置。

80下　一大詫間村龍王社～　この項、原文覚養坊差出の願書を欠く。

82下　陽興寺　佐賀県杵島郡白石町にある寺院。須古鍋島家の菩提寺。須古鍋島家の御霊屋がある。

83上　来月廿四日　後段には来月朔日とある。服忌日数からもおそらく朔日の写し誤り。

83上　久保六郎助　佐賀藩士。実名帷忠。切米四〇石（内加米五石）。

84上　大炊助　川久保神代《くましろ》直宝。直宝の父賢在は茂真の兄。

84上　乾一郎　多久乾一郎。多久領主多久茂族の嗣子。母雍は茂真の娘。伯父は祖父の写し誤り。深堀家からの返信には「御母方御祖父」とある。

84上　於伝　久保田村田龍吉郎の妻。

84下　大隅　倉町鍋島文武。実は茂真の弟。

84下　孫四郎　神代《こうじろ》鍋島茂文。父茂元が茂真の弟。

84下　安芸　鳥栖村田茂彬。茂彬の実父鹿島藩主鍋島直永が茂真の兄。

85下　献米甘　甘、くつろぐ。寛ぐ。弛める。緩和する。

86上　小物成所　小物成を掌る役所。御側に置かれた。小物成は田畠にかかる正租以外の雑税。

86下　諫早俵銭方　諫早領永昌村には佐賀藩の俵銭方が駐在した。牟田五月男「諫早郷永昌俵銭方について」（『諫早史談』第六号　昭和四九年三月）を参照。俵銭は流通運上金。

87下　左馬助伯父之縁　左馬助茂精の生母区《まち》（信姫）は九代藩主斉直九女。茂真は母の兄にあたる。

88上　両敬　親戚の間柄にある者が相互の訪問応対文通などの交際に同等の敬称を用いること。

89下　監物　太田鍋島茂智。父茂快が茂真の弟。

89下　拡充局　藩校弘道館拡充局。弘道館には蒙養舎および寄宿生の内生寮と通学生の拡充局があった。

89下　支所　この二文字で、つかえ。差支えるところ。支障。

90上　相良平作　佐賀藩士。切米二五石。

90上　副嶋謙助　佐賀藩士。切米三五石。

90上　伊豆　須古鍋島茂朝。親類同格家。

91下　飛脚附状左之通　この後に附状なし、廿七日条にあり。この個所おそらくは乱丁。

94上　櫛山弥助　佐賀藩士。切米二〇石。左馬助組。

94下　綾部三左衛門　綾部幸熙。実は深堀鍋島茂辰の七男。綾部一郎左衛門の養子となる。実兄村田若狭とともにフルベッキから洗礼を受けた。左馬助にとっては叔父にあたる。

なお、中島一仁「幕末期プロテスタント受洗者の研究――佐賀藩士綾部幸熙の事例にみる」（佐賀大学地域学歴史文化研究センター研究紀要　第八号　二〇一四年）、同「幕末期プロテスタント受洗者の研究（二）――元佐賀藩士綾部幸熙の信仰と生活」（同研究紀要　第九号　二〇一五年）、および同「幕末期プロテスタント受洗者の研究（三）――史料に探る村田政矩」（同研究紀要　第一〇号　二〇一六年）を参照。

日記　慶応二丙寅年五月

（表紙）

慶応二丙寅年五月
日記
茂精公御代
御当番　　　渡辺五郎右衛門役内
御在勤中

慶応二年丙寅
五月中

朔日　曇天昼後ゟ雨
一　上御慎中ニ付、月次御祝儀御帳をも不被相立候事
一　請役所ゟ之達帳、左之通
御両殿様御忌明ニ付而、進上物左之通
一　御肴一折　舫充
河内様
大炊助様
若狭様
龍吉郎様
安芸様
上総様
豊前様
与兵衛様
鷹之助様
誠吉郎様
左馬助様
志摩様
大隅様
監物様
縫殿助様

右之通各様方御舫可被差上旨被相談候、就右、明二日御座上之御方様ゟ御使者を以御進物方釣合被相勤候様与有之候、尤品物之儀ハ於役所相整候条、料銀之儀ハ追而被相達儀ニ候、已上
五月朔日　　　請役所三人

同二日　雨天

同三日　晴天

一　重松玄雄儀好生館御用之旨被相達置候得共、
不快有之罷出候儀不相叶段、被申達候ニ付、其
段口達を以、同役所相達置候、左之通

口達

家来重松玄雄儀今日御用之旨被仰達置候得共、
不快有之何分罷出候儀不相叶段申達候、此段御
達仕候、以上

御名内

寅五月三日　渡辺五郎右衛門

向井次郎作殿

一　大串春嶺儀医師開業免札被相渡候段、達出相
成候、左之通

口達

私儀好生館入学稽古罷在候処、出精昇達之旨を
以、今三日開業免札被相渡候、此段致御達候、
以上

五月三日　大串春嶺

渡辺五郎右衛門殿

同四日　曇天

一　御在所ゟ之飛脚、深海ゟ船中継替、今朝汐着
船、懸合来候廉々、左之通

一筆致啓達候、御当役様扨又御年寄衆江之御返
札弐封差越候条、御向々可被相達存候、此段為
可申越如斯御座候、恐惶謹言

深堀謙九郎

五月二日　賢一（花押）

長渕菅右衛門

渡部五郎右衛門様

御状致拝見候、峯弥次右衛門儀為御願方其元被

罷登居候末、御雇艀子賃銀増願偖又御番方御助力米減石増之儀者夫々願済相成候得共、脇津波戸方一条今少日合可相懸候処、夏季仕廻方彼是内輪難渋之次第も有之、当今閑隙之折一准帰宿有之度、去月廿一日其許出船之末、同廿二日帰着相成、御付状之趣致承知候、同人儀内用向相済、今朝ゟ出立可相成之処、雨天嵐ニ而見合、晴立次第出立有之義ニ付、余条含乞相成義ニ御座候、此段御答旁如斯御座候、恐惶謹言

深堀謙九郎

五月二日　　　賢一（花押）

長渕菅右衛門

渡辺五郎右衛門様

御状致拝見候、安房様御病気御太切之次第、弥次右衛門含下候末、去ル廿一日暮六ツ時御死去之段為御知相成、追々大炊助様其外諸家様御忌請之御向々ゟ別紙之通、為御知相成候付、御仕成振等

御母堂様被御申上、夫々被御取計候由、右ニ付、請役所ゟ御停止触其外別紙之通被相達候付、御城江伺御機嫌

御上様

御母堂様ゟ之御使者被差出、御帳場御目附久保六郎助殿江被相達置候、

担那様ゟ之御使者御承知之日積を以、去ル廿四日御使者被差出、当番御目附渡辺善太夫殿江被相達置候、請役所御進物方御目附方江御忌請之御達も同日被差出、左候而纔之御忌日数ニ付、御月代偖又番船方白帆方勤御家来月代等之儀、別段御伺出ニ不相及、打追御心得之段、演達を以、相達被置候間、旁之趣申上候様、致承知、御側申上置候

一　前断御忌請ニ付、伺御機嫌書上偖又御玄関帳書上被差越、御側差上申候

一　御助力米願、弥次右衛門帰郷後去ル廿二日別紙之通、達帳相成候付、御挨拶之儀、御忌

明之上、去ル廿六日御使を以、最前仰合之通、夫々被差送候由、致承知候、右別紙不相見、定而物落為相成儀ニ可有之、后便被差越度存候

一　御組内櫛山弥助殿縁与願并中野忠太夫殿組手明鑓田中武右衛門悴組出願、被差越、御聞済相成候付、致御返却候

右御答為可申越如斯御座候、恐惶謹言

深堀謙九郎

五月二日　賢一（花押）

長渕菅右衛門

峰弥次右衛門

渡辺五郎右衛門様

御状致拝見候、諫早村々出来立之茶、深堀運送根居弐千斤丈跡方比竟其筋被御願請、小物成所ゟ永昌江之根手紙をも御請取相成、当便ゟ被差越、慥ニ相達、其筋相達置申候、此段為御答如斯御座候、恐惶謹言

多々良平太夫

五月二日　義鳴（花押）

渡辺五郎右衛門様

追而、御追書拝見、御助力米御願啓相成候付而ハ右米深堀津廻根居弐百石丈諫早江場所替御願開可被差越哉之旨、被仰越、右者反的入用之義ニ御座候条、一刻も早々御願開、永昌俵銭方江之根手紙をも被御請取、急便ゟ御仕送被下度御座候、以上

一　御助力米弐百石津廻根居願、請役所差出候、左之通

口達

去丑秋納献米之儀、御番方御助力米弐百石を以、御引合被下度、其筋奉願候ニ付而ハ右献米用相備置候米弐百石、神埼郡駅ケ里村・三根郡蓑原村ゟ深堀為台所用、彼地差廻度、津出之儀奉願候条、何卒願之通被差免被下候様、筋々宜御相達可被下儀深重奉頼候、已上

御名内

寅五月　　渡辺五郎右衛門
羽室雷助殿
山本伝左衛門殿
宮嶋寿平殿

同五日　曇天

一　端午之御祝儀
上々様江御帳ニ而申上候事

一　御広間之人々御式台出張相成候事

一　御城へ従
担那様之御使者永石権作被相勤、御帳場御目附
嬉野弥平次殿被相達置候事

一　来込之飛脚差立御在所申越候廉々、左之通
一筆致啓達候、於綱様水上山月次御代参、先月
之度、峯嘉二郎相勤候ニ付、御印物差上候間、
御部屋可被差上候

一　当菖蒲之御祝儀
御城江之御使者永石権作被相勤、御帳場御目
附嬉野弥平次殿被相達置候間、右之趣御側可
被仰上候

一　右同断御玄関帳并御家来御祝儀書上差越候
条、
御内外可被差上候

一　原田大右衛門様ゟめの葉おふさ御調達御相
談之次第、先般峯為之允帰宿御暇之節相含置
候得者定而御承知候半与存候、右品も専当今
梅雨中抔御用之品ニ付、一刻も御手ニ被入度
旨御才促相成義候間、早急御手当被差越度御
座候、自然右品々有兼、是迄御延引之都合共
候半者其段御断可申上間、最前差越置候代銀
御返達可相成儀不能申越候

一　御両殿様御忌明ニ付而御進上物御座上之御
方様ゟ御使者被差出候様、別紙之通請役所ゟ
相達之末、鷹之助様御方ゟ御使者被相済候
段、彼御方ゟも為知来候間、旁之趣御側可被
仰上候

一　覚養坊ゟ大般若入具御定料其外御祈願筋ニ

付而者、御定料銀等当諸色高価之折柄難渋ニ
付、何れ卒御潤色被成下度段、別紙之通願出
相成、折柄無余儀事情ニ付而ハ何程充欤増方
相成方ニ者有御座間敷哉、尚御吟味否、可被
仰越候、惣而右願書去秋差出相成居候得共、
失念致物落、是迄延引打過候間、其御含を以
増方相成義候半ハ初役より被相渡候通、御吟
味相成度御座候

一　先月廿七日文成軒様御七日被相当候旨ニ而
御茶講御野菜一折、
御一家様江御到来ニ付、
御母堂様差上、従
此御方も御野菜一折
御一家様御使を以、被差贈候通取計候間、旁
之趣御側可被仰上候
右廉々為可申越如斯御座候、恐惶謹言

五月五日　　渡辺五郎右衛門

峯弥次右衛門様
長渕萱右衛門様

深堀謙九郎様

御状致拝見候、御当役様偖又御年寄衆へ之御返
札被差越、則御向々相達置申候

一　御助米レ力願済之達帳、御答書之通、先便
物落候付、当節差越申候

一　御組内櫛山弥助殿縁組願其外、
御聞済ニ付、被差越候間、致承知候

一　脇津波止方一件、弥次右衛門殿御下リ後、
原殿へ都合尋試候処、片山伝七殿忌中被相成
御側向之都合未タ分リ兼候由御座候、右ニ付
而ハ弥次右衛門殿今暫御出立御延引可然、併
当節御懸合之旨を以ハ若者行違ヒ端御出立可
相成欤与存候
右廉々為御答如斯御座候、余条御再答之廉致
文略候、恐惶謹言

五月五日　　渡辺五郎右衛門

三人様

一　峯弥次右衛門儀、脇津波戸方其外御願方ニ

付、罷登被居候末処、季替リ仕廻方彼是内輪難渋之次第有之由ニ而、先月廿一日ゟ一准帰宿相成居候末、今昼汐上着、含登相成候手覚廉々左之通

手覚

深海中山村当夏出来立之麦作、追々御取納高爰許積廻相成候付而ハ御印根居之儀、前方比竟其筋願出相成、願済之上ハ根手紙深海在役江直ニ差越相成候様、且又猪之助殿知行所江ノ浦八丁分村同様大麦弐拾五石小麦五石、船路取寄度、根居之儀彼召使ゟ願出相成、跡方比竟被差免旨ニ候条、是又御印前方比竟願出相成候様、将又去ル子夏以来左之通リ根居増御願替相成候付而ハ前断御印御取詰相成候様之一件

大麦四拾七石

小麦弐拾石

一　爰許米屋酒屋中ゟ米価只様高直ニ相成、酒造米并米屋売出米買入方甚手強難渋ニ付、年々初秋諫早佐嘉を懸、買入米相調度ニ付、年々初秋千石充根居御願啓、被差出被下度願出相成、其通被差免置候、然処当今猶又米穀払底高直ニ而、米屋枡買等も不行届、差支難渋ニ付、差付一先於諫早ニ相場次第買入度ニ付、最前被差免置候千石之根居、当今御願請被差出被下度、今又願出相成、其通被仰付旨ニ候条、郷津介抱米根ニシテ其筋願啓相成候様之一件

右廉々御上着之上ハ一刻も向々願啓相成候様、渡辺五郎右衛門其外可被相達候、以上

五月三日　深町太平太

江口央助

相浦三兵衛

峯弥次右衛門殿

手覚

長州御出勢之期ニ至、

担那様御事、乍大御番中も被遊

御出張儀ニ候処、一件押出迅速之御繰出相成候

節ハ爰許ゟ御馳登相成ニシテも、御同勢出足御
武器運送、彼是五日七日者佐嘉着揃之日合可相
懸、就而ハ御先手組御繰出之順次ニ者可被御届
兼、去ル迚御組内而已士組代限ニ而出勢相成、
纔之御同勢ニ而跡ゟ御打立相成候義不可然、
御賢慮被為　在旨ニ付、去ル子八月初発御出勢
御日割之通、
此御方御組私、最後之日ニ御打立相成度、敵地
討入之節ハ御先鋒勿論之儀候条、其旨を以、御
組内ニ者被相達、予メ其筋御達啓相成候様、致
御含候条、渡辺五郎右衛門可被相達候、以上
寅五月三日　田代五八郎
峯弥次右衛門殿

手覚

一　高浜村
御先祖様御尊牌一、一同御龕子付ニシテ別紙
之通、当盆前出来立候様、御註文相成候様之
事

一　伊王嶋御陣屋御台場等御取払相成候跡地床
石垣石、上筋御普請方御囲毎積取相成候様子
ニ相見、其通ニ而ハ海岸崩落亡地ニ相成候場
所も有之、御内輪御差支相成義候条、一日も
地所御引渡之運相付候様、程能其筋示談相成
候様之事

一　爰許之儀、藁払底ニ而御番方御修理方を
始、以下〳〵網方等ニ至迄差支相成義候条、
諫早御私領村々ゟ年々藁一万束程積廻相成度
候間、津廻根居願啓相成候様之事

一　大豆之儀、的用之品候処、払底ニ而一統大
難渋相成義ニ付、是又諫早村々ゟ買付積廻相
成度候条、年々百石丈之津廻根願啓相成候様
之事

右廉々致御含候条、御聞得之通、渡辺五郎右
衛門御演達可被成候、以上
寅五月二日　深堀謙九郎
長渕菅右衛門
峯弥次右衛門殿

（別紙）

蓮花座等恰好具合古風成方可然

御尊牌　惣金磨キ

御龕外真黒内惣金磨キ丈尺恰好妙玉寺

天初様御龕凡見合セ御尊牌同断之事

　金御紋

右同

御龕内両方ニ㊂ノ黒御紋二ツ

　高浜院殿華屋崇林大居士

　　三浦平六兵衛平能仲公

正瑞院殿恵屋崇智大姉

　　三浦能仲公御母君

放光院殿玉林崇瑚大居士

　　三浦五郎兵衛平能時君

菩提院殿理覚崇本大居士

　　三浦好里左衛門平能家君

此御銘書可然書家へ頼入相成候様、惣而位牌屋相応相整相成候向も有之旨、猶御調子合之事

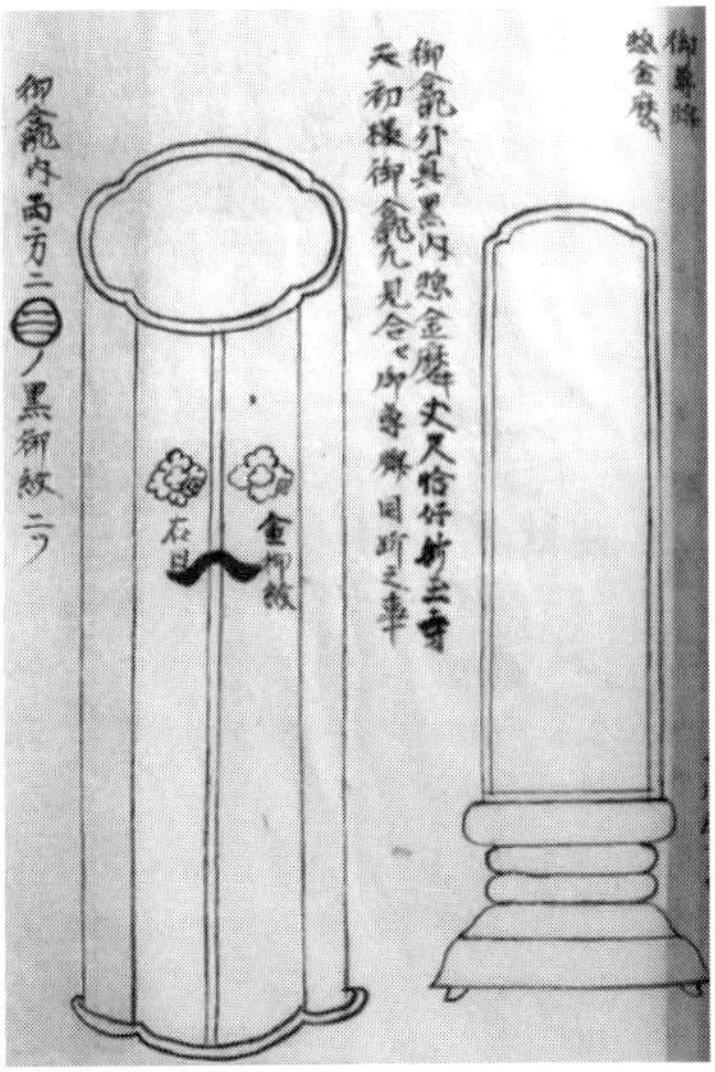

同六日　曇天

一　稽古人中於敵操的前放出有之候事

一　御進物方ゟ飯後御用申来、右ニ付、峯利兵衛差出候処、右存之人御用繁取紛中ニ付、一両日内重而御呼出可致間、其節罷出呉候様、取次を以被申聞候由ニ而空敷引取被申候事

一　御助力米弐百石秋納分、献米御引合被下、残石数丈現米被相渡被下度、頃日御蔵方願出置候得共、未タ何れ共御差図無之ニ付、如何之御都

合ニ可有御座哉、急相捌候通取扱被呉度、彼附
役藤瀬孫太郎殿へ利兵衛を以遂示談置候事

同七日　雨天

一　峯弥次右衛門含登相成候高浜村
御先祖様御尊牌御註文之儀、御勝手方懸合、偖
又深堀郷津介抱米并諌早村々夏成大小麦津廻根
居願、今日其筋差出置候、左之通

高浜村
御先祖様御尊牌二、一同御龕子付ニシテ別紙之
通、当盆前出来立候様、御註文之儀、御在所ゟ
申来候間、其御取計可被成候、此段為御懸合如
斯御座候、已上

五月七日

御勝手様　　役所

口達
深堀表之儀、地行穀物払底之場所柄、土地不相
応之人別高ニ而、年分下方之飯料諸方ゟ売買米
穀を以過半凌来候処、当今何れ之訳ニ候哉、米
価格別致沸騰、夫も売買之筋一向無之、郷津至
極困窮之参懸ニ御座候、就而者其侭難見張次第
ニ付、為介抱用
御城下諸郷并諌早郷ゟ白米千石丈買入、彼地差
廻度、津廻之儀奉願候条、前断之事情被聞取
啓、自余不相並場所柄、格別之訳を以何卒願之
通被差免被下候様、筋々宜御相達可被下儀深重
奉頼候、已上

五月七日　　渡辺五郎右衛門

羽室雷助殿
山本伝左衛門殿
宮嶋寿平殿

口達
高木郡深海村・中山村・江ノ浦八丁分村、当寅
夏成大麦百三石小麦三拾石、深堀為台所用彼地
へ差廻度、津出之儀最前願之通リ被差免置候、

然処彼地地行穀物払底之場所柄、例年右之米数ニ而致不足候付、旅麦買入を以是迄相済来候処、近年何れ之都合ニ候哉、旅方ゟ之売買別而手寡ク台所用必止与差支候ニ付、右村々ゟ今又大麦四拾七石小麦弐拾石差廻度、前断同様無銀懸ニ《シテ》津出之儀奉願候、惣而是等之儀難奉願重畳恐多存候得共、自余不相並場所柄、格別之訳を以願之通被差免被下候様、筋々宜御相達可被下儀深重奉頼候、以上

御名内

寅五月　　渡辺五郎右衛門

羽室雷助殿

山本伝左衛門殿

宮嶋寿平殿

一　御助力米弐百石津廻根居、願通被差免旨、請役所ゟ御小物成所江之懸合手紙相渡候ニ付、写置候、左ニ

白米弐百石左馬助殿台所用、神埼駅ケ里村其外ゟ深堀差廻度、彼家来ゟ願之趣御当役御聞届、如願被差免候条、可被其（ママ得脱カ）意候、已上

五月六日

松永卯右衛門様　羽室雷助

渡辺善左衛門様　山本伝左衛門

副嶋左源太様　宮嶋寿平

同八日　雨天

同九日　昼過ゟ晴ル

一　御助力米弐百石場所替願[redacted]今日高浜貫一郎を以、御小物成所差出置候、左之通

口達

御番方家役勤ニ付、為御助力被差出候米弐百石、去秋献米引合被仰付候ニ付、右献米用相備置候弐百石、三根郡蓑原村・神埼郡駅ケ里村ゟ深堀為台所用彼地差廻度、津出之儀願通被差免候、就而ハ同所ゟ廻米可仕之処、右村々之儀去

秋別而凶作ニ而、当夏田居附何分届兼候処ゟ右
米為作飯料下方相渡呉候故、廻米不相叶、然処
深堀表之儀地行穀物払底之場所ニ而、台所用必
止与差支候ニ付、幸、私領深海村其外諫早村々
江持合之米有之候を差廻度御座候間、前断蓑原
村其外ゟ津出被差免置候根居高弐百石、彼表江
場所替奉願候条、自余不相並場所柄、格別之訳
を以何卒願之通被差免被下度、尤其通於被仰付
者、於彼地、俵筈願請可申候条、諫早御出張所
江之根手紙被相渡被下候様、宜御吟味被成下
度、此段御達仕候、以上

御名内

寅五月　渡辺五郎右衛門

松永卯右衛門殿
渡辺善左衛門殿
副嶋左源太殿

同十日　雨天

一　当時　御在勤中ニ付、長州御追討御出勢仰付
之有無、請役所相伺候、左之通

手覚

左馬助儀、当時深堀在勤中ニ付而ハ自然長州御
追討御出勢之節者出張被仰付儀ニ可有御座哉、
勿論至其期何れ与も御差図可有御座与奉存候得
共、遠在罷在、兼而之覚悟相拘儀ニ付、此段奉
伺候、以上

御名内

寅五月　渡辺五郎右衛門

請役附三人殿

一　長州
御裁許一件ニ付而
公辺ゟ之御書附、大組頭中様江被相渡候を士組
代伊東外記殿御請次、御在所可差上旨ニ而被相
渡候ニ付、写置候、左之通

松平肥前守江

毛利大膳父子

御裁許別紙之通、今朔日申渡候、此段為心得相
達候
五月
壱岐守殿御渡御書附写壱通相達候間、可被得其
意候、以上
五月　永井主水正
松平肥前守殿
家来中

大目附江
覚
毛利大膳父子
御裁許万一及違背、御討入相成候節者、四国九
州討手之面々一方之為指揮、老中若年寄之内出
張可有之候間、四国九州討手之面々江無急度可
被相達候事
五月

毛利大膳
毛利長門
毛利興丸
毛利大膳・毛利長門家政向不行届、家来之者黒
印之軍令状所持、京師へ乱入、
禁闕へ発炮候条、不恐
天朝所業、不届至極ニ付、可被処厳科処、任用
失人、益田右衛門介・福原越後・国司信濃於出
先条々之主意取失、及暴動候段、罪科難遁、深
恐入、三人之首級備実倹、猶参謀之者共斬首申
付、寺院蟄居相慎罷在候段旨、自判之書面を以
申立、其後御疑惑之件々相聞候ニ付、大目附を
以御糺問之処、弥恭順謹慎罷在候由、申立之趣
ハ
御聞届相成候得共、元来臣下紀御之道を失ひ家
来之もの至犯朝敵之罪候段、其科不軽、不埒之
至候、乍去祖先以来之勤功被
思召、格別寛太之御趣意を以
御奏聞之上、高之内拾万石被
召上、大膳者隠居蟄居、長門者永蟄居被

仰付、為家督興丸弐拾六万九千四百拾壱石被下
候、家来右衛門介・越後・信濃家名之儀者永世
可為断絶旨被
仰出之

毛利伊織
福間式部
平野郷右衛門
今田勒負

今般申渡候
御裁許之趣、早々帰国いたし主人江申達候上、
来ル廿日迄ニ大膳始夫々請書差出候様、可申達
候

五月

一 文成軒様御葬送御中陰御日割為知来候、左之
通
以手紙致啓達候、文成軒葬送中陰日限左之通
一 葬送来ル十六日巳ノ下刻
一 中陰同十六日ゟ十八日迄日数三日

右之通、在所於陽興寺経営相整儀ニ御座候、
此段御尋之末ニ付、為御知如斯御座候、已上
五月十日
渡辺五郎右衛門様　古賀七太夫

同十一日　雨天
一 御在所江六角継夜通飛脚差立、中越候廉々、
左ニ
一筆致啓上候、長州御裁許一件、
公辺ゟ之御書附、大組頭中様拝見被仰付旨ニ而
伊東外記殿ゟ被相渡候ニ付、右御書附壱括差越
候条、
御側可被差上候、御組中江者写を以被相達候通
被取計由御座候、此段為可申越如斯御座候、恐
惶謹言
五月十一日　渡辺五郎右衛門
田　五八郎様

一筆致啓達候、其許脇津市十・市太与申者年来松前罷越渡世罷在候末、近比帰郷罷在候由之処、今度甲子丸運用旁積荷ニ而同所差越相成義ニ而、乗組之舸子共迄海路不案内ニ付、右之者御雇入相成度、尤御私領者之儀御差支之趣も兼而承知相成居候得者等閑難被得御相談候得共、反的運用差支候ニ付、無拠曲而及御相談候条、此跡御談いたし候通、右之者、爰許へ帳出入相整、以来其許ニ者離切之通ニシテ被差出被下度旨、今又原五郎左衛門殿ゟ示談相成、爰許限リいつれ共挨拶難申達、其許可申越旨、一先相■ミ答置候条、格別御支無之候ハヽ、其通被差出度、急々御吟味否、可被仰越候、勿論被差出義候ハヽ、本人一類へも被相達、甲子丸乗組候仕廻方相整罷在候様、可被御取計置義不能申越候

一　右同人義下男差支相成候付、於爰許精々手当相成候得共、雇入不被行届日用差支相成居候間、米撰藁(カ)巻仕拵等出来候者を御雇入被下候道者被相叶間敷哉之旨相談相成候条、是又御手当被差出候様有之存候

一　其許米払底ニ付、佐嘉諫早ニ懸買入積廻度、根居之義米屋共願出ニ付、其筋願啓候様、頃日弥次右衛門含越相成候処、爰許之儀、下関双場合之聞ニ而先月廿二三日比ゟ俄ニ致直揚、既ニ表ニ付弐百三匁迄直付候ニ付、市中之桝売も差支候趣、然末昨今下落、百四匁内外之双場之由、依之深堀ニも米差支可相成ニ付、少々成共可致下米之間、御介抱米根被差出被下度候旨、深川嘉一郎ゟ願出候、右ニ付、諫早爰許ニも六ケ敷双場之半ニ而容易買付相成兼候処、右之願出於其許ハ幸之義ニ付、一刻も積廻候様相談方ニ可有之、三村善兵衛義、御蔵床出方米〆買罷在候由ニ付而ハ、右米を米屋共買入不申様申合相成候ハヽ、其許ニも少々ハ直段引下ケ郷津之甘可相成段評合候ニ付、嘉一郎呼出、其段及示談候処、当時爰許ゟ長崎へ壱万計リ之表数積送相成居候、向々吃度承知罷在候、今四五日之内

ニ者廻着可仕、乍其上長崎大下落之義必定ニ付、廻米之向々損失可相成見積罷在候、深堀ニも右ニ付而ハ自然与潤可相成ニ付、差付之下米ニ者相及間敷、尤只今弐百三百積之船弐艘罷在候付、両三艘丈ケハ米所置罷在候得共、追々下落之上、今少々買集候含ニ付、梅雨晴之後ゟ右弐艘之船ニ而度々差下含罷在候条、千石計リ之被差出被下候様御願候、於然ハ爰許双場ニ而根賃丈ケハ下直ニも相及訳ニ付、纔之口銭取納仕候得ハ深堀丈ケ之売米ニ不差支通売払[redacted]可申（カ）、心切申出候ニ付而ハ、自然当梅雨中其許大払底ニ而郷津差支ニも相成候都合之節ハ一先御囲候御米御売出相成、梅雨後深川積廻米を御買入、打追御囲被置候御仕与ハ何分可有之哉、いつれ共都合能御取計相成度、万一前条深川義市中を窘候善兵衛心底之裏ニ而市中を助候心術ニ者候得共、右様御介抱根被差出、御支候筋も有之候ハヽ、被仰越次第取戻可申候条、否可仰越存候

右廉々為可申越、厘外船便福田継を以、如斯御座候、留ル

五月十一日　峯弥次右衛門
渡辺五郎右衛門

長渕菅右衛門様
深堀謙九郎様

一　御助力米津廻根居場所替願、一昨日差出置候末、今日諫早俵銭方江之根手紙相渡候ニ付、同便深海在役多々良平太夫江之懸合、左之通

一筆致啓達候、先書被仰越置候御番方御助力米弐百石津廻根居、其許村々江場所替願出、俵銭方より之根手紙受取之、差越候条、其筋可被相達存候、此段為可申越如斯御座候、恐惶謹言

五月十一日　渡辺五郎右衛門

多々良平太夫様

一　長渕浅右衛門儀帰宿御暇之末、用向相弁、偖又御鎖口番中西吉兵衛儀日数御暇ニ而、今夕汐上着、附状并同便懸合来候廉々、左之通

一筆致啓達候、長渕浅右衛門内用御暇帰宿之末

用向相弁、扨又御鎖口番中西吉兵衛日数廿日之
御暇ニ而、明九日ゟ一同被罷登儀ニ御座候、此
段為附状如斯御座候、恐惶謹言

深堀謙九郎

五月八日　賢一（花押）

長渕萱右衛門

渡辺五郎右衛門様

致追啓候、先達而被仰越候自然長州御出張ニ付
而御同勢御仕与之内、年内謙九郎病気中貴様御
供被仰付置候得共、最早謙九郎御供可相整都合
ニ付、御覚悟ニ可相拘間、否及御懸合候様致承
知、右者於爰許ハ峯弥次右衛門御供可相成御仕
与ニ有之、当年始比更代、謙九郎御供可申上覚
悟罷在候間、其御含可被成、右者先便申越後ニ
付、如斯御座候、以上

五月九日　謙九郎

萱右衛門

五郎右衛門様

御状致拝見候、

一　御両殿様御忌明ニ付而御進上物御座上之御
方様ゟ御使者被差出候様、別紙之通請役所ゟ
相達之末、鷹之助様御方ゟ御使者被相済候
段、御知らセ相成候由

一　当菖蒲之御祝儀
御城へ之御使者永石権作相勤被申、御帳場御
目附嬉野弥平次殿被相達置候由

一　先月廿七日文成軒様御七日御相当候旨ニ而
御茶講御野菜一折、
御一家様江御到来ニ付、
御母堂様被差上、此御方ゟも御野菜一折従
御一家様御使者を以、被差送候通被御取計候
由、致承知、廉々御側申上置候

一　当端午御玄関帳書上并御家来御祝儀書上被
差越、御内外差上候

一　於綱様水上月次御代参、先月之度、峰嘉二
郎相勤候ニ付、御印物被差越、御部屋可差上

置候

一　原田大右衛門様御頼之和布其外、先達而峰為之允帰宿御暇之節被相含置候得者定而承知手当可相整、右者専当今梅雨中抔御用之由ニ付、一刻も被入御手度、御催促相成候由、右者其砌御使番万蔵江御臨時方ゟ申付、代銀等引渡相成居候処、右之者病気ニ而御暇、其末遠方入湯罷越、我々ニも唱忘居候処、此節御懸合之旨を以ハ甚御気之毒相心得、其筋調子合候処、和布鹿角草丈取入有之候ニ付、差越申候条、御向方可被相達候、斤数并代銀等、右之次第ニ而不相分ニ付、万蔵儀罷帰候上ニ而取調子、可及御左右候間、程克御取繕御座在度存候、青さ之儀者最早手当行届兼候義与被相考候

一　覚養坊大般若入具御定其外御祈願筋ニ付而之御定銀等増願一件、委細之御書中致承知候、右者当節迄評議相軀兼候ニ付、期后便候右御答為可申越如斯御座候、恐惶謹言

五月九日　　　　深堀謙九郎
　　　　　　　　賢一（花押）
　　　　　　　　長渕菅右衛門
渡辺五郎右衛門様

一　大庄屋原田伝作儀宗門引合、真覚寺仰渡等之御用筋ニ付、浅右衛門一同上着、附状相達候、左之通

一筆致啓達候、大庄屋原田伝作儀宗門引合、真覚寺仰渡等之御用筋ニ付、今十日ゟ出立、其許罷登儀ニ御座候、此段付状為可申越如斯御座候、恐惶謹言

五月十日　　　　深堀謙九郎
　　　　　　　　賢一（花押）
　　　　　　　　長渕菅右衛門
渡辺五郎右衛門様

同十二日　雨天

同十三日　雨天

同十四日　雨天

一　伊王嶋御陣屋御解除相成候跡地面被相渡被下度、請役所達出候、左之通

口達

伊王嶋御陣屋之儀、先般都而御解取相成候ニ付而ハ右跡地所最早御不用ニ而可有御座、然処同嶋之儀、御照覧之通、纔之地顔ニ而耕作畠地別而手狭、土民共地所難渋之上、当時柄尚更困窮之半ニ付而ハ、右地所元々之通、御下渡被下度奉願候、於然ハ御蔭ニ耕作方之甘、夫丈融通仕、下方過賄之一助与も可相成、御鴻恩尚更難有仕合奉存候条、何卒願之通被仰付被下候様、筋々宜御相達被仰達可被下儀深重奉頼候

寅五月　渡辺五郎右衛門

請役附三人様

一　三江賤津村五八郎殿被官森勝太死亡之年月、調子合達出候様、相達之末、今日郡方相達候、左之通

口達

三江賤津村田代五八郎被官森勝太死亡之年月御問合ニ付、其筋調子越候処、去ル丑七月相果罷在候段申越候、此段御達仕候、以上

寅五月　渡辺五郎右衛門

古賀源四郎殿

一　高浜貫一郎儀役所見習被仰付候ニ付、御当介月割を以渡方相成候様、御勝手方江之懸合、左ニ

高浜貫一郎儀爰許役所見習、江口小平太跡代被仰付旨、先月十九日御差図ニ任セ其段相達、則ゟ出勤相成居候間、御当介之儀、小平太同様月割を以可被相渡候、此段為御懸合如斯御座候、以上

寅五月十四日　役所

御勝手方様

同十五日

一　文成軒様須古御葬式ニ付、御代香永石権作被仰付、今日ゟ須古被差越候、尤御中陰御代香御取束、白麻十帖御寺納相成候事

一　爰許稽古人銃陣稽古方被仰付、御火術方出席相成居候処、大込等之稽古筋ニ而格別助役并主与成之人々頼入候半而階級進不思和敷ニ付、於御屋敷参会被成下度願出之趣、文武方ゟ被申達、今日招請相成候、仕組左之通

一　吸物
一　銚子
一　重
一　鉢
一　糸目
一　鉢盛　取肴
一　丼
一　うとん

右者相伴弐人テ（ママ人脱カ）拾弐人前

同十六日　晴天

同十七日　晴天

一　御在所ゟ之飛脚到着、懸合来候廉々、左ニ

御状致拝見候、長州御裁許従
公辺之御書附、大組頭中様拝見被仰付旨ニ而伊東外記殿ゟ被相渡候由ニ而、右御書附一括被差越、
御側差上申候、御組中江者写を以被相達候通被御取計候由、御紙面致承知候、此段御答為可申越如斯御座候、恐惶謹言

五月十五日　田代五八郎（印）

渡辺五郎右衛門様

一筆致啓達候、
一　御当役様江之御答書一封差越候条、御向方可被相達候
一　其許江絵本太閤記全部代金拾五両ニ而払物有之候由御側江相聞、右者御手ニ難入書冊ニ候条、いつれ之筋ゟそ取入置候様、訳而被仰出、全体右者御稽古方御的用之書籍ニも無之、代金高此折柄御費之様ニも相見候得共、達而御断ニも難相成、且者世俗之赤本与も相替、
御家御道具之訳ニも有之、別段方御所務石御運上銀ゟ被差出、御取入可相成与当便代金拾五両差越申候、右書冊之出処ハ峯利兵衛案内之由候条、被仰談、拾五両者成丈直引之儀不能申候、惣而右者大分程経候事ニ而、于今在合可申哉者難計存候
一　伊東外記殿江被差出置候小性原岡善太郎儀、先達而暇帰宿之末、内輪辺之難渋之次第申立、当節暇切ニ願出候、右者最前ゟ相渋リ候を先暫之間与被仰付置候末いつ〳〵迄も無限リ御引留ニも難相成、実々在付方等之目論見難黙止、暇被差出候半而叶間敷、去ル迚外記殿方江者諸御頼筋彼是御都合も有之、善太郎暇切ニ而相叶間敷、自余小者扶持等之訳ニ而向様御手副、誰そ代人相備候方ニ可有之、爰許段々及探促候得共、二男三男等之内、用立候者ハ迚其許出浮、難差迦向隋身或ハ内職稽古等ニ而引揚候向、其外人柄無之、甚心配ニ御座候、御当介之儀当時之米双場共ニ而ハ相応之恩扶ニ可相成、中小性以下ハ直代嫡子ニ而も上役与同様被仰付可然、評合相成候条、是又似合之人柄其元ニ者有之間敷哉、尚御吟味相成度存候
右廉々為可申越如斯御座候、恐惶謹言
深堀謙九郎
五月十五日　賢一（花押）
長渕菅右衛門
渡辺五郎右衛門様

御状致拝見候、爰許脇津市十・市太与申者年来松前罷越渡世罷在候末、近比帰郷罷在候由之処、今度甲子丸運用旁積荷ニ而同所差越相成儀候処、乗与之舸子共迄海路不案内ニ付、右之者共御雇入相成度、尤御私領方之者御差支之趣も兼而承知相成居候得共、等閑難被得御相談候得共、反的運用差支ニ付、無拠曲而及御相談候条、此跡御談致候通、右之者共其許江帳入相整、以来爰元ニ者離切候通ニシテ被差出被下度旨、今又原五郎左衛門殿ゟ示談之委細致承知候、右者いつれ本人共呼出相達、如何勘弁可致哉、乍其上可及御左右候、前断帳出入之儀、先達而伊王嶋熊次郎与欤申者、御手舸子ニ御抱相成旨相達ニ付、右様上御扶持人ニ相成肩書相被候者、御私領方相混候而不被相好ニ付而之訳ニ有之、平常御雇水夫等ニ而被召仕候者、五年も七年も穴勝帳直不致共支有之間敷、右市十其外之者妻子眷属も可有之、俄ニ帳直転住等之儀迷惑之筋共ニ者有之間敷哉、右之事情原殿ニも承知之前ニ可有之哉与存候

一　同人下男相談之一条、於爰元者甚当惑之事ニ御座候、其許東目村々諫早筋御手当相成方、物立可申与評合候

一　爰許米払底ニ付、佐嘉諫早ゟ買入津廻根居願啓一件、弥次右衛門殿御含登之末、其許双庭高低之都合迄、深川嘉一郎儀ゟ爰許米支可相成ニ付、少々成共下米可相整間、御介抱米根千石程被差出被下度願出候由、右者元来爰許売米不差支通、御私領方御弁利之筋を志シ心切殊勝之訳ニ有之、旁委細之御書中致承知、御頭人相達御評儀相成候処、前断介抱根被差出候義、聊支有之間敷、是社幸之筋ニ候条、早速其運可被相付与存候、爰許之儀頃日之米価飛騰ニ而人気殊之外騒立、長崎表ニも米払底之処ゟ蔵床出米大ニ勢を得、何程迄頂上可致哉不被差

分ニ付、別段方御囲米八百俵程有之候を自
余直段ゟ格別引下ケ、俵ニ付金弐両三歩壱
朱充ニシテ御払被差出、蔵床出米を相押へ、
右代米之儀早速深海其外諫早御私領村々ゟ
先以何程歟御買付之手筈半ニ御座候処、当
節御懸合之次第を以者、長崎表廻米之面相
見、大、世上下落之気先被相考候付、一先
諫早筋買入米見合相成候通評合儀ニ御座候、
右御答為可申越如斯御座候、恐惶謹言

深堀謙九郎
五月十五日　賢一（花押）
長渕菅右衛門
渡辺五郎右衛門様
峯弥次右衛門様

御状致拝見候、御番方御助力米弐百石津廻根
居、諫早村々場所替御願開、俵銭方ゟ之根手
紙被御受取、当飛脚便ゟ被差越、慥ニ相達申
候、其筋相達儀御座候、此段為御答如斯御座
候、恐惶謹言

多々良平太夫
五月十五日　義鳴（花押）
渡辺五郎右衛門様

一　西久保秀作実父病気差重候段懸合来候ニ付、
為看病罷下度[redacted]日数御暇願出ニ付、附状相渡
候、左之通

一筆致啓達候、西久保秀作儀実父病気之処、頃
日差重候段懸合来候ニ付、為看病罷下度、日数
廿日之御暇別紙之通願出、明十八日朝汐ゟ厘外
津出船罷下義ニ候、此段為附状如斯御座候、恐
惶謹言

渡辺五郎右衛門
五月十七日
長渕菅右衛門様
深堀謙九郎様

同十八日　晴天

一　来込之飛脚明十九日早朝差立候ニ付、御在所

江之懸合今日認置候、左之通
御状致拝見候、御当役様江之御答書被差越、則
御向方相違置申候
一　絵本太閤記全部爰許へ払物有之候由御側へ
相聞、御取入被置度段、被
仰出、強而御断も難被仰上、別段方御所務銀
ゟ代金拾五両被差越候条、峯利兵衛案内ニ
付、同人相談取入可差越旨致承知、早速利兵
衛相談置候得共、当便迄調不調不相分ニ付、
否重而可及御左右存候
一　伊東外記殿江隋身被仰付置候原岡善太郎
儀、先達而帰宿之末、暇切願出相成、無拠願
通被仰付候半而不叶都合之由、去迚外記殿方
江者当時之御都合、代人無之而者相済間敷与
被及御探促候へ共、似合之人柄無之ニ付、於
爰許中小性以下直代嫡子ニ而も可然ニ付、尚
吟味合遂探促度旨致承知、早速亘リ合候手筈
相付儀ニ御座候、併何分似合之者可有之哉無
覚束相考候間、於其許も成丈御探促相成度存
候、勿論爰許ニ而之調不調重而可及御左右候
一　原殿ゟ相談之下男方、於其許御手当御当惑
之旨御答書之廉致承知候、於爰許ハ尚更探促
届兼候ニ付而者、無拠程能相断外有之間敷申
合儀ニ御座候
脇津市十・市太身上之儀ハ本人共御当合之
上、否早急可被仰越儀不能申越候
右廉々為御答如斯御座候、余条御再答之廉
致文略候、恐惶謹言
五月十八日　　　　渡辺五郎右衛門
長渕萱右衛門様
深堀謙九郎様
致追啓候、去ル十六日文成軒様御葬式之旨、彼
御方ゟ為知来候ニ付、御代香永石権作被仰付、
御中陰御代香をも御取束ニ而白麻十帖御寺納有
之候通
御母堂様申上、取計候間、御側可被仰上候
一　重松玄雄・大串春嶺医術開業免札相渡候

段、別紙之通達出相成、玄雄ニハ差付ゟ開業
治療を執行仕度旨願出相成候間、御頭人被仰
達、否可被仰越存候
右廉々為可申越如斯御座候、恐惶謹言已上
五郎右衛門
菅右衛門様
謙九郎様
一　脇津波戸築留方ニ付、米酒請負冥加納被仰付
度願出之末、願通済寄候都合ニ付、御小物成附
役副嶋左源太殿初発築留方入費銀拝借願ゟ別而
心配有之候ニ付、為御挨拶金子五千疋鰹節一連
被差進候、御使堤壮右衛門被相勤候事

同十九日　曇天

一　横尾文吾殿儀前辺ゟ御出入有之、役々ニも別
而懇意ニ而諸御用筋等頼入、就中当節御助力米
願方其外立入心配有之候ニ付、以来御立入御相
談（ママ衍カ）御相談相成、小者扶持被差送候、御使口上手
事

覚左之通
手覚
此方御立入万端預御心副度、遂御相談候、
依之御小者壱人扶持毎歳差進候
慶応二年　御名使
寅五月
一　深堀郷津介抱用千石津廻根居、願通被差免旨
請役所ゟ御小物成所江之懸合手紙相渡候ニ付、
写置候、左之通
深堀之儀地行穀物手寡場所柄ニ付、
御城下諸郷ゟ白米千石買入差廻度、左馬助殿家
来ゟ願之趣、御当役御聞届如願被差免候条、可
被得其意候、以上
五月十九日
羽室雷助
山本伝左衛門
宮嶋寿平
松永卯右衛門様
渡辺善左衛門様
副嶋左源太様
一　前条御小物成所江之懸合手紙、其筋相達置候
事

同廿日　雨天

一　御番方御助力米百石被相減置候末、依于願被差出候ニ付、御蔵方ゟ御印蔵江之書出相渡候ニ付、写置候、左之通

御蔵方ゟ御印蔵江之書出写

左馬助殿

米百石

右者御番方請持之筋御手配増ニ付、入費不少難渋之訳を以、去辰年ゟ御助成米弐百石ツヽ、五ケ年之間被差出置候処、満年相成候ニ付、今又打追之通御助成被成下度、彼家来より願出之趣御吟味之上、今又酉秋ゟ向五ケ年之間被差出置候処、近年大御臨時打湊、御目安向莫太之御明目与相成候ニ付、去丑六月御仕与之旨を以、半高ニ被相減残半高本文之通

右之通リ慶応元年御物成之内より可被相渡候、但書載之訳を以、去酉秋より五ケ年之間御助成米弐百石ツヽ、年々被差出来候処、御仕与之旨を以半高被相減、残半高去丑暮分如書載被差出儀ニ候、以上

慶応二年

寅五月　深江助右衛門

坂部又右衛門

江口市郎右衛門殿

中溝忠次郎殿

左馬助殿

米百石

右者御番方家役之処、追年御手配増相成、家来扶助等届兼候処ゟ御助力米弐百石充去酉年ゟ五ケ年之間被差出旨被相達候を御仕与ニ付、去夏半高被相減候処、諸手配扨又戦具之用意不行届ニ付、打追之通リ弐百石充被差出度、委細彼家来より願出之趣御当役御聞届、一般之御仕与ニ付而ハ吟味難被相付、併去秋献米廿被仰付候得共、兼而三

ケ弐被相甘置候付而者自余よりハ甘相減シ、殊ニ右家之儀者諫早家ニも不相並大番頭之家柄ニ付而者、格段之訳を以、半高本文之石数被相甘候

右之通慶応元年御物成米之内可被相渡候、但去夏御仕与之旨を以被相減置候得共、願出之次第、役内吟味相達之末、別段之訳を以半高被相甘、如書載被差出義ニ候、以上

慶応二年
寅五月　深江助右衛門
坂部又右衛門

江口市郎右衛門殿
中溝忠次郎殿

同廿一日　雨天

一　例之通、御組内月次寄会被相整候、尤手明鑓頭石井又左衛門殿御組入初而之寄会ニ付、盞事有之趣ニ而鰹肴三ツ組盃したため用意相成候事

同廿二日　曇天

一　請役所ゟ之触状、左之通

松原社其外御祭之儀被差延置候得共、左之通被相整候、此段可被御申上候、已上

松原社
右者六月七日
敷山社
右者五月廿七日
寅五月　羽室雷助
山本伝左衛門
宮嶋寿平
渡辺五郎右衛門様

同廿三日　雨天

一　御在所ゟ之飛脚到着、懸合来候廉々、左之通

一筆致啓達候、長崎御奉行両人詰ニ相成、徳永石見守殿江被仰付、当月初旬蒸気船ニ而江府出帆、同下旬着崎相成由相聞候ニ付、

担那様御勤御進達之太刀壱振御手当、差付御仕向被置度存候、尤引合セ紙之義ハ爰許囲有之儀ニ候

一　折々調子物入用御座候条、御大名武鑑壱部、成丈新板之方、御取入御仕向被成度、御城下店方下リ合無之候半者手近之大坂注文等不能申候

一　先達而被差越置候覚養坊願、大詫間龍王社一ノ鳥居再建并石橋修覆方ニ付、何程歟御寄附一件、右者爰許懸々修覆筋之大小も不差分、勿論御由緒柄何程歟者御寄附相成候半而叶間敷、其元御見分之次第も可有御座ニ付、凡何程位与申儀御吟味被仰越度、乍其上尚御評議御差図相成候通可取計存候

一　同坊ゟ大般若入具御定料其外御祈願筋ニ付而之御定料銀等、当諸色高価之折柄無余儀事情ニ付而ハ何程歟被相増方ニ者有之間敷哉、惣而右願出去秋出浮居候処、是迄物落延引相成居候間、増方相成候半者初役ゟ被相渡度、旁之趣致承知、御頭人相達御吟味之処、願面之内先年御省略御仕組之砌御定料相減置候ニ付、復古被仰付被下度与之意味相見、就而者以前之形も可有之、当時勢柄無余儀次第、御申越之通当初役より復古之儀願通可被仰付相〆リ候条、右之段可被相達存候

一　伊東外記殿江被差出置候小性原岡善太郎代人、先便及御懸合候末、御崎村社人峯清司儀訳合有之、養子引取実家立戻候至儀ニ内輪相成候由ニ而、何れ之向へそ隋身等之志有之候由、然半外記殿小性御探促之次第聞付、幸之儀ニ付、被差出被下度、一類之向ゟ内願相成候、右ハ神職稽古方其外前方中座番等之勤ニ而

御城下案内執筆或者取次抔随分彼家小性丈ニ者不足も有之間敷ニ付、可被差越候条、其許人柄御探促御見合可被成存候、惣而外記殿方江者、善太郎儀内輪無余儀筋有之、暇願出事情難黙止、去廸暫時暇帰宿中ゟ俄ニ右之次第

ニハ御事支可相成ニ付、代人是々之者及手当
可差越由、在所ゟ申越候、右者御用可相成哉
之旨先以御通達被成置方ニ可有之与存候
右廉々為可申越、幸、深海ゟ来込之飛脚有之
候ニ付、差立可申越如斯御座候、恐惶謹言

五月廿日　深堀謙九郎
賢一（花押）
長渕菅右衛門
朋致（花押）

渡辺五郎右衛門様

致追啓候、先便被仰越候原五郎左衛門殿ゟ示談
之松前海路心得候脇津市十・市太与申者、其筋
調子合相成候処、市次郎与申者年来諸所ゟ被相
雇彼筋往来案内之ものニ付而者、市十与申者右
ニ相当可申、市太与申者元来同津不罷在由、い
つれ之間違ニ可有之哉与存候、右市次郎江前断
之次第相達候処、当時者壱人者之様相成、内輪
色々難渋有之、松前通等最早相止度志願ニ付、
御断申上度願出候、乍併節角之御雇、成丈此節
迄者罷出候様諭達有之候処、漸御請之気組ニ相
成候得共、数拾日家内立出ニシテ者当時勢柄妻
子之育講懸銀其外身仕廻方等色々的用有之儀候
処、何程位之賃御当介ニ可有御座哉之段尋出候
得共、右者爰許ニ而差分儀ニ無之、脇々ゟ之雇
ニ而相越候節者いつれ之通ニ候哉、尋試候処、
本賃銀与申て一ト楯ニ金弐拾両充ニ而、其外ニ
酒代其外色々ニ名目有之同拾両程相嘱束而金三
拾両之給銀ニ相当候由、就而者右員数見合ニ可
被仰付哉、被仰付ニシテハ先以家内当介其外前
渡ニシテ金拾五両丈御下渡被下度段願出候、右
者無余儀事情ニ者候得共、いつれ之通有之可然
哉、申出候侭を及御懸合候条、其許都合も可有
之、御勘考次第、原殿御答話可被成存候、此段
為可申越如斯御座候、以上

五月廿日　謙九郎
菅右衛門

五郎右衛門様

一　米酒請負冥加納願、御小物成所差出候処、請役所相廻リ御当役御聞届相済候由ニ付、急々達帳相成候通、羽室雷助殿へ為頼談、堤壮右衛門差遣候処、澁達帳相成居候ニ付、請役所罷出承知候様沙汰ニ付、同人被罷出、請負冥加納而已ニ候得者御小物成所願書ニ而可然候得共、新規波止築立ニ付而ハ請役所江も被御願出候半而御手数連続不致候ニ付、御小物成所へ之願書同様ニ《シテ》請役所差出候様、乍其上達帳承知候通可取計旨、物書役南里与助ゟ演達相成候段、引取被申達候事

同廿四日　雨天

一　昨日物書役南里与助ゟ堤壮右衛門江演達之次第、此後御都合相変儀共ニハ無之哉、都合聞繕旁羽室雷助宅峯弥次右衛門願書持参、被相達置候、左之通

　口達

脇津之儀、波戸築留候半者商法相立最上之浦形ニ而幾々御国益をも可相啓地形ニ御座候ニ付、築留申度、年来之志念ニ御座候得共、莫太之入費銀高ニ而不及力処ゟ乍残念空敷閣罷在候処、近年世上騒ケ敷只様時勢及切迫、既ニ長州御追討方出陣被仰付候程之義ニ移行、此後之処、猶更武備充実罷在候半而不相叶之処、蔵元纔之所務高ニ而所詮軍資相弁候筋ニ無之ニ付、物成外別段之所務筋目論見立、軍資相備申度、依之於脇津為可致開港、波戸築留料拝借金偖又米酒旅出入跡方之通請負冥加納被仰付被下度旨、最前御小物成所奉願候処、願面無余儀次第ニ者候得共、御銀操無之、何分願通拝借難被差出旨被相達、右書付被差返奉畏候、就而者此上強而難奉願恐多奉存候得共、前書申上候通格別之浦柄、銀業与者乍申其侭閣候亘リ近来以無本意参懸ニ付、猶又吟味合候処、築留方之儀差付者何分不行届茂御座候得共、米酒旅出入請負納被仰付候ハヽ、右ニ付而即今ゟ深堀一般仕組を立、仕法

合ニ而自分方限リ漸々銀配相整、簗留方ニ付而之諸道具且屋敷地所啓等まて曽々仕寄相付、向以簗留候様仕度奉存候間、海成取詰候自余不相並場所柄ニ而、跡方之儀も有之、殊ニ簗留方大手込之業合、大金目論見立候格別之訳を以、米酒旅出入之儀跡方之通、請負冥加納被仰付被下度伏而奉歎訴候、於然ハ御蔭仕法合ニ而年来之志念行届、波戸簗留開港相整候ハヽ、御国益をも相啓、次ニ者自分方ニも商法相立候処ゟ海成之所務筋相増、幾々軍資相募候手段可届合哉与重畳難有仕合奉存候間、不私事柄格段之御吟味を以何卒願通被仰付被下候様筋々宜御相達可被下義深重奉頼候、以上

左馬助内

寅五月　渡辺五郎右衛門

松永卯右衛門殿

渡辺善左衛門殿

副嶋左源太殿

羽室雷助殿

山本伝左衛門殿

宮嶋寿平殿

一　御番方御助力米弐百石献米引合願之末、御印蔵ゟ米蔵へ出来筈手数之懸合、左之通

白米弐百石

右者別紙御助力米御書出両紙前

内

船津蔵当筈

白米三拾三石六斗壱升六合六杓

白米百六拾六石三斗八舛三合四杓

右者献米引合方松本文蔵其外請取

右之通出来筈手数可被相整候、以上

五月廿三日

丑秋米蔵様　御印蔵

一　右之末、米蔵ゟ之当筈、左之通

覚

白米三拾三石六斗壱升六合六杓

右米船津御蔵納米之内、左馬助殿へ可被相渡候、但諸書出之内追而引合可申候、

以上

寅五月廿四日　　中溝忠次郎

江口市郎右衛門

牟田文之助殿

覚

白米百六拾六石三斗八舛三合四杓

右米左馬助殿献米引合之由、諸書出之内

追而引合可申候、以上

寅五月廿四日　　中溝忠次郎

江口市郎右衛門

松本文蔵殿

一　来込之飛脚差立御在所懸合越候廉々、左之通

御状致拝見候、長崎御奉行両人詰ニ相成、徳永

石見守殿被仰付、追々蒸気船着崎相成由相聞候

ニ付、

担那様御勤之節御進達之太刀一振手当可差越旨

致承知、早速御進物方其外遂相談候得共、当今

何れ之向も払底ニ而、手ニ入兼、漸ク古物一

振、太平ゟ相納候ニ付、当節差越申候、些与麁

品ニ而何分御用可相成哉、自然御困難相成候

半者於其許御奉行所亘リ江御手筋を以御探促

相成度存候

一　調子物御用ニ付、大名武鑑壱部、成丈新板

之方、取入可差越旨、早速其筋及探促候処、

下リ合無之ニ付、其内大坂註文可差越存候

一　覚養坊ゟ大詫間龍王社御寄附願一件、偖又

大般若入費御定料其外増願筋等、於爰許尚吟

味合可申旨、右者御勝手方相談、重而可及御

左右存候

一　伊東外記殿へ差出置候小性原岡善太郎代人

一件、頃日ゟ御贈答之末、御崎村社人峯清司

相勤度、一類之向ゟ内願ニ付、右之次第先

以、外記殿方へ通達可致置旨致承知、早速御

懸合之旨を以、外記殿相達候処、善太郎儀先

月廿一日迄ニハ是非出勤之約定ニ而暇帰宿之

末、是迄数十日不罷出、甚差支難渋之処ゟ無

拠脇方代人遂探促、満相部置候ニ付而ハ本人

者勿論代人ニも不相及候間、御心遣之段ハ程

能中越呉候様与之沙汰御座候、相手柄右之次第些与気之毒之様ニも有之候へ共、幾々手当方手張之筋ニも有之候得者、任沙汰程能相佗置、強而代人差出ニも相及間敷欤与申合儀ニ御座候

一　原殿ゟ示談之脇津市十・市太、其筋御調子之処、市次郎与申者相談之向似寄候者ニ而、市十・市太与申者ハ元来同津不罷在ニ付、右市次郎へ被相達候処、一体者松前通等最早相止候志願ニ而御断願出候得共、折角之御雇ニ付、御諭達を以漸ク御請之気組相成、当時勢柄妻子之育其外於内輪難渋之儀も有之儀候へハ、御当介振偖又前渡等之委細願出候由、右者尚原殿亘リ合、否重而可及御左右候

右廉々為御答如斯御座候、恐惶謹言

五月廿四日　渡辺五郎右衛門

長渕菅右衛門様

深堀謙九郎様

同廿五日　雨天

一　脇津波戸築立方ニ付、米酒をも旅出入請負冥加納願之末、願通被仰付旨、達帳を以、被相達候、左之通

一　深堀脇津之儀、波戸築立候半者相応之船入候得とも莫太之入費ニ付、其侭閣候得共、当時勢柄ニ付而ハ尚又武備充実之手当仕候半而不叶之処、物成丈ニ而ハ其儀不行届ニ付、物成其外別段之仕組を以軍資相備度、依之右場所波戸築止度、就而者右手当向差付ハ何分不行届候得共、米酒旅出入請負被仰付候ハヽ、右を以仕法を立、漸々銀配相整、向以築留候様仕度、海成取詰候自余不相並場所柄ニ而跡方之備も有之、築留方大金高格別之訳を以米酒旅出入之儀請負冥加納被仰付被下度、左馬助殿家来ゟ願之趣、御当役御聞届、役筋調合吟味■之処、波戸築立船出入繁昌之上ハ其程ニ応シ御取納増をも被仰付、幾々御国益与も可

相成、且ハ自分之軍資も可相備ニ付、波戸築留被差免、別段之訳を以米酒共旅出入之義願通請負被仰付候条、手締之儀者於役筋相整候様、筋々可被相達候、已上

寅五月廿五日

右之趣承届候、以上

御小物成所

右御達之趣承知仕候、已上

渡辺五郎右衛門

同廿六日

一　御船方御呼出ニ而、長州御追討ニ付、鰯網船并舸子御雇相成度、且又地行御雇水夫等被差出度、書取を以被相達候、左之通

留次郎
楢松
大吉
太十
岩吉
今五人

右者当節御取入船ニ一准御雇入相成度候

拾人

右者地行御雇水夫ニ被差出度候

元香焼御備四貫弐百目載組船
拾艘分舸子并鰯并口船拾艘分
舸子

右者今度御征伐用之御雇被差出度候

一　今度長州御追討方ニ付、六角継大夜通飛脚を以、御在所懸合候廉々、左之通

一筆致啓達候、長州御追討方何れ御出勢無之而不相叶御都合之由、今朝中野数馬殿含帰之旨内々承得候ニ付、早速御備立方私罷出、中山平四郎殿へ面談、内々尋試候処、矢張御出勢無之而不相叶、併今日迄ハ表立御栄出相成兼、明日中ニ者多分御差図可相成御都合之由、沙汰御座候、依之最前峯弥次右衛門含越御懸合之通、此御方御組私御出張日割之儀、

担那様其許御在勤中遠在之御出張、往返之日合も有之儀ニ付而ハ差懸リ候御日限共ニ候得共、兼而覚悟与者乍申、於内輪大分混雑も有之儀ニ付、一昨年御追討先度御仕組之通後日立之御日割相成度御趣意彼是委細及口能候処、当節者迚も左者参間敷、若御日限差懸候半者、士組代限ニ而一先御栄出相成、御主人様ニ者後日之御出張ニ茂可相成欤、惣而今日迄ハ弥御主人様之御出張不相分、何れニシテも御組御家来之場ハ出張被仰付義ニ付、其気組相成候様、過刻御組扱市川新之允迄先以相達置候へハ追々同人ゟ御承知可相成旨、被申聞候ニ付、自然先以組内而已出張被仰付、

担那ニ者爰許着次第後日之出張共被仰付候通ニ而ハ、纔之朋勢、他之見聞も有之、大組頭之名目ニ而御国之有姿ニも相拘儀ニ付而ハ、矢張後日立之御日割相成度者其辺之都合も可然哉与担那ニ茂兼而差含被置候段申越候間、格別御差支も無御座候半者其御運相成度段、尚又及口能候得共、迚も其御手筈ニ者相成間敷、仮令大組頭様御一騎懸ニ而も先ニ余多之御組内御栄出之末ニ付而ハ少も其辺ニ御頓着ハ有之間敷、夫ゟ者御先手之御家柄御組共ニ御後レ相成候而者却而御組柄之訳も不相立抔与沙汰有之、無余儀理所ニ而其上ニ者何れ与も難申立相考候故、兎角御都合次第之儀ニ候へハ兎も角も御治定之否、急々御知セ被下度旨、程能及答話引取候、然末追々新之允殿御屋敷被罷出、御備立方ゟ先以御出勢内達之由被申達候、其末原田大右衛門様西御内御出、私御召ニ付、罷上候処、御追討御出勢之都合定而新之允ゟ遣ク承知可罷在、惣左馬助様御出張之有無其筋伺出相成候処、大番頭之儀者御並様ゟ御更代ニ而御出張被仰付義ニ付、御更代之人柄於番方吟味伺出候様先刻御差図相成、折角人柄御吟味中ニ候、就而者何れニ左馬助様ニも御出張之御差図可相成、左候而長州之都合者、最前御裁許仰渡於芸州請次之家来帰国申達筈之処、於途中奇兵隊相支へ何分期限

之通御請之御達不行届段、吉川監物ゟ達出候末、来ル廿九日迄今又日延被差免、其期限於延引者来月五日諸手一同御討入可相成与吉川へ猶又御差図相成居候由、右之都合ニ而当節者是非御討入ニ相決居候趣、数馬殿含帰之由御沙汰御座候間、旁之趣御側可被仰上候、明日表立御差図之否相分次第重而可及御左右、此段先以六角継大夜通飛脚を以如斯御座候、恐惶謹言

五月廿六日　　　　渡辺五郎右衛門

田　五八郎様

一筆致啓達候、長州御追討御出勢之御都合、当節五八郎殿迄委細申送候、右ニ付而ハ御船方呼出御用ニ而、其許鰯網船拾艘舸子共并四貫弐百目乗セ込船拾艘分舸子、当節御追討方御用御雇相成儀ニ付、追而差図次第差廻候様、先以手当致置候様、別紙書取を以被相達候、且又先達而御取入之異船乗組用別紙名前之者五人、外ニ今又五人、都合拾人長崎ゟ爰許迄御乗廻、一准御雇相成度間、是又其手当可致置旨、旁之趣演達御座候間、其御取計可被成存候、此段為御懸合如斯御座候、恐惶謹言

五月廿六日　　　　渡辺五郎右衛門

長渕菅右衛門様

深堀蔵人様

一　今夕御在所ゟ之飛脚到着、懸合来候廉々、左之通

一筆致啓達候、原田大右衛門様一昨子夏御上京之末、御出府之砌、御仕廻方彼是上御当介之分ニ而不被御行届訳を以、金五拾両御当借被差出、当春御上坂之砌、同様五拾両被差出置候処、御返弁振等之儀是迄為何御沙汰も無之、右者御助成切共ニ者御心得無御座哉、此御方ニも如斯諸品大高価之折柄、御目安向も相包兼候御半、一度ニ五拾両充之御助成者難被及御手、去迚御願方彼是兼而御心副有之御相手様、全分御取立ニも難相成、依之初度之五拾両を両度之御餞別之楯ニ而被差進、後度之五拾両

者当役内納帳不差支様当十月限御返弁相成候様、被御取計方者有之間敷哉、御評議伺相成候処、其通
御差図御座候条、大右衛門様御方ニ者程克御沙汰可被成置旨ニ御座候、惣而右御返弁筋当十月限一同不被御行届御相談等相成候節者、五ケ年賦返上迄者御用立相成外有之間敷致内評儀ニ御座候
一　御同人様御上坂ニ付、依御相談被差出候随従御供峰小五郎・山本嘉平太御取替金五両充出切ニ被仰付被下度願出之末、御吟味之都合、五両之半高弐両半充出切相成、残弐両半者当役納帳不差支通返納被仰付候通相〆、嘉平太へ者被相達候条、小五郎へ者於其許可被仰達旨ニ御座候
一　若担那様当年御下ノ物御召初ニ付、御手数振之儀被
仰出、調子合相成候へ共、分兼、
当御代様御召初之節、成程紅白両様差上相成義者謙九郎ニも覚罷在候へ共、御祝御手数等者無御座様相覚候旨申上候得共、尚又其時分御側日記取調子候様、被為在
御沙汰、右日記其許御残相成居候条、御取調子都合可被御申越候
右廉々為可申越如此御座候、恐惶謹言
深堀謙九郎
五月廿四日　賢一（花押）
長渕菅右衛門
朋致（花押）
渡辺五郎右衛門様
御追書致拝見候、去ル十六日文成軒様御葬式之旨、彼御方ゟ為知来候ニ付、
御代香永石権作被仰付、御中陰御代香をも御取束ニ而白麻十帖御寺納有之通リ　御母堂様被御申上被御取計候由、御側申上置候
一　重松玄雄・大串春嶺医術開業免札相渡候段、別紙之通リ達出相成、玄雄ニハ差附より

開業治療之執行仕度旨願出相成候次第、御懸合之旨御頭人相達候処、其通リ被仰付旨ニ御坐候
一　御玄関帳書上壱品被差越、御側差上申候
右廉々為御答如斯御坐候、以上
五月廿四日　謙九郎
菅右衛門
五郎右衛門様

同廿七日　晴
一　長州御追討ニ付、従
公辺之御書附三紙、士組代伊東外記殿御請次、御在所可差越旨ニ而被相渡候、右御書附写、左之通
写
松平肥前守江
昨十九日吉川監物より差出候書面并松平安芸守江相達候書附之写弐通相達候間、得其意、来ル廿九日期限ニ至リ請書不差出節者問罪之師被差向候間、弥来月五日諸手一同討入候様可被致候、尤請書差出候半者速ニ相達ニ而可有之候、以上
五月
写
本家毛利大膳父子
御裁許并末家中被
仰達之趣、去朔日於広嶋表ニ末家名代之者江御達御座候段、彼是奉恐入候、然ニ闔国士民之情状中々私式容易説諭行届候儀無覚束次第ハ已ニ名代共よりも申上由候得共、猶毛利左京始江申合度儀も御座候処、名代之者帰邑懸途中不都合之儀も有之、漸此節罷帰候、旁遠路懸隔之場所柄迅速申談之都合難出来、甚以痛心罷在申候、就而ハ不取敢私申上候間、微衷之程御亮察可被下、此上奉恐入候得共、当月廿日迄之御期限何卒格別之以
御沙汰、当月廿九日迄御猶予被

仰付被下候様
公辺向江宜御取成之程偏ニ奉歎願候、以上
五月十八日　吉川監物
写
松平安芸守江
毛利大膳父子
御裁許申渡、右請書差出候期限差延之儀者難相
成筈ニ候得共、此度吉川監物差出候書面之趣無
余儀相聞候間、願之通来廿九日迄猶予之儀承届
候、万一右期限迄請書不差出節者則
御裁許違背ニ付、速ニ問罪之師御差向被成候
間、此段可被相達候
五月
一　御進物方ゟ呼出御用ニ付、峯利兵衛を以承候
処、
担那様へ御年寄衆ゟ之文箱被相渡、右者今般長
州御追討ニ付、御出張
仰付越相成儀候条、早速御在所可被差越旨演達
有之、外ニ竹田文右衛門殿・納富六郎左衛門殿
ニも同壱処ニ同使差越呉候様、相談相成候由ニ
而何れも請取持帰被申候事
一　前断ニ付而ハ誰そ早速立可被差越候処、幸、
峯弥次右衛門御願方ニ付而被相登居候処、夫々
相捌今夕汐ゟ出船被罷下候付、同人請持相成候
通相談、尤霖雨中灘中夜渡之儀順着之程も難
計、自然風雨等ニ而何れ之浦ニも致泊船候半而
不叶都合も有之候半ハ、御文箱之儀ハ其処ゟ直
様上陸被差越候様相談、御徒野母観之允相副差
越候、弥次右衛門含手覚、左之通
手覚
一　長州御追討ニ付、従
公辺之御書附写三紙、伊東外記殿ゟ被相達候
ニ付、致御渡候間、御側差上相成候様之一件
一　前断ニ付、
担那様御出張之御差図、御年寄衆ゟ之御文箱
被相渡候ニ付、致御渡候間、右同断
一　前断ニ付而ハ外記殿ゟ前方同様従者弐人被
差出被下度段、相談之一件

一　御船方ゟ蒸気船乗組水夫拾人地行御雇被差出度、尤右者一過ニ而不相済儀ニ付、家内々々ハ永住引越之楯ニシテ手当相成候様、就而者一同揃兼候共、漸々似合之者探促次第差出可然旨、原殿ゟ示談有之候一件

一　当節御出陣ニ付而者、爰許役所部永石権作壱人ニ而見習之内平川大助・中原要右衛門両人共病気中ニ付而者、高浜貫一郎義御馬廻被相部置候へ共、御差繰相成度一件

一　竹田文右衛門殿・納富六郎左衛門殿へ御年寄衆ゟ之文箱早速相達呉候様、御進物方ゟ相談ニ付、右文箱致御渡候間、則向々相達候様一件

右廉々委細致御談候通、御頭人被仰達、夫々御取計可被成候、以上

五月廿九日　　渡辺五郎右衛門

峰弥次右衛門殿

一　御蔵方ゟ則御用ニ付、高浜貫一郎差出候処、当節御出張ニ付、御同勢驢人数附急々差出候様演達之由ニ付、彼方ニ者今日出張被仰付越之御文箱等相渡候位ニ而、未夕同勢人数附等御達仕候通ニ者届合兼可申段、及即答被置候段引取被中達候事

同廿八日　雨天

一　今晩七ツ時比請役所ゟ　御出陣御仕与被仰渡候ニ付、五ツ時御名代被差出候様、手紙を以申来候ニ付、右者御一類御名代之義ニ可有之哉、是迄御与私ニ懸リ候　仰渡事等者士組代御請次相成来居候ニ付、此節も其通ニ而可然御事ニ者有御座間敷哉之段、永石権作を以、附役羽室雷助殿へ尋試候処、成程御組私之義ニ付、其通可然、其御組士与代伊東外記殿相談承知有之候通可取計旨、沙汰有之候事

一　御与扱市川新之允殿被罷出、長州御征伐ニ付、諸与出勢日割書附御備立方ゟ被相渡候由ニ而被相達候、左ニ

今度長州御征伐ニ付、筑前木屋ノ瀬先陣人数被
相繰出候、日割左之通

六月二日　鍋嶋鷹之助
　　　　　鍋嶋志摩
同三日　　鍋嶋左馬助
　　　　　多久縫殿
同四日　　鍋嶋上総
　　　　　鍋嶋河内
同五日　　原田大右衛門
　　　　　御武具方
　　　　　仕組方

神崎――中原
原田――山家
内野――飯塚
木屋ノ瀬宿陣所着

寅五月　　御備立方

一　担那様御事、御追討方　御出張被蒙仰御引払
可被遊旨御差図越相成居候由、御内達之次第承
合候ニ付、跡方之通御乗船其外乞筈請役所へ差
出候、左ニ

口達

左馬助儀今般長州御追討出張被仰付、深堀引払
候ニ付、諫早ゟ之乗船并附船八丁立弐艘供船馬
船其外跡方之通彼地相廻候様、筋々被仰達被下
度、此段御達仕候、以上

左馬助内
渡辺五郎右衛門

寅五月
請役所

一　今度御追討御出張ニ付、蓑原村・駅ケ里村ゟ
分過夫現人御割付被相省被下度段、郡方へ達出
候、左之通

口達

左馬助義今般長州御追討出張被仰付ニ付而者、
同勢夫丸之義深堀表遠在ニ而手当方不行届候
故、蓑原村神崎駅ケ里村ゟ都而手当仕義ニ候
条、右村々之義分過夫現人御割付被相省被下
度、此段御達仕候、以上

御名内
渡辺五郎右衛門
寅五月廿八日
平田助太夫殿
古賀源四郎殿
一　来込之飛脚大夜通ニシテ御在所并深海在役筋
へ之懸合、左之通
一筆致啓達候、長州御追討方御出勢日割、別紙
之通今廿八日御追討方ゟ御達ニ付、写差越候
条、御側可被差上候、
担那様御出張御差図之次第者、弥次右衛門殿御
含越ニ付而者定而御順着、遄御発馬之御仕与行
違可被仰越与存候、自然前断御日割前御上着被
御合兼候節者御与計リ士組代限リニ而出立相成
筈之由ニ候間、御仕組帳之内別紙書抜之通、御
組方其外役々者成丈御与内出立前間ニ合候様、
早速立有之候通、御取計可被成存候、此段為可
申越大夜通飛脚を以如是御座候、恐惶
五月廿八日　渡辺五郎右衛門
峰弥次右衛門様

長渕菅右衛門様
深堀蔵人様
追而御供船其外当筈当節多々良平太夫へ差越
申候、以上
御仕組帳書抜
一　御馬印　足軽弐人
右心遣　江口尉九
従者壱人
一　御組方・御祐筆方・御陣場方・御行儀方
峯為之丞
山口弥平次
従者弐人
下役　中尾卯兵衛
使番弐人
西久保秀作
〆
一筆致啓達候、今般長州御追討ニ付、
担那様御事御出張被　仰付旨被蒙

仰候ニ付而者不日御在所　御出馬可被遊、右都
合定而御在所ゟ御懸合可相成旨存候、依之諫早
ゟ之御乗船差付相廻候通其筋相達置候付而者、
廻着次第福田御屋敷釣合可申間、其御心得可被
成候、御供船当筈之義請取之、当節差越候間、
其筋被相達御差図次第相廻候様御手当可被成存
候、此段為可申越如斯御座候、恐惶謹言

五月廿八日　　　　渡辺五郎右衛門

多々良平太夫様

右飛脚便ニ而横尾柳碩へ之懸合、左之通
以手紙致啓達候、最前被相達置候通、長州為御
追討近々　御出張被遊義ニ付、其御心得御支度
可被成義不能申越候、追而御日限相決候上者重
而可及御左右候、此段御懸合如是御座候、以上

五月廿八日　　　　渡辺五郎右衛門

横尾柳碩様

一　先刻乞筈いたし置候御供船其外、津方ゟ当筈
相渡候付、写置候、左之通
六反帆壱艘　舸子六人乗

右者供船用
五反帆壱艘　同五人乗
右者馬船用
四反帆壱艘　同四人乗
右者駕籠船用
右之通、従諫早本庄津迄左馬助殿家来可被相渡
候、但長州御征伐ニ付、深堀引払被仰付供船其
外用也

寅五月廿八日　　山崎千右衛門
　　　　　　　　松永文平
　　　　　　　　柴田和左衛門

椛嶋八郎殿

一　御鎖口番中西吉兵衛今夕汐ゟ御在所罷下候ニ
付、附状左之通
一筆致啓達候、御鎖口番中西吉兵衛義御暇帰宿
之末、為出勤今夕汐厘外津出船、其許罷下義ニ
候、此段為附状如斯御座候、恐惶謹言

五月廿八日　　　　渡辺五郎右衛門

峰弥次右衛門様

長渕菅右衛門様
深堀蔵人様

一　御船方ゟ則御用ニ付、永石権作差出候処、先刻差出相成候御船乞筈之内、御乗船附船八丁立之義、都而御追討方被差廻置、壱艘も居合不申ニ付、代船与し而屋形附三反帆弐艘被差出候通、御吟味相決候条、其旨承知いたし候様、手許役枝吉左馬進ゟ演達之由、引取被申達候事

一　諫早御屋敷ゟ長栄院様御百ケ日御法事御執行之旨、為知来候、左之通

以手紙致啓達候、然者長栄院百ケ日相当ニ付、来月朔日ゟ二日迄在所天祐寺扱又三ツ溝於大興寺仏事被相営義ニ候、此段為御知如是御座候、以上

五月廿八日　　中嶋弥七左衛門

渡辺五郎右衛門様

同廿九日　曇天

一　御組内出張方ニ付、仕与有之、文武方其外被罷出、御広間へ役場被相建候、惣而空服（ママ）凌懸合所望ニ付、例之通仕与被差出候事

一　堤壮右衛門・田口亥介明朔日ゟ宿割与して木屋ノ瀬被罷越候付、御番所印鑑請役所願出候、左之通

口達

今般長州御追討左馬助出張被仰付候ニ付、筑前木屋ノ瀬表宿陣所手当方として家来堤壮右衛門・田口亥介差越度御座候条、主従四人前御印鑑被差出被下度、此段御達仕候、以上

寅五月　　御名内

渡辺五郎右衛門

羽室雷助殿

其外

一　右之末、直ニ相済、印鑑弐枚被相渡候ニ付、此処写置

印鑑　○	松平肥前守内 坂部又右衛門

裏書	鍋嶋左馬助家来 堤壮右衛門

一　右之通御番所印鑑相願請、夫々支度相成候処、御出勢期限今又御延引相成候、殿中御都合之由ニ而、御与内宿割之義も明日之処者一先見合、何れ御日限御決定之前日ゟ罷越方ニ可有之段、御与扱市川新之允殿へ沙汰ニ付、明日ゟ之出立見合相成候事

一　御蔵方ゟ米蔵筈紛失之由、達帳を以被相達候、左之通

与賀上郷多布施東分村手男平八義、御当介筈子卯七ニ而為持差遣候途中、書載之米蔵筈両紙致紛失候ニ付、出替被差出被下度、代官筋を以委曲願出候、右者品柄之義ニ付、誰そ拾取又者引当等受取居候向者無之哉、右様之向も有之候半者当月中御蔵方達出相成候様被仰付候条、此段筋々可被相達候

一　川副上下弐百二十番
　赤米四斗五升

一　右同十四番
　白米七斗五升

以上

柴田和左衛門
八戸彦兵衛
牟田口利右衛門
下村三郎左衛門
丹羽五郎助
石丸嘉右衛門
藤瀬孫四郎
古賀忠左衛門

右御達之趣承知仕候、以上

渡辺五郎右衛門

校注（数字はページ数）

107上 **河内**　既出。白石鍋島直暠。親類家。
107下 **大炊助**　既出。川久保神代《くましろ》直宝。親類家。
107下 **若狭**　既出。久保田村田政矩。親類家。
107下 **龍吉郎**　若狭の嗣子。村田政匡。
107下 **安芸**　既出。鳥栖村田茂彬。親類家。
107下 **上総**　既出。武雄鍋島茂昌。親類同格家。
107下 **豊前**　既出。諫早一学。親類同格家。
107下 **与兵衛**　既出。多久茂族。親類同格家。
107下 **鷹之助**　既出。主水家。家老家。
107下 **誠吉郎**　神代鍋島茂文。家老家。誠吉郎は幼名。この時期名乗りは孫四郎。
107下 **左馬助**　深堀鍋島茂精。家老家。
107下 **志摩**　既出。倉町鍋島敬哉。家老家。
107下 **大隅**　既出。倉町鍋島文武。志摩の嗣子。
107下 **監物**　既出。太田鍋島茂智。家老家。
107下 **縫殿助**　姉川鍋島茂好。家老家。
107下 **釣合**　相談する。検討する。
108上 **同二日**　原文この日の記事を欠く。おそらく無事。以下八日条など数日これに同じ。
108上 **向井次郎作**　佐賀藩士。切米二〇石。
109下 **渡辺善太夫**　佐賀藩士。切米五五石。
110下 **駅ケ里村**　やくがり。神埼郡。佐賀本藩領。深堀鍋島家の給地二二三石余があった。現神埼市。
110下 **蓑原村**　みのばる。三根郡。佐賀本藩領。深堀鍋島家の給地三七二石余があった。現みやき町。
111上 **嬉野弥平次**　佐賀藩士。実名通敦。物成一七五石二斗五升。
111上 **於綱様**　左馬助茂精の三女綱。家来堤春村へ養子。
111上 **水上山**　佐賀市大和町にある水上山万寿寺。本尊は不動明王。通称水上のお不動さん。
111下 **めの葉おふさ**　めの葉（海布葉）はワカメのこと。おふさは石蓴（あおさ）。いずれも食用の海藻で深堀の海浜で産出。
112上 **文成軒様**　須古鍋島安房茂真。慶応二年四月二七日没。
112下 **御助米レカ**　御助力米を誤記したためレ点で訂正。
113上 **江ノ浦八丁分村**　深堀領。現諫早市。深堀鍋島家家老・深堀猪之助の給地。柳川・有馬の戦功により先祖猪之助が初代藩主勝茂から給与された。
113下 **差付**　さしつけ。早速。いきなり。

114上　**去ル子八月初発御出勢**　元治元年八月、左馬助は第一次長州征討にも出陣した。

114上　**高浜村**　彼杵郡のうち。現長崎市高浜町。もと深堀領であったが天正一五年、豊臣秀吉に収公された。長崎代官支配幕府領。村内の浄土宗正瑞寺は深堀能仲の開基と伝える。

114下　**伊王嶋**　深堀領。現長崎市伊王島町。島内円通庵下などに佐賀藩の砲台場があった。

114下　**諫早御私領村々**　諫早郷内にあった深堀鍋島家知行地の村々。福田、鷲崎、早見、八丁分、深海、中山の六ケ村。地米六二五石余と深堀の物成二四〇〇石のうち26％を占める。

115上　**三浦能仲**　深堀鍋島氏の遠祖。建長七年、肥前国戸八浦（深堀）地頭に補任された上総国御家人深堀能仲は三浦氏を称している。拙著『肥前国深堀の歴史』参照。

118上　**諫早村々**　既出諫早御私領村々に同じ。

118上　**俵筈**　俵手形。筈は手形または証書・証券をいう。

119上　**壱岐守**　小笠原長行。肥前唐津藩世子。幕府老中。長州征討総督。

119上　**永井主水正**　幕臣永井尚志。大目付。

119上　**毛利大膳父子**　長州藩主毛利敬親（大膳大夫）、嫡子元徳（長門守）。元徳の嫡子は興丸（元昭）。

119下　**ろ御**　ろ、原文の文字は糸偏に戸。これにロの振り仮名を付している。しかしその文字は存在しない。纑とは別字。おそらくは孝明天皇の諱統仁の統の欠画字を誤読したもの。この条り幕府裁許状には「臣下統御之道を失ひ」とある（『続徳川実紀』第四編「昭徳院御在坂日次記」国史大系五一巻九〇三頁）。

120上　**今田勤負**　『続徳川実紀』（国史大系五一巻九〇一頁には金田勤負とある。写し誤りか。

121上　**松前**　北海道松前港。松前藩領。

121上　**米撰藁巻**　不詳。この部分解読誤りカ。原文写真。

121下　**深川嘉一郎**　実業家。佐賀海運界の功労者。深川家は代々酒造業を営む。

122上　**売払可申**　原文、抹消してなぞり書き。可申カ。

124上　**和布**　海藻ワカメ。

124上　**鹿角草**　海藻。鹿角菜はフノリ。ただしここでは和布と並ぶのでヒジキ（鹿尾菜）のことか。

124上　**青さ**　石蓴（あおさ）。

124下　**真覚寺**　現佐賀市にある真宗寺院。

125下　**三江賤津村**　彼杵郡のうち。三江（三重）村の枝村として賤津村があった。深堀領（大村藩との相給）。深堀領の地米一四石六斗四升五合。現長崎市。

126上　**うとん**　うどん。饂飩。

126下　**田代五八郎（印）**　印文驍。五八郎の諱は賢驍。

127上　**的用**　必要の意か。擢用は特別に選び出して用いること。

127下　**謚**　とく（疾く）。はやく（早く）。

127下　**差迦**　さしはずす。外す。取り除く。迦の訓みははずす。

128下　**東目村々**　深堀鍋島家の給地があった佐賀の蓑原村と駅ケ里村を指す。

128下　**是社**　これこそ。

132上　**打湊**　うちあつまり。あるいは、うちつどい。

132下　**江口市郎右衛門**　佐賀藩士。切米二〇石。

132下　**中溝忠次郎**　佐賀藩手明鑓。切米一一石。

133上　**石井又左衛門**　佐賀藩士。父九郎右衛門は物成一〇〇石。

133下　**松原社**　佐賀市にある神社。通称日峰さん。佐賀藩祖鍋島直茂（日峰大明神）を祀る。

133下　**敷山社**　佐賀郡礫石にあった龍造寺隆信・政家・高房を祀る神社。

133下　**徳永石見守**　長崎奉行。実名昌新。鈴木康子『長崎奉行の研究』所収「長崎奉行代々記」には「慶応二寅年三月七日長崎奉行被仰附、同年八月一八日御雇蘭船ゟ着港、当年ゟ在勤奉行両人ニ成」とみえる。

134下　**御崎村**　高来郡のうち。深堀領。地米七一石二斗二升一合。現長崎市。

134下　**社人峯清司**　「神社略記　下」（『神道大系　神社編四十五』所収）に、御崎村神職峯左京正が見え慶長の頃為石村峯陸奥正家から分家したという。

135下　**諭達**　諭、原文の文字は言編に愈。本件史料には頻出。おそらくは諭の偽字あるいは書き癖。伊東外記の日記にも見える（『幕末伊東次兵衛出張日記』佐賀県近世史料第五編第一巻九二〇頁）。

135下　**相嘱**　嘱、属に同義カ。つける。つらねる。

136上　**南里与助**　佐賀藩手明鑓。切米一四石。

136下　**閣**　さしおく。擱に同義。

137下　**出来筈　当筈**　筈は手形または証文・証券。

138上　**牟田文之助**　佐賀藩士。切米二〇石。

138上　**松本文蔵**　「文久元年外様役料帳」に名前が見える。

139上　**手張**　てばり。自分の処理能力を超えること。手に余ること。

140上　**御船方御呼出ニ而**　「白帆注進外国船出入注進三」（『佐賀県近世史料第五編第二巻』三四八頁）五月二七日・二八日の記事に「長州追討又々起、左馬助殿家来、扨又御雇舸子村々嶋々割付ニ相成候」、「同二八日夜、神嶋ゟ撰舸子十八、伊王・為石十人充割付相成、尤皐丸乗込石炭積」とみえる。

140下　**御備立方**　佐賀藩の役所。軍備を担当。

140下　**中山平四郎**　佐賀藩士。切米二〇石。

141上　**栄出**　はえだし。触れ達し。

143上　**若担那様**　左馬助嫡男茂麟。安政五年二月一三日生。当年九歳。

143上　**下ノ物**　褌の女房言葉。

145上　**竹田文右衛門**　佐賀藩士。実名真芳。物成二〇〇石。

145上　**納富六郎左衛門**　佐賀藩士。物成八五石（内加米五石）。

146上　**一過**　一時的なこと。ほんのわずかな間。

147上　**筑前木屋ノ瀬**　こやのせ。鞍手郡。福岡藩領。長崎街道の宿駅で筑前六宿の一。現北九州市。

147上　**神崎・中原《なかばる》・原田《はるだ》・山家《やまえ》・内野・飯塚**　いずれも長崎街道の宿駅。神埼と中原は佐賀藩領、他は福岡藩領。山家と内野の間には険阻な冷水峠《ひやみず》がある。

147上　**乞筈**　請求証文。筈は手形または証文・証券。

147下　**分過夫**　軍役規定以上の夫役。分過の陣夫役。木原溥幸『幕末期佐賀藩の藩政史研究』三八九頁に「分過夫とは、平常の軍役は五〇石につき主従六人の定めであるが、出陣の場合には軍役の人数はこれを超えるため、この超過した分については藩から給せられたことをさすという」とある。

148上　**平田助太夫**　佐賀藩士。物成四一石。

149上　**福田御屋敷**　高来郡福田《ふくた》村（現諫早市福田町）にあった深堀鍋島家の屋敷。福田村は始め諫早領、のち佐賀本藩領。深堀の給地もあった。深堀領の地米二二二石二斗六升八合。本明川支流福田川流域に位置。佐賀・深堀間の船便は佐賀厘外を発し福田に着く。福田に関しては山部淳「福田町と田祈祷浮立」（『諫早史談』第35号）参照。

149上　**横尾柳碩**　医師。安政二年一二月内科外科免札。横尾柳陽門人。左馬助家来。

149下　**本庄津**　佐賀郡。本藩領。本庄江に沿い諫早渡海場がある。

149下　**山崎千右衛門**　佐賀藩手明鑓。切米一五石。

149下　**松永文平**　佐賀藩士。松永五左衛門の嗣子。父五左衛門は切米四〇石（内加米五石役米一〇石）。

149下　**柴田和左衛門**　佐賀藩士。切米二〇石。

150下　**空服凌**　空腹凌ぎ。空腹をしのぐための軽食。弘化三年「市中申合書」に「平日申合事等にて一類其外寄合候節は空腹凌ぎに一菜膳に酒引付各盃にして差出候儀は苦間敷候事」などとある（公益財団法人鍋島報效会『佐賀城下法令史料集』一七〇頁）。

151下　**牟田口利右衛門**　利左衛門（扶持米三二石四斗。牟田口元学の父）カ。

151下　**下村三郎左衛門**　佐賀藩士。物成三五石。

151下　**丹羽五郎助**　佐賀藩士。物成四〇石。

151下　**石丸嘉右衛門**　「文久元年外様役料帳」御蔵方差次に名前が見える。

151下　**古賀忠左衛門**　佐賀藩士。切米六〇石。

日記　慶応二丙寅七月中

（表紙）

慶応二丙寅七月中
日記
茂精公御代
御当番　渡辺五郎右衛門役内
筑前木屋瀬御在陣

慶応二年寅七月中日記

朔日　巳
一　上々様江月次御祝儀、詰中御帳ニ而申上候事
一　先月廿六日ゟ筑前木屋瀬
御陣所江差越置候御徒江口松兵衛義今日帰着、
彼地より之懸合状左之通
御状致拝見候、御組私轟木御出馬之末、御日積
之通、去廿五日木屋ノ瀬御着陣之次第ハ最前及
御懸合候得者御承知、
上々様可被仰上置存候
一　御出馬後敵地之振合日々聞合被相付儀候得
共、取留候儀不相分、尤井伊・榊原之両軍防
州ヲセ川打入、敗軍之次第ハ御懸合之通於爰
許も相聞、凡別紙書取之通之由ニ付、尚又為
御見合差越申候、小倉表之都合是又別紙差越
申候
一　鷹之助様御与私、去ル廿三日ゟ御出勢相成
候処、同夜中之強雨洪水ニ而安良川々留相
成、御延引之末、昨廿七日飯塚御泊、今廿八
日爰元御着陣之由ニ御座候、大隅様等与私御
出足一日御延引之段、彼御方ゟ為御知相成候
由、准夫、諸家様跡御出勢も日送リ可相成
哉、当便迄御聞取届兼、右様只様御出勢御延
引相成候亘リいつれ之訳ニ可有之哉、
殿中之御都合不相分、定而前後御見合之儀ニ
も可有之欤与御申合被成候由、右者矢張洪水
ニ而往還筋橋々流落道路相塞候処ゟ与申噂ニ
御座候

一　相浦三兵衛・峯弥次右衛門ゟ之文箱并広木作太夫殿ゟ之別紙、御在所ゟ相達候由ニ而被差越、相達申候

一　去ル廿三日夜強雨ニ而御城下近在所々水害大変之次第、御私領東目両村ゟも同様注進有之、就中神埼在所都而水下ニ相成、人家五六軒流失三人歟ハ行衛不相知者も有之旨ニ而、田代大九郎其外役々出張有之候得共、未調子付之否も不相分由、委細之御書中致承知、五八郎殿相達、先以御側申上置候

右御答為可申越如斯御座候、恐惶謹言

深堀蔵人

六月廿八日　賢一（花押）

長渕菅右衛門

朋致（花押）

渡辺五郎右衛門様

追而、本文広木作太夫殿ゟ之別紙調子合相成候処、相見不申、定而於其許物落相成候儀与存候

六月廿一日大村甲打轟木駅通路、芸州石州口戦争之次第於広嶋聞取候都合左之通

六月十四日彦根本陣玖波ニ有、先手小瀬川を渡候処、岩国ゟ狼煙を挙、処々之伏兵応援挟撃、玖波迄を焼、榊原本陣廿日市ニ有、先手大野ニ進ミ小瀬関ニ向ひ発炮、長州勢も発炮、大竹・奥見・館戸・小方・玖波丸焼ニ而、榊原者小荷駄大分持帰候得とも大炮多く分捕ニ逢候由

一　彦根勢防州地近く相進候故、大炮小荷駄或者焼れ或者分捕ニ逢ひ軍将木俣土佐・貫名筑後敗走之末、清願寺迄引払、榊原勢ハ海田駅迄引取候由

一　六月十六日石州口ゟ備後福山勢押寄候処、散々敗走、石州津和（ママ野脱カ）勢ハ宿陣ゟ引取候由

評曰、太平之余習行粧を繕、行軍之備無

之、軽々敷相進ミ斥候不案内軍議不整処、
斯一戦ニ及敗北候趣
一　六月十七日暁天、門司浦江長州勢蒸気船
ニて乗寄、発炮
一　同廿二日同浦塩浜有之候地名失念江同様
乗寄炮撃、人家五六軒焼払候由
右等聊之事ニ而格別戦争と申儀者無之
一　芸州口・石州口、伊井・榊原勢接戦、寄
手些与侮《アナトリ》候哉ニ而敗軍之由、相聞候
一筆致啓達候、御軍用金之内追々与御遣出相成
候処、持登之金高最早余慶ニ無之ニ付、其許江
御預之金千両、才領付急飛脚を以、爰許被差越
候様御取計可被成候、依之当節之飛脚ゟ右外箱
綱共ニ書状其外入込ニ《シテ》差越候条、右箱入但
菰包ニ《シテ》被差越度御座候、此段為御懸合如斯
御座候、恐惶謹言
山田又蔵
六月廿八日　春満（花押）
深堀蔵人
長渕菅右衛門
朋致（花押）
渡辺五郎右衛門様
田代大九郎様
一　今夜五ツ時比深海ゟ之飛脚到着、多々良平太
夫ゟ之懸合、左之通
一筆致啓達候、爰許并中山大小麦御取納之儀、
最早相済候付而者、当月初潮ゟ深堀差廻度候
条、右根急々被御願開、永昌俵銭方江之根手紙
をも此帰便ゟ差越相成候様、可被御取計候、惣
而当夏者成丈現麦皆納、其上穀物類一切他領売
出候義御停止、有余之者ハ深堀差廻候様被仰付
候ニ付而者、例年之根高ニ而ハ可致不足ニ付、
五六拾丈ハ被御願増候通、御在所江懸合越置候
得ハ遄貴様江者其段御在所ゟ申越相成居可申、
右之事情被御汲取、地道根一同増願儀も早急被
御願開度御座候、此段為可申越態与飛脚差立如
斯御座候、恐惶謹言

七月朔日　　多々良平太夫
義鳴（花押）

渡辺五郎右衛門様

追而、脇頼等有之大豆之儀も無拠弐三拾俵丈も当麦船ゟ積廻候半而不叶処、当時俵銭方穿鑿六ケ敷、俵改文右衛門ニも無手数ニ而差廻候儀相案候趣ニ付、当四五月比峯弥次右衛門登之砌、右根願開方相談置候付、同人上着之上、其筋被相談候処、右者願開ニ不相及、其時々永昌俵銭方へ相願候得者纔之納銀ニ而相済候事之由、同人ゟ被申聞候付、其筋相談候得共、深堀ハ旅越之義ニ而其根願開候半而不叶趣ニ御座候条、近来乍御面倒可成儀ニ候半者其道いつれ卒相開候様其筋御示談相成度御座候、以上

同三日　未

一　木屋瀬　御陣所江御軍金御勝手方ゟ差越相成候付、同便ゟ懸合越候、左之通

御状致拝見候、去ル廿三日朝轟木駅
御出馬、山家御着陣之処、夕刻ゟ雨天相成終夜之強雨、川々繁敷水勢相増、飯塚迄之間歩行渉川三所有之川留之由相聞、御当惑ニ付、土地案内之者御調子合之処、いつれも立川ニ而水勢之進退速ニ有之候ニ付而者無程川口相明可申旨申出、翌暁ゟ降止候ニ付、同所御出馬之処、川々相応之水勢ニ候得共、御無難ニ而御渉済、同夜飯塚御止休、同廿五日八ツ半時比木屋瀬駅先度之御本陣植木屋孫助宅江
益御機嫌克御着陣被遊、御組私とも病人等も無御座由、恐悦御同意奉存候
右之趣　上々様申上候、此段為貴答如斯御座候、恐惶謹言

七月三日　　渡辺五郎右衛門

田　五八郎様

御状致拝見候、去ル廿三日ゟ轟木駅　御出馬之次第、五八郎殿ゟ之懸合致承知候、就而者蓑原

村神崎村ゟ之出夫之内兵夫并山戦銃部、戦地御打入之節惣従者之内ゟ相部候手筈候得共、現業迚も行届義ニ無之ゆへ右之夫丸被御留置候ハ而不相叶之処、原田大右衛門様其外迄御着揃相成候義未タ日間も有之、且者蓑原村之義頃日之強雨ニ而水損之場所為有之段、飛脚到着之由ニ而内願も有之、旁ニ而兵夫拾四人丈被御留置、残リ雑夫之義ハ両村共一先被差返候、尤追々御跡勢差揃之上、
御出馬之期限相知候上、急飛脚を以被及御懸合候間、其上ニ而ハ早速立ニ而罷越候通リ其筋ゟ申付相成候義ニ者候得共、猶又於爰許も可相達置旨致承知、早速両村役之者とも呼出致厳達置候、尤神埼之義頃日之水損未曽有之為体ニ而亡村同様之訳ニ相成、出夫等之義至極難渋之参懸ニ付、成丈蓑原ゟ差出候通リ割付、神埼ゟハ少々出夫いたし候通手当致替置義ニ御座候、此段為御答如斯御座候、恐惶謹言
七月三日　田代大九郎
渡辺五郎右衛門
長渕菅右衛門様
深堀蔵人様
追而、御同勢其外御滞陣御人数先度御同様今又可被御願啓仰合之旨、御端書之趣致承知候、以上
御状致拝見候、去廿三日轟木御出馬之末、同廿五日益御機嫌克其許御着陣被遊候由、恐悦御同意奉存候、右之趣上々様申上候
一　御文并飴壷五ツ被差越、無別条相達、則御内差上申候
一　滞陣中用袂御時計壱ツ御用意相成居候得共、舶来之品ニ而時指等時々御次辺不相響、差支之義有之候間、厘打時計壱間払物等有之候ハヽ、調入可差越、自然不有合節者御母堂様御持合之品拝借差越候様致承知、早速御勝手方相談、売物遂探促候処、幸、部入

品有之、格別機相違居候儀も無之都合ニ付、
調入当節差越申候
右廉々為御答如斯御座候、恐惶謹言
七月三日　渡辺五郎右衛門
深堀蔵人様

致追啓候、御内より被差上候
御文壱并風呂包壱差越候条、
御側可被差上候
一　先度物落いたし候広木作太夫殿より之書状
偖又宮崎杢兵衛殿ゟ之別封、御玄関帳壱品差
越申候
一　峯五太夫其外従者罷越候便宜端書を以申越
候、縫殿殿ゟ跡御出勢一先被差延候御都合、
尚又聞合候処、英仏船小倉表着岸、御征伐方
仲入リ御取嗳致度段申出候由ニ而いつれ之通
可移行哉、右之至儀ニ而ハ
公辺御所置振急ニ者相分間敷与御考之由ニ御
座候

右廉々為御懸合如斯御座候、以上
五郎右衛門
菅右衛門様
蔵人様

口達
一　昨日深海より申来候大小麦津廻根居、先月受
役所願出置候末、混雑ニ而才足方物落是迄延引
ニ付、不閣願済相成候様、高浜貫一郎を以申
達、大豆津廻根居之義も左之通願書差出候事
深堀表之義地行穀物払底之場所柄、就中大豆之
義土地出来立手寡、肥後其外諸方ゟ之買入を以
年来相済来候処、近年何れ之訳ニ候哉、一向売
買之筋無之、台所用必止与差支候付、大豆百石
丈諫早深海村其外ゟ彼地差廻度、無銀懸ニシテ
津出之義奉願候条、支所無御座候半者何卒願之
通被差免被下候様、筋々宜御相達可被下義深重
奉頼候、以上
左馬助内
寅七月　渡辺五郎右衛門

請役所へ当ル

一　自然異変之節出張御仕与受役所ゟ之達帳写、
左ニ
自然異変之節迅速出張仕与之儀、一昨子年被相達置候得共、当折柄猶又気弛等不致、速ニ行届候通無之而不相叶ニ付、今又御潤色を以左之通被仰付候条、筋々可被相達候

一　御城下始於寺社鐘盤等五ツ充打方相成候条、合図響合候半ハ御親類始大組頭則出張之仕与ニ而鉄砲等被持、
御城出仕相成候様

一　三家者聞番急速役筋罷出候様

一　諸与之儀者兼而迅速出張仕与之通仕廻方相整置、先以着座者主従六人、手明鑓頭者四人、侍者同三人、手明鑓者同弐人ニ而胴服裁附致着用、革兜・鉄炮・腰兵粮用意、左之ケ所々々致出張候様
　附リ従者間ニ不合節者鉄炮等自身持出候而不苦候事

一　濡御門外繋前　孫四郎組私
　　　　　　　　　監物組私

一　北御門　左近組私
　　　　　　杢佐組私

一　東御門内　縫殿助組私
　　　　　　　同預与

一　裏御門内　六左衛門組私

一　西御門内　又右衛門組私

右之外今度出張之組々者当分被相除候事置候

一　遠在住居之人者急速於其組内仕与相整置候様、尤右通達いたし候儀者至其之節役筋ゟ相達之上、通達相成候様

一　御武具渡方之儀急速役々出張、混乱不致通

リ手配相成候様、尤分過筒被相渡候面々ニ者
御筒扨又玉薬弐拾炮入胴乱等兼而相渡置候様
一　人馬之儀者急速役々出張、相集候儀者至其
節役筋相達之上、集相成候様
以上
寅七月三日
右之趣承知仕候、以上
渡辺五郎右衛門
一　今昼八ツ時比小屋之瀬表ゟ使番善十到着、吉
田捲蔵病死ニ付、才領罷越候段申達、長渕菅右
衛門其外ゟ之付状相達候、左ニ
一筆致啓達候、吉田捲蔵儀於木屋瀬駅今朔日暁
ゟ暴吐瀉霍乱之症被相煩、養生爰切手を尽候得
共、一円薬験無之、病勢只様差募、最早快気不
定之体罷成、打追出張罷在候而も其詮無之ニ
付、乍残念遂御断無更代引払被仰付被下度、別
紙之通医師手形相副願出相成候ニ付、五八郎殿
相達、御側相伺候処、願通被差免候ニ付、使前
高比良善十差添、同夜中早速出立、其許被罷帰
儀ニ御座候、此段付状為可申越如斯御座候、恐
惶謹言
七月朔日　深堀蔵人
賢一（花押）
長渕菅右衛門
朋致（花押）
渡辺五郎右衛門様
追而、東目両村夫方更代前ニ付、右を以捲蔵
儀被罷帰、直様飯盛村妙玉寺着堂之積申達置
候、出勢中右之病症流行いたし候儀ニも無之
処、捲蔵儀不斗煩付前断之為体、気之毒之儀
ニ御座候、委細善十相含罷在候条、御承知御
取計可被成存候、依之御在所江之別封差越候
条可被相達候、以上
致追啓候、高比良善十儀小荷駄方部リ罷在候
処、吉田捲蔵被官筋之者ニ付、付副引払切、深
堀罷帰候通申達置候、就而者跡代差支候条、其
元御仲間手男間可然人柄御撰早速被差越与存

候、以上

七月朔日　蔵人

五郎右衛門様　菅右衛門

口達

私儀今度長州御征伐

御出陣ニ付、御供被　仰付難有出張罷在候処、

於木屋瀬駅ニ今朔日暁暴吐瀉霍乱之症相煩、療

養爰切手を尽候得共、一円薬験無之、病勢只様

差募、快気不定之体罷成候段、医師ゟも被申聞

候、就而者打追出張罷在候共其詮無御座ニ付、

乍残念遂御断無更代引払候通被仰付被下度奉願

候条、格別之御吟味を以何卒願之通被

仰付被下候様、筋々宜敷御相達可被下儀深重頼

入存候、依之医師手形相副差出申候、以上

寅七月朔日　吉田捲蔵

長渕菅右衛門殿

深堀蔵人殿

覚

吉田捲蔵方暴吐瀉霍乱之症被相煩、容体診察仕

候処、直様眼目陥リ声唖、精神昏乱、依之色々

薬剤相与へ療養手を尽候得共、一円薬験無御座

候、唯今之容体ニ而ハ何分快気之程難計相見

候、我々服薬差遣治療仕候故、如斯ニ御座候、

以上

寅七月　横尾柳碩

深町元道

一　前条捲蔵死体直ニ妙玉寺持届候ニ付、詰合一

類多々良良太郎・山口権作相談、同寺内仮埋之

手配相整、右人々ニも早速彼寺被罷出夫々取計

相成候事

一　右ニ付、妙玉寺江之懸合、左之通差出候事

以手紙致啓上候、今般御出陣御同勢之内吉田捲

蔵義病死ニ付、貴寺へ仮葬被　仰付儀ニ候条御

引導御手数被相整、追而帰依寺深堀菩提寺江之

手数可被相廻候、此段為可得貴意如斯御座候、

以上
七月三日　　　渡辺五郎右衛門
妙玉寺様

一　前条捲蔵仮葬相済、使番善十并召使之者深堀罷下候付、付状左之通
一筆致啓達候、吉田捲蔵義出張中筑前小屋ノ瀬ニおいて暴瀉霍乱之症被相煩、爰限養生手を尽相成候得共、無其詮去ル朔日死去ニ付、病中無更代引払之姿ニ死体差越相成候故、爰許妙玉寺江早速仮葬相整申候、依之彼地ゟ付副相成候使番善十并捲蔵召使今夕汐ゟ厘外津出船、同人鬟髪持下相成義ニ候、是迄格別病人も無之由之処、不斗右之次第気之毒之事共ニ御座候、此段為可申越如是御座候、以上
七月三日　　　渡辺五郎右衛門
相浦三兵衛様
峯弥次右衛門様
追而、本文捲蔵引払御暇願御聞済相成候旨ニ而別紙仕向来候付、手数迄ニ差越申候、以上

一　当盆仕与廻達相整候、左之通
当盆役目被仰付義ニ候条、役所御出張紙之通御承知可被成候、以上
七月三日　　　役所
詰中
以手紙致啓達候、当盆別紙之通役目被仰付義ニ候条、早天ゟ御出勤可被成候、此段為可相達如斯御座候、以上
七月三日　　　永石権作
山辺権蔵様
杉町吉蔵様
北原重蔵殿
江頭喜兵衛殿
田中市兵衛殿
深町与三郎殿
原定一郎殿
七月十一日
一　台子方御門番御塔前番　　原定一郎
木下勘助

深町与三

同十三日
一　御聖霊祭方　北原重蔵
同十四日
一　台子方御門番御塔前番　木下勘助
深町与三
宮田良右衛門
一　高伝寺御灯炉番　田中市兵衛
江口松兵衛
一　龍雲寺右同　原定一郎
同十五日
一　台子番御門番御塔前番　杉町吉蔵
山辺権蔵
江頭喜兵衛
一　龍雲寺御灯炉番　原定一郎
一　高伝寺右同　江口松兵衛
深町与三
以上

同四日　申
一　大小麦并大豆津廻根居、昨日受役所願出置候末、願通被差免、小物成所へ之懸合被相渡候、左之通
一　大麦百三石
小麦三拾石
右之通、左馬助殿知行所高木郡深海村・中山村・江浦八丁分当夏成之内、無銀懸ニシテ深堀廻被差免度、彼家来ゟ願之趣、御当役御聞届、台所用差廻相成由ニ付、如願被差免候条、可被得貴意候、以上
五月九日　羽室雷助
山本伝左衛門
宮嶋寿平
松永卯右衛門様
渡辺善左衛門様
副島左源太様
大豆百石、左馬助殿知行所諫早深海村其外ゟ無

銀懸ニシテ深堀廻被差免度、彼家来ゟ願之趣、
台所用差廻相成由ニ付、如願被差免候条、可被
得其意候、以上

七月四日　羽室雷助
山本伝左衛門
横尾文吾
宮嶋寿平
北嶋与左衛門

松永卯右衛門様
渡辺善左衛門様
副島左源太様

一　前条根居願済ニ付、請役所ゟ之懸合小物成所
相廻、諫早俵銭方之根手紙被差出度、小物成所
願出候、左之通

口達

高木郡深海村・中山村・江浦八丁分村当寅夏成
大麦百三石・小麦三十石并大豆百石津出之義奉
願候処、願通被差免候、就而者御印之義於爰許
可奉願之処、遠在汐迦等相成致難渋候ニ付、於
彼地御手数奉願度御座候条、諫早俵銭方江之根
手紙被差出被下度、此段御達仕候、以上

御名内

寅七月四日　渡辺五郎右衛門

松永卯右衛門殿
渡辺善左衛門殿
副島左源太殿

一　能仲公御尊牌先般其筋御註文之末、漸出来立
候ニ付、御仲間深水源八才領付ニシテ今夜汐ゟ諫
早迄船中差越候故、御在所江之懸合、左ニ

一筆致啓達候、先般御註文相成居候
能仲公御尊牌漸出来立候ニ付、御仲間才領付ニ
シテ福田迄船中差越申候

一　小屋ノ瀬表御陣中ゟ之書状壱包相達候ニ
付、差越申候

一　大串春嶺開業仕度段、別紙之通達出ニ付、
差越候条、猪之助殿可被仰達存候

一　深堀禎太郎其外当土用稽古済之上、剣術相
伝之旨銘々ゟ別紙之通達出ニ付、右書附差越

申候、且又堤壮右衛門弟兵力其外初而
御目見無之人々別紙書載之通リ武術銘々相伝
之由ニ御座候、就而者いつれも自余見合御目
録拝領相成方ニ可有之間、猪之助殿被仰達、
否可被仰越存候

一　長防之都合近頃英仏船小倉表着岸、戦争方
仲入申出居候由候、右ニ付、爰許御出勢之義
も大隅様限ニ而縫殿殿ゟ跡御出勢今ニ御延引
相成居候御都合之旨ニ御座候、先達ゟ戦争之
次第小屋ノ瀬表聞取書仕向来ニ付、差越申
候、右書面爰許相聞候次第も格別相替義無御
座候

右廉々可申越如斯御座候、恐惶謹言

七月四日　渡辺五郎右衛門

相浦三兵衛様

峯弥次右衛門様

口達

私儀直心影流剣術中島弥次兵衛殿門弟ニ御座候
処、当夏仕切稽古済之上、切紙相伝被申渡候、
此段致御達候、以上

寅七月　深堀禎太郎

口達

私儀 ———————————————
目録相伝被申渡候、此段致御達候、以上

寅七月　大久保大助

口達

私儀 ———————————————
切紙相伝被申渡候、此段致御達候、以上

寅七月　鳥巣良作

覚

剣術免状　堤兵力
剣術目録
体術大意　江口十作
剣術切紙　相良茂三郎
右同　山口理四郎
右同　田代亥六

以上

寅七月

口達

私儀此迄渋谷良次老塾寄宿罷在、御蔭ニ稽古仕居候処、去五月開業免札被仰付候得共、打追稽古仕候半、漸親父ニも及老衰家内難渋仕候条、宿許引取一手ニ開業仕度、此段致御達候、以上

寅七月三日　大串春嶺

一　前条源八下便ニ而深海懸合越候、左ニ

御状致拝見候、其許村々大小麦当月初汐ゟ差廻義ニ付、津廻根居急々願開差越候様、左候而当夏現麦皆納、其上有余之者深堀差廻候様被仰付義ニ付、増石願をも一同相済可差越旨、彼是之委細致承知候、右者其筋迄願出置候処、御出陣方混雑ニ而失念罷在候故、早速其筋遂催促、大麦三(マヽ)百石小麦三拾石丈例年比竟先以相開候付、俵銭方へ之根手紙をも受取之差越申候、増石之義も差付願出候得共、当便迄ハ請役所右根開何分間ニ合兼候故、無拠重而差越可申候、大豆之義も弐三拾俵願開候様御込書之旨ニ付、右者百石丈大小麦同様無銀懸ニシテ願開、是又当節俵銭方懸合相成義候

此段御答旁如斯御座候、恐惶謹言

七月四日　渡辺五郎右衛門

多々良平太夫様

追而、介抱米深堀津廻千石丈根居願開置候得共、今以壱俵も船積無之ニ付、自然其許ゟ廻米之御入用も御座候ハヽ、場所替願開可差越間、御在所ゟ御差図相成候通御計可被成候、且又先般致御相談越置候藤山丈左衛門様御頼之茶、代料差遣置候丈乍御厄害早急御調達御仕向可被下候、公家衆御一類方之御手伝御互迷惑之次第御座候得共、勤懸り遁道無之亘り御汲分可被下候

一　久保田御屋敷ゟ御出生様御名被相附候為被知、左ニ

以手紙致啓達候、然者今度出生之女子、於絢《アヤ》殿

与名被相附候、此段為御知如是御座候、以上
七月四日　大隈新左衛門
渡辺五郎右衛門様
一　右為御知手紙を則　上々様申上候、返答差出候、左ニ
御手紙致拝見候、然者今度御出生之御女子様、於絢様与御名被相附候旨御紙面之趣則申達候、此段為御答如此御座候、以上
七月四日　渡辺五郎右衛門
大隈新左衛門様
一　先般被対　褒信院様御法事、御徒隠居石田吉兵衛義、再与出被仰付候ニ付、御勝手方へ之懸合、左ニ
御徒隠居石田吉兵衛義先年御都合有之、跡御切米御預被置候得共、先般、
褒信院様被対御法事、御切米元々之通被相渡、吉兵衛義再与出被仰付候間、当暮ゟ御切米可被相渡候、此段為御懸合如此御座候、以上
寅七月四日　役所
御勝手様
一　今夜九ツ時比小屋ノ瀬　御陣所ゟ之飛脚到着、申来候廉々、左ニ
一筆致啓達候、残暑中も益御機嫌克御上下木屋瀬御滞陣御座候、御先手両組扨又大隅様御組者去ル廿九日迄ニ御着陣揃相成、御国勢河内様其外者当月半比迄ニ当駅御着揃可相成、乍其上御軍議、小倉表御出張之小笠原壱岐守殿扨又九州諸侯御打合之末、御討入相成候期限者当月廿日亘ニ而可有之与申御都合ニ御座候、一体芸州石州口遄討入、戦争相起居候処、九州勢討入及延引候儀、壱岐守殿為指揮職御案痛ニ候得共、後詰応援戦具等不揃ニ而軽動候者井伊・榊原前車之戒有之候付、能々勝算被相決、討入之上者一歩を不引必勝之軍略相整候義肝要ニ付、被御差扣候御存慮之由御座候
一　郡目附福地六郎右衛門先般ゟ芸州出役之末引払、去月廿八日当駅帰着、
此御方御本陣罷上申上候を透聞書取并ニ同役

吉村重四郎小倉出役中聞得之書取絵図面等之写、別紙差越候条、彼是御見合、敵味方之形勢御考慮可被成存候

一　当節必戦之機会相迫候処、御討入之期ニ至リ御組私共敵地案内之向無之哉ニ相見、戦争之時機ニ依、追遂進退御懸念之筋ニ御座候、就而者岡月洲義前度之末も有之、二州之地理巧者ニ付而者御同勢之内ニシテ出張被仰付方ニ可有之、御内評之上、奉伺候処、至極之筋ニ被仰出候、尤右者世録之向ニも無之、炎暑中不慣之戦地ニ打向イ候義遅疑之念等有之哉も難計候得共、成功之上者随分之御沙汰も有之義ニ付而者、夫等御差含御懇達、当月半迄之内木屋瀬参着之通可被御取計旨ニ御座候、勿論仕廻銀家内扶助爰許迄之路銀等御見計を以於其許可被相渡存候、此段為可申越如此御座候、恐惶謹言

深堀蔵人

七月三日

賢一（花押）

長渕菅右衛門

朋致（花押）

渡辺五郎右衛門様

急度致啓達候、明四日飛脚差立別紙可及御懸合候、今三日夕八ツ過、案紙取立半、小倉ゟ之早打到着、今暁未明長賊蒸気船弐艘乗出、大里砲撃戦争相始候ニ付、同所江肥後勢・久留米勢・公儀千人隊之内三百人扨又小笠原幸松丸殿手勢等纔之出勢ニ而防戦相成候得共、大里備之大砲手少、味方戦死不少、長賊得勢候半者小倉城も危急切逼之在様ニ可相成注進有之、

御国勢安閑与木屋瀬御滞陣可相成場合ニも無之、早速御繰出相成候半而不叶趣ニ候得共、何与申、河内様御始之御出勢遅緩ニ有之、第一大砲器械積廻之蒸気船を始、船手着揃不致、御軍略御当惑之御都合共ニ御座候、

殿中如何之御振合共ニ而段々与遅緩之御繰出相

成候哉、最早切逼之場合いつれ早急小倉御出馬
可被遊与奉存候
一　御馬廻不勝之人等有之候ニ付、山戦銃打城
嶋七右衛門并牧口剛平出張被
仰付旨ニ付、七右衛門儀ハ御在所申越候付、
剛平江者貴様ゟ早速被御申越、無遅滞出立有
之候様可被御取計候
一　相浦三兵衛・峯弥次右衛門江之別封大夜通
ニシテ可被差越候
右為可申越夜通飛脚を以如斯御座候、恐惶謹
言

七月三日　深堀蔵人
賢一（花押）
長渕菅右衛門
朋致（花押）
渡辺五郎右衛門様

致追啓候、別紙及御懸合候通リ之次第ニ候処、
頃日吉田捲蔵被罷帰候節、兵夫之内八人差越候
処、更代之者者勿論右代リ之者共ニも不罷越ニ
付、当節小荷駄方より別紙之通リ蓑原村・神崎
村江大夜通ニシテ早速爰元罷越候様、懸合越相
成義ニ者候得共、迅速之出立無覚束相考候条、
緒方弥七ニ而も出役相成、出足調子相成度御座
候間、其御取計可被成与存候、此段為御懸合如
斯御座候、已上

七月三日　蔵人
菅右衛門
五郎右衛門様

覚
一　兵夫　八人
一　雑夫　弐拾三人
〆　右者ミの原村
一　兵夫　六人
一　雑夫　拾六人
〆　右者神崎村
右之通両村割付手当差越申候、以上

七月三日　小荷駄方

当今敵味方之大略

一　防州大嶋郡之儀、芸州堺ニ而一郡拾万石余之地方、南海中江広大成嶋有之嶋名失念数万之人民居住、四国勢之足跟肝要之地理ニ付、最前幕吏ゟ理解、居民降伏之姿ニ相見候処、其後日々夜々ニ軍勢相殖、一万余ニも相成、降伏之体ニ無之ニ付、予州松山勢上陸攻懸候処、右者専士兵ニ而、奇兵隊之者纔ニ而指揮、山上或者岩窟之小藪ゟ小銃繁敷打出、松山勢利を失、阿州土州其外之出勢一向無之所ゟ松山江引入候後操出不申ニ付、去月十一日芸州出張之
幕兵千人隊之内より蒸気船乗出、百廿ポント以下之大炮を以、嶋中ニ群る敵兵ニ打懸候処、矢坪ニ打当、群鶏之散乱する如く死体樹梢ニ翻懸リ或者海壁ニ転落、官軍大ニ利を得、兵粮数千、扨又土中ニ埋有之候大炮三挺分捕相成候得共、如何之訳候哉、四国勢一向操出不申、幕兵孤軍、右地方保兼候由、残念之次第也

一　同十四日井伊・榊原小瀬川討入之節、山上江農民底（ママ）之者疎らニ相見候ニ付、見物之者ニ而も可有哉与無何心行軍之処、一声之狼煙を合図ニ南西両面之山頂ゟ大小銃夥敷打出、官軍狼狽之間ニ集兵横合ゟ本陣ニ突入接戦、官軍旗本大敗、器械小荷駄被奪取、榊原家老敗走、公ニも主従三人ニ而辛々立退相成候由、其末芸州久波迄長州勢切取限界相立、其外長勢広嶋城下江乱暴或者広嶋自国固メ之遊兵等江炮撃、彼是之所業有之、最前者芸州周旋之積リ候処、右之至儀当今大ニ奮怒、先鋒願出ニ相成候得共、両先鋒敗軍之末有之、諸侯之兵騎不足、侍
幕兵を先隊ニシテ列侯之兵跡ゟ続候通之御軍配ニ而御免無之由、幕兵殊之外勢強、流石列国ニ勝ル与賞揚有之候

一　紀州公御出馬、先手之御附家老安藤水野扨又幕府歩兵隊并大垣戸田家之兵、同十九日大野辺之戦ニ利を得、長州之宗徒騎馬之兵を官軍ゟも騎馬乗出、太刀打首を取、其勢ニ乗し玖波を盛返シ敵兵敗走之由、官軍騎馬之兵、紀州兵与申説も有之、土田之兵与申説も有之、不分明

一　石州口官軍敗走之次第、凡、吉村重四郎聞取同様

一　幕府蒸気船五艘去月廿八九之比迄追々ニ小倉海岸廻着之途中下関地方ゟ大炮打懸候得共、御船ゟハ矢合無之、難無ク通脱ケ御国蒸気船三艘肥後同一艘、福岡・久留米・小倉等之船都而拾余艘ニ而一勢ニ下関炮撃、敵船打沈メ御討入相成候、壱岐守殿御策略之由

一　芸州出張之閣老其外九州討手、肥後・御国を頼ニ目指相成居候由、就中大炮器械之精練御国を賞揚有之候由

一　敵方蒸気船弐艘・帆前船弐艘所持之由、右者福地六郎右衛門芸州ゟ引払去月廿八日御本陣罷上、御咄申上候透聞書取

一　今度御国ゟ於長崎十二ホンド跡込銃三挺・四拾ホント同壱挺御取入相成、四拾ホント長玉ニ付、八拾ホントニ相当、就中屈竟之御筒其外、神嶋御備之内廿四ホント矢利ケ宜敷ニ付、右を頭ニシテ数挺、扨又神嶋兜崎御備大臼炮等都而数拾挺御差廻相成、田ノ浦文司辺ニ台場御築立、陸手船手ゟ炮撃、馬関・長府・清末焼払、清末口足跟宜敷、平地ニ而伏兵等之恐無之ニ付、上陸相成候、御組内其外即今之御軍議ニ付、此儀良策与心得候事

一　御先手御両組隔日御先鋒、追々河内様御出馬之節者御国撤兵之内御撰百人丈御引連、五拾人充両御先手江附属相成候由

一　御国蒸気船三艘来ル五日迄ニ筑前萱屋着揃、於同所討入之機出帆相成御手筈之由、右者御組内御軍議聞取書

一　毛利大膳殿父子とも腑脱ケ之内、長門殿方却而人近ク、大膳殿ニ者左右セイ殿与異名相

唱候由、訳ハ下ゟ何事伺候而も善も悪も左右セイ〳〵与差図被致候分出来被申候由、惣而国中両党ニ割レ不和ニ有之、多年之義ニ而本藩国財靡弊欠乏、奇兵隊抔一日弐三匁之当介ニ而当時柄困窮、海賊強盗等之所業有之由、四方ゟ取巻攻寄セ候半者長持チ致間敷振合、幕府之間諜壱岐守殿方聞合細砕相届居候由、味方之幸ニ候事

右者清水良作其筋ゟ聞得之書取

寅七月二日書取

写

関海異国船渡来之手積覚

一　去ル廿日昼四ツ時比異船弐艘（壱艘者大形也）英軍艦ニ候由、鹿児嶋辺ゟ渡来、下関ニ繋船之末、接（ママ）海辺江出勢いたし候哉之由

一　同廿四日昼九ツ時比英仏弐艘渡来、英人壱人小笠原閣老御宿陣所江使節相勤候哉ニ而、夕刻比右船江御乗込御応接之筈ニ候処、長人ゟ乗[redacted]与、及日暮候由ニ而其義無之由

付リ、本文之調役谷津勘四郎并通詞壱人乗与罷在候由

一　同廿五日御応接相成筈之処、不快之由ニ而御延引相成候由

一　同廿六日昼前閣老御事、小倉客屋江御出浮之処、頓而英人共数人端船ゟ上陸、御応接之末、右畢而引続仏人共同行及数刻、夕七ツ時比御帰乗相成候由

附リ、本文英仏ミイーストル共閣老御応接之処、英ゟハ長家御征伐ニ付而者定而良計可有御座、右ハ如何之御取計振ニ候哉承度仕度旨申立候由、併仏ニ者元来天朝幕府違背之長家故、藩々より人数差出、断然御征伐相成義ニ付而者強チ良計相伺候ニ者相及間敷、援兵可差出との旨申立候末、一体ハ深切之次第ニ候得共、夫ニ者不相及旨御答ニ相成たるよし、先右ニ而渡来之旨趣者差分、御安心為相成

哉之由

一　右御応接之始末、全ク風説丈ケ之義ニ付、
間違之義も可有御座哉、幸、頃日ゟ福地六郎
右衛門義小倉参着、不日通行相成筈ニ付、其
折御達仕ニ而可有御座与奉存候事

寅六月廿七日夜認

諸家出勢人数等凡左ニ

一　肥後、溝口蔵人、凡五千人程、右者小倉墓
塔前広寿山福寿禅寺を始、近村足立村ニ懸宿
陣之由

外ニ

長岡監物、廿五日立之処、川支等之由ニ而
少々延引相成居候よし

一　柳川、矢嶋采女、凡八百人位、右ハ小倉城
下ゟ筑前植木駅宿陣之由

外ニ

小野若狭同断、植木着陣之由

一　久留米、凡弐千七八百人程

内

赤備　備頭　馬渕弥太郎　凡五百五拾人余
青備　番頭　岸外納　凡六百拾人余
黄備　責将　有馬蔵人　凡千六百人余

外ニ

軍制方同附懸リ周旋方、凡五拾人余

〆ル

右ハ小倉城下宿陣、尤大里之内永浜江守衛出
張請持候よし

一　筑前、凡三千人程

内

鉄炮大頭

明石権右衛門　上下三拾人

馬廻頭

藪角右衛門　同弐拾人

親父一角家老次席之由

久野善右衛門　凡拾八人

足軽頭四人　同十六人

此足軽六拾人

外ニ
明石権右衛門直与足軽弐拾人
大炮方上下八拾人
孔径三寸位ゟ以下之野戦台、凡八丁位之由
小荷駄方上下四拾人計 [redacted]
〆 凡弐百八拾人程
右ハ黒崎駅宿陣之由
黒田美作一隊、凡八百人、右ハ底井野宿陣
之由
一 芦屋町宿陣、凡八百人
一 山鹿町右同、凡弐百人
一 若松右同、凡五百人
一 小倉領苅田村右同、番頭四人
一 同尾倉村右同、物頭八人
一 同大蔵村右同、物（ママ）人数凡三百人
〆
一 中津出勢惣人数相分兼候へ共、何程歟ハ人
数、夫々後へも竹田津江出張、且又松山勢応
接援与して大嶋辺致出勢居候趣ニも致風評候
事
一 小笠原閣老同勢、凡三百人程之由
外ニ
千人隊之内凡三百人程相付候哉之由、別手与
と相唱候、人数凡百五拾人程右同断之由
一 大御目附塚原但馬守殿義渡来之仏船江昨廿
六日夜御乗与、神奈川表江被相越候趣致風評
候事
一 当時御宿陣之御役々、凡左之通

小倉宿陣
御老中 小笠原壱岐守殿
大御目附 木下大内記殿
御目附 平山鎌二郎殿
大御目附 塚原但馬守殿
御目附 溝口出羽守殿

諸家軍御目附
黒崎御宿陣 筑前 小宮山又七郎殿
木屋瀬右同 此御方 水上驍太郎殿
小倉右同 小倉 松平左金吾殿
右同 肥後 長坂血鑓九郎殿

右同　　久留米　梶清三郎殿
右同　　柳川　　安藤治右衛門殿
　塚原付御徒目付　福谷幸造
　　　　　　　　　平野章三郎
　　　　　　　　　藤山徳次郎
　御小人目付　　　六人
　溝口殿附御徒目付　伊藤顕吉郎
　御老中公用人　　今泉善助
　　　　　　　　　岡谷兵左衛門
　　以上
　寅六月廿七日夜認之

一　当月五日六日ニ而小倉勢出張凡左之通之由
一番手、嶋村志津摩、田浦江凡三百人程
二番手、渋多免立脇、楠原江凡二百五拾人程
三番手、原主殿、小荷駄方之由、門司江凡二百五拾人程
小笠原幸松丸侯一手、楠原江凡三百人程
惣勢凡千人、大炮凡三ホント以下三丁位之由

一　同八日小倉家老小宮何某出張打入之儀一先見合、御差図相待候様含越候様
一　同十日比薩州船印付ニ《シ》テ大里地方江蒸気船数日往来、海岸之模様等見繕候哉ニ相見、其後下ノ関ニ繋船いたし居候由
一　同十七日暁七ツ半比田浦一戦之折、門司并楠原之内北原峠辺焼打いたし候由
　附り、同日ゟ廿日夕迄小倉兵五頭公兵千人隊ゟ百人程、肥後千人程、小倉勢江引続大里松原ゟ笠松迄致出張候処、当時ニ而ハ幸松丸侯始、笠松ニ小倉勢而已出張、大里松原ニハ三四ケ所程、久留米勢江千人隊之内少々出張、野戦炮七八丁程備付居候
一　同十八日暮比長賊蒸気船共四艘田ノ浦海渡来候処、一艘瀬方江載揚ケ夫形ニ《シ》テ満汐之折、引なをし当時ニ而ハ四艘共《蒸一艘 帆一艘》之由、望遠鏡ニ懸而下ノ関致繋船居候
一　同十九日同壱艘門司江渡来、去ル十七日焼

出之場所并塩浜辺致焼打候由
一　同廿六日夜楠原村庄や焼打ニ逢、何欤奪取候由
一　同廿七日昼過比同様之聞ニ而同所在民共大里江遁来候由
一　同夜五ツ時比同所辺砲声一二三発相響候得共、聢との義いまた承リ取出来兼候事
〆ル
寅六月廿七日聞取認之

（コノ位置ニ図1アリ）

別紙素絵図面再度戦争之振合大概
一　去ル十一日大島郡江幕兵打入候後、度々戦争、松山侯滞陣之趣之処、近来ニ而持兼居候趣
一　同十四日井伊・榊原両先陣《ミ》鋒打入候処、長兵ゟ伏兵等を以及戦争、官軍大ニ破走、海陸ゟ退軍、依而長兵追越、終ニ廿日市迄攻取候由
一　同十九日紀州公付家老水野大炊頭、戸田兵、且歩兵隊於大野戦争之処、官軍利を得、久波迄追続、当時久波相境対陣罷在候由
一　石州口之義、長兵ゟ打出、津和野城江相越、浜田城ヲ襲、及争乱、石兵敗潰、当時籠城罷在候由
〆ル

（コノ位置ニ図2アリ）

一　前条小屋ノ瀬ゟ懸合之旨ニ随イ早速夫丸手当方緒方弥七夜通ニ《シテ》東目出役申付、諫早・深堀へ之懸合是又大夜通飛脚差立申越候、左ニ
一筆致啓達候、木屋ノ瀬　御陣所ゟ今夜九ツ時比飛脚到着、大里江長賊炮撃戦争相始リ、最早彼之口切迫之都合ニ付、　御国勢ニも何れ不遠御討入期ニ可相成旨、諸般其目論見ニ而猶又御手配之由、彼是委細申来候、然処右連署之内、

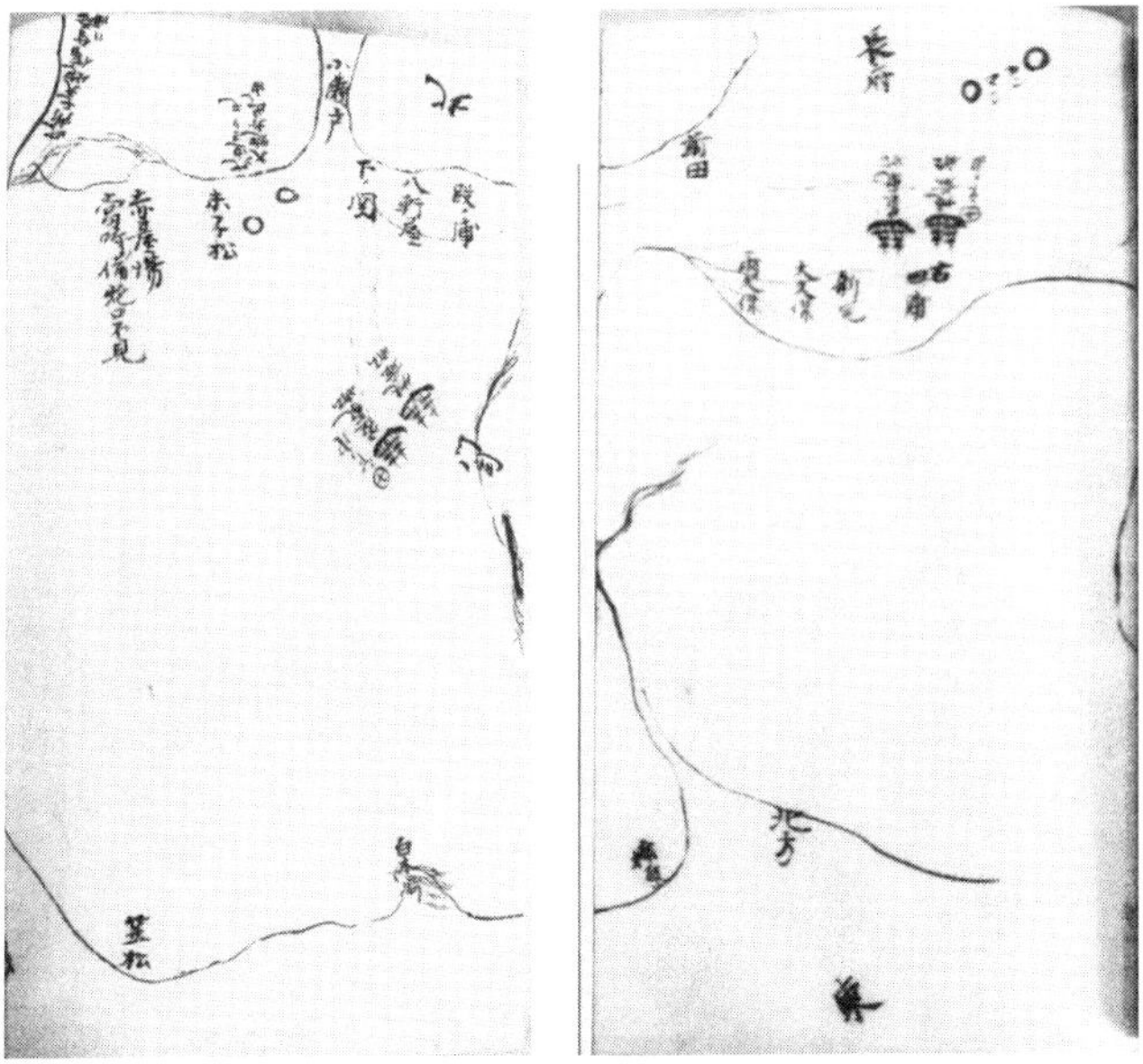

（図1）

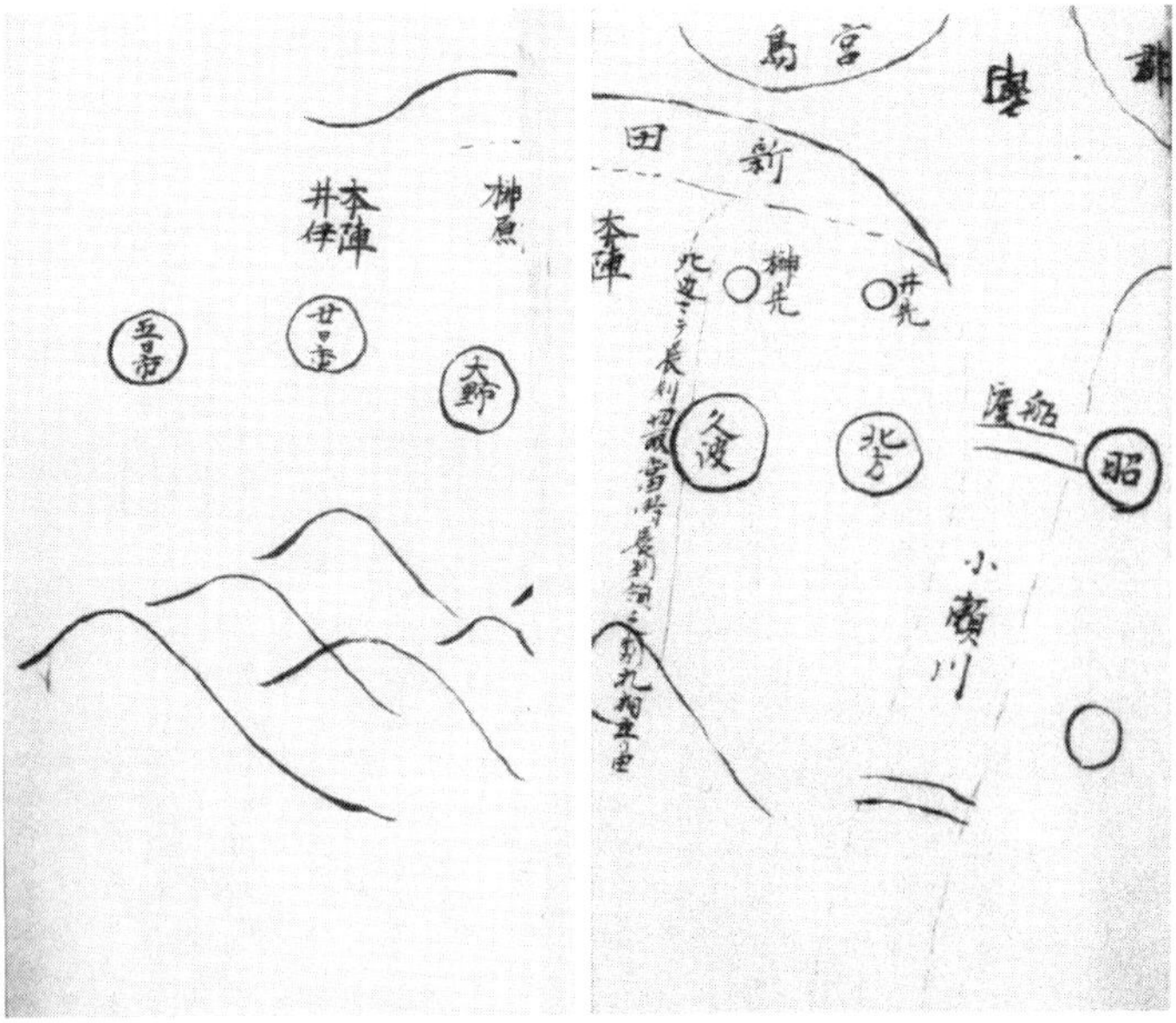

（図2）

岡月洲敵地案内之ため早速出張可被仰付旨別紙之通申来候得共、右者爰許之相達行届之義ニ無之候得者、定而其許へ懸合越相成居可申与ハ存候へ共、文意爰許限之様ニ相見候ニ付、為念連署写差越候条、書面之旨を以、於其許御取計可被成存候、一体当節木屋ノ瀬表ゟ諸手配懸合之振合、爰許殿中御所置振之御都合なと些与緩急之差引も可有之哉ニ相考候得共、現地之都合爰許ゟ之差引も難致事柄ニ付、小荷駄夫丸其外諸般之手当筋等早速夫々取計義ニ御座候、此段為可申越大夜通飛脚差立、彼地ゟ之別封も差越申候、恐惶謹言

七月四日　　渡辺五郎右衛門

相浦三兵衛様

峯弥次右衛門様

一筆致啓達候、先般　担那様御出陣之砌、貴様義爰許限リ引払被仰付置候得共、御同勢之内病人等有之、只様御無人相成候付、今又御出張被仰付義候間、早速御出立可被成旨候、此段為可申越如斯御座候、恐惶謹言

七月四日　　渡辺五郎右衛門

牧口剛平様

追而、御陣中御都合有之、早速御出張無之不相済旨御座候間、聊御延引被成間敷義不能申候、以上

一筆致啓達候、今般長州御征伐ニ付、　担那様御事筑前木屋瀬表御出陣ニ候処、御同勢之内病人有之、反的差支候ニ付、御同与之内壱人彼地出張被仰付旨ニ候条、早速出立有之通御取計可有之候、左候而爰許御屋敷之義も御留主中別而御無人差支候故、是又御同与之内ゟ弐人ツヽ詰廻被仰付義ニ候条、同様御手当可有之候、此段為可申越如是御座候、恐惶謹言

七月四日　　高浜貫一郎

永石権作

大串亀吉殿

尚以龍王寄会中ニ者其元ゟ通達可有之候、以上

一筆致啓達候、今般長州御征伐ニ付、担那様御事筑前木屋ノ瀬表御出陣中ニ而爰許御屋敷之義別而御無人ニ付、御同与中内并ニ龍王寄会中ニも弐人ツヽ廻詰被仰付義候条、早速被被罷出候通御取計可有之候、此段為可申越如斯御座候、恐惶謹言

高浜貫一郎

七月四日　永石権作

小野丈太夫殿

小野文右衛門殿

同五日　酉

一　今昼四ツ時比御在所ゟ之飛脚到着懸合来候廉々、左ニ

御答致拝見候、御追討方御雇鰯網船五艘、今又元〆方ゟ手当ニ付、仕廻料御取替願出、右ニ付而爰許都合有之、於其許尚又其筋御砕取之儀及御懸合候処、御承知、早速其向々御廻談被相整之由、致承知候

一　長州之都合御聞取之次第被御懸合越度一件、右者今以差分候儀無之、其元ゟ御出勢之儀最前被仰越置候末、廿三日鷹之助様御出馬相済、廿五日志摩様御出馬之儀洪水川留ニ而一日遅、廿六日御出馬相成、縫殿助様ゟ跡之儀者今又御都合有之、一先御出勢被差延之旨、被相達候由、且又先月廿三日夜強雨ニ而東目村々其外所々水害有之、御私領神埼之儀も流家其外之災害同村ゟ註進ニ依、田代大九郎始出張御介抱等之御手当相成候由、廉々御追書御懸合之趣致承知、案外千万苦々敷参懸御座候、成程爰許之儀も廿日廿一日相応之降雨ニ候得共、格別水害無之、其許引比候而者御仕合之儀ニ御座候

右取束御答為可申越如斯御座候、恐惶謹言

峯弥次右衛門（印）

七月二日　相浦三兵衛

紀綱（花押）

渡辺五郎右衛門様

致追啓候、江口久兵衛忰龍之助儀、病気之末去
月廿四日被相果候由ニ而別紙之通忌引入之儀、
久兵衛ゟ達出相成候由、其筋ゟ達出相成候ニ
付、差越候条、
上々様可被仰上候、尤
御本陣江者追而便宜次第可被仰上越哉ニ候得
共、家督等之儀ニも無之候得[redacted]者其許限ニ而、
一先御留被置方ニ可有之哉、猶御考量被成度
候、此段為可申越如斯御座候、以上

七月二日　弥次右衛門
三兵衛

五郎右衛門様

口達

私忰龍之助儀、病気之末養生不相叶、今廿四日
相果候ニ付、定式之忌則引入致用捨義ニ御座
候、此段御達仕候、以上

寅六月廿四日　江口久兵衛（印）

永石権作殿

同六日　戌　晴天

一　当春以来脇津波止開築方扨又御私領中米酒旅
出入請負、俵銭方御願一件ニ付而者長門様初発
ゟ別而御懇之御心添相成候ニ付、右為御挨拶今
日左之品々御使高浜貫一郎を以被差遣候事

手覚

一　安平羅　二
一　松魚　弐拾ツ
以上

一　諫早村々夏成大小麦津廻様増願、大久保大助
を以請役所差出候、左之通

口達

高来郡深海村・中山村・江浦八丁歩村当夏成大
麦百三石小麦三拾石、深堀台所用与して彼地差
廻度、津出之義最前願通被差免置候、然処彼地

地行穀物払底之場所柄例年右之石数ニ而致不足候ニ付、旅麦買入を以、是迄相済来候処、近年何れ之都合ニ候哉、旅方ゟ之買売別而手少、台所用必止与差支候ニ付、右之村々ゟ今又大麦四拾七石小麦弐拾石差廻度、前断同様奉願候、惣而是等之義難奉願重畳恐多奉存候得共、自余不相並場所柄格別之訳を以願之通被差免被下候様、筋々宜敷御相達可被下候義深重奉願候、以上

寅六月　　左馬助内

渡辺五郎右衛門

羽室雷助殿

其外

一　右之末、同役所ゟ御小物成所江之懸合手紙被相渡候、左之通

一　大麦四拾七石

一　小麦弐拾石

右之通、左馬助殿知行所高来郡深海村・中山村・江浦八丁分村当夏成之内、無銀懸ニシテ深堀廻被差免度、彼家来ゟ願之趣御聞届、台所用差廻相成由ニ付、如願被差免候条可被得其意候、以上

羽室雷助

山本伝左衛門

横尾文吾

宮嶋寿平

北嶋与左衛門

松永卯右衛門様

渡辺善左衛門様

副嶋左源太様

口達

一　右ニ付、御小物成所江へ根手紙願、左之通

高来郡深海村・中山村・江浦八丁分村当寅夏成大小麦、深堀台所用津廻リ最前奉願候末、今又大麦四拾七石小麦弐拾石右村々ゟ同様差廻度、津出之義奉願候処、願通被差免候、就而者御印之義於爰許可奉願之処、遠在之義ニ而汐迦等相成致難渋候ニ付、於彼地御手数奉願度御座候

条、諫早俵銭方江之根手紙被差出度被下度、此
段御達仕候、以上
御名内
寅六月　渡辺五郎右衛門
松永卯右衛門殿
其外

一　香月春陽義伯母死去之旨、忌中引入達出相成
候、左之通
口達
私伯母、監物様組前山清一郎殿母親病気之末養
生不相叶、昨四日相果申候、依之定式之忌相憚
候条、此段致御達候、以上
七月五日　香月春陽
渡辺五郎右衛門殿

同七日　亥　晴天

一　両御内江詰中七夕之御祝義御帳ニ而申上候事

一　御城江従　担那様七夕之御祝義、御使者永石
権作被相勤、御帳場御目附渡辺善太夫殿被相達
置候事

一　右之末、請役所ゟ則御用ニ付、大久保大助差
出候処、前断御使者之義　御出陣中ニ付、夫ニ
不及候条、右之趣御目附方釣合仕取戻相成候様
演達之由ニ付、則権作
御城罷出、請役所ゟ御差図之次第御目附方及演
達、御使者取戻相成候事

一　急御用有之、深海継ニシテ飛脚差立置候手男
和十今昼帰着、彼地在役多々良平太夫ゟ之懸合
状相達候、左ニ
一筆致啓達候、爰許村々大小麦深堀津廻根願開
方之儀、去ル朔日ゟ態与飛脚を以申越候得者御
承知可被成存候、右麦之儀最前深堀致廻着候通
一刻も急々差廻候様連日御在所ゟ催促相成候得
者、右根開不相捌反的差支■居候間、何卒急々
被御願取、永昌江之根手紙をも被差越候通御取
計相成度存候、此段任幸便如斯御座候、恐惶謹
言

多々良平太夫
義鳴（花押）

七月六日

渡辺五郎右衛門様

一　今夜九ツ時比木屋ノ瀬表ゟ御用金才領差越置候御徒江口松兵衛帰着、長渕菅右衛門其外ゟ之書状相達候、左ニ

一筆致啓達候、去ル三日大里戦争ニ付、小笠原壱岐守殿より之御使番御旗本衆也一騎懸木屋瀬被相越、同駅出張之

此御方御軍鑑御打合セ小倉表援兵頻ニ御才促相成候得共、大炮其外器械廻着揃も無之、第一一番手肥後を始、久留米・筑前家等之出勢纔之事ニ而必戦之志不相見、

御国勢御繰出相成候半而者御一手合戦之様相成可申、左迄御自負之御征伐ニ而も無御座、旁御費之筋ニ付、御吟味之上都合能御断御逃レ相成候由、当駅御栄出些与御出過之形勢ニ御座候、依之伊東外記殿差含急きニ而今六日昼ゟ御城下被相越候、右者御計略を以、御引取相成歟、且者諸侯ニ不被御拘御一国ニ而御誅滅之御地盤被相決歟、両条伺取之ため与申噂ニ御座候、只管可憐者小倉ニ而不遠内落城ニも可及在様、諸侯応援無之亘りも無情ニ被考候、先便草卒及御懸合候肥後勢・久留米勢等戦争死傷之説者全間違ニ而敵方ゟも他家之勢ニ者挑戦不致、他家ゟも不打出所、目指小倉家并一族之閣老壱岐守殿ニ有之哉之風聞区々ニ而御進退不相分、残熟中打追今日迄木屋ノ瀬駅圏外罷在候、此段任便宜昨今之振合為可及御懸合如斯御座候、恐惶謹言

深堀蔵人

七月六日　賢一（花押）

長渕菅右衛門
朋致（花押）

渡辺五郎右衛門様

追而、深堀江之書状急成儀本文同様之事情其外懸合越儀ニ候条、船便飛脚ニ而も被差立候様御取計被成度存候、以上

御状致拝見候、御私領駅ケ里村・蓑原村去月廿
三日夜之洪水ニ而及水損候次第別紙見分書之通
ニ付、差付候日数十日之積を以、一先御介抱米
被差出候通リ被御取計候段、旁之趣五八郎殿相
達、
御側申上置候
一　兵夫并夫丸割付之儀、其許水損ニ付、都合
有之、今又別紙之通御手当替被相整置候ニ
付、其心得相成候様筋々可相達旨、御懸合之
趣致承知候
一　御軍用金之内致御預置候金千両、当節才領
御歩行江口松兵衛被相附、蓑原村より爰元迄
通馬ニ而被差越候通被御取計候由、一昨五日
夕七ツ半時比無別条相達、其筋請込相成申候
一　西御内より之紙包箱物壱被差越、
御側差上置申候
一　先便物落相成候広木作太夫殿ゟ之書状扨又
宮崎杢兵衛殿より之別封被差越候段御懸合相
成候得共、当節も物落与相見、無其儀候間、
其御心得可被成候
右廉々御再答為可申越如斯御座候、恐惶謹言

深堀蔵人
七月七日　賢一（花押）
長渕萱右衛門
朋致（花押）

渡辺五郎右衛門様
田代大九郎様

一筆致啓達候、御状壱封差越候条、
御内可被差上候、此段為可申越如斯御座候、恐
惶謹言

七月三日　深堀蔵人

渡辺五郎右衛門様
田代大九郎様

一　前断ニ付、来込之飛脚大夜通ニシテ差立、木
屋瀬ゟ之御用状等差越申候、廉々左之通
一筆致啓達候、木屋ノ瀬御陣中ゟ之飛脚今夜九

ツ時比到着、各様江之別封急々差越候様申来候
ニ付、早速飛脚差立、諌早迄船中同所ゟ通切大
夜通ニシテ差越義ニ御座候、此段為可申越如此
御座候、恐惶謹言

七月七日　渡辺五郎右衛門

相浦三兵衛様
峯弥次右衛門様

同八日　子　晴天

一　請役所江東目村々郷普請方出夫割方被相除被
下度願出、左之通

口達

三根郡蓑原村・香田村・山田村扨又神崎郡駅ケ
里村之義、去月廿三日夜之洪水ニ而案外之水損
別紙書取之通御座候、然処右之内駅ケ里村之義
田畠家居等迄都而之災害、誠ニ亡村同様之訳ニ
而差付銘々之在付も届兼候半、当今郷普請方他
村出夫等被仰付由之処、当時左馬助出陣中、同
村ゟも数多之兵夫召連居、旁難渋挙而難申尽
条、懸々ニ御座候間、右郷普請方出夫一先被相
除被下度奉願候条、前件天災格別之訳被為聞召
啓、何卒願之通被差免被下候様筋々宜御相達可
被下儀深重奉願候、以上

御名内

寅七月　渡辺五郎右衛門

羽室雷助殿
山本伝左衛門殿
其外

寅六月廿三日夜洪水ニ而蓑原村・山田村・
香田村・駅ケ里村水損之次第、左之通

蓑原村

一　綾部川筋切渡其外田地洗剥砂下凡弐町八段
余

但中小性久米恒三

一　流家壱軒　香田村

山田村

一　所々谷間其外崩所砂下洗剥田地凡弐町四段
余
但香田村之内蓑原村百姓弥兵衛車屋
一　流家壱軒
但山田村百姓甚助山岸崩懸り
一　半倒家壱軒
駅ケ里村
一　砂下田地凡弐拾四町余
但神崎往還筋四拾弐軒之内
一　流家四軒
一　本倒三軒
一　半倒并損家三拾五軒
此弐釣何れも家財等流失、以上
御名内
寅七月　渡辺五郎右衛門
一　来込之飛脚差立、御在所并深海在役多々良平
太夫江之懸合左之通
御状致拝見候、其許村々大小麦深堀津廻根居、
去四日暁汐ゟ御仲間深水源八其許罷下ニ付、陸
飛脚よりも同使可致早着心得ニ而差越置候処、

一昨六日迄不相達、反的御用支相成候旨何れ之
間違ニ而右之次第ニ候哉、気之毒千万存候、併
最早相廻居可申旨存候、右連署中申越置候通、
増願間ニ合兼候末、漸啓合候ニ付、俵銭方へ之
根手紙をも受取之、当節差越申候、右者大麦四
拾七石小麦弐拾石与最前願高束而大小麦弐百石
之高ニ御座候間、其御含可被成候、此段御答旁
如斯御座候、恐惶謹言
七月八日　渡辺五郎右衛門
多々良平太夫様
一筆致啓達候、御勝手方ゟ御蔵方へ之懸合状扨
又脇頼品等有之候ニ付、来込之飛脚差立申候、
此段為可申越如斯御座候、恐惶謹言
七月八日　渡辺五郎右衛門
相浦三兵衛様
峯弥次右衛門様
一　今夕御在所ゟ之飛脚到着、申来候廉々左之通
御状致拝見候、木屋瀬

御本陣ゟ之飛脚去四日夜九ツ時比相達候由ニ而継替被差越昨六日夕七ツ時比相達申候

一　岡月洲儀明八日ゟ長崎出立、直ニ御本陣罷越候様取計申候

一　其許江も申来候通、長兵炮撃戦争相始、漸々形勢及切迫、必戦之御都合相移候由ニ而、牧口幸平儀ハ貴様ゟ御手当相成候様申越候ニ付、山戦銃打手城嶋七右衛門早速立可差越旨申来候、就而者御船割其外御手配夫々被相付候而之御栄出ニ而、此御方御討入之節御差支之筋ハ有之間敷奉存候得共、万一も一昨年之様御船割ニ而ハ思召通之戦機ニ被御乗員候儀等有之候而不相済、数百年昇平之末、始而之御戦争、聊も御残心之御働等有之不相叶、第一御向組並之聞等ニ而ハ御家声ニも差構、不容易筋ニ奉存候ニ付、御差図も不申来、差切取計相成候通重畳念入奉存候得共、鰯網船弐艘・三百匁山戦銃弐丁・百匁同壱丁、平士向井寿兵衛・大塚八十右衛門・城嶋七右衛門・永石半太夫・川副勢兵衛・重松権七、足軽四人被差立候通取計為申儀ニ御座候、然処、山戦銃三百匁玉并無地散丸其許へ銅鉄間之制ニ而御囲有之趣、右御筒薄張ニ而銃丸相用兼候ニ付、右御囲之玉差越相成度旨候間、其許ゟ陸地可被差贈存候、外諸品ハ寿兵衛其外才領ニ而皆以船地差越義ニ御座候

一　御上下御養生方蟾蜍丸油紙包ニシテ御本陣差越度、別封箱相副差越候条、急飛脚可被差立候、其許御囲用同薬ハ出来立次第後便ゟ差越含申合居候

右御答旁為可申越大夜通飛脚ニ而如斯御座候、余条ハ期後音候、恐惶謹言

七月七日　　峯弥次右衛門（印）

相浦三兵衛

紀綱（花押）

渡辺五郎右衛門様

追而、三拾匁棒矢差越候様申来、爰元調子合候得共、無之、右者初度

御出陣之砌御持登相成候哉ニ相覚、其節其元御残御囲相成居候儀ニ者無之哉、御調子合、有之候ハヽ、其元ゟ御運送可被成候、百目棒矢ハ爰許江御囲相成居候ニ付、御石火矢共船路差越申儀ニ候、以上

一 能仲公御尊牌宰領差越候御仲間深泉源八今昼汐上着、深海在役多々良平太夫ゟ之書状相達候、左ニ

御答致拝見候、爰許村々大小麦并大豆、深堀津廻根願開方最前及御懸合置候付、被御願開、右根手紙被差越則其向相達、当潮ゟ積出申候、増石数御願開之義も当便迄者被間合兼候付、追而被御願開候趣致承知候、偖又御追書其許ゟ深堀津廻介抱米根之義不用ニ付、爰許入用候ハヽ、場所替願開可被差越旨被仰越、右者当時爰許米相場深堀ゟ却而高価ニ有之、一向入用之向無之候間、先不及夫候、且藤山丈左衛門様御頼之茶、被差越置候代銀丈次便ゟ差越候様致承知候、右者頃日内御許ゟ之公私御頼茶一同船飛脚便ゟ差越筈候間、御向方宜敷御伝置可被下候、此段御再答旁為可申越如斯御座候、恐惶謹言

多々良平太夫

七月七日　義鳴（花押）

渡辺五郎右衛門様

同九日　丑　晴天

一 吉田捲蔵附添罷帰候使番高比良善十跡代、御被官大串寄会之内大串常吉今日ゟ木屋ノ瀬罷越候付、附状其外申越候廉々左之通

去朔日御仕出之御状、同三日昼比相達、致拝見候、吉田捲蔵義於其許ニ暴吐瀉霍乱之症被相煩快気不定之体ニ付、無更代引払被御取計之由、気之毒之次第共ニ御座候、御追書御懸合之通直様妙玉寺到着ニ付、同寺ニ於て仮葬相成候通取計置申候

一 前断捲蔵附添罷越候高比良善十跡代爰許御仲間手男間可然人柄可差越旨ニ付、早速及手

当候得共、病人彼是無人等ニ而似合之人柄不
居合、無拠大串御被官之内及手当ニ何某与申
者今九日ゟ出立差越義ニ候
一　同三日御仕出之御状翌四日夜九ツ時比相達
致拝見候、乍残暑中も
御上下益御機嫌克御滞陣之旨恐悦御同意ニ奉
存候、大隅様御組私迄先月廿九日御着陣揃之
由、追々御出勢揃之上者御軍議之上御討入之
期限当月廿日過ニ而可有之与申御都合之由、
一体芸州石州逍討入戦争相起居候処、九州勢
打入及延引候義小笠原壱岐守殿御職分柄御案
痛ニ候得共、後詰応援戦具等不揃ニ而軽動者
前車之戒有之、能々勝算被相決必勝之軍略肝
要ニ付、被御差扣候御存慮之由
一　郡目附福地六郎右衛門・吉村重四郎芸州・
小倉出張役中聞取之次第書取・絵図面等之
写、被差《ミ》越、委敷義初而致承知候
一　最早必戦之機会切迫之処、御打入之期ニ到
リ御組私共敵地案内之向無之哉ニ付、岡月洲
義御同勢之内ニシテ被召連度、御内評之上御
伺之処、至極之筋ニ被　仰出候、尤も右者世
録之向ニも無之、炎暑中不側之戦地ニ打向候
義違格之念等有之哉も難計ニ付、夫等之亘リ
差含致懇達、当月半迄之内其許被相着候通可
取計旨、委細之趣致承知候、右者爰許ゟ之相
達行届候義も無之候得者、定而御在所江も其
段御懸合相成居可申与者存（ママ候脱カ）得共、為念右連
署をも差越御在所申越置候、然末月洲儀昨八
日ゟ長崎出立、直々御本陣罷越候通取計之
旨、相浦三兵衛其外ゟ申来候ニ付而者、定而
不遠内到着可有之与存候
一　前断飛脚連署御取立半、小倉ゟ之早打到
着、長賊蒸気船二艘乗出、炮撃、戦争相始候
ニ付、肥後其外之勢扨又小笠原幸松丸殿手勢
等出勢防戦相成候得共、大里備之大炮手少、
味方戦死不少、長勢得勢候半者小倉城も危急
切迫之有様可相成注進有之、御国勢安閑与
木屋ノ瀬御滞陣可相成場合も無之候得共、何

を申、河内様御始御出勢遅緩ニ有之、第一大炮器械御積廻之蒸気船を始、船手着揃不致、御軍略御当惑之御都合之由

一　御馬廻不快之人等有之候付、山戦銃打城嶋七右衛門・牧口剛平出張被　仰付旨ニ候、依之七右衛門儀者御在所被仰越候故、剛平義ハ私ゟ申越、無遅滞出立有之候様可取計旨致承知、早速及文達候処、当月初比ゟ痢疾被相煩、何分差附之出立心底不任故、御猶預被仰付度段、別紙之通医師手形相添返答申来候、就而者外ニ代人　仰付相成候通可取計与人柄評合候得共、大炮之業前心得之人無之ニ付、乍遅緩も御在所可申越外可有御座旨申合半、向井寿兵衛・大塚八十右衛門・城嶋七右衛門・永石半太夫・川副勢兵衛・重松権七并足軽四人鰯船一艘へ乗組、山戦銃三百目二挺・同百匁壱丁海手ゟ差立候通取計之由、三兵衛其外より申来候付、右剛平代リ別段不申越候

一　東目村々ゟ之兵夫其外早速駈付之義被仰越義ニ候得共、迅速之出立無覚束ニ付、緒方弥七出役可取計旨致承知、早速弥七差越候処、蓑原村ゟ者遄く出夫相成居候得共、神崎之儀先達ゟ水損之末ニ而早速之出立届兼都合為有之由ニ付、壱人前金壱両夫料前渡ニシテ夫々手を附操出候旨、弥七引取申達候得者定而追々者着揃可為有之与存候

一　前断向井寿兵衛其外船手ゟ差越相成、山戦銃仕向相成義ニ付、爰許御残之玉薬并三拾匁棒矢差越候様是又御在所ゟ申来候得共、三拾目棒矢者爰許御残兵具之内相見不申、玉薬之義者三箱欤有之候得共、追々都合次第可差越、当節迄者見合置義ニ御座候

一　去六日御仕出之御状同七日夜九ツ時比相達致拝見候、去三日大里戦争ニ付、小笠原壱岐守殿ゟ御使番御旗本衆壱騎駈ケ木屋瀬被相越、同所出張之御軍鑑御打合、小倉表援兵頻ニ御催促有之候得共、大炮其外器械廻着揃も

無之、第一壱番手肥後を始、久留米・筑前家等之出勢纔之事ニ而必戦之志ニ不相見、御国勢御操出相成候半而者御一手合戦之様相成、左迄御自負之御征伐ニ而も無御座、旁御費之筋ニ付、御吟味之上程能御断御遁相成候由、一体其許御栄出些与御出馬之形勢ニ御座候、依之伊東外記殿去六日昼ゟ出立其許被相越候、右者御所置振伺取之為与申噂之由、可憐者小倉ニ而不遠落城ニも可有之形勢之由、先便被仰越候肥後・久留米勢等戦争死傷之説者全間違ニ而小倉家并一族之閣老壱岐守殿兵計接戦之由、彼是之委細致承知候、前断同様之事情其外御在所御懸合之由、別封早速船飛脚を以差越置候

一　前断外記殿去七日夕刻参着之旨相聞候ニ付、昨夕刻同人宅罷出、其許之都合扨又爰許殿中之御都合尋試候処、其許之都合者大図御懸合之通ニ而、小倉表戦争味方六拾人余之討死、敵者三拾人余討死之由、一体長賊練兵之都合等彼是委細之内話致承知候、殿中之御都合者御吟味昨日迄不相決、御隠居様御召ニ而色々御軍略御堅慮之御沙汰等御座候由、肥後長岡監物ニも小倉表遄着揃ニ付而者河内様御始跡御出勢も何れと御策者無之而相済間敷欤、夫ニ《シテ》而（ママ）も今少者御日間も可有之欤、兎角長引候合戦ニ而者有之間敷欤与考之由、依之、若、河内様御始之御出勢無之候共、小倉表時宜ニ依リ只今御出張組々ニ而御討入難御遁、御詰リ合も有之義者有御座間敷哉、万一左様之義も於有御座ニ而者留主方我々所置振ニも相拘義ニ付、極御内々相伺候段強而相尋候処、右者現地之振合次第与者乍申纔之御出勢共ニ而如何様打入催促相成候共、軽慢之御取計決而難相成、何れ河内殿始之御出勢差揃無之而者其之気遣少も無之、安心罷在而可然与之沙汰共ニ御座候、兎角前断噂之通長引候御滞陣共ニ者無之哉、此残暑中御上下御艱苦奉恐察許ニ御座候

右廉々取束御答旁如斯御座候、恐惶謹言
七月九日　　渡辺五郎右衛門
長渕菅右衛門様
深堀蔵人様

致追啓候、東御内ゟ之御書差越候条、御側可被差上候、惣而広木作太夫殿・宮崎杢兵衛殿、右者何も暑中御見舞之書状ニ而御座候処、於爰許致紛失候ニ付、右者程能御側可被仰上候、以上
致追啓候、仕寄方杉谷雍助殿偖又御絵図方役々昨八日夕刻ゟ爰許出立、小倉被相越候、右者御台場御築立方ニ付、田の浦・門司ケ関亘リ之地理絵図取立之由ニ御座候、此段御含迄如斯御座候、以上
七月九日　　渡辺五郎右衛門
長渕菅右衛門様
深堀蔵人様
一筆致啓達候、使番高比良善十跡代別紙及御答置候通、手当方段々及延引、漸大串某昨夜罷出候ニ付、今日ゟ出立罷越義御座候、右之人自余見合仕廻銀於爰許可相渡哉ニ候得共、少々都合有之、無其義候間、於其許夫々可被相渡候、此段為附状如斯御座候、恐惶謹言
七月九日　　渡辺五郎右衛門
長渕菅右衛門様
深堀蔵人様
追而、御在所ゟ之文箱壱并合羽包壱仕向来候ニ付、差越申候、以上
致追啓候、七夕　御式台御祝義書上并詰中御帳場書上差越候条、御側可被差上存候
七月九日　　五郎右衛門
菅右衛門様
蔵人様
一　吉田捲蔵義木屋ノ瀬出陣中病死ニ付、御出陣方江之口達、左之通
口達
左馬助筑前木屋ノ瀬出陣中同勢之内吉田捲蔵霍

乱症相煩快気不定之体ニ付、無更代引払申付、去ル四日爰許参着、差付相果申候、此段御達仕候、以上

寅七月　　　　　　　　左馬助内

渡辺五郎右衛門

御出陣方

同十日　寅　晴天

一　来込之飛脚差立、御在所申越候廉々左之通

御答書致拝見候、木屋ノ瀬

御本陣ゟ之飛脚爰許継替差越候処、去六日相達候由

一　岡月洲義去八日ゟ長崎出立、直々御本陣罷越候通御取計之由

一　爰許ニも申来候通、長兵炮撃、戦争相始、漸々及切迫、必戦之御都合相移由ニ而牧口剛平義者私ゟ相達越候様、城嶋七右衛門義山戦銃打早速立被差越候様其元申来候由、依之戦地御用弁之筋御考量を以、鰯網船弐艘山戦銃大小筒偖又右筒懸リ向井寿兵衛其外平士六人足軽四人舟手ゟ被差越義ニ付、爰元御囲有之候銅鉄製之玉并三拾匁棒矢無地散丸等爰許ゟ直々差越候様之旨致承知候、右棒矢之義者御囲不相見候得共、銅鉄製之玉并無地散丸少々相残居候故早速可差越哉ニ候得共、去七日夜相達候御本陣ゟ之懸合を以者未タ御討入之期限も不相分御都合ニ付、一先仕向見合置候、勿論爰許都合次第ニ者早急可差越与存候

一　御本陣用蟾蜍丸別封箱副ニ《シ》テ被差越候間、急飛脚可差立旨致承知候、幸、使番高比良善十跡代大串御被官之内ゟ更代差立候半ニ付、同便を以差越置可申候

右廉々為御返答如斯御座候、恐惶謹言

七月十日　　　　渡辺五郎右衛門

相浦三兵衛様

峯弥次右衛門様

致追啓候、敵地切迫之都合最前懸合越候末、

御国勢御討入御遅緩之御所置振、去七日夜相達候　御本陣ゟ之懸合、其許文箱をも相達候ニ付、早速夜通飛脚を以差越置候得者定而同様之申越相成居、御承知候半与存候、然ル末、伊東外記殿同様夜爰許参着之由承得候ニ付、翌八日夕刻彼宅罷出、小倉表之都合偖又御国勢御所置振之次第尋試候処、去三日大里之戦争計之矢合烈敷事ニ而小倉兵六拾人余之戦死、長兵ニ者三拾人余戦死之由、一体長兵之義銃陣練兵ニ而纔之寄手ながらも手際流石之由、右之形勢ニ而　御国勢応援之催促小笠原壱岐守殿ゟ之理詰困リ入たる義ニ候得共、何を申、纔之御出勢ニ而大炮器械船手之御仕与等も不揃ニ付、右之訳を以漸申延置候、今日も　殿中御所置振御吟味之末、御隠居様ゟも御召ニ而御軍略御堅慮之次第等色々　御沙汰被為　在候得共、今以　御所置振御未決ニ候、併最早肥後勢も漸々相揃、長岡監物義も頃日小倉表参着ニ付而者此御方ニも何れ御出勢揃者無之候而相済間敷欤、夫ニシテも一日成共御延引相成御趣意ニ者無之哉、兎角永引候戦争ニ而者有之間敷哉与被存之由ニ御座候、然末原田様御方相廻候処、銃陣御出席御留主中ニ付、差付原殿江罷出候処、同人ニも格別相変候聞得も無之由、兎角御計らひ遅緩ニ而、同日ゟ仕寄方杉谷雍助殿并御絵図方役々小倉表田の浦其外台場御開築等之ため絵図取立与して被差越候由、自身ニも明後十日共ゟ一先見廻之ため木屋瀬罷越、両三日滞留、其上引取追々跡御出勢、御栄出之振ニ寄、重而出張被致筈之由、右者惣御出勢之上、成丈御費之筋等相省候様弁利之手筈被相附ため之由御座候、此段御含迄爰許之都合荒増如斯御座候、以上

七月十日　　五郎右衛門

三兵衛様
弥次右衛門様

一　当盆片田江御屋敷其外へ御灯炉差送候、左之通、尤武雄浄忠様其外様へ者　御内ゟ御文付ニ

シテ被差贈候故、
御内差上候事
以手紙致啓達候、当盆見性院様御塔前へ左馬助ゟ相懸候灯炉壱、蝋燭相副為持候条燃方相成候様其筋御通達致御頼候、以上

七月十日　渡辺五郎右衛門

北嶋又兵衛様
吉岡仁右衛門様

以手紙致啓達候、自得院様・文昌院様・容光院様御塔前へ左馬助夫婦・幹ゟ相懸候――――――致御頼候、以上

七月十日　渡辺五郎右衛門

渕井弾助様

以手紙致啓達候、当盆長栄院様諫早　文成軒様須古御塔前へ御名ゟ相懸候――――――致御頼候、以上

七月十日　渡辺五郎右衛門

諫早弥永三太夫様
須古古賀七太夫様

一　太田宝光院・蓮池浄玉寺例年之通灯炉扱又水ノ粉料差遣候、左ニ
以手紙得貴意候、当盆維摩院様御塔前へ御名ゟ相懸候灯炉壱、蝋燭弐為持候条乍御世話御灯方相成候様御頼仕候、以上

七月十日　渡辺五郎右衛門

宝光院様

以手紙致啓達候、当盆水之粉料壱包銀四匁致寺納候、此段為可（ママ得脱カ）貴意如斯御座候

七月十日　渡辺五郎右衛門

一　御立入原五郎左衛門殿・横尾文吾殿・御組扱市川新之允殿へ中元之為祝義素麺壱居ツヽ、田代大九郎連名差贈候、左之通
残暑難凌御座候処、弥御健達可被成御座奉珍賀候、随而近来是式之至ニ御座候得共、素麺壱居進覧之仕候、聊中元之祝義申上候印迄ニ御座候間御笑留可被下候、以上

田代大九郎
渡辺五郎右衛門

七月十日

原五郎左衛門様
横尾文吾様
市川新之允様

一　今夕汐御在所ゟ使番善十早追ニシテ船中上着申来候、左之通

御状致拝見候、小屋ノ瀬御陣中ゟ之飛脚一昨七日夜九ツ時比到着之由ニ而別封被差越候段御懸合之趣、今九日昼九ツ時過到来、致承知候、就而者最前之懸合彼地切迫無御拠被御操出候御都合之趣ニ申来候ニ付、鰯網船弐艘平士六人足軽四人御武器等今又差越置候処、当節別紙写之通来状面ニ而ハ御引払可相成哉も難計処、前断之通今又差越候亘リ御不都（ママ合脱カ）ニも相見、役々心持ニも可相拘義ニ付、其段申越度、押返大夜通諌早ゟハ船路ニシテ使番善十為持越候条、其許ゟも早速飛脚可被差立存候、此段御答旁為申越如斯御座候、恐惶謹言

七月九日　峯弥次右衛門（印）
相浦三兵衛

渡辺五郎右衛門様

追而、本文別紙木屋瀬表御都合ニ付、今日ゟ兵糧方へ贈物積込候小廻船壱艘出船之筈、差懸飛脚到着ニ付、先以右出船見合置候、尤伊東外記殿義小笠原殿御催促被相応、御一手ニ而も御誅滅之御積ニ付、御繰出相成候歟、又者御計策を以御引払相成候歟、両条間伺取与して被相越候由ニ付而者定而否　御決議御差図可相成、自然打栄御滞陣之御都合ニ相決候半ハ右兵糧船差越候方可然候条、急々其筋御聞取可被仰越存候、以上

七月九日　弥次右衛門
三兵衛

五郎右衛門様

一筆致啓達候、去ル三日大里戦争ニ付、小笠原壱岐守殿ゟ之御使者御旗本衆也一騎駈木屋瀬被相越、同駅出張之

此御方御軍鑑御打合、小倉表援兵頻ニ御催促相成候へ共、大炮其外器械廻着揃も無之、第一番手肥後を始、久留米・筑前家等之出勢纔之事ニ而必戦之志不相見、御国勢御繰出相成候ハヽ、御一手合戦之様相成可申、左迄御自負之御征伐ニ而も無御座、旁御費之筋ニ付、御吟味之上都合能御断御逃レ相成候由、当駅御栄出些与御出過之形勢ニ御座候、然者伊東外記殿差含急キニ而昨六日昼ゟ御城下被相越候、右者御計略を以御引取相成欤、且ハ諸侯ニ不被御拘合御一国ニ而御誅滅之御地盤被相決欤、両条伺取之ため与申噂ニ御座候、只管可憐ハ小倉ニ而、不遠内落城ニも可及有様、諸侯応援無之亘リも無情ニ被考候、先便草卒及御懸合候肥後勢・久留米勢等戦争死傷之説ハ全間違ニ而敵方ゟも他家之勢ニ者挑戦不致、他家ゟも不打出処、指目小倉家并一族之閣老壱岐守殿ニ有之哉之風聞区々ニ而御進退不相分、残熟中打追今日迄木屋ノ瀬駅圏外罷在候、此段任便宜昨今之振合為可及御懸合如此御座候、恐惶謹言

六月六日　　深堀蔵人
(ママ)
　　　　　　長渕菅右衛門

相浦三兵衛様
峯弥次右衛門様

追而、本文之次第ニ付、先便及御懸合候岡月洲爰元被差越候御手筈之儀、一先御見合可被成義候条、此飛脚到着次第早速長崎表江其段御懸合可被成与存候、以上

一　右善十押返御在所差越申越候次第左之通
御答書致拝見候、木屋瀬御陣中ゟ去七日夜相達候別封差越候処、同九日昼九ツ時過到着、彼地ゟ之懸合別紙写之通来状向ニ而、最前御手配之筋今更御不都合ニも可相成、役々心持相拘義ニ付、其段被仰越候旨、彼地江之別封使番善十を以被差越候由、今十日夕七時比善十到着ニ付、早速木屋瀬表飛脚差立義ニ候、此段為御再答如

斯御座候、恐惶謹言
七月十日　　渡辺五郎右衛門
相浦三兵衛様
峯弥次右衛門様
追而、爰許　殿中御吟味之次第聞取可申越旨御追書之趣致承知候、右者今日多良越飛脚ニ而別紙之通及御懸合置候得共、延着可致ニ付、善十押返最前申越連署之侭写差越申候、
以上
一　前断御在所ゟ木屋瀬　御陣中江之別封、則大串築切会レ寄御被官廻リ詰之内両人差立、申越候次第左之通
一筆致啓上候、御在所ゟ使番善十を以其許江之別封差越相成、今十日夕七時比相達、其許江急飛脚を以可差越旨申来候ニ付、早速大串御被官大串某・築切御被官小野某大夜通ニシテ差越義ニ候、此段為可申越如斯御座候、恐惶謹言
七月十日　　渡辺五郎右衛門
長渕菅右衛門様
深堀蔵人様
追而、爰許御仲間以下御無人ニ而東西急飛脚等之節御用支相成義ニ付、大串・築切・龍王御被官之内ゟ廻リ詰為致置候故、当節之飛脚本文之通ニ候、此段御含迄申越置候、以上
一　請役所ゟ則御用ニ付、高浜貫一郎を以承候処、長州御征伐ニ付、　御出陣御留主仕与達帳を以被相達候、左之通
一　当節長州御征討ニ付諸組出張相成ニ付而、胡乱之者等御領中入込候哉も難計ニ付、御領中端々迄厳密手〆行届候様無之而不叶ニ付、御留主御仕与之旨被相寄、則ゟ
御出馬迄之間一順左之通被
仰出儀ニ候条、此段筋々可被相達候
一　出張之紛ニ盗賊其外胡乱成者入来候哉も難計ニ付、盗賊改方ハ勿論町方郡方とも尚又厳敷穿鑿相成候様
一　諸勤之儀当節出張之組たり共出張前者追廻ニシテ勤相成候様

一　御本丸御門御式台番尚又厳重勤相成候様
一　二ノ御丸御城番・三ノ御丸御門番右同断
一　御長屋御門番之儀手明鑓両人足軽四人詰切
　ニ候得共、手明鑓三人足軽六人充勤番相成候
　様
一　牛嶋口八戸口地行足軽四人之上増番、為番
　頭手明鑓両人足軽四人充右同断
一　本庄町口御番所定番当分被相省、当■組当
　ニ《シテ》為番頭手明鑓壱人足軽弐人充詰切勤番相
　成候様
一　牛嶋口八戸口并ニ本庄町口へ早速番所飾相
　成候様
一　今宿口　　　　　　　甲斐守殿家来壱人
　　　　　　　　　　　　同足軽四人
一　多布施町■口唐人町口　欽八郎殿家来壱人
　　　　　　　　　　　　同足軽四人
一　天祐寺町口　　　　　備中守殿家来壱人
　　　　　　　　　　　　同足軽四人
一　今宿西口へ木戸相飾旅人通行取〆候様

一　町小路廻之儀尚又気を附、廻方相成候様
一　本庄町諫早渡海場之儀、船問屋ゟ乗組候旅
　人者名処等巨細取調子、所之御番所江書附を
　以申達、請差図渡海候様
　　但シ五日ニ壱度充取束、本庄町御番所ゟハ
　　町方筋を以右書附差出候様、諫早ハ右同郡
　　方筋を以書附差出候様
一　津口道口御番所尚又勤番厳重相成候様、且
　■背振一谷三瀬之外自然番人数ニ而手ニ難及
　節者合図次第宿村ゟ迅速駈付相成候様於郡方
　ニ仕与相整置候様
　附リ帯刀之人者勿論平人たり共旅人与見請候
　半者性名并通行向等巨細に取調子、帯刀之人
　三人已上ニ而長持等荷重品持通候ハヽ、無間落
　其時々申達、弐人已下者取束五日充ニ可被相
　達候
一　私領番所之儀右同断、駈附等之仕与急速相
　整差出候様
一　轟木御番所之儀地行侍壱人足軽四人之上増

番、手明鐺壱人足軽両人充勤番相成候様
一　一ノ橋欄干口番所之儀地道定番当分被相
省、組当ニシテ足軽弐人充詰方相成候様
一　北山固《かため》之儀、鍋嶋内蔵之助支配刀差共駈
附等之儀、於其筋吃度仕与相整達出相成候様
　以上
　寅七月
右之趣承知仕候、以上
一　御同勢爰許滞留中飯米御取替願方ニ付、御印
蔵手許土山与助義彼是心配有之、永石権作其外
毎度面働被相成、漸御蔵方達帳相成候段ニ移来
候故、右之人ニ為挨拶塩小鯛一折手紙附ニシテ被
差贈候、左之通
以手紙致啓上候、残暑難凌御座候処、愈御安康
可被成御勤奉珍賀候、然者頃日ゟ飯米御取替願
ニ付而者何角与御配慮被下深厚奉謝候、随而近
来乍是式塩小鯛壱折進呈之仕候間、御笑留可被
下候、聊御挨拶之寸志迄ニ御座候、此段為可得
貴意如是御座候、以上
　七月十日　高浜貫一郎
　　　　　　永石権作
　土山与助様

同十一日　晴天
一　御施餓鬼ニ付、御寺勤之人々未明ゟ妙玉寺被
罷出候事
一　御蔵方ゟ則御用ニ而、飯米御取替、願之通被
仰付旨、達帳を以被相達候、左之通
左馬助殿義御当番中深堀在勤被仰付置候処、今
度長州御征伐御出勢ニ付、組私出張被仰付候
処、御人数御操出之義追々被差延、一左右次第
ニ者迅速被差立候ニ付、聊遅馳等無之様被相達
置候処、家来筋之義大遠在ニ而、至于期出張致
延引候通ニ而者不相叶ニ付、数日留置、食用等
之義地道之飯料ゟ被賄候処、兼而纔之囲米ニ而
致払底、最早廻米之余米も無之ニ付、米五拾俵

御取替被差出被下度、彼家来渡辺五郎右衛門ゟ委細願出之趣、遂吟味候処、前断御操出等之義追々被差延候ニ付而者自余ニも差構、難被差出哉ニ候得共、右家来筋之義別而大遠在之儀ニ而自余組々与者振合相変、飯料等之入増無余義相聞候ニ付、左ニ書載之通、御取替被差出、返上之義者当夏御蔵究直段替を以当秋返納被仰付義ニ候条、此段筋々可被相達候

一　白米五拾俵

右者御取替前　以上

寅七月十一日

一　請役所台子共ゟ一種一飯願来候ニ付、則御膳方書出相整、金百疋被下候事

残暑強御座候得共、各様方弥御健栄可被成御座珍重御義奉存候、然者近比者猶又御用繁有之、朝出滞座勝罷在、就而者近来難得御相談御座候得共、いつれ与欤御心配被成下道者有御座間敷哉、任兼日柄御内々御相談申上候条、宜被仰談否貴報可被下候、此段為可得貴意如是御座候、

以上

七月十一日

一　今夕御在所ゟ之船飛脚到着、懸合来候廉々左之通

御状致拝見候、先般御註文相成候能仲公御尊牌漸出来立候ニ付、御仲間才領福田まて船中被差越候由致承知、無別条相達申候

一　小屋瀬御陣中ゟ之書状贈書之通相達申候

一　大串春嶺開業仕度達書壱被差越、猪之助殿不快御暇中跡差次文右衛門殿被蒙　仰、相達置申候

一　深堀禎太郎其外当土用稽古済之上、武術相伝之旨銘々ゟ達書、偖又堤壮右衛門弟兵力其外同断ニ付、文武方ゟ之達書被差越、右者自余見合を以御目録拝領相成方可有之、文右衛門殿聞届相済候条、跡方之通夫々頂戴相成候通御取計可被成存候

一　剣術切紙　深堀禎太郎

一　同目録　大久保大助

一　槍術紅　　　　　　　高浜伝之助
一　剣術切紙　　中小性　鳥巣良作
〆
一　剣術免状　堤壮右衛門弟　堤兵力
一　同目録
一　体術大意　江口央助二男　江口十作
一　剣術切紙　田代大九郎伜　田代亥六
一　同断　　　　　　　　相良茂三郎
一　同断　山口義三郎伜　山口理四郎
〆
以上

一　長防[redacted]戦争之都合聞取書被差越相達申候
一　御本陣ゟも聞取書仕向来、且殿中向御都合
等被仰越、彼是ニ而是迄心緒聞継候浮説致一
洗候
右御答旁為可申越如斯御座候、恐惶謹言
峯弥次右衛門（印）
七月八日　相浦三兵衛
渡部（ママ）五郎右衛門様

追而、[redacted]七夕御祝儀書上壱紙差越候条、
御内可被差上存候、以上

一筆致啓達候、猪之助殿組牧口幸平伜常一郎儀
文武為稽古其許罷越度、御暇之儀組筋書替を以
願出相成、偖又御暇願通被差免候ハヽ、於其許飯
米塩噌御取替被差出被下度旨願出相成、右者
追々御凱陣之上申上可相成ニ付、自余見合先以
相達通被仰付置方ニ可有之被相談候条、
御上様被仰上、其御取計可被成旨御座候、依之
別紙御吟味書其外一括差越候条、御用済之上ハ
可被差返候、此段為可申越如斯御座候、恐惶謹
言
峯弥次右衛門（印）
七月八日　相浦三兵衛
渡辺五郎右衛門様

御答致拝見候、爰許村々大小麦并大豆深堀津廻
根居之儀相達候段者先書申越候得者遄御承知相

成候半与存候、増願之義も当節被御願取、永昌俵銭方へ之根手紙をも被差越、無別条相達申候、其筋可相達候、左候而最前大小麦一同被御願開候大豆根、偖又当節増願大小麦根之義も矢張当寅夏物成之内深堀台所用差廻度旨を以被御願取たる儀ニ御座候哉否、御序御知セ可被成候、此段御再答旁為可申越如斯御座候、恐惶謹言

七月十日　多々良平太夫
義鳴（花押）

渡辺五郎右衛門様

吟味書

猪之助組牧口幸平倅常一郎儀文武稽古佐嘉登度、当寅春ゟ向三ケ年御暇之儀、組筋書替を以願出相成、然末右稽古中塩噌飯料御取替願之儀、別紙之通達出相成、右者自余見合も有之候得者先以願通可被仰付置旨、

御上様中上相成上ニ、

御凱陣之上其段申上相成方ニ者有之間敷哉、猶御吟味之事

寅七月八日

私与牧口剛平倅常一郎儀文武為稽古佐嘉為差登度、当寅春ゟ向辰秋迄三ケ年之間御暇奉願候条、支所無御座候ハヽ、願之通被差免被下候様、御序之砌宜御披露頼入存候、以上

寅四月　深堀猪之助

田代五八郎殿

口達

私倅常一郎儀文武為稽古佐嘉差登度、当寅春ゟ向三ケ年之御暇願通被差免候、就而者稽古中飯米塩噌之義時々仕届可申之処、遠在懸々何分其儀不行届義ニ付、当御半柄是等之儀難奉願重畳恐多奉存候得共、佐嘉表において御取替被差出被下度奉願候、勿論返上振之義者被　仰付次第いつれ共可奉畏候条、何卒願之通被差免被下候

様筋々宜御相達可被下儀深重致御頼候、以上
寅三月　　牧口剛平
峰弥次右衛門殿

先達而申上越候左之書付持下不罷在、留書取
立差支候ニ付、写御遣被下候様猶又奉願候
但最前差出相成候得共取返、後段認留差出相
成候書付也
一　御助力願書
一　同達帳
以上
七月八日　峰弥次右衛門
渡辺五郎右衛門様

一　到着之飛脚差而御用も無之候へ共、盆前詰中
ゟ家内々々江之仕贈物等可有之哉ニ付、明朝汐
ゟ出船申付候筈ニ而今夜ゟ相仕廻置、御在所偖
又深海在役江之懸合左之通
御状致拝見候、猪之助殿与牧口剛平倅常一郎
義、為文武稽古爰許罷越度、御暇之義、与筋書
替を以願出相成、扨又御暇願通被差免候ハ、於
爰許飯米塩噌御取替被差出被下度願出相成、右
者追々
御凱陣之上申上可相成ニ付、自余見合先以願通
被仰付置方ニ可有之被仰談候条、御上様申
上、其取計可致旨、別紙御吟味書をも被差越、
致承知候、依之右御吟味書其外致御返達候、此
段為御答如是御座候、留ル
七月十一日　渡辺五郎右衛門
相浦三兵衛様
峯弥次右衛門様
追而、深堀禎太郎其外武術相伝ニ付、御目録
拝領之義、御答書廉書之内致承知候、余条都
而御答共ニ付、致文略候、以上

一筆致啓達候、大小麦津廻増石扨又大豆津廻願
之趣迄申越候様御再答之委細致承知候、右者別
紙之通願出置候ニ付、為御含写差越申候、此段
為可申越如斯御座候、恐惶謹言
七月十一日　渡辺五郎右衛門

多々良平太夫様

同十二日　晴天

一　河内様其外御家門様方ゟ当盆
褒信院様其御外様御塔前へ被相懸候御灯炉為持
来候、左之通

以手紙致啓達候、当盆　褒信院様・智玉院様御
塔前へ河内殿ゟ被相懸候灯炉弐、蝋燭相副為持
申候条、燃方之義其筋御通達致御頼候、以上
七月十二日　　渕井弾助
渡辺五郎右衛門様

以手紙致啓達候、当盆恭法院様御塔前へ鷹之助
ゟ相懸候灯炉壱、蝋燭相副為持候条、燃方相成
候様其筋御通達致御頼候、以上
七月十一日　北嶋又兵衛
吉岡仁右衛門
渡辺五郎右衛門様

以手紙致啓達候、然者当盆若狭殿より褒信院様
御塔前へ被相掛候灯炉壱・蝋燭為持申候条、其
筋被相達度致御頼候、此段為可得御意如斯御座
候、以上
七月十二日　大隈新左衛門
渡辺五郎右衛門様

以手紙得御意候、然者当盆褒信院様御塔前へ於
橘ゟ相掛候灯炉為持申候条、宜御頼仕候、以上
七月十三日　徳永礼助
渡辺五郎右衛門様
追而、蝋燭弐丁相副申候、以上

一　御進物方ゟ御廻達物、神代屋敷ゟ差廻来候、
左之通
別紙御進物方ゟ之廻達為持申候条、御順達可被
成候、以上
七月十二日　官郎左衛門
五郎右衛門様

覚
正銀六百拾九匁
右拾六割ニシテ御壱人様まへ銀三拾八匁六分九厘

ツ、
河内様
大炊助様
若狭様
龍吉郎様
安芸様
上総様
正銀七拾七匁
三分八厘
与兵衛様
乾一郎様
豊前様
鷹之助様
孫四郎様
御名様
正銀七拾七匁
三分八厘
志摩様
大隅様
監物様
縫殿助様
右者　御両殿様御忌明ニ付、御魴御進上相成候
御肴其外代別紙売揚まへ

覚
一　正銀百五拾匁
撰鱧弐拾斤
一　同四拾匁
玉子百ツ
一　同八拾九匁五分
屋す美　尺三寸五部　五本
〆　正銀弐百七拾九匁五分
右銀受取申候
東魚町御魚屋
五郎右衛門
弥兵衛
富吉久七殿
其御外
覚
一　正銀四拾六匁
魴　尺五寸　壱本
一　同六拾匁
屋す美　尺三寸　三本

一　同三拾三匁
　　くち　六寸　拾壱ツ
一　同七拾八匁
　　喜寿　五寸　百五拾ツ
一　同五拾五匁
　　東へび　百ツ
〆　正銀弐百七拾二匁
右銀受取申候、以上
　　　　東魚町御魚屋
　　　　　五郎右衛門
　　　　　弥兵衛
富吉久七殿
其御外
　　覚
一　大形御肴居折　二枚
代正銀六拾七匁五分
右之通代銀受取申候
　　　　桧物屋
　　　　　徳一

富吉久七殿
其外殿
右御割合前早速御納銀可被成候、以上
　七月十一日　　　六角喜左衛門
　　　　　　　　　増田忠八郎
渕井弾助様
古川作左衛門様
大隈新右衛門様
石橋権太夫様
木村新様
梶原九郎右衛門様
北嶋左源太様
相良新左衛門様
江口三左衛門様
渡辺五郎右衛門様
吉武来助様
光岡兵右衛門様
高嶋猪七郎様
猶聊無御延引御順達則御納銀可被成候、以上

一　御取替米願通被差出候段、昨日達帳を以被相達候ニ付、御印蔵ゟ米蔵へ之当筈を取リ米蔵ゟ船津御蔵へ之当筈請取之、御勝手方相達置候事

同十三日　晴天

一　例年之通、諸役所使番手男共へ盆前御合力被為頂戴候事、附、員数書出帳在リ

一　原田大右衛門様ゟ例年　褒信院様御塔前へ御灯炉被相掛候得共、当時柄御省略之旨を以、御牌前へ御線香弐束御献備相成候事

一　石井左近様ゟ御灯炉為持来候、左之通

以手紙得貴意候、当盆褒信院様御塔前へ左近ゟ相掛候御灯炉為持候条、宜御取計被下度御頼仕候、以上

七月十三日　三池丈蔵

渡辺五郎右衛門様

一　昨日御進物方ゟ御廻達相成候

御両殿様御忌明ニ付而之御進上物御割合銀、大久保大助を以其筋相納置候事

覚

銀三拾六（ママ）匁六分九厘

内目割

拾匁札三枚　八匁札壱枚　三分札弐枚　銅銭弐文　鉄銭壱文

〆目高

右之通、御両殿様御忌明ニ付而進上物代銀割合前相納申候、以上

七月十三日　左馬助内

渡辺五郎右衛門

増田忠八郎殿

其外

一　御聖霊御祭料之義、是迄銀六拾八匁四分ニ而請負被仰付、御祭相成来候得共、当時諸色未曽有之高価ニ而何分御定ニ而届兼候条、何程歟増被差出被下度旨、

御聖霊祭方緒方弥七其外ゟ達出之次第、時勢無余義事情ニ付、於御勝手方吟味相成候様相達置

候処、今又御定之上ニ銀三拾壱匁六分被相増、都而百目之辻被相渡方ニ可有之吟味之由、左之通懸合来候付、其通取計相成候様相達置候事
別紙御聖霊方ゟ相達趣、当時柄無余義次第ニ候得共、諸色未曽有之高価共ニ而割増等之目算難相付、就而者無拠当一准入切帳立相成候様、勿論買入品等至極簡略之心得有之候様被　仰付方ニ者有之間敷哉、遂吟味候事

七月　　御勝手方

口達

我々儀当盆
御聖霊御祭方被　仰付難有仕合奉存上候、然処御祭料之処是迄銀六拾八匁四分御渡方相成候得共、当時柄諸色高価ニ付而者前断御渡銀高ニ而者何分届兼候条、何程歟御増銀被下候歟、又者限品ニ而御渡被下候歟、両様奉願候条、御筋々宜御相達可被下儀深重奉頼上候

七月十二日　　緒方弥七（印）

北原重蔵

御役所

一　御部屋女中美那女先般御在所引払之節、諫早ゟ之乗船賃御定前不足之高被差出被下度旨、御内御小性峯伝太夫ゟ左之通達出相成、然処右船川原龍右衛門・江口尉九従者共乗合罷登候旨ニ付、前断不足銀丈右従者共ゟ無拠相弁候半而不叶筋ニ付、右之者共船賃ニシテ御出帳方引付書出相整、出方相成候事

手覚

御部屋女中美那義先般　御上様御在所御発輿之砌不快ニ而御供不相叶、追々快方之上被罷登候処、諫早ゟ之船賃銀百拾九匁ならて雇切不相叶由ニ而無拠右銀高差出相成、然処御定船賃銀七拾匁於御在所被相渡、不足銀四拾九匁丈自分ゟ相弁候儀不行届候間、何れ之筋ゟ被差出被下度旨被申達候条、宜敷被遂御吟味度此段致御達候、以上

寅七月　　峰伝太夫

一　昼比御在所ゟ御勝手方江之上銀飛脚到着、附状相達候、左之通

御状致拝見候、御勝手方ゟ御蔵方江之懸合状、扨又脇頼品等有之候ニ付、来込之飛脚被差立候由致承知候、右飛脚押返御蔵方ゟ上銀相成儀ニ付、差立申候、此段御答旁如斯御座候、恐惶謹言

七月十一日　峯弥次右衛門（印）

相浦三兵衛

渡辺五郎右衛門様

一　今晩ゟ　御聖霊祭於御広間被相整候事

同十四日　晴天

一　御寺勤其外何れも役割之通、部場々々出役相成候事

一　木屋ノ瀬御陣所へ神崎村詰夫更代之者ニ而菅右衛門其外へ申越候次第左之通

一筆致啓達候、蓑原村神崎村ゟ其許出夫之義、数十人打栄罷立候義、当時勢柄先般水害之末共ニ而者猶更難渋之旨申達、無余義事情ニ而其侭難閣ニ付、出夫時々一先夫料前渡ニシテ壱人前金壱両ツヽ相渡、其上神崎村之義者、出夫跡家内毎応人別介抱米をも渡呉候通取計義ニ候、然処其許御滞陣之義、何分之御都合ニ可有御座哉、変地（ママ）難計事ニ候得共、於爰許原田大右衛門様其外ゟ　殿中之御振合等承知仕候処ニ而者、兎角永御滞陣共ニ而者無之哉与被相考候、左候得者両村出夫先度者左迄大難渋も無之都合ニ付、一体献力之楯ニシテ聊之夫料補被相渡候得共、当節之義者前断之次第、迚も少々之補共ニ而者持切申間敷、就而者

上分過夫之例ニ依リ御私領中竈懸ニシテ何程宛歟補差出候通御取計相成方ニ者有御座間敷、夫ニシテも数多之出夫、打追相詰居候通ニ而者、水損所田方普請等も届兼可申ニ付、成丈詰夫相減候通有之度、就而者最早敵地御打入之場ニ候得者、御行軍立兵夫偖又大炮懸リ之分者御在所小

道具并足軽呼越、更代為致候方ニ者有御座間敷
哉、於御同意者其段御在所可申越方、旁之趣、
五八郎殿被仰達軀人数早急被仰越度存候、此段
為可申越神崎村詰夫を以如是御座候、恐惶謹言
七月十四日　　田代大九郎
渡辺五郎右衛門
長渕菅右衛門様
深堀蔵人様
深町太平太様
山田又蔵様
追而、本文夫料補等之義　御凱陣之上遄与御
評議も可相成ニ付、難渋無之通、一先御蔵元
ゟ御手附相成居候而も可然哉候得共、少々之
補等ニ而不相済、大分大総之事ニ可相成、爰
元銀之手心当惑之筋も有之候故、乍差付本文
之次第為御懸合候間、其御含可被成候、以上
致追啓候、東御内ゟ之御文并西瓜苞三ツ箱物
壱、西御内ゟ西瓜壱ツ御文壱ツ被差上候ニ付、
差越候条、御側可被差上候、此段為御懸合如此
御座候、以上
七月十四日　　五郎右衛門
菅右衛門様
蔵人様
一　上銀才領罷登候深海足軽御用相済、今晩汐ゟ
差返候事

同十五日　晴天

一　御上様今朝未明御寺御堂参被遊候事
一　前断ニ付、御寺之勤人々未明ゟ出役相成候事
一　文成軒様須古初盆ニ付、従　担那様彼御屋敷
御牌前御代香被差出、高浜伝之助被相勤候事
一　御被官大串平蔵其外木屋瀬表飛脚与シテ差越置
候処、今昼比帰着、附状相達候、左之通
御状致拝見候、御在所ゟ使番善十を以、爰許江
之別封差越相成、去ル十日夕七ツ時比相達、爰
許江急飛脚を以、可差越旨申来候由ニ而、早速
大串御被官小野平蔵大夜通ニシテ被差越、昨十二

日夕七ッ時比相達申候、右之者共御用無之ニ付、今十三日朝飯後ゟ其元差返義御座候、此段御答為可申越如斯御座候、恐惶謹言

深堀蔵人

七月十三日　賢一（花押）

長渕菅右衛門

朋致（花押）

渡辺五郎右衛門様

一　来込之飛脚差立御在所へ之附状左之通

御答致拝見候、爰許ゟ最前差越候飛脚押返御蔵方ゟ御勝手へ之上銀相成義ニ付、被差立候由、去十三日無別条相達申候、此段為御再答如斯御座候、恐惶謹言

七月十五日　渡辺五郎右衛門

相浦三兵衛様

峰弥次右衛門様

一　当盆御寺勤・諸家御代香等左之通

七月十一日　御施餓鬼

一　担那様御代香　渡辺五郎右衛門

一　御上様・御母堂様右同　田代大九郎

一　御寺勤　高浜貫一郎

若担那様御代香受持　大久保大助

一　御台子番　深町与三

一　御門番

一　御塔前番　御仲間壱人

一　使番　池上久右衛門

豊前様御代香　宇野左近吾

杢佐殿代香　工藤多吉

同十四日

鷹之助様御代香　宮永安太郎

一　御寺勤　古賀松一郎

高浜伝之助

御徒　宮田良右衛門

御仲間　徳久良蔵

一　御母堂様御代香　馬渡大蔵

田代大九郎

相浦平八郎

西久保伴右衛門

長渕浅右衛門
中小性　山口権作
鷹之助様御代香　金原五郎太夫
御橘様右同　東丈次郎

同十五日
渡辺五郎右衛門

一　御寺勤
永石権作
古賀松一郎
御徒　江頭喜兵衛
御仲間　徳久良蔵
馬渡清助

同十六日　晴天

一　小荷駄方ゟ則御用ニ付、永石権作差出候処、御雇漁船最前御操出之節、筑前若松浦早着之旨を以、御酒被為拝領筈之処、舸子人数凡百十人与有之、艫人数不相分ニ付、急々調子合達出候様演達之由ニ而其筋ゟ之書取写帰リ被申候、左之通

今度長州御征伐ニ付而、深堀御雇漁船十艘、扨又左馬助殿家来船舸子心遣乗込壱艘、束而拾壱艘、最前諸手御繰出之日限被相極候処ゟ去七日呼子乗廻、八日筑前若松着船、惣而折節強風雨等ニ而別而危難ニも候得共、御用柄を一途ニ相心得、迅速着船仕候由ニ而、別紙之通其筋ゟ達出相成、此節柄前断格別之志操一統之気追ニも相懸ニ付而者、書載之通為御勧御酒料被為拝領方ニ可有之哉之事

左馬助殿家来
峯作之允

金子百疋
右者徒・足軽三人、拾壱艘乗与舸子中
附紙　凡百十人程、鳥目五百文ツ、、

同十七日　晴天

一　木屋ノ瀬表ゟ蓑原村詰夫更代之者罷帰リ候便

ニ而、小荷駄方山口弥平次其外ゟ永石権作まて
陣椀差返来候、附状左之通
一筆致啓達候、爰許持越相成候陣椀之内別紙之
通差返申候条、御受取可被成候、此段為可申越
如斯御座候、恐惶謹言
七月十五日　平二右衛門
山口弥平次
永石権作様
覚
一　陣椀大弐百三ツ
一　同　小弐百壱ツ
右之通明樽入込差返申候、以上
七月十五日
一　去三日大里戦争之次第、木屋瀬御在所懸合越
為相成由ニ而、彼地御残相成居候大炮械レ器船中
若松浦積込、御筒打向井寿兵衛其外足軽共右船
乗与、早速立差越置候由之処、当今小倉表先者
平穏之形勢ニ付、右人々被差返、今夕
御屋敷参着有之、差付ゟ厘外出船被罷下付、昨
日小荷駄方ゟ被相達候舸子躰人数調子申越候、
左之通
一筆致啓達候、昨十六日小荷駄方呼出ニ而、御
雇漁船最前御操出之節、筑前若松早着之旨を
以、御気附与シテ御酒料被為拝領筈之処、舸子人
数凡百十人与有之、躰人数不相分ニ付、早速調
子合達出候様演達ニ付、其筋御調子合急便可被
仰越候、右ニ付、其筋ゟ之書取写差越申候、此
段為可申越如斯御座候、恐惶謹言
七月十五（ママ）日　渡辺五郎右衛門
相浦三兵衛様
峯弥次右衛門様
追而、先便及御懸合置候御助力米願并達帳写
致物落候ニ付、当節差越申候、以上

同十八日　晴天

一　御蔵方ゟ飯後御用ニ付、永石権作差出候処、
達帳を以被相達候、左之通

今般東目筋未曽有之水害ニ而消切土田過分ニ出来、作主共難渋之義ニ付、御蔵入・大小配分共、作飯用、昨今ゟ春麦其外畠物等蒔付願出相成候様、尤右等之向者御成目不相懸通被仰付度、検者方ゟ達出之趣吟味之上、相達候通被仰付候条、此段筋々可被相達候、以上
七月十五日
右之趣承知仕候、以上
一　徒罪方ゟ飯後御用ニ付、大久保大助差出候処、深堀長江盗人官次郎其外入徒中薬代格護米其外急速相納候様、書取を以被相達候、左之通
深堀長江盗人
官次郎
一　正銀四拾四匁五分
右者薬代
一　同六匁四分壱厘
右者日々賃銭差引不足納まへ
一　米七升五合
右者格護米三日以上、日数弐拾五日分、壱日ニ三合宛
深堀船津帳内居所
同所卯三郎借屋盗人
三吉
一　正銀弐拾弐匁
右者薬代
一　同三匁八分壱厘
右者日々賃銭差引不足納まへ
一　米六升三合
右者格護米三日以上、日数弐拾壱日分、壱日ニ三合宛ニシテ
〆
一　御在所ゟ飛脚到着、三兵衛其外ゟ懸合来候、左之通
一筆致啓達候、御雇船舸子支配方出張相成居候峰作之丞儀、去ル十三日晩帰着、鰯網其外御船々ニも楠久被差廻置候処、御追討方長延候御都合之由ニ而御費之儀ニも有之、且者舸子共難渋可相及義ニ付、一先被差返候、尤鰯網船五艘

丈ケ打追被差置儀ニ候条、才領方下役壱人差残、其余拾艘丈ケ作之丞一同引取候様、総而至其期重而御雇之儀被相達居候条、其節ハ無遅々駈付候様、予メ可致手当置旨被相達候段申達候、就而者爰許郷津当今之振合穀物諸色高価ニ付、日々相応之稼相整候ハ而親妻子育方届兼候儀ニ付、飯料外銀拾匁位之雇賃ニ而ハ、日雇稼渡世之者ハ格別、其外ハ難渋申立候位之事ニ而、漁業銭弐貫文位之稼ハ為差漁事共不思入都合之由候処、御追討方御雇ニシテハ帰村之期緩急難計儀ニ候得ハ親妻子育方忽差支候処ゟ壱人ニ而も出夫相好候者無之ニ付、無拠村方ニ而撰人之上、鬮取体ニ而致出夫、村中貫合救合、且村方調儀等ニ而夫々仕舞方、且跡相続筋等迄申談呉、出夫仕候事之由ニ而、先以、前渡御取替之儀願出候ニ付、御私領方拝借ニシテ時々元〆方へ達出候得共、綾部新五郎殿尖ニ聞啓相成兼、右ニ付、同人取合方舸子手当方ゟも手張候儀ニ而終ニ者事情混乱相纏、一円御用弁相成兼候、然処前断之通又候出夫可相成、手当筋ニ付、新五郎殿応対示談方聞次之人々猶又手縺可相成与当惑罷在義候間、到其期、御雇相成義候ハ、舸子壱人仕舞方料与して正金弐両弐歩、船壱艘ニ付同五両充賃銀当御取替、偖又毎船壱艘ニ付香焼苫四拾枚充、於爰許被相渡候様、旁之趣、御雇之御差図一同申来候様、早速其筋御応談被相整度御座候、於然ハ右銀を以、舸子共ニ者身仕廻且跡凌料差当、船主ニ者船具綱早子蔀等迄修リ相加致浮方、尖ニ出船相成儀候得共、右様之御手付無之而ハ彼者式不能自力、何分乗出不行届、左候而、新五郎殿ゟハ御私領方手当不行届筋ニ申立相成候儀者必定ニ而致悪敷被相考義ニ付、及御懸合候条、猶御推考を以、右御下渡方其許ゟ御差図申来候様之儀、返々も無拠事情ニ聞啓、夫々御手付相成候様可被仰談存候、此段為可申越如斯御座候、恐惶謹言

七月十六日　　峰弥次右衛門（印）

相浦三兵衛

紀綱（花押）

渡辺五郎右衛門様

追而、頃日伊東外記殿其外御面会、御出勢方当今之御都合委細被仰越致承知、本文作之丞引払旁推考仕候処、差付小倉表御応援之場ニ者相到間敷相見候得共、其場其時之御都合ニ而者無御拠臨機之御計可相成義ニ付、殿中之御都合第一御討入御決評之否、猶又御聞繕被仰越度、千万懸念致御談候、其許之御都合次第ニ而ハ最前差扣置候兵粮方運送船今又仕出可申哉与存候、以上

同十九日　雨天

一　好生館呼出ニ付、大久保大助差出候処、平川儀哉義御用有之候条、明朝飯後同所被罷出候様、且又小川貞才義寄宿中飯米塩噌納不足有之候条、急々返納相成候通可被取計旨、旁演達之由ニ付、儀哉へ者則其旨及文達、貞才納銀米之義者明日飛脚立ニ而御在所懸合越筈也

手覚　　小川貞才

丑十月ゟ十二月迄
一　精米三斗〇九合
寅正月ゟ三月中迄
一　同弐斗七升壱合
丑十月ゟ十二月中迄
一　正銀七匁五分
寅正月ゟ三月中迄
一　同六匁四分弐厘
〆

伺手覚

横尾道碩義母親死去ニ付、忌中罷在候処、昨十八日迄半減日数相満候ニ付而者、当時御医師御無人中ニ付、忌被差免則出勤相成候通被仰付方ニ者有御座間敷哉、遂吟味此段奉伺候、以上

七月十九日

以手紙致啓達候、貴様義忌中御引入被居候得共、被差免旨ニ候条、則御出勤可被成候、此段為可相達如此御座候、以上

七月十九日　渡辺五郎右衛門

横尾道碩様

以手紙致啓達候、貴様義明朝飯後好生館ゟ御用之旨被相達候条、刻限無相違同所御出可被成候、此段為可相達如是御座候、以上

七月十九日　渡辺五郎右衛門

平川儀哉様

同廿日　晴天

一　昨日平川儀哉へ之手紙手男を以同人住宅麦新ケ江村為持遣候処、近来同村移転相成候趣ニ付、何処へ転宅相成候哉、近辺之者相■尋候由之処、大立野村与も申、又者六角近辺与も申、聢与相心得候者も無之様子ニ而明白不仕、何所を当てと相尋可申様無御座ニ付、空敷罷帰候段申達候ニ付、迚も今日之御用間ニ合候義無之故、左之通、不快之姿ニシテ書附差出、御用筋何等之義ニ可有御座哉内々尋試之処、同所寄宿中飯米引合ニ付而之御用之由被申聞候事

口達

家来平川儀哉義今日御用之旨ニ付、其段申達候処、不快ニ有之何分罷出候義不相叶旨申達候、此段御達仕候、以上

七月廿日　左馬助内

渡辺五郎右衛門

向井次郎作殿

一　来込之飛脚差立御在所申越候廉々、左之通

一筆致啓達候、徒罪方ゟ去ル十八日呼出御用ニ而、其許長江盗人官次郎其外徒罪中相煩候節之薬代并格護米代銀其外、別紙之通相納候通可取計旨被申達候間、其筋御手当急便可被差越候

一　小川寿助養弟貞哉義、好生館寄宿中塩噌飯米別紙書取之通納前ニ付、急速相納候通可取計旨、被申達候間、寿助被相達、是又急便可

被差越存候、惣而貞哉義帰宿中ニも可有之哉
与聞合見候処、全左ニも無之、当時木屋ノ瀬
出張相成居候水町三省老へ随身之様相聞候、
年若与者乍申、何之釣合も無之、右之次第迷
惑之事共ニ御座候
右廉々為可申越如斯御座候、恐惶謹言
七月廿日　　渡辺五郎右衛門
相浦三兵衛様
峯弥次右衛門様
御状致拝見候、御雇船舸子支配方峯作之允義、
去十三日帰着、鰯船其外御船々ニも一先被差返
候、尤鰯網船五艘丈ケ打追被差置、才領下役壱
人相残候由、総而至其期重而御雇之節無遅々駈
付候様、予メ手当可致置旨相達之由候へ共、当
時勢柄本人者勿論村中之難渋とも相成義ニ而、
前度綾部新五郎殿御問合方相纏、一円御用弁相
成兼候末ニ付而者、又候出夫之節新五郎殿示談
方猶更手張可申与御当惑ニ付、到其期御雇之節
者仕舞銀其外被相渡候様御雇之御差図一同申越
相成候様、其筋応談可相整置旨、委細之趣致承
知候、早速其筋廻談可致ニ者候得共、迚も御趣
意通爰許ゟ金員数等迄取極候而も御差図与而者
相成間敷、現地之振合次第取計相成候様与之義
当然ニ可有之、然節者何れニ《シテ》も立場綾部殿へ
被御差問候者而者不相済義歟与被存候、就而者
中々ニ御趣意之次第於其許差付願書ニ而も差出
被置方ニ者有御座間敷哉、於然者相廻リ次第御
差図有之候通之手筈尚又於爰許も廻談可致置与
存候、此段御答旁如斯御座候、恐惶謹言
七月廿日　　渡辺五郎右衛門
相浦三兵衛様
峰弥次右衛門様
一　木屋ノ瀬　御陣所ゟミの原詰夫更代之着便旨
ニ而菅右衛門其外ゟ申来候次第、左之通
御状致拝見候、蓑原村神埼村ゟ爰許出夫之儀、
数拾人打棠罷立候儀当時勢柄水害之末共ニ而ハ
尚更難渋之旨申達、無余儀事情ニ而其伬難閣ニ

付、出夫之時々一先夫料前渡ニ《シテ》壱人前金壱両充被相渡、其上神埼村之儀、出夫跡家内毎応人別介抱米被渡呉候通被御取計由、然処爰許御滞陣之儀何分之御都合ニ可有御座哉、変化難計義ニ者候得共、於其元原田大右衛門様其外ゟ殿中之御振合等御承知被成候処ニ而ハ兎角永御滞陣共ニ而ハ無之哉旨被相考候由、左候得者両村出夫先度者左迄大難渋ニも無之都合ニ付、一体献力之楯ニ《シテ》聊之夫料被相渡候得共、当節之儀ハ前断之次第ニ而迚も少々之補共ニ而ハ持切申間敷、然者上分過夫之例ニ依リ御私領竃掛ニ《シテ》何程ツ、欤補為差出候通御取計相成方ニ者有御座間敷哉、夫ニ《シテ》も数度之出夫打追相詰居候通ニ而ハ水損所田方普請等も届兼可申ニ付、成丈詰夫相減候通有之度、就而ハ最早敵地御討入之場ニ候得者　御行軍立兵夫、偖又大炮懸リ之分者、御在所小道具并足軽呼越更代為致方ニ者有之間敷哉、於同意者其段御在所可被御申越ニ付、旁之趣五八郎殿相達軀人数早急及御懸合候様、委細之御書中致承知、御同人相達、御側申上候上、尚又於爰許吟味合候者、御手紙之通　上分過夫先度之補御手薄難渋之由ニ付、当節者御領中竃掛ニ《シテ》補御取立ニ而、出夫之者壱人壱日米四升充被相渡候由ニ候得共、御私領蓑原村・神埼村ゟ之出夫之者共へ御自分方ゟ之上置之御当介ハ迚も御行届筋ニ無之、右外ニ内更代并往来ニ付而者、壱人壱泊旅籠銀拾匁ツ、、而已ならす爰許滞留中ニ《シテ》も壱人壱日ニ付拾匁余ニも相嵩儀ニ御座候、就而ハ前断之都合、迚も書中等ニ而砕兼義ニ付而ハいつれ之道御凱陣之上得与御打合御吟味相成候半而叶間敷被相考候、惣而爰許ニ而之御都合も先便及御懸合候通、御定見者無之候得共、いつれニ永　御滞陣ニ而可有之与、予内評ニ而、兵夫拾四人雑夫参拾九人都合五拾三人之内、去ル十五日廿人、一昨十六日拾人、今十八日更代罷越候者拾三人之内六人入而、蓑原村神埼村ニ而都合廿七人差返シ、御行軍之外ニも様々之御作略御仕与相建候間、兵夫七人丈、当節更代与して罷越候神埼村夫丸之内相残、余者惣従者之内ゟ引揚、御仕与被相整たる儀共ニ御座候、依之已来ハ蓑原村ゟ別紙小荷（ママ駄脱カ）方より書附通日限其外出夫相成候通、同村庄や江書状差出、差返候人夫共へも前断之次第庄屋相達候様申含相成居候得共、尚又無間違様其筋被相達置度存候、此段御答旁為可申越如斯御座候、恐惶謹言

山田又蔵
七月十八日　深町太平太
深堀蔵人
賢一（花押）
長渕菅右衛門

渡辺五郎右衛門様
田代大九郎様

追而、長賊之動静不取留儀ニ者候得共、頃日黒崎御転陣之儀ニ付、山本伝左衛門殿彼地被相越、筑前隊長黒田播磨応援之都合を以者、長賊弐万計兵を揚、小倉城下・長浜偖又若松三所江押寄候風聞有之与申義共有之、只々無事之永陣与而已難申、吃度御討入之御仕与ハ相立被置候半而不相叶、乍御費無拠本文之夫方被相残儀共ニ御座候、以上

兵夫七人被更代日限左之通、尤木屋ノ瀬到着日限ニシテ出立之事

一　来ル廿六日
一　八月五日
一　同十四日
一　同廿三日

右者十日目更代、向者右ニ准ス

七月十八日　小荷駄方

同廿一日　晴天

一　当盆　御先祖様方へ御灯炉且御代香等之御仕成相成候御家門様方へ御挨拶之義、当時　御出

陣中ニ付、御承知之日積を以、今日被差出候通取計、右御使古賀松一郎・大久保大助被相勤候事

一　御出陣御供相成居候江口小平太義、病気之由ニ而船廻リ出張之人へ更代被　仰付、去ル十八日ゟ彼地引払相成候由、今昼　御屋敷参着、附状被相達、今夜汐ゟ被下度旨被申達候ニ付、付状相渡候、左之通

一筆致啓達候、江口小平太儀病気差起候ニ付、船廻リ出張之人ニ更代被　仰付、今十八日ゟ引払相成義ニ候、此段為附状如斯御座候、恐惶謹言

七月十八日　　深堀蔵人
　　　　　　　　賢一（花押）
　　　　　長渕菅右衛門
渡辺五郎右衛門様

一筆致啓達候、御出陣ニ付御供出張相成居候江口小平太義病気ニ付、船廻リ出張之人へ更代被　仰付、去ル十八日ゟ彼地引払相成候由、廿一日御屋敷参着、今夜汐ゟ厘外津出船、其許被罷下義ニ候、此段為附状如是御座候、恐惶謹言

七月廿一日　　渡辺五郎右衛門
相浦三兵衛様
峯弥次右衛門様

一　今昼汐深海ゟ舟飛脚到着、御上様上リ鮎御初穂仕送来候、左之通

一筆啓上仕候、御上様上リ焼鮎壱籠、渡辺五郎右衛門殿へ同籠壱、態与舟飛脚を以差登申候条、着船之上者夫々御配当可被下、此段為附状如是御座候、恐惶謹言

七月廿日　　山口嘉藤次
永石権作様
高浜貫一郎様

追啓申上候、山崎平十ゟ悴栄作へ木屋ノ瀬得之雨紙包壱、石丸藤吉へ利喜蔵ゟ状壱、差送申候条、是又木屋瀬便次第御仕向可被下宜敷御頼申上候

一　深海ゟ之飛脚船御用無之、今夜汐ゟ差返候ニ

付、役所人々ゟ附状左之通
御状致拝見候、御上様上リ焼鮎壱籠、渡辺五郎右衛門方へ之同壱籠、態与舟飛脚を以被差越之由、今昼汐厘外津着船、御附状之趣致承知無別条相達申候、右船相済、今夜汐ゟ其許差返義ニ候、此段御答旁如是御座候、恐惶謹言
七月廿一日　永石権作
山口嘉藤次様
追而、御端書之趣致承知、木屋瀬表便次第差越可申存候、以上

同廿二日　雨天　無事

同廿三日　雨天

一　明後廿五日ゟミの原村詰夫更代之者木屋ノ瀬表罷越候ニ付、両御内ゟ之御用物等差越、同所申越候廉々左之通

附リ、今日ゟ相仕廻置、明日早天差越仕与也

一筆致啓達候、両御内ゟ之御書弐并竹籠壱ツ差越候条、御側可被差上候

一　百武作右衛門殿ゟ之書状摺物入壱封差越候条、右同断

右廉々為可申越蓑原更代夫を以如是御座候、恐惶謹言
七月廿三日　渡辺五郎右衛門
長渕萱右衛門様
深堀蔵人様

御状致拝見候、江口小平太義病気ニ付、船廻リ出張之人へ更代被仰付、去十八日ゟ其許引払之由、同廿一日昼比参着、御附状之趣致承知候、同人道中隙も無之、同夜汐ゟ爰許出船、御在所被罷下候、此段為御答如是御座候、恐惶謹言
七月廿三日　渡辺五郎右衛門
長渕萱右衛門様
深堀蔵人様

追而、蓑原・神崎村詰夫被相減候委細、去十八日御仕出之御答書致承知候、偖又向井寿兵衛・同喜助・川副勢兵衛・大塚八十右衛門并足軽四人、其許引払被仰付候旨ニ而去十七日参着、同夜汐ゟ爰許出船、御在所被罷下候、以上

御状致拝見候、其許御持越相成居候陣椀之内、大弐百三ツ・小弐百壱ツ明樽入込ニ《シテ》被差返候由、去十七日無別条相達申候、且又陣鍋之義、其許七ツ御持越相成居候故、爰許へ者三ツ相残居候哉、調子合申越候様、是亦致承知、調子合候処、仰越之通爰許へ三ツ相残居候ニ付、御取束拾ツ之数相備義ニ御座候、此段為御答如是御座候、恐惶謹言

七月廿四日　永石権作

山口弥平次様

平二右衛門様

一　今[redacted]晩七ツ時比御在所ゟ之飛脚到着、申来候廉々左之通

御状致拝見候、去十六日小荷駄方呼出ニ而、御雇漁船最前御操出之節、筑州若松浦早着之旨を以、為御気付御酒料被為拝領筈之処、舸子躰人数不差分ニ付、達出候様被相達候由ニ而其筋ゟ之書取写被差越、右躰人数之儀其筋取調子候処、別紙之通御座候、此段御答為可申越如斯御座候、恐惶謹言

七月十九日　峯弥次右衛門（印）

相浦三兵衛

渡辺五郎右衛門様

追而、御助力米願并達帳被差越、御端書之趣致承知候、以上

船舸子支配役　峯作之丞

右同下役徒　高比良万助

右同足軽　坂井松次郎

鰯網船拾艘乗組　舸子百弐拾人

峯作之丞乗船乗組　同六人

〆
　　以上
　寅七月

同廿四日　曇天

一　昨日御在所ゟ申来候船舸子⿰身直人数、左之通小荷駄方相達候事

　口達

先般深堀御雇船舸子先度筑前若松廻着⿰身直人数御達仕候様被仰達、其筋調子越候処、別紙之通乗与之旨申越候、此段御達仕候、以上

左馬助内
渡辺五郎右衛門

御追討方ニ当ル

覚

船舸子支配役　峯作之允
右同下役徒　高比良万助
右同足軽　坂井松次郎

鰯網船拾艘乗組　舸子百弐拾人
峯作之允乗船乗組　同六人
〆
　　以上
　寅七月

同廿五日

一　春光院様御遺物三幅対御懸物美信筆壱箱、御進物方ゟ被相渡候事

一　右ニ付、御礼之義当時　御出陣中ニ付、何れ之通相心得可申哉相伺候処、御一類を以御年寄衆迄被仰上候様被申達候事

附リ、本文追而御承知之日積を以御礼申上候通取計候事

同廿六日

一　来込之飛脚差立御在所申越候廉々、左之通御答書致拝見候、小荷駄方問合相成候御雇舸子

先度若松廻着艜人数御調子合、別紙書取被差越、則其筋相達置申候、此段為御再答如斯御座候、恐惶謹言

七月廿六日　　　渡辺五郎右衛門

相浦三兵衛様

峰弥次右衛門様

追而、昨今木屋ノ瀬之方も相変無御座、空御滞陣ニ而、御引払之期一向相分不申、気之毒之次第共ニ御座候、以上

致啓追レ候、義仲（ママ）公御尊牌先達而差越候へ者定而相達候半与存候、右之節包差越候御紋付ゆたん并風呂敷之義御勝手置物ニ候間、急便可被差返候、此段為御懸合如斯御座候、以上

七月廿六日　　　渡辺五郎右衛門

相浦三兵衛様

峯弥次右衛門様

一筆致啓達候、其許来込之飛脚差立、御用通箱壱ツ差越候条、到着之上継替等無延引御在所可被差越候、此段為可申越如是御座候、恐惶謹言

高浜貫一郎

七月廿六日　　　永石権作

山口嘉藤次様

同廿七日

一　先般洪水ニ付、御蔵方ゟ達帳を以、被相達候、左ニ

一　東目其外御蔵入・大小配分共、先達而之洪水ニ而消切土田俵又田畠屋敷等洗剥砂下相成候場所々々、献米反米被相除度願出相成候向者、来ル八月十五日限リ願坪付帳差出相成候様被仰付義候条、筋々可被相達候、以上

寅七月廿六日

右之趣承届候、以上

一　前条達帳御勝手方差廻候、左ニ

別紙之通、御蔵方ゟ被相達候条、東目両村水損所艜坪付俵又大楠村右同、御調子合差出御取極可被成候、以上

七月廿八日　　　　役所

御勝手方様

一　頃日問合相成候深堀御雇舸子支配方峯作之允其外并舸子共へ御酒料拝領、小荷駄方ゟ別紙書取を以被相渡候、左ニ

今度長州御征伐ニ付、御雇漁船之舸子心遣乗込、諸手御操出御日限被相極候処、筑前若松致早着、折節強風雨等ニ而別而危難ニ候へ共、御用柄を一途ニ相心得迅速ニ致着船候ニ付、此節柄前断格別之志操一統気追ニも相懸ニ付、御酒料被為　拝領候

峯作之允

金子百疋　　徒足軽弐人

拾艘乗込船舸子百弐拾六人

鳥目五百文宛

以上

一　諫早屋敷心鏡院様七回御忌御仏事御執行之旨為知来候、贈答左之通

以手紙致啓達候、然者心鏡院殿七回忌相当ニ付、来月朔日ゟ二日迄在所天祐寺扨又三ツ溝於大興寺仏事被相営儀ニ付、此段為御知如是御座候、以上

七月廿八日　　　　中嶋弥七左衛門

弥永三右衛門

渡辺五郎右衛門様

御手紙致拝見候、然者心鏡院様七回御忌来月朔日ゟ二日迄御在所天祐寺扨又三ツ溝於大興寺御仏事御経営之旨為御知、御紙面之趣申越義ニ候、此段為御答如此御座候、以上

七月廿八日　　　　渡辺五郎右衛門

中嶋弥七左衛門様

弥永三右衛門様

一　今暮六時比小屋ノ瀬ゟ之飛脚到着、申来候廉々左之通

一筆致啓達候、蓑原村ゟ兵夫為更代罷越候もの共帰便を以、飛脚差立筈ニ而荷物仕廻ニ相成居候得共、右之者共今朝迄不致参着ニ付、爰許詰兵夫之内弐人差立、其元御在所両様之懸合且脇

頼之品々差越候条、御在所被差越候通御取計可
被成候
一　銀色御陣太鼓壱、御不用ニ付、七嶋包ニ《シテ》
当節差越候条、其筋被相達度存候
右廉々為可申越如此御座候、恐惶謹言
七月廿七日　　深堀蔵人
長渕菅右衛門
朋致（花押）
渡辺五郎右衛門様
追而、本文之次第ニ付、便宜も有之候ハヽ早
速出立爰許罷越候様可被相達置御座候、以上

同廿九日　晴天
一　峯作之允儀御酒料銀　拝領ニ付而者
担那様ゟ御礼之有無小荷駄方尋試候処、右者役
内限リ之手数、夫ニ不及旨演達相成候事

同晦日　曇天
一　心鏡院様御仏事ニ付、御仕成振三回御忌比竟
左之通相伺候処、伺通被仰出ニ付、則御勝手方
へ書出相整置候事
伺手覚
諫早御屋敷心鏡院様七回御忌御仏事御知セ之旨
最前申上置候、就而者跡方三回御忌比竟御逮夜
御野菜一折被差送、御当日御代香被差出、白麻
十帖御寺納相成方ニ有御座間敷哉、此段奉伺候
七月廿九日
一　今昼九ツ時比木屋瀬
御陣所ゟミの原村詰夫更代之者帰便ニ而
御内江之御書其外仕送来、蔵人ゟ之懸合左之通
一　牧口剛平忰常一郎義爰許稽古中飯米塩噌料御
取替願出之末、願通被仰付置候旨御在所ゟ申来
候ニ付、御勝手方懸合置候、左之通
牧口剛平忰常一郎義、当春ゟ向三ケ年爰許稽古
御暇年限中、飯米塩噌料御取替願出相成、其通
被仰付置候旨御在所ゟ申来候間、其御心得可被

成候、以上

寅七月　　　　役所

御勝手方様

一筆致啓達候、東御内へ之御書入紙包一・籠一差越候条、可被差上候、此段為可申越如是御座候、恐惶謹言

七月廿八日　　　　深堀蔵人

渡辺五郎右衛門様

追而、両御内ゟ之御書弐・籠物弐、慥ニ相達差上申候、以上

校注（数字はページ数）

159上　**轟木**　長崎街道轟木宿。佐賀藩東端の宿駅。現鳥栖市。

159下　**井伊榊原両軍**　近江彦根藩井伊軍と越後高田藩榊原軍は六月一四日、小瀬川において長州軍と開戦したが、敗退した。

159下　**防州ヲセ川**　小瀬《おぜ》川。岩国市と広島県境を流れ広島湾に注ぐ。

159下　**安良川**　やすろがわ。精《しらげ》川ともいう。鳥栖市のほぼ中央を南東流する。

160上　**広木作太夫**　佐賀藩士。実名親扶。物成一〇〇石。

160上　**東目両村**　深堀鍋島家の給地があった蓑原村と駅ケ里村を指す。

160下　**玖波**　安芸・佐伯郡。広島藩領。現大竹市。

160下　**廿日市**　同郡。広島藩領。現廿日市市。

160下　**大野**　同郡。広島藩領。現廿日市市。

160下　**大竹**　同郡。広島藩領。現大竹市。

160下　**奥見**　未詳。あるいは油見（ゆうみ）の誤伝か。油見は安芸・佐伯郡。大竹と立戸の間。広島藩領。現大竹市。

160下　**館戸**　立戸。たちど。同郡小方村のうち。広島藩領。現大竹市。

160下　**小方**　おがた。同郡。広島藩領。現大竹市。

160下　**木俣土佐・貫名筑後**　いずれも彦根藩家老。

160下　**海田**　安芸・安芸郡。広島藩領。現海田町。

161上　**呰与侮候哉**　原文「侮」に「アナトリ」と振仮名を振る。

161下　**一今夜五ツ時比～**　この一ツ書はおそらく二日条。原文に「二日」の記載なし。あるいは落丁があるか。

161下　**中山**　高来郡中山村（現諫早市）。深堀領。地米二三石七斗二升。

161下　**根**　根居に同じ意。予め運送などの限度を定めて許可発給する書面。

162上　**俵改文右衛門**　前掲（一〇三頁）牟田論文引用史料に俵銭方の荒川文右衛門が見える。

162下　**植木屋孫助**　筑前木屋瀬宿にあった旅籠屋。嘉永六年四月「殿様御下国人足仕帳」に見え、また「福岡藩旅籠屋号帳」（有田和樹翻刻『福岡地方史研究』四五号　二〇〇七年　所収）にも見える（以上、木屋瀬みちの郷土史料保存会松尾良美氏のご教示による）。なお「先度之御本陣」とあるように左馬助らは第一次長州征討のときもここ植木屋に宿陣したと思われる。『北九州市立長崎街道木屋瀬宿記念館みちの郷土史料館展示図録』に「楠橋・野面や木屋瀬宿の石橋方・長崎屋・植木屋などには、佐賀藩の軍兵が駐留した」とある。

162下　**蓑原村・神崎村**　深堀鍋島家の給地があった蓑原村と駅ケ里村（神埼郡）を指す。

163上　**山戦銃**　野戦銃カ。

163上　**原田大右衛門様其外迄御着揃**　五月廿八日条参照。

164上　**縫殿**　既出。多久縫殿。大組頭。

165上　**三家**　佐賀藩の三支藩。小城・蓮池・鹿島。

165下　**孫四郎**　既出。神代鍋島茂文。家老家。大組頭。

165下　**監物**　既出。太田鍋島資智。家老家。大組頭。

165下　**左近**　既出。石井左近孝祖。着座家。大組頭。

165下　**杢佐**　既出。岡部杢佐重安。着座家。大組頭。

165下　**縫殿助**　既出。姉川鍋島茂好。家老家。大組頭。

165下　**同預与**　縫殿助は文久二年一一月から旧鍋島皐之助組を預かり、同預組は慶応二年一一月鍋島市佑組となる。

165下　**六左衛門**　深江六左衛門。佐賀藩士。実名武教。物成三〇〇石。着座家。大組頭。

165下　**又右衛門**　既出。坂部又右衛門明矩。着座家。大組頭。

166上　**吉田捲蔵**　忌日七月二日。諱賀絢。父四郎右衛門賀忠の長男。母喜多一左衛門娘セキ。妻は寺崎一太娘ハル。長男愛一郎賀孝。捲蔵妹ミツは為石村峰嘉一郎に嫁す。吉田家はもと佐賀城下に居住、賀忠の曽祖父四郎右衛門賀親が深堀に居住したという（以上、長崎市川副家所蔵「吉田家系図」による）。

166上　**爰切**　ここきり。爰限とも。力の及ぶ限り。精々。

167下　**横尾柳碩**　医師。安政二年一二月内科外科免札。横尾柳陽門人。左馬助家来。

167下　**深町元道**　医師。安政二年正月内科免札。牧春堂門人。左馬助家来。

169上　**高伝寺**　佐賀市本庄町にある曹洞宗寺院。代々鍋島家菩提寺。

169上　**龍雲寺**　佐賀市本庄町にある曹洞宗寺院。深堀鍋島茂里の室（須古信明女）の墓所。

170上　**汐迦**　しおはずし。満潮を逃す。

170下　**能仲公**　深堀家の祖・深堀能仲。鎌倉御家人、建長七年戸八浦地頭職に補任さる。

170下　**猪之助**　深堀猪之助。深堀鍋島家在所家老。

171上　**中島弥次兵衛**　佐賀藩士。物成一八〇石。
172上　**渋谷良次**　渋谷良耳。医師。嘉永七年一〇月内外科免札。大石良英門人。安房殿家来。
172上　**大麦三百石**　四日条には大麦百三石とある。誤写か。
172下　**於絢**　村田龍吉郎の娘。龍吉郎は茂精にとって従兄弟の間柄。
173下　**御先手両組**　佐賀藩先鋒を務める先手組。鷹之助組と左馬助組の両組。
173下　**福地六郎右衛門**　佐賀藩手明鑓。切米九石、内二石書出。
174上　**吉村重四郎**　佐賀藩手明鑓。切米一五石。
174上　**岡月洲**　長崎の町絵師。長崎市出島史跡整備審議会編『出島図　その景観と変遷』（一九八七年）二六八頁、岡月洲『崎陽大浦真景図』の解説に「画面左下に、崎陽浦五嶋町寄大浦見真景図　耕月洲写　とあり、岡月洲は幕末から明治初年まで長崎に居住した町絵師でガラス絵なども描いたらしい（越中哲也氏談）」などと見える。あるいは月洲は浦五島町に居住し、その縁で浦五島町所在の深堀鍋島家屋敷と関係したものであろうか。
174下　**大里**　豊前・企救郡。小倉藩領。長崎街道の起点。現北九州市。
174下　**小笠原幸松丸**　小笠原貞孚。播磨安志藩（一万石）藩主。小倉藩藩主小笠原忠幹の子。小倉藩・小倉新田藩とともに出陣。
176上　**理解**　わけを話して聞かせること。説得。
177下　**矢利**　やきき。砲の向きや着弾が有効なこと。
177下　**神嶋兜崎**　神嶋は長崎港口の島、深堀領、兜崎は東南端の岬。神嶋には崎雲山上・同浜手・飛渡・四郎島・兜崎に佐賀藩の砲台を設置。
177下　**田ノ浦**　豊前・企救郡。小倉藩領。門司港の東側。現北九州市。
177下　**文司**　門司カ。
177下　**筑前萱屋**　筑前芦屋カ。
177下　**毛利大膳殿父子**　長州藩主毛利敬親（大膳大夫）と世子の元徳（長門守）。
178上　**接海**　摂海。摂津の海上。京大坂近海。
178下　**谷津勘四郎**　幕臣。御小人目付。
178下　**ミイーストル**　minister 公使。この時期、英国公使はパークス、仏国公使はロッシュ。
179上　**福寿禅寺**　福聚寺。北九州市小倉北区にある黄檗宗寺院。山号広寿山。小倉藩主小笠原家の菩提寺。この年のいわゆる小倉戦争の兵火を受けた。

179上 **足立村**　豊前・企救郡。小倉藩領。現北九州市。

179上 **植木駅**　長崎街道の宿駅。筑前・鞍手郡。福岡藩領。現直方市。

180上 **孔径**　口径。径、原文の文字は偏（彳）がなく圣のみ。

180上 **野戦台**　野戦砲台カ。

180上 **黒崎駅**　長崎街道の宿駅。筑前・遠賀郡。小倉藩領。現北九州市。

180上 **底井野**　筑前・遠賀郡。小倉藩領。唐津往還。現中間市。

180上 **芦屋町**　同郡。福岡藩領。現芦屋町。

180上 **若松**　同郡。福岡藩領。黒崎浦から海上一里。現北九州市若松区。

180上 **山鹿町**　同郡。福岡藩領。現芦屋町。

180上 **苅田村**　豊前・京都郡。小倉藩領。現苅田町。

180上 **尾倉村**　豊前・京都郡。小倉藩領。現苅田町。

180上 **大蔵村**　筑前・遠賀郡。福岡藩領。現北九州市。なお大蔵村の西に尾倉村（筑前遠賀郡、福岡藩領）がある。一方、豊前京都郡・小倉藩領の尾倉村近くには大蔵村は見当たらない。原文は尾倉村・大蔵村とも小倉領とする。比定地は確定しがたい。

180上 **中津**　豊前中津藩。奥平氏、一〇万石。

180上 **竹田津**　国東半島北端。豊後杵築藩領。現国東市。

180下 **小笠原閣老**　幕府老中小笠原長行。長州征討総督。

180下 **千人隊**　八王子千人同心。幕府直属の八王子近在郷士集団。千人隊のうち砲術方三〇〇人が小笠原長行に従って小倉口に転陣。

180下 **塚原但馬守**　塚原昌義。幕臣。大目付。

180下 **木下大内記**　木下利義。幕臣。大目付・軍艦奉行兼帯。

180下 **平山鎌二郎**　正しくは謙二郎。幕臣。目付。

180下 **溝口出羽守**　溝口徳之助。幕臣。目付。

181上 **楠原**　くすばる。豊前・企救郡。小倉藩領。現北九州市。

181上 **嶋村志津摩**　小倉藩家老。

181上 **渋多免立脇**　渋田見　新。小倉藩士。

181下 **小倉家老小宮何某**　小宮民部。小倉藩家老。

181下 **五頭公**　幕府派遣の老中以下五名を指すか。

181下 **笠松**　大里浦の小字。七月二七日長州軍が笠松付近に上陸した。七月四日条地図参照。

182上 **素絵図面**　そ えずめん。あらえず（麁絵図、粗絵図）。荒い絵図のこと。

182下　**戸田兵**　美濃大垣藩兵。
184下　**龍王寄会**　杵島郡深浦村龍王崎。有明海に面する。現白石町。龍王に深堀鍋島家の被官集団があった。
186下　**脇津**　深堀領御崎村脇津。現長崎市脇岬町。
186下　**長門**　多久茂族。親類同格家。多久領邑主。
187上　**一右之末〜**　この項、小物成所の懸合手紙には日付を欠く。
188上　**前山清一郎**　佐賀藩士。実名長定。切米二五石。戊辰戦争では新政府軍参謀。
188上　**両御内**　東西両御内。左馬助室富喜と祖母幹を指す。左馬助は出陣中だから両御内に祝儀の挨拶をした。
189上　**栄出**　はえだし。触れ達し。
191上　**香田村・山田村**　蓑原村の小村。
191下　**懸々**　かけがけしは心が何かに執着しているさま。
193下　**無地散丸**　散弾カ。
193下　**銅鉄間**　間は二つ以上のもののうちの範囲を表す。〜のうち。〜の中で。銅か鉄で。
193下　**蟾蜍丸**　せんじょがん。蟾蜍はヒキガエルのこと。丸薬。解毒・止痛・強心に効能ありとされる。
194下　**被官**　直接私的に主従関係を結んだ家来。

194下　**大串寄合**　小城郡。背振山地南部大串川流域に位置。現佐賀市。大串に深堀鍋島家の被官集団があった。
195下　**違格**　違却。困ること。難儀すること。
196上　**業前**　わざまえ。訓練。
197上　**御出馬之形勢**　七日条および一〇日条には「御出過之形勢」とある。
197下　**御隠居様**　佐賀藩前藩主鍋島直正。
198上　**杉谷雍助**　佐賀藩手明鑓。切米一一石五斗勤役中毎歳三石。蘭学寮頭。反射炉を築造。
200下　**原田様**　既出、原田大右衛門種賛。
200下　**原殿**　既出、原五郎左衛門。
200下　**浄忠様**　武雄鍋島茂順。茂精の祖母幹の父。法名岱叟浄忠。天保六年八月没。
201上　**見性院様**　鍋島主水家の始祖、茂里。慶長一五年八月没。法名見性院法山日妙居士。
201上　**自得院様**　白石鍋島直章。文久元年二月没。法名自得院殿可然日悠大居士。
201上　**文昌院様**　白石鍋島直喬。弘化四年一〇月没。法名文昌院殿道除日澄居士。
201上　**容光院様**　深堀鍋島茂辰嫡女絢。白石鍋島直喬に嫁す。嘉永二年五月没。

201上　長栄院様　諫早茂孫。慶応二年二月没。法名長栄院殿無敵高健大居士。

201上　文成軒様　須古鍋島茂真。慶応二年四月没。法名文成軒清陰大庇居士。

201下　宝光院　佐賀郡太田村（現佐賀市諸富町）の寺院。

201下　水ノ粉　水の子。盆の供物の一。茄子・南瓜・里芋などを賽の目に刻み、墓や盆棚に供える。

201下　維摩院様　深堀鍋島茂春男、出家して維摩院守玄大僧都。元禄一一年四月遷化。太田村宝光院に葬る。

202下　一筆致啓達候～　この木屋瀬から在所深堀に宛てた書状は七月九日付渡辺五郎右衛門宛書状に「当節別紙写之通来状」とある別紙写であろう。

204上　大串築切会寄　会寄は寄会の誤記。原文、会にレを付して寄会と読むべきことを示す。築切《ついきり》村は杵島郡。有明海に面する。本藩領。龍王に近い。現白石町。

205上　飾　しつらい。しつらえる。設置する。

205上　甲斐守　支藩蓮池藩主、鍋島直紀。

205上　欽八郎　支藩小城藩主、鍋島直虎。

205下　備中守　支藩鹿島藩主、鍋島直彬。

205下　背振・一谷・三瀬　背振山・一谷《いっこく》峠・三瀬《みつぜ》峠。背振山は佐賀・福岡の藩境をなす。なおこの箇所、三と外に符号を付すも不詳。原文写真。

206上　土山与助　佐賀藩手明鑓。父与右衛門は切米一三石五斗を給さる。

206上　取替　立替。一時用立てること。

207上　台子　台子番。

207下　差次　補佐役。次席。

207下　文右衛門　田代文右衛門。慶応三年一月二六日註をみよ。

211上　褒信院　深堀鍋島茂辰。左馬助の祖父。嘉永三年四月没。法名褒信院殿賢徳日量大神儀。

211上　恭法院　深堀鍋島の始祖茂賢。正保二年二月没。法名恭法院殿浄信日正大神儀。鍋島主水家の始祖茂里の弟。

212上　御両殿様　前藩主直正と現藩主直大。

212下　屋す美　魚名ヤスミ。有明海特産めなだ（ボラ科）。えびなご→えびな→あかめ→やすみ→なよしと成長する。

212下　魴　魚名。カガミタイ。

215上　一准　一順とも。一時。当分。一応。

215下　美那　深堀鍋島家家来医師・大串春園の次女。茂精娘千代らの産母。

216上　**部場**　はまりば。担当部署。部ははまる。佐賀方言。

216下　**難閣**　さしおきがたき。放置しがたい。

216下　**変地**　変化か。この件り二〇日条の一八日付書状には変化とある。

216下　**上分過夫**　藩（上）の分過夫。軍役規定を上回る（分過）夫役。

219上　**躯人数**　躯は、すくみ。佐賀方言。正味の人数。精確な人数。

219下　**呼子**　よぶこ。松浦郡。唐津藩領。現唐津市。

220上　**械器**　器械の誤記。原文、器にレの符号あり。

221上　**長江**　深堀の小字。永江。現二丁目。

221上　**格護米**　格護は扶持すること。扶養保護すること。入牢中の食事代カ。

221下　**楠久**　くすく。松浦郡。佐賀本藩領と小城藩領。現伊万里市。楠久津には佐賀藩御船蔵があった。

222下　**尖に**　せんに。先に。

222下　**蔀**　船の舷側に設ける波・しぶきよけ。

223下　**横尾道碩**　医師。嘉永六年一〇月内科免札。左馬助家来。

224上　**麦新ケ江村**　佐賀郡嘉瀬郷十五西分の小字。現佐賀市。

224上　**大立野村**　佐賀郡。本藩領。現東与賀町。

225上　**水町三省**　佐賀藩士。医師。父芸庵は物成五〇石。

228下　**一深海〻之〜**　原文この一ツ書きの途中「如是」以下から廿三日条「入込ニ被《シテ》」まで二丁にわたり乱丁がある。文章の途中なので修正して翻刻した。

229下　**百武作右衛門**　佐賀藩士。実名兼貞。物成八二石。京大坂聞番役。

231下　**春光院**　佐賀藩九代藩主斉直の娘珉子（猶姫）。伊予宇和島藩主伊達宗城室。慶応二年二月八日没。法名春光院殿靖台慈芳大姉。

231下　**美信**　狩野美信。江戸時代の画家（一七四七〜九七）。号洞春。

232上　**啓追**　追啓の誤記。原文、追字の右にレの符号あり。

232上　**ゆたん**　油単。箪笥長持などを覆う布。ふつう木綿地で作られ定紋や唐草などを染め出したもの。

232下　**一前条達帳御勝手方差廻候**　この項から二八日の記事か。原文二八日を欠く。

232下　**大楠村**　養父郡。本藩領。現鳥栖市。深堀弁次郎の給地がある。

233下　**心鏡院**　諫早茂喬の室民《みん》。九代藩主斉直の娘。

万延元年八月三日没。法名心鏡院殿光顔常輝大姉。

234上　七嶋　七島藺草で作ったむしろ。

235上　一筆致啓達候　この書状写は前の一ツ書につながるもの。乱丁でなく次条牧口剛平云々の記事が錯入。

御側日記　慶応三年丁卯正月ヨリ同四月マテ

（表紙）

慶応三年丁卯正月ヨリ
同四月マテ
御側日記
茂精公　二月廿四日ゟ御番為
御代　　御渡御在所
　　　　御下向　三月□□□（十二日カ）
　　　　御上着

慶応三年丁卯

正月元日

一　暁七ツ時比　御目覚、御外被遊
　御出候ニ付、御側中御礼申上、
　御歯堅・御若湯・御手洗餅差上、其末、
　御髪差上候事
一　御身仕舞之上、差上候、左之通
一　御手拭　　一　御年□
一　御立茶
一　御菓子　柿　蜜柑　一　御直礼
一　御煎茶　　一　御雑煮
一　右之通、御外ニ而被為
　済、明六ツ時比、御供揃ニ而
　御登　城被遊候、御行列左之通
一　御箱　壱　手男壱人
一　御鑓　藤山清太夫
一　御徒　上下着　多々良源内
一　御駕籠　陸尺四人
一　御小性　深堀琢磨
　　上下着　山本嘉平太
　　　　　　荒木□□□（文八郎カ）
　　さし次　古賀□□□（松一郎カ）
一　御草履　山口卯兵衛
一　御長柄傘　さし次　御仲間壱人
一　又小者　三平
一　合羽箱　手男壱人
〆

一　八ツ時比　御下城、直ニ三社御社参、各様方
御廻礼、七ツ時比被遊
御帰館候事、尤御道操左之通
　附リ三社白麻料六分ツヽ、御神納也
縫殿助様・長門様・伊豆様・鷹之助様・河内様
日峰社・八幡社・鳩森社・監物様・志摩様・安
芸様・誠吉郎様・若狭様・大炊助様・上総様・
豊前様
一　御帰館之上、於　御内
上々様御一同御祝御膳被為請、無間も御外御居
間　御出座、御側頭始御側中御匕医中被渡
御目、其末御広間　御出座、詰中一格々々被渡
御目候事
一　右之末、於御居間御日喜渡、御盞拝領被仰付
候、左之通

　御日喜渡
　　渡辺五郎右衛門
　　長渕菅右衛門
　　峯五太夫
　　深堀琢磨

　御盞拝領
　　田口亥介
　　山本□□□（嘉平太カ）
　　荒木□□□（文八郎カ）
　　横尾道□（碩カ）
　　江副豹七郎
　　田代幸之助
　　重松豊安

一　御上様・若担那様
御母堂様江御扇子御取受被為済候、尤歳暮同様
御目録也

同二日

一　朝御膳於御内　上々様御一同被為請、六ツ半
時比、御供揃ニ而御堂参、最前、善応庵被遊
御堂参候付、御小性之内ゟ少シ御先罷越、同寺
役僧申通、
松寿院様御牌前并御塔前□□□、夫ゟ高伝寺御
堂参、御位牌□□□（并御霊カ）屋々々御拝

礼、御帰懸、役僧を以、方丈江御祝詞被仰述、妙玉寺御堂参被遊候処、聖人御出迎申上　御入之上、直ニ御牌前并御霊屋々々御拝礼被遊候、左候而例之通リ御直礼、御雑煮等御上下共差上相成、聖人江も御盞被為拝領、四ツ半時比被遊御帰館候、御行列左之通

一　御箱　一　手男壱人
一　御鐙　藤山清太夫
一　御徒　上下着　多々良源内
一　御馬　口取　館宗一
一　御小性　山本嘉平太
荒木□□□(文八郎カ)
上下着　田口□□(亥介カ)
古賀松一郎
一　御草履　山口卯兵衛
一　御長柄傘　さし次　御仲間壱人
一　又小者　三平
一　合羽箱　手男壱人
〆

同三日

一　御初剃刀、田口亥介被相勤候事
一　五ツ時、御供揃ニ而、御一類・着座中并士与代御廻礼被遊候、御行列ニ日同様、惣而日勤着座中江も御廻礼被成来候得共、昨年始ゟ被相省候、尤御廻礼候向々左之通
多久縫殿殿・岡部杢之助殿・伊東外記殿士与代原田大右衛門様・坂部又右衛門殿・鍋□□□□
附リ　石井左近様当時長崎□□□御出無御座候事
一　外様御家来、於御広間一格々々被渡御目候事
一　御内外御附中・御匕医中従御上様被渡御目候事
一　御文学始・御弓馬始、当時節縮中ニ付、被相止候事

同四日
一　足軽　御目渡ニ付、五ツ前ゟ
御登　城、九ツ時比被遊
御帰館候事、御行列二日同様
一　御与内足軽為御目見罷□□□御与方ゟ申上相
成候付、直ニ御□□　御出座、先以、組頭中
江御挨拶被遊、御本席　御着座之上、足軽中名
披露相済候処ニ而何れも目出度与御言葉被下被
遊　御入候、奏者御用人渡辺五郎右衛門被相勤
候事
附リ足軽中ゟ御扇子献上之儀、当時節縮中ニ
付、無其儀候事
一　右之末、御向与足軽罷出候付、右同断
一　初御誕生日ニ候得共、御差延相成候事
同五日
一　御城初御寄会日ニ候得共、御外邪ニ而不被遊
御出仕候、依之請役所・御目附方江之御届左之
通
御名儀不快有之、今日御出仕不相叶候、此段御
達仕候、以上
　正月五日　使　――
一　覚養坊儀、
御目見与して罷出筈ニ候得共、不快有之、其儀
不相叶段達出候由、役所ゟ申上相成相成候事
一　大串寄会、龍王簗切御被官被渡
御目候事
一　東目村々役之者共、被渡
御目、奏者御納戸峰作之丞被相勤候事
一　深堀助太夫旧臘御暇帰宿之末、今朝上着、出
勤相成候事
一　御在所ゟ之初飛脚到着之□□□（由ニ而カ）
申上相成候、左ニ
　口達
九拾七歳　小ケ倉村百姓伊右太　母親

九拾壱歳　土井首村百姓初次郎　母親
九拾壱歳　香焼村西久保津右衛門被官
山下喜三郎　母親
九拾壱歳　深海村足軽館米作　祖母
九拾四歳　深海村百姓滝右衛門　母親
九拾歳　三江平百姓茂衛門　母親
九拾歳　大籠村熊常右衛門被官
西九郎兵衛　母親

右之者共、明卯長寿者ニ而御座候、此段御達
仕候、以上

熊□□□□(常右衛門カ)
野母観之允

猶以塩鰯五拾喉充弐苞ニシテ差上申上候、是
又宜預御披露候、以上

改年之御吉慶際限不可有御座、
御二方様益御機嫌能可被遊御超歳恐悦奉存候、
随而年始御祝儀為可申上如斯御座候、御序之
砌、宜預御披露候、恐惶謹言

正月三日　樋口作右衛門
田代五八郎
深堀猪之助
渡辺五郎右衛門様
長渕菅右衛門様

一　御家門様方初御寄会御仕与□□之伺、達
御聴候、左之通

伺手覚

此通り
明六日年始初御寄会御仕与、別紙之通被相整方
ニ可有御座、此段奉伺候、以上

正月五日

一　御茶
一　御菓子　柿　みかん
御銘々
一　御三方　土器　熨斗
一　御銚子　冷酒
一　御吸物　ひれ

御啓
一　御銚子
一　御重
一　御台盃
一　御取肴
一　御鉢　　差身
一　御鉢
　　御料理
　御膾　御汁
　御平　御飯
一　御湯
一　御菓子　丸ぼふろ
　　　　香砂香
〆
　御二方様
　御母堂様
　若担那様
　　河内様
　　若狭様

原田大右衛門様
藤山丈左衛門様
綾部三左衛門様
原田清一郎殿
石井豹三郎殿
綾部又吉郎殿
藤山庸太郎殿
藤山慶吉郎殿
岡部七之助殿
　於橘様
鍋嶋由太郎殿
　於繁様
　御□□□（子壱人カ）
　於□□（益様カ）
　御子弐人
右者、弐拾弐人様
一　銚子　一　重　一　茶漬四ツ組
右者、河内様・若狭様御供拾人女中三
人、都而拾三人分

以上

一　石橋屋敷ゟ左之通御廻達為持来候ニ付、則申上候事

別紙

仰出書附并吟味書差遣候条、御順達ニ而被成御覧候様可被差上候、以上

正月五日

渕井騂助様　　羽室雷助

高嶋猪七郎様

卯正月五日河内殿・御当役上□□（総殿カ）

御一覧

毎月

御城并評定所寄会之儀、式日を以相整来候得共、以来詮議事扨又究者無之節者不及夫、其段書延相成候様、被仰付之旨被

仰出候

卯正月五日河内殿・御当役上総殿御聞届、此通り

一　御城寄会評定所式日之儀、別紙之通被　仰出候付而者、以来評定所究者無之節者触状を以被相達、

御城寄会之儀者、五日廿一日ニ詮議もの持出相成候付、右両日ハ御出仕相成候様、尤両日之内詮議事無之節□□□

御城日勤無之御家老寺社□□□御蔵方頭人江被相触、

御城日勤之向々江者、別段被相触ニ及間敷哉

一　四日七日廿二日之儀者詮儀事有之節計、前条之向々被相触

御城日勤之向々江者被相触ニ及間敷哉

右旁御吟味之事

御順達

河内様

大炊助様

若狭様

龍吉郎様

安芸様

上総様
備前様
与兵衛様
乾一郎様
伊豆様
鷹之助様
孫四郎様
御名様
志摩様
大隅様
監物様
縫殿助様
以上

同六日

一　弘道館開講ニ候得共、御不例ニ而御出席不被遊候、尤同所御達ニ者不相及候事

一　御出仕不被遊候ニ付、請役所・御目附方江御不快之御届相成候事

一　妙玉寺并浄円寺使僧罷出候ニ付、御帳ニ而御礼被為　請候事

同七日

一　御不例ニ付、　御出仕不被遊候故、御不快之御届昨日同様也

一　鬼火ニ付、今暁御衣装あふり相廻候事

一　鬼豆御年数有之事

同八日

一　御不例ニ付、
御城江之御届昨日同様也、尤御快被為在候故、昼御飯後御月代等被遊候事

同九日

一　五ツ時比ゟ　御出仕、四ツ時被遊
御帰館候、惣而今日者
御上様　御母堂様御使者、偖又御家来惣代被渡
御目候ニ付、右御礼をも御出勤中被為済候事
一　荒木文八郎并副嶋大七差競候内用有之、帰宿
仕度願出相成、何れも願通被仰付、今昼汐ゟ被
罷下候事

同十日

一　五ツ時比ゟ　御出仕、四ツ時被遊
御帰館候事
一　請役所ゟ之御順達、石橋屋敷ゟ為持来候由ニ
而、役所ゟ差上相成被遊　御覧候、左之通
恒姫様御事
映姫様与御改名被成候様従
大殿様被仰進候
御親類・御同格・御家老中様
一　鷹之助様ゟ御使を以、明十一日御鎧祝被相整
候ニ付、御出被成候様御案内有之候段、役所ゟ
被申達候故、則達　御聴候処、明日被御差懸、
御不快之御姿ニ而御断御使差出候様被
仰出候故、其段同所相達置候事

同十一日

一　今日御鎧祝ニ付、五ツ前ゟ
御登城、昼四ツ時被遊
御帰館候、尤御上下被為召候付、御鑓壱本也、
余者例之通
一　御帰館懸於　殿中、上総様御在所ニ而猪狩被
相整候故、御出被成度御直約被遊候ニ付、来十
四日より　御越被遊旨御答被成置候、依之御旅
宿之義何れ之向そ御手当被下度、且御越ニ付而
者決而御構等不被下通、御相談之御使差出候様
被　仰出、助太夫被相勤候事
一　右之末、彼御家来御玄関被罷出、来十四日ゟ
御在所　御越ニ付、御旅宿之義脇本陣手当相整

義ニ御座候、就而者御供付差遣呉候様被申聞候段、役所ゟ被申達候故、後刻此御方ゟ持参可致被及返答候様相談候末、御供人数書左之通相認差遣候、惣而当節彼御在所猪狩御出ニ付而ハ御上下共御面倒可被為成、併御構等不被成下様御相談仕候、諸手当等之儀御旅宿江相対可遂相談積ニ御座候条、其御含被下度、猶又御申入相成候事

覚

一　御側頭壱人
一　御側三人
一　御医師壱人
一　御膳方壱人
一　御徒壱人
一　仲間壱人
一　馬取弐人
一　手男五人
一　小者壱人
一　馬三疋

以上

同十二日

一　五ツ前ゟ　御出仕、四ツ時被遊御帰館候事
一　褒信院様御命日ニ付、御代香深堀琢磨被相勤候事
一　武雄　御越ニ付、御勝手方へ御供付差出候、左之通

来十四日ゟ武雄
御越、十六日被遊
御帰館候、御供付左之通

一　御徒　多々良源内
一　御馬　口取　館宗一
一　騎馬御供　御側弐人
一　御草リ　山口卯兵衛
一　番馬取　藤山清太夫
一　御茶弁当　手男壱人

一　御膳方　　平納右衛門
一　御膳箱　　手男壱人
一　目籠　　手男壱人
一　御側頭　　渡辺五郎右衛門
従者壱人
一　御先番　　御側壱人

同十三日

一　朝五ツ時比御先番として深堀琢磨・山本嘉平太・御膳方其外一同出立之末、夕七ツ半時比、脇本陣着有之候

一　上総様御家来喜々津又六与申人被罷出、面談之義被申通候付、琢磨及応対候処、明朝御着馬何時比ニ可有御座哉、且又御供方御鉄炮御持越被成候哉、自然御不足も候半者無御用捨被仰聞候様与之儀ニ付、凡日出比御着馬之思召、且御供筒之儀も持越居候段、程能及挨拶候事

同十四日

一　暁七ツ時比ゟ　御出馬之末、明六ツ半時比脇本陣御着馬被遊候、騎馬御供渡辺五郎右衛門・深堀助太夫也

一　上総様御使川浪順次与申人被罷出、御着御見廻之御口上、且五ツ半時比御狩場御出被成候付、其思召ニ而御支度被遊度、惣而御時分之義御案内被差出旨申達、引取相成候付、則申上候事

一　右御使御挨拶并御土産塩鮟こふ一折五盃・御菓子壱箱被進候、御使山本嘉平太被相勤候事

一　御上下共御支度被為済、御供仕廻相整、御案内御待被為居候処、止之御案内として千綿左忠太被罷出候付、則御供廻ニ而被遊　御出候処、上総様ニ者御先御出相成居、勢子等も夫々配付相成居候付、

担那様御間伏之儀、左忠太御案内被申上御立込

被遊候、段々狩方被相始候処、猪壱疋追出候
故、御放発被遊候処、遠矢ニ而矢利少ク所々之
間伏ゟ数放相付ケ大分相脳(ママ)候を大隅様 御(ママ衍) 御間
伏ニ而御射留被成候、併初矢之儀ハ
担那様御矢付被遊候、御供五郎右衛門・助太
夫・嘉平太何れも放発有之候
一 御弁当之義、彼御屋敷ゟ御用意相成候付、御
持越不被成候様脇本陣亭主ゟ申達候付、御用心
迄御封箱御弁当御持越相成候、御供中昼喰之儀
旅宿ゟ仕出持越候通、手当相成候段、是又申達
叮嚀之仕与相整持越候事
一 御昼喰後、追返シ相成、猪壱疋追出候得共、
何れも放発無之、取レ不申候
一 鹿倉替、又々狩方被相始候処、
御間伏辺廻リ不申候得共、壱疋武雄御家来射留
相成候由、都合弐疋御獲有之、夕七ツ半時比、
御旅宿被遊
御帰座候事
一 御帰宿之上、上総様御茶屋被遊
御出、四ツ時比被遊 御帰座候事

同十五日

一 昨日御同様御上下共御支度被為済、御案内之
人御待被為居候処、追々被罷出候故、御狩場被
遊 御出、狩方相始候処、間伏々々江者出不
申、葉内ニ而都合六疋犬噛殺候由ニ而夕七ツ時
比御旅宿被遊
御帰座候事
一 御弁当・御供中弁当之義昨日同様也
一 御帰座之上、本陣へ上総様御出相成、
此御方・大隅様御響(ママ)応被成旨、御案内相成候
故、被遊御出、四ツ時比被遊
御帰座候事

同十六日

一 上総様ゟ御使を以、御射矢付之猪壱股并丸猪

壱疋御到来相成候付、右御挨拶偖又御狩方其外
江左之通御挨拶、御使深堀助太夫被相勤候事
一　御滞留中別而御面倒被為成候付、別段為御挨
拶、渡辺五郎右衛門御使被相勤、彼御用人面
談、口上被申達候事
一　金子千疋　　御狩方御役中
一　同百疋　　御先立衆中
一　同千疋　　勢子中
一　同百疋　　御湯元心遣人
一　同千疋　　御越方懸御役中
一　同千疋　　御旅宿茶料
一　同百疋　　右同下女江
　　以上
一　昼御飯後ゟ　御出馬之末、夕七ツ時比、益
御機嫌能被遊　御帰館候、騎馬御供五郎右衛
門・嘉平太也
一　琢磨・助太夫病所有之、入湯仕度御暇被申
上、滞留相成候事
一　役所ゟ之書上遂披露候、左之通

書上
一　昨十四日夜中請役所ゟ之御廻達偖又備前様ゟ
之御廻状、孫四郎様御方ゟ差廻来候、左之通
大殿様為御上京来ル廿二日ゟ
御発駕之儀、一先被遊
御延引之旨被
仰出候
　御親類・同格・御家老中江も可被相達候
一　従江戸之飛脚到着、旧臘九日寒中為御尋従
上様
和宮様
天璋院様、鯣壱箱ツ、被遊御拝領候段申来奉
恐悦候、依之明十五日
御城罷出、
上々様江右之御祝儀可申上与相談候
此段為可申達如斯御座候、以上
　正月十四日　　諫早備前
十（ママ一脱カ）五日昨夜御廻状且請役所ゟ触状之旨ニ依
御城江上々様御使者左之通相勤、御帳場御目附

嬉野弥平次殿相達置候
　担那様御使者　長渕菅右衛門
　御上様右同　堤壮右衛門
　御母堂様右同　永石権作
　以上
右廉々申上候、以上
　正月十六日
　書上
主上崩御ニ付、各様方則
御城御出仕、
御両殿様江御機嫌被相伺候様
一　同断ニ付、御女中様・御隠居様・御母儀様
方ゟ御使者被差出候様
右之通可被相達候、以上
　卯正月　請役所附四人
一　主上崩御ニ付、則ゟ左之通被仰付儀候
一　御領中御停止被仰付、謡乱舞高声鳴物作
事触売等相止、町家ハ店をとさし候事
一　御領中殺生禁断被仰付候事
一　御扶持人之儀者月額仕間敷事
右之通端々迄急々可被相達旨御当役御申
候、以上
　卯正月　請役所附四人
右之通、請役所ゟ被相達候付、此段申上候、
以上
　正月十六日　役所

同十七日

一　例刻ゟ　御出仕、昼四ツ時被遊
御帰館候事
一　御帰館之上、御獲之猪、河内様・若狭様・原
田大右衛門様江御文付ニシテ被進、御側役所銀方
詰中江も被為拝領候事

同十八日

一　例刻ゟ　御出仕、昼九ツ時被遊
御帰館候事

同十九日

一　前条同断

同廿日

一　今日御鎧祝之儀、御停止中ニ付、其義無御座候事

同廿一日

一　例刻ゟ　御出仕、昼九ツ時被遊
御帰館候事

一　役所ゟ之書上遂披露候、左之通

書上

主上崩御ニ付而最前被相触置候左之廉々来ル廿二日ゟ被差免儀ニ候

一　店戸を明商売いたし候事
一　触売之事
一　綿打之事
一　桶結之事
一　鍛冶細工之事
一　から臼踏之事
一　油〆之事
一　御領中殺生禁断之事
一　作事之事
一　御扶持人月額之事

右之通被仰出候条、此段筋々懇ニ可相達旨
御当役御申候、以上

卯正月　　請役所

右之通請役所ゟ被相達候付、此段申上候、
以上

正月廿一日　　役所

同廿二日
一　例刻ゟ御出仕、昼四ツ時被遊
　御帰館候事

同廿三日
一　前条同断

同廿四日
一　前条同断

同廿五日
一　前条同断
一　役所ゟ之伺、達　御聴候、左之通り
　　伺手覚
　来月二日
清了院様茂久公御姫御八歳御早世百五拾廻忌被為当候付而者、百
年御忌之節見合を以、左之通り御仏事被相整方
ニ者有御座間敷哉、此段奉伺候
此廉百年御忌之節者弐枚御寺納相成候得共、当
時壱枚被相減置候付
一　銀壱枚
　右者妙玉寺上リ切
此廉右同断之節者御寺納不相成候得共、当時御
寺納相成候付
一　同壱両
　右者
　御一家様御香典
　　以上
　　　卯正月廿五日

同廿六日
一　御出仕不被遊候付、御不快御届相成候事
　書上
自然出火之節、以来胴服裁付ニ而罷出候様、尤

御歩行以下ハ筒袖股引ニ而罷出候様被　仰付義候条、此段筋々可被相達候、以上
卯正月　　請役所附四人
右之通請役所ゟ被相達候付、此段申上候、以上
正月廿六日　　役所
一　昨夜御在所ゟ之飛脚到着之由ニ而役所ゟ之伺手覚、達
御聴、伺通被仰出候、左ニ
伺手覚
廉々伺通り
一　文右衛門儀内用有之日数御暇帰宿罷在候処、去ル十三日迄満日相成候得共、未用向相弁兼候由ニ而、今又向日数三拾日之御暇、別紙之通願出候、右者願通差免方ニ者有御座間敷哉
一　作右衛門儀、故宝蔵院流槍術藤井久兵衛殿へ入門稽古有之候処、昇達之旨を以、旧冬寒稽古済之上免許相伝有之候段、別紙之通リ達出候、右者自余見合御褒美之ため御上下壱具被為拝領方ニ者有御座間敷哉
一　同人儀一類相浦三兵衛御手当ニ付、用捨引入罷在候末、去ル廿九日被差免候付而者則佐嘉可罷登之処、内用有之、打追在宿罷在度、同晦日ゟ向日数廿日之御暇別紙之通願出候、右者願通差免方ニ者有御座間敷哉
一　福田村百姓八重吉与申者母親、当卯年九拾歳罷成候段、其筋ゟ別紙之通リ達出候、右者稀成長寿者ニ付被相祝、自余見合八木壱俵被為頂戴方ニ者有御座間敷哉
一　江口小平太儀直心影流剣術執心稽古有之居候処、当八日稽古始之節、五八郎ゟ目録相伝申渡相成候段、別紙之通文武方ゟ達出候、右者自余見合為御勧金子弐百疋被為拝領方ニ者有御座間敷哉
一　大久保大助儀去秋ゟも稽古方被仰付、草場瑳助殿塾寄宿、文武稽古罷在候得共、当時勢柄格別御勧之旨も御座候ニ付、御屋敷引取御火術方稽古重相部、役所見習相整度、別紙之通願出候、右者願通被仰付方ニ者有御座間敷哉
右廉々遂吟味、此段奉伺候、以上

卯正月

口達

一　明卯九拾歳　八重吉母親

福田村右書載之者儀稀成長寿之者ニ而御座

候、此段御達申上候、以上

寅十二月　横目　十蔵

庄屋　忠蔵

御代官御役所

同廿七日

一　御出仕不被遊ニ付、御不快御届也

同廿八日

一　朝御飯後ゟ御出仕、昼四ツ時被遊

御帰館候事

一　役所ゟ之伺、達　御聴候、左ニ

伺手覚

此通

深堀又太郎殿ゟ義絶院殿三拾三回忌今廿八日ゟ

明廿九日迄取越仏事被相整候段、別紙之通為御

知ニ付而ハ前方比竟待夜御野菜一折、当日御代

香、御一家様ゟ御仕成相成方ニ者有御座間敷

哉、此段奉伺候、以上

正月廿八日

同廿九日

一　例刻ゟ御出仕、昼四ツ時被遊

御帰館候事

卯二月朔日

一　当日之御祝儀御停止中ニ付、不被為　請候事

一　御出仕不被遊ニ付、請役所・御目附方へ御不

快之御届相成候事

同二日

一　五ツ時ゟ御出仕、昼九ツ時被遊
御帰館候事

一　役所ゟ之書上、達　御聴候、左之通り

書上

長渕管右衛門儀組筋御用之旨申来候ニ付、今晩
汐ゟ引払罷下候段申達候ニ付、此段申上候、以
上

二月二日

一　今夜九ツ時比、志摩様御病気之処、被及御太
節候段、彼御用人ゟ為御知手紙役所ゟ差上相成
候ニ付、則達　御聴候処、御容子御尋御使差出
候様、被　仰出候ニ付、役所相達置候事

同三日

一　志摩様御事、御太節之末御養生不被相叶、今
暁被成御死去候段、為御知手紙役所ゟ申上相成
候ニ付、則達　御聴、御弔伺御使其外役所より
夫々御取計相成候事

一　例刻ゟ御出仕、昼九ツ時被遊
御帰館候事

同四日

一　今日北山筋被遊　御道乗（ママ遠カ）候故、
御城江者御不快之御届相成候事

一　役所ゟ之書上達　御聴候、左之通り

書上

志摩殿病気之処死去ニ付、今三日一日御領中謡
乱舞鳴物等御停止被仰付候段、可被相達之処、
当時御停止中ニ付為存筋々可被相達候、以上

卯二月三日　　請役所附四人

右之通、昨夜中請役所ゟ被相達候付、此段申上
候、以上

二月四日　　役所

一　志摩様御凶変ニ付廉々及問合候末、為知来候
故、伺手覚を以伺相成、伺通被　仰出候、左ニ
伺手覚
此通リ
志摩様御死去ニ付、最前廉々問合置候末、別紙
之通為知来候ニ付、御入寺之節辻堅、御葬式之
節御代香等之御仕成相成方ニ者有御座間敷哉、
此段奉伺候、以上
二月四日
此方凶変ニ付御尋之廉々左ニ
一　法号
良忠院孝誉義道
一　出棺
四日暮六ツ時
一　寺
上佐嘉千布村浄円寺
一　道筋
表門ゟ中町八幡裏愛敬嶋通リ
一　葬式
九日午上刻
一　中陰
六日八日九日
右之通及御知候、以上
二月四日
渡辺五郎右衛門様　山崎内蔵進

同五日

一　例刻ゟ御仕出（マヽ）、四ツ時被遊　御帰館候事
一　永石権作御暇十五日、御膳方平納右衛門御暇
廿日願出相成、何れも願通被
仰付候事
一　昼御飯後ゟ御火術方被遊
御出席候事
一　為御願方、深堀蔵人今日上着有之候事

同六日

一　今日不被遊　御出仕ニ付、御暇日之内御届相

成候事
一 御在所ゟ之飛脚到着之由ニ而伺手覚差上相成候付、達　御聴候処、伺通被仰出候、左ニ
廉々伺通
一 御家来銃陣稽古偖又佐嘉御屋敷内塾取立方、御家来次男三男文武稽古ニ付、御当介筋・刀剣御仕与方等之儀、別紙吟味書之通被仰出方ニ者有御座間敷哉
伺手覚
一 佐嘉役所諸筋聞次其外御用繁之処、同所見習荒木文八郎御側被召成、猶更御無人ニ而御用差支候趣ニ付而者、江口小平太儀同所見習被仰付、御当介之義、御合力弐石塩噌飯米被差出方ニ者有御座間敷哉
一 猪之助与深堀禎太郎義為諸稽古佐嘉罷登度、日数御暇、五八郎与荒木丈之允儀病所有之武雄入湯仕度、日数御暇、銘々ゟ別紙書替を以願出、右者何れも願通被差免方ニ者有御座間敷哉
一 川副寿一郎儀、竹内流体術馬渡千三郎殿へ入門稽古罷在候処、旧臘体意相伝を請、偖又牧口常一郎儀直心影流剣術中嶋弥次兵衛殿ゟ切紙相伝を請候段申達候、右者何れも初相伝之義ニ付、自余見合、金子百疋充被為拝領方ニ者有御座間敷哉
右廉々遂吟味此段奉伺候、以上
卯二月三日
此通リ
伺手覚
猪之助与伊東五兵衛儀内用有之佐嘉罷登度、日数御暇、別紙之通書替を以願出候、右者願通被差免方ニ者有御座間敷哉、遂吟味此段奉伺候、以上
卯二月三日
一 昼御飯後ゟ御火術方被遊　御出席候事
同七日
一 例刻ゟ御出仕、昼九ツ時被遊御帰館候事
一 石井平学殿ゟ為伺　御機嫌御肴一折、手紙付

ニシテ為持来候ニ付、則遂披露候事

同八日

一　例刻ゟ御出仕、九ツ時被遊

御帰館候事

一　昼御飯後ゟ御火術方被遊

御出席候事

同九日

一　例刻ゟ御出仕、九ツ時被遊

御帰館候事

一　昼御飯後ゟ御火術方被遊

御出席候事

同十日

一　例刻ゟ御出仕、昼九ツ時被遊

御帰館候事

一　役所ゟ之伺手覚、偖又請役所ゟ之触状、書上

を以申上相成候ニ付、達　御聴候、左ニ

此通リ　伺手覚

重松清次殿儀長崎聞番被仰付候旨、御点合為申

候ニ付而者自余同様之節比竟、茶宇袴地并肴一

折為御歓可被差送哉ニ候得共、当時右袴地下リ

合も無之由ニ付而者羅紗羽織地ニ而も被差送方

ニ者有御座間敷哉、遂吟味此段奉伺候、以上

卯二月十日

書上

明十一日評定所式日ニ候得共、

主上崩御、御停止中ニ付、御判ニも不及由ニ

候、此段可被御申上候、以上

卯二月十日　宮嶋寿平

相良宗左衛門

山本伝左衛門

羽室雷助

右之通請役所ゟ被相達候ニ付、此段申上候、以

上

卯二月　役所

同十一日

一　御出仕不被遊ニ付、御不快之御届也

同十二日

一　御上様御事、為御入湯今日ゟ武雄被遊　御越候事

一　例刻ゟ御出仕、昼九ツ時被遊御帰館候事

一　褒信院様月次御命日大寛院様御待夜ニ付、御代香古賀松一郎被相勤候事

同十三日

一　御出仕不被遊ニ付、御暇日之内ゟ御届也

同十四日

一　例刻ゟ御出仕、昼九ツ時被遊御帰館候事

一　御番代ニ付大番頭相出会之儀、筑前ゟ不及夫ニ通御示談相成、御承知相成候ニ付而ハ、此御方御下向・御奉行所御勤之儀も御省略相成候段、先達而御番方ゟ演達之末、担那様御存寄之次第於請役所御吟味相成候処、筑前ニ不被御御拘合、御番代之節御奉行所為御勤被遊御下向候通、御吟味替相成候、右ニ付而者当月末比之御番代ニ而も可有之哉、総而最前御番方ゟ演達之次第者被御取戻之由、御退　城懸被　仰下候付、則役所相達置候事

同十五日

一　今日不被遊　御出仕ニ付、御暇日之内御届也
一　荒木文八郎儀御暇帰宿之末、今夜上着出勤有
之候事

同十六日

一　例刻ゟ御出仕、昼四ツ時被遊
御帰館候事
一　昨夜御在所ゟ之飛脚到着、伺手覚其外申上相
成候廉々左ニ

此通り

伺手覚

猪之助与多々良平太夫二男鉄之助を嫡子相立、
初而　御目見、偖又五八郎与田代同助初而　御
目見、猪之助組江口津右衛門并五八郎与志波原
八太夫痛所有之武雄入湯仕度日数御暇、同組中
小性山辺権蔵忰熊吉郎初而　御目見、いつれも
書替を以願出候、右ハ願之通被　仰付方ニ者有
御座間敷哉、遂吟味候

此通り

一　峯五太夫義、病所有之為養生日数御暇願帰宿
罷在候処、去ル五日迄満日相成候得共、快方不
仕ニ付、今又御暇別紙之通願出候、右者いつれ
之通可被仰付哉、右廉々奉伺候、以上

卯二月十三日

吟味書

館林社之儀、去ル弘化二年御内輪限り深海村氏
神四面宮江御合殿御勧請被仰付置候ニ付而者、
明辰五月　御遠忌御正当御祭式被仰付ニ而可有
御座処、御無位ニ而者如何敷ニ付、御神号被
仰請之道者有御座間敷哉、当社務福田直記ゟ別
紙手覚書を以願出候、右者格別之御尊霊様柄与
申、近年[redacted]高浜院様其外御尊霊様御仕成之
都合も有之候ニ付而者、当御半ニ者候得共、太
総之御納金も無之候得者御遠忌江被相対
御神号被仰請方ニ者有御座間敷哉、遂吟味候事

卯二月

書上

脇津御番所之儀今般

此御方御持ニ被仰付候段被相達候ニ付、去ル五
日御番人牟田口源吾ゟ請取之相済申候、此段申
上候、以上
　　卯二月十三日
一　片田江御屋敷妙燮院様廿五年　御忌御法事、
於本行寺来ル十九日ゟ廿日迄被相整候段、彼御
用人ゟ手紙を以為知来候由、役所ゟ申上相成候
付、則達
御耳候事
一　役所ゟ之伺手覚、達
御聴候、左ニ
　　伺手覚
此通り
河内様御方ゟ妙燮院様廿五年御忌御法事、来ル
十九日ゟ廿日迄御経営之旨為御知相成候付而
者、十七回御忌比竟、
御一家様ゟ御待夜御野菜一折被差送、御当日御
代香并白麻御寺納相成方ニ者有御座間敷哉、此
段奉伺候、以上
　　二月十六日

一　昼御飯後ゟ御火術方被遊
御出席候事

同十七日

一　例刻ゟ御出仕、昼四ツ時被遊
御帰館候事
一　追々御番代日限之儀筑前御申合、御　御治定
之日取申越相成候様、御番方ゟ宿継を以懸合越
相成候、返答未タ不相分候得共、伊東外記殿・
納富六郎左衛門殿より筑前聞番江問合相成候
処、いつれ[redacted]当月中ニ者御更代可相整旨ニ而、
其段御番方へ懸合来候ニ付而者、廿六七日之比
御更代可有之ニ付、来ル廿二日ゟ被遊御下向候
通、諸般手配仕候様、
御退城懸被　仰出候故、則役所申達、今日飛脚
立ゟ御在所江も申越相成候、路銀・小荷駄賃・
御乗船乞筈等役所ゟ夫々取計相成候様相談置候
事

一　明十八日弘道館御会試日ニ候得共、御停止中
ニ付被相止候段、受役所ゟ之触状書上を以役所
ゟ申上相成候ニ付、則遂披露候事
一　昼御飯後ゟ御火術方被遊
御出席候事
一　御勝手方相談人長渕萱右衛門代役、山本和忍
右衛門今日上着有之候事

同十八日

一　御上様御事、為入湯武雄
御越被為　居候得共、追々
御下向ニ付、明後廿日ニ者被遊
御帰館候様、昨日被　仰出候故、今朝ゟ飛脚差
立相成候事
一　役所ゟ之伺手覚、達
御聴候、左之通リ
此通リ　伺手覚
来ル十九日ゟ廿日迄長栄院様御一周忌御法事御
執行之旨、為御知ニ付而ハ従　御一家様御待夜
御野菜一折被差送、御当日御代香并白麻御寺納
相成方ニ者有御座間敷哉、此段奉伺候、以上
　二月十八日
一　例刻ゟ御出仕、昼四ツ被遊
御帰館候事

同十九日

一　例刻ゟ御出仕、昼四ツ時被遊
御帰館候事
一　御渡番ニ付、来廿二日ゟ被遊
御下向筈之処、
殿中御都合有之候故、被御差延、廿四日ゟ被遊
御下向旨、御退
城懸被　仰出候故、則役所相達、深海・御在所
江之懸合、六角継を以申越相成候事
一　主上崩御ニ付、御停止被仰付置候得共、廿日
ゟ被差免候段請役所ゟ被相達候段等書上を以申

上相成候事
一　片田江御屋敷ゟ御使を以、御野菜一折、御重之内、諫早御屋敷ゟ御使を以、御野菜一折御到来ニ付、則遂披露候事
一　深堀助太夫・山本嘉平太御火術方専業并稽古人中同所出席稽古被仰付ニ付、助役亘与成頭立候人々被召呼、今日参会被相整候事
一　昼御飯後ゟ御火術方被遊
御出席候事

同廿日

一　御出仕不被遊ニ付、御不快之御届也
一　先達ゟ相良寛蔵殿山荘江両三度御道乗被遊候処、御酒食等差上御響（ママ）応被申上候ニ付而者無何与難被閣、鰹節弐連・酒壱升為御挨拶被差送候、御使深堀琢磨被相勤候事
一　御上様御事、暮六ツ半時比
益御機嫌克被遊　御帰館候事

同廿一日

一　例刻ゟ御出仕、昼四ツ時被遊
御帰館候事

同廿二日

一　御出仕不被遊ニ付、御暇日之内御届相成候事
一　明後廿四日ゟ　御下向ニ付、左之通御願出相成候事
私儀追々御番為御渡、彼地可罷越之処、内輪用向有之候故、来ル廿四日ゟ引揚罷越度御座候条、支所無御座候半者其通被差免被下候様、御序之節宜御披露頼入存候、以上
卯二月廿二日　御名
鍋嶋上総殿
一　追々御下向御行列付役所差出候、左ニ
御渡番ニ付、来廿四日夕汐ゟ今津御出船被

遊　御下向候、御供付左之通リ
○印通切
一　今津御立宿御先番　○御側壱人
○従者　三平
一　御箱　壱　今津迄　手男壱人
一　御鑓　壱　○藤山清太夫
一　御徒　今津迄　差次壱人
一　御駕籠　右同　陸尺四人
一　御小性　○御側三人
右同　差次壱人
一　御草リ　○山口卯兵衛
一　御長柄　右同　御仲間壱人
一　御茶弁当　右同　手男壱人
一　又小者　○菊蔵
一　合羽箱　壱　右同　手男壱人
一　御提灯箱　壱　右同　手男壱人
一　御側頭　○渡辺五郎右衛門
○従者壱人
一　御医師　○横尾道碩
○従者壱人
〆
一　福田御船場ゟ御茶屋迄御拾被遊　御越候事
福田ゟ長崎迄
御馬乗御乗切、左之通
一　御馬　口取　舘惣平
一　騎馬御供　御側四人
一　番馬取　○吉野十吉
深海御仲間三人
一　御手鑓　一　藤山清太夫
一　沓箱　一　夫丸壱人
〆
若担那様今津迄
御行列左之通
一　御徒　今津迄　差次壱人
一　権門御駕籠　今津迄　陸尺四人
一　御小性　○田口亥助
○江副豹七郎
○田代幸之助

○田代平一郎
一御鑓　右同　御仲間壱人
一御草リ　右同　右同壱人
一又小者　右同壱人
一目籠　一　右同　手男壱人
〆
御同人様福田ゟ長崎迄
御行列左之通り
一御徒　深海　差次壱人
一御駕籠　福田村出夫　陸尺四人
一御小性　御側四人
一御鑓　壱　深海　御仲間壱人
一御箱　壱　右同　小道具壱人
一御草リ　山口卯兵衛
一御長柄　右同　御仲間壱人
一御茶弁当　小道具壱人
一又小者　菊蔵
一合羽箱　夫丸壱人
〆
一御医師　横尾道碩
同　従者壱人
一かご　夫丸三人
一薬籠　右同壱人
〆
一御納戸　○荒木文八郎
従者　三平
一御膳方御台所下役　○多々良源内
○手男　善太郎
○同　和十
一御荷物才領　○中尾卯兵衛
○御仲間壱人
一廿三日ゟ御馬四疋福田迄牽越　吉野十吉
福田迄　御仲間三人
一御着崎之上、直ニ御在所被遊
御越候事
一御在所御着館之上、御祝之御仕与偖又御供
中御酒拝領、跡方比竟手当相成候様
一御馬秣・馬盤等相備居候様

〆
一 御広間　壱人
一 御医師　壱人
一 台子番　壱人
長崎御出迎
一 御門番足軽　壱人
一 使番　壱人
右者　御着崎前出役、諸心遣相成候様
御船々
一 秀丸
一 葵使船
一 御馬船　壱艘
一 六丁立　壱艘
一 御荷物船
〆　右者　御着崎前長崎御屋敷相廻居候様
右之通、夫々御手当可被成候、以上
二月　御側
役所様
一 永石権作御暇願継・大久保大助帰宿御暇伺手

覚、達　御聴候処、伺通被
仰出候ニ付、端書を以、役所相達置候事
一 御馬之儀今朝ゟ四疋共福田迄牽下候事

同廿三日

一 例刻ゟ御出仕、昼四ツ時被遊　御帰館候、惣
而明日ゟ為御番代　御下向ニ付、御暇乞をも被
為　済候事

同廿四日

一 最前御治定之通リ今昼汐ゟ被遊
御下向候ニ付、先例之通御首途之
御祝、役所書出、御納戸引付ニシテ御仕与、跡方
比竟差上相成候事
一 右之末、九ツ半時比ゟ御行列最前手当之通ニ
而御乗駕被遊、今津御立宿、暫時御小休ニ而被
遊　御乗船候、此時御船場御見立御使者其外、

左之通
一　詰中御玄関前堪忍
一　若狭様御使者　池田八郎
一　鷹之助様右同　何某
　此人間ニ合不申、御乗船上断釣合也
一　鷹之助様御与扱　永田源之進殿
一　御自与組扱　武富平兵衛殿
一　御両与手明鑓　与代之人々
一　右同足軽　与代之人々
一　詰中惣代　高浜貫一郎
一　御上様
　御母堂様御使者　馬渡大蔵
以上
一　前断　御乗船之末、洋中
御乗出之処、南風強、波高ニ而、大分御難渋候
得共、地風ニ而御気遣之事ニ者無之、御本船ニ
者御供船挽船ニ《シテ》漕立、漸明六ツ時過比福田江
御着船ニ付、御仕与之通御拾ニ而被遊
御揚陸候処、同所御屋敷御門内へ在役多々良平
太夫を始、諫早・深海在役之御家来堪忍有之候
事
一　銀弐両　杉原包水引結片木居　御本船御船頭壱人
一　銀三両　右同　御本船舸子中
　尤風波強列ニ而致太儀ニ
　付、例ニ不相並御酒料被下
　候
一　銀壱両ツ、　御本船役者壱人
　八丁立弐艘右同弐人
一　金子百疋　八丁立弐艘[redacted]舸子中
　尤御本船舸子同様
一　金子百疋
　右者今津御立宿へ

同廿五日

一　御着館之上、天初院為伺御機嫌被罷上、御菓
子一箱、平太夫ゟミかん一居・生玉こ一鉢献上

相成候事

一　備前様ゟ御旅中御見舞御使北嶋一左衛門与申人被罷出候事

一　右之末、追々御家来惣代寺田団之進与申人被罷出、口上手覚左之通被申達候ニ付、其段申上、五郎右衛門面談相応之御挨拶申述候事

左馬助様益御安着、当御渡番ニ付、深堀被成御越候由承知仕、乍憚奉恐悦候、御機嫌為可相伺御用人方迄参上仕候

一　差付御支度ニ而

御発馬之御治定ニ付、御昼休相談之懸合其外、左之通

一筆致啓上候、左馬助儀当為御渡番深堀被相越儀ニ付、今廿五日貴寺へ昼休之儀致御相談候、此段為御相談如斯ニ御座候、留ル

二月廿五日　　荒木文八郎

教宗寺様

追而、本文自然御故障も御座候半者、乍御面倒外々ニ相応之向御手当被下度致御相談候、

以上

一筆致啓達候、担那様　若担那様最前御治定之通、昨廿四日昼汐厘外津　御乗船之処、海上逆風ニ而漸今朝六ツ半時比爰許御着館被遊候、依之差付御支度被遊御旅行義ニ候条、諸般申越置候通、夫々御手配可被成置与存候、此段為御懸合如斯御座候、恐惶謹言

二月廿五日　　渡辺五郎右衛門

峯為之允様

田代大九郎様

一筆致啓達候、担那様　若担那様其許　御出船之末、海上逆風ニ而候得共、格別御難渋も無御座、今朝六ツ半時比益御機嫌克爰許御着館被遊候、依之最前御治定之通リ差付御支度ニ而御旅行被遊義ニ候条、右之通リ上々様へ可被仰上候、此段為可申越如斯御座候、留ル

二月廿五日　　渡辺五郎右衛門

峯弥次右衛門様

深堀蔵人様

追而、其許　御乗船之節、今津へ若狭様ゟ御見立御使者、爰許へ　備前様ゟ御旅中御見廻御使者并御家来惣代被差出候間、右之御挨拶御使被差出候通り御取計可被成候、以上

一　御支度済之上、若担那様四ツ時比より被遊御発駕、追々御見合ニ而担那様ニも御出馬之処、貝津辺ゟ雨降出シ漸々強雨ニ相成、御上下共大ニ御難渋ニ而、矢上御着之処、若担那様ニも御一同御着ニ付、同所教宗寺障ニ付、糸荷屋御昼休、其末暮前長崎御屋敷御着館之処、御門内田代大九郎・山口弥平次・御屋代篠原久太夫堪忍有之、御出迎ニ者峯五太夫・深町元道被罷在候、御船々とも夫々相揃居候ニ付、則御乗船、風雨も相止、夜五ツ時比益御機嫌克被遊　御着館、差付御祝之御仕与被為請、御同伴藤山丈左衛門様・松永惣兵衛殿ニも御同様、於　御居間御仕与被差出、御供中ニも例之通、重・鉢ニ而御酒拝領頂戴有之候事

一　前断御着館、御裏波止ゟ御船揚ニ付、御裏御門内へ峯為之允堪忍、御出迎深町元仙被罷在候、猪之助殿儀も追々伺　御機嫌上　館ニ付、其段申上候事

同廿六日

一　今朝飯後、猪之助殿・峯為之允・田代大九郎為伺　御機嫌、上館ニ付、其段申上候事

一　峯五太夫ゟ兎壱疋御内々献上ニ付、遂披露候事

一　明後廿八日長崎可被遊御越、其節石井左近様・聞番差次納富六郎左衛門殿偖又伊東外記殿当時出崎中ニ付、五嶋町御屋敷可被相招旨ニ付、今日ゟ御使被差出置通、役所相達置候事

一　御下着為御伺、渡辺善太夫殿参上有之候事
一　永渕嘉兵衛殿・原口重蔵殿御下着為御伺、菓子一箱手紙付ニ《シテ》差上来候ニ付、則遂披露候事
一　当役所ゟ之書上左ニ
　　書上
一　去ル十六日高浜村　三浦社恒例御祭ニ付、御代参峯為之允相勤、白麻御神納相成候、右御備御円鏡御初穂差上申候
一　右御尊霊　高浜院様六百五拾年御忌、当廿三日ゟ同廿九日迄高浜村於正瑞寺法要相営候段達出候ニ付、一昨廿四日御代香田代大九郎相勤、御香典御寺納相成候
右廉々申上候、以上
　　二月廿六日

同廿七日

一　役所ゟ（ママ江カ）之懸合手紙、左之通リ
河内様御頼品代金凡三拾両、上総様・与兵衛様ゟ同断凡金弐拾両〆金五拾両いつれ之筋ゟそ一先為替出方相成候様、倘又御手許御調物代金三拾両御手許方より出方差上相成候様、被仰出候間、其御取計可被成候、此段為御懸合如斯御座候、以上
　　二月廿七日　御側
　　役所様
　　御手許方様
一　役所ゟ之伺、達　御聞候処、何れも伺通被仰付旨ニ付、其段端書を以、役所相達置候事
此通り
　　伺手覚
作右衛門組緒方治作儀当年十八歳罷成候処、去春比ゟ胃病相煩、様々療養手を尽候得共、薬験無之、急快之程難計旨医師ゟ茂申聞候、就而者乍残念隠居仕、家督之儀者、五八郎組江口十兵衛二男収蔵当年弐拾六歳罷成、治作為ニ者従弟半之縁柄ニ付、養子相続為仕度、内証双方申談、委細別紙之通リ願出候、右者願通被　仰付方ニ者有御座間敷哉、遂吟味此段奉伺候、以上

二月廿七日

伺手覚

一　猪之助組田代大九郎忰亥六・作右衛門与寺崎大助・同組浅右衛門忰武吉郎儀、初而　御目見并前髪取之儀別紙之通、書替を以願出候

一　作右衛門組福嶋貞一儀為文武稽古佐嘉罷登度、別紙之御暇願出候

右者いつれも願通リ被仰付方ニ者（ママ有御座間敷哉脱カ）遂吟味此段奉伺候、以上

卯二月

一　峯為之允ゟ御内々御菓子・御肴献上相成候ニ付、遂披露候事

一　明後廿九日ゟ脇津御越ニ付、御供附役所差出候、左之通り

脇津御越御供附

御二方様

藤山丈左衛門様

松永宗円殿

御供

渡辺五郎右衛門
深堀琢磨
深堀助太夫
荒木文八郎
志波原八太夫
古賀松一郎
田口亥助
江副豹七郎
田代平一郎
田代幸之助

御医師　横尾道碩

御徒　多々良源内

御仲間　山口卯兵衛
　　　　藤山清太夫

又小者　三平
　　　　菊蔵

五郎右衛門従者　与四兵衛

道碩従者　儀才

御膳方　平納右衛門

手男　善太郎
同　和十
一　御乗船
一　御供船
一　御台所船
右之通リ明廿八日脇津御越、古里迄御船中、
同所御一宿、翌日漁船ニ而為石御通、同所法
性寺　御小休、其末蚊焼ゟ御乗船之御仕与ニ
付、其御含ニ而夫々御手当可被成候、以上
二月廿七日　御側
当役所様
一　左之品々御用ニ付、役所江懸合候事
一　鉛弐斤
一　合薬壱斤
一　火縄三方
右之品々御遊様御用相成候条、御手当可被成
候、以上
二月廿七日　御側
役所様
一　御仲間宮田利助・山田五兵衛扱又手男徳右衛
門・徳兵衛引払ニ付佐嘉申越候、左ニ
一筆致啓達候、
担那様・若担那様去ル廿五日朝福田御着之次
第、最前申越置候、然末同所差附御出馬之処、
貝津辺ゟ雨天相成、御上下共些与御難混（ママ渋カ）ニ候得
共、暮前長崎御着、同所ゟ之海上者到而静ニ
而、夜五ツ時比益御機嫌克被遊
御着館、恐悦御同意ニ奉存候、右之趣
上々様可被仰上候、此段為可申越如斯御座候、
留ル
二月廿七日　渡辺五郎右衛門
峯弥次右衛門様
深堀蔵人様
追而、御番代之期限いまた不相決由ニ候得
共、来月四日五日比ニ而も可有之与之都合御
座候、惣而御口上書之義、期限相決次第被相
渡旨ニ付、御下迄御請取相成居不申候間、到
其期其筋へ御才促仕向相成候通御取計可被成

候、以上
一　役所より之書上、左之通
　書上
深堀理右衛門組御徒梅原奥右衛門儀、当年五拾五歳罷成候処、忰又兵衛去寅七月致病死、男女子共無之ニ付、同与小川末吉養弟作助儀当年弐拾弐歳罷成候を養子嫡子ニ仕、右又兵衛後家へ嫁娵、御奉公相続為仕度、内証双方申談、委細組筋を以願出候ニ付、其通当役承届置申候、以上
　二月廿七日
一　昼九ツ時比ゟ幸天社御社参、其末菩提寺御堂参之処、於同寺
御上下ヘシツホク等差上相成、緩々御滞座ニ而夕七ツ半時比御帰　館被遊候事
一　嘉平太代役志波原八太夫今日ゟ出勤有之候事
同廿八日
一　脇津御越ニ付、役所ゟ廉々伺、左之通
　手覚
一　観音寺
御入懸、観音堂　御参詣可被遊哉
附リ　御参詣之節住持罷出、御開帳誦経可被相整哉
一　書院
御入之上、御茶等差上可申事
一　同所ニ而御昼喰差上可申事
一　御立之末、後浜辺御遊覧、西教寺御入之事
一　御止宿所同寺之事
一　翌晦日朝御飯後、御船中ゟ脇津地開之場所等　御巡見、尤　御乗船之場所偖又御開築所御揚陸之儀者、於彼地可相伺候事
一　右被相済、直ニ為石御通船被遊度事
一　同村法性寺ニ而　御昼喰差上相成候事
一　右ニ付而者脇津ゟ為石津江之御船中御弁当相及間敷哉
一　明日雨天之節、日送リ　御越可被遊哉

一　在役田代大九郎儀、先達而御崎罷越、観音寺裏門外御出迎申上、始終御付添可申上事
右之通、奉伺候、以上
役所
一　今朝五ツ時比
御出崎、御供附、左之通
一　御徒　多々良源内
中尾利三郎
一　御小性　両御側八人
一　御草リ　山口卯兵衛
館宗一
一　御鑓　藤山清太夫
一　又小者　〔三平
〔菊蔵
一　御側頭　渡辺五郎右衛門
従者由兵衛
一　御医師　横尾道碩
従者儀哉
一　御納戸　荒木文八郎

一　御膳方　平納右衛門
手男壱人
〆
一　御目附方　壱人
一　御広間　壱人
一　台子番　御徒壱人
一　御門番　足軽壱人
一　使番　壱人
〆
御船々
一　秀丸
一　葵使船
一　六丁立壱艘
御膳方渡リ
一　三丁立漁船壱艘
〆
右之通、明廿八日朝六ツ時釣合候様、夫々御手当可被成候、以上
御側

役所様
一　四ツ時比　御着崎被遊候ニ付、伊東外記殿其
外為御知相成候処、いつれも追々参上、御用意
之御提鈴御啓相成、御番代日取等聞番殿ゟ問合
之次第申上相成、八ツ時引取相成候末、筑前屋
代ゟ平石常十郎迄申聞候者、来三日四日五日間
ニ者御更代可相整積之由、同人罷出申達候由、
役所ゟ申上相成候、尤参上之人々左ニ
　石井左近殿
　伊東外記殿
　永渕嘉兵衛殿
　原口重蔵殿
　納富六郎左衛門殿
一　八ツ時比ゟ御出船、夕七ツ半時比益御機嫌能
被遊　御帰館候事
一　伊東外記殿ゟ御菓子壱箱進上相成候付、則遂
披露候事
一　ボートイム江御容体為御見、
殿様矢上被遊　御越旨、外記殿より申上相成候
付、御先例等者無御座候得共、伺
御機嫌御使者被差出方ニ可有御座被
思召上候付、役所相達御使者被差出候、手覚左
之通
　手覚
殿様益御安泰可被遊御座、恐悦御儀奉存候、今
般矢上御越之趣承知仕候ニ付、御内々為可奉伺
御機嫌、御年寄方迄差上使者候
　御名使者　小川右源太
一　役所ゟ之伺手覚、達
御聴候処、伺通被　仰出候、左ニ
此通り　伺手覚
峯為之允産穢引入、別紙之通申達候、右者御無
人御用繁之御半、被差免方ニ有御座間敷（ママ哉脱カ）、此
段奉伺候、以上
　卯二月廿八日

同廿九日

一　今日ゟ脇津被遊　御越筈ニ候得共、風雨ニ而
一先御見合被遊候、尤晴立次第ニ者明後朔日迄
日送ニシテ被遊　御越旨、被　仰出故、其段役所
相達、在役田代大九郎江懸合相成候事

同晦日　雨天

一　御番代済之上ハ直ニ被遊
御登候故、御土産物手当御納戸へ相達置候、左
之通
硝子蓋物　御東
粕亭以羅三斤　御西
右同　河内様
海めん
煮取　上総様
粕亭以羅三斤　鷹之助様
蘭体弐枚　原田大右衛門様
右同　於繁様
右同　於橘様
右同　於益様
右同　相原丈之進殿
右同　小森清左衛門殿
右同　武富平兵衛殿
和布葉
海めん　藤山丈左衛門様
右同　松永宗円殿
〆
外ニ
一　和布葉
一　青さ
右之通御土産用御手当可被成候、以上
二月　御側
御納戸様

卯三月朔日

一　諸御礼被為　請候、左之通り

御扇子　養子差遣候御礼
御肴　猪之助
御扇子　初而　御目見并前髪取御礼
御肴　多々良鉄之助
御扇子　養子差遣候御礼
御肴　江口十兵衛
御扇子　初而　御目見并前髪取御礼
御肴　田代亥六
御扇子　緒方治作隠居代御礼
向井喜助
御扇子　初而　御目見跡式之御礼
御樽肴　原岡善次
御扇子　養子差遣候御礼
御肴　大久保大助
御扇子　初而　御目見并前髪取家督
御樽肴　御礼
寺崎大助
御扇子　初而　御目見并前髪取御礼
御肴　永石力太郎
御扇子　初而　御目見并前髪取跡式
御樽肴　御礼
小西亀一郎
御扇子　養子差遣候御礼
御肴　長渕浅右衛門
御扇子　初而　御目見并前髪取御礼
御肴　長渕武太郎
御扇子　再勤被　仰付候御礼
御樽肴　中小性　香田久米蔵
御扇子　帰参被　仰付候御礼
御樽肴　中小性　宇都宮右太夫
御扇子　初而　御目見
中小性扱　小川文栄
御扇子　跡式御礼
御肴　御徒　江嶋利平
御扇子　帰参被　仰付候御礼
御肴　御徒　荒木儀一
以上

一　四ツ時比ゟ異人館為御見物御出崎、藤山様・松永殿・原口重蔵殿御同伴、岸川才吉御案内申上、大浦小間物店其外　御入、御調物等被遊候末、ガラブル部屋被遊　御入、為御土産鴛鴦一番・多久葉烟草七把被下候、同人不快之由ニ而

御饗応等御断申上候得共、御酒抔差上候、其末暮比被遊　御帰館候、強雨ニ而御上下共余程御難混（ママ渋カ）也

一　助太夫代役江口尉九今日出勤有之、御内々御肴一折献上被申上候付、遂披露候事

同二日

一　助太夫儀御暇願通被差免候、左ニ

願通リ

伺手覚

深堀助太夫儀無拠内用有之、今二日ゟ向日数十五日之御暇、別紙之通リ願出候、右者いつれ之通可被仰付哉、此段奉伺候、以上

卯三月二日

同三日

一　当日之御祝儀ニ付、御側頭渡辺五郎右衛門ゟ伺相成候者、於佐嘉ニ被為請　御礼候節者脇差相用御礼申上候得共、御在所之儀不相用御礼申上来候ニ付而ハ、佐嘉同様ニ以来被　仰付方ニ者有御座間敷哉、伺相成候処、其通被　仰出候ニ付、脇さし相用、一格々々被為請

御礼候事

同四日

一　佐嘉ゟ之飛脚到着、御年寄衆ゟ之御文箱并連署其外、役所ゟ差上相成、被遊

御披見候、左之通、御請札之儀跡方比竟取計相成候様役所相達置候

書上

只今佐嘉ゟ之飛脚到着、御年寄衆ゟ之御文箱相達候付、連署之侭差上之、此段申上候、以上

三月四日

一筆致啓達候、其表御番代之儀、松平美濃守殿より御番所為請取御家来其許被差越候付、参着候者御引渡相成候様被御申付度旨御同人ゟ御飛

脚札を以、被御申述候、依之右之段能勢大隅守
殿・徳永石見守殿江以御口上被仰達候付、右御
口上書差越候条、御勤可被成候、此段為可相達
如斯御座候、恐惶謹言

二月晦日　井上丈左衛門
原田小四郎
納富右膳

鍋嶋左馬助様

弥御堅固被成御在勤珍重存候、然者長崎表当御
番所松平美濃守殿被相勤候付、御番為請取家来
被差遣候間、引渡候様可申付旨、飛札を以被申
述候、依之為御番渡私申付遣候、美濃守殿家来
当地参着候者御番所并御石火矢・大筒等引渡候
様申付候、此段私を以申達候

右者弐紙御到来

一筆致啓達候、御拵御刀漸昨晦日夜中迄ニ出来
立相納候付、跡付入込ニ《シテ》差越申候、此段為可
申越如斯御座候、恐惶謹言

三月朔日　深堀蔵人
賢一　判

渡辺五郎右衛門様

書上

一　旧臘十一日寒中為御尋従
上様
大御前様へ鯣壱箱被遊
御拝領候由

一　同十一日為歳暮之御祝儀従
上様・静寛院宮様・
天璋院様干鯛壱箱・白銀拾枚被遊
御拝領候由

一　同廿三日同断ニ付、従
御同人様方
大御前様へ干鯛壱箱被遊
御拝領候由

右旁之趣、江戸ゟ申来候、依之向朔日各様方
御城御出
上々様へ右之御祝儀被御申上候様、
将又御女中様・御母儀様方ゟ御使者被差出候

様与有之候、此段可被御申上候、以上
　卯二月晦日　　請役所
右之通請役所ゟ被相達候ニ付、此段申上候、
以上
　二月晦日　　役所
旧臘廿三日
御名代被為
召候付、伊達若狭守様
御登　城候処、
昭徳院様御遺物
御脇差一腰御拝領
被遊候
一　寺崎一太義胃病相煩、危篤之体罷成候ニ付、
道広被　仰付方ニ者有御座間敷哉、役所ゟ之伺
手覚、達
御聴候処、伺通被仰出候故、端書を以、役所相
達候、左ニ
此通り　伺手覚
作右衛門組寺崎一太儀、先般隠居牢人被　仰
付、遠在引取罷在候処、地行胃病相煩居、養生
相加候得共、薬験無御座、到近比、只様病勢差
募、最早危篤之体罷成候段、忰大助ゟ別紙之通
達出候、右者御手当柄一階御赦免之御沙汰等未
夕汐早ク有之候得共、書面之趣ニ而ハ迚茂快覆
之期有之間敷相見候付、格別之　御仁恵を以、
存命中道広被　仰付方ニ者有御座間敷哉、遂吟
味此段奉伺候、以上
　卯三月四日
一　右之末養生不相叶相果候段、書上を以申上相
成候ニ付、達　御聴候、左ニ
　書上
作右衛門組隠居牢人寺崎一太儀、地行胃病相煩
居、養生相加候得共、到近比、只様病勢差募、
最早危篤之体罷成候段者最前申上置候、然末養
生不相叶今四日相果候付、忰大助其外ゟ忌引入
候段別紙之通申達候付、都而書付四紙差上之、
此段申上候、以上
　卯三月四日

同五日

一　役所ゟ之伺、達　御聴候処、伺通被　仰出候、左之通

此通り　伺手覚

向井喜助・田代観五儀類忌引入罷在候処、御用差支候付而者忌被　差免方ニ者有之間敷（ママ、哉脱カ）、遂吟味此段奉伺候、以上

卯三月五日

此通り

猪之助組中小性山口嘉藤次悴直吉義、当年廿壱歳罷成候付、初而御目見之儀別紙書替を以願出候、右者願之通被仰付方ニ者有之間敷（ママ、哉脱カ）、遂吟味此段奉伺候、以上

一　相浦三兵衛儀先般隠居遠在蟄居被　仰付置候処、遠在蟄居被差免候付而ハ家督之儀悴平八郎へ被　仰付方ニ者有之間敷哉、遂吟味此段奉伺候、以上

卯三月五日

一　御番代期限為聞繕、小川右源太出崎、聞番方被罷出候処、今五日ゟ番手人数蒸気船乗与、国許出帆之積ニ付、七日八日比者御更代可被相整旨、筑前聞役より沙汰有之由被申聞候段被申達候故、則飛脚差立佐嘉・深海江之懸合、左之通

一筆致啓達候、当御番代之儀最前之御都合与者致相違、是迄御延引之処、昨四日筑前聞役ゟ納富六郎左衛門殿通達相成候者、今五日ゟ番手之者蒸気船ニ而国許出船之日割ニ付、来ル八日比致御請取ニ而可有之与申聞候由、就而者右御番代済之上者　御下向之通、諫早ゟ御船中御二方様共被遊　御登儀ニ候条、同所ゟ之御乗船早速相廻候通、其筋可被相達候、勿論期限相決次第重而可申越候得共、先以為御懸合如斯御座候、留ル

三月五日　田代大九郎
峯為之丞

渡辺五郎右衛門

峯弥次右衛門様

深堀蔵人様

一筆致啓達候、御番代之儀是迄御延引之末、来ル八日比ニ而可有之御都合ニ付、於其期相決次第重而可申越候間、其含ニ而諸般　御(ママ衍)　御手配被成置、其元より御供船之儀其筋御示談被成度存候、

御乗船之義当節佐嘉表より相廻候様申越儀ニ候、此段先以御含迄如斯御座候、留ル

三月五日　渡辺

多々良平太夫様

同六日

一　佐嘉より之飛脚到着、長坊(ママ)解兵御書付仕向来候由ニ而書上を以申上相成候ニ付、則申上、御本書之義役所差返置候

書上

佐嘉ゟ之飛脚到着、別紙之通リ申来候付、連署共差上之、此段申上候、以上

卯三月六日　松平肥前守江

従

御所被　仰出候趣茂有之候付、長坊(ママ)討手暫時兵事見合相成候処、此度

御国表ニ付、一同解兵可致旨被

仰出候間、可被得其意候

正月

付紙

正月廿三日於京都板倉伊賀守殿ゟ御(ママ衍)　御渡相成候御書付一

一　副嶋左源太殿為御伺昨夕より被罷出居候付、今日香焼円福寺江御道伴被遊候事

同七日

一　深町太平太ゟ御内々御肴一折ほら三献献上申

上度、為持来候付、遂披露候事
一　左源太殿朝飯後ゟ長崎被罷帰候故、小役船手
当差遣候事
一　峯五太夫病気ニ付、御暇願継伺手覚達　御聴
候処、願通被　仰出候、左ニ
　伺手覚
峯五太夫義病所有之、日数御暇ニ而養生罷在候
得共、未全快不仕候ニ付、今又今六（ママ）日ゟ向日数
三十日之御暇、別紙之通願出候、依之右書付差
上之、奉伺候、以上
　三月七日
一　江口十兵衛妻出産ニ付、産穢引入之義達出候
由ニ而書上を以申上相成候付、則達　御聴候事
一　四ツ時比ゟ被遊御乗廻、為石村法性寺江御立
寄被遊候処、隠居和尚御饗（ママ）応被申上、且又同所
在住之御家来川副勢兵衛其外ゟ御内々鶏御に
〆・御差身・御取肴等献上、御供中江も色々饗（ママ）
応有之候末、夕七ツ半過比　御二方様御同伴之
人々ニも被遊　御帰館候事

一　今夜九ツ時比御番方永渕嘉兵衛殿被罷出、御
面談之義被相願候故、則申上、於御吟味所被遊
御面談候処、筑前蒸気船今夕七ツ時比入湊、番
手ニも差揃相成候付、来十日御更代可被相整
旨、彼聞役ゟ沙汰之由、右ニ付而ハ諸般同日更
代之手配可相整被相伺、其通リ御差図被遊、引
取相成候事

同八日

一　御更代御日取相決候付而ハ今日昼御飯後ゟ長
崎被遊　御渡海、明九日御奉行所被
遊　御勤旨被　仰出候故、右御行列并
御上佐嘉御供とも一同役所差出候、左之通
御番御渡ニ付御奉行所御勤御行列、左之通[redacted]
一　御屋代　　　　篠原久太夫
一　御鑓　　　　　藤山清太夫
　　　さし次　〇御仲間壱人
一　御徒　　　　　〇平真作

○差次壱人
一 御駕籠　○陸尺六人
一 御小性　御側四人
○差次弐人
一 御草履　山口卯兵衛
一 御長柄　御仲間　○差次壱人
一 御箱　一　小道具壱人
一 又小者　三平
舸子引揚今壱人
一 合羽箱　二　舸子引揚
脇さし差弐人
一 御行列下心遣　○御徒壱人
〆
一 御側頭　渡辺五郎右衛門
従者壱人
一 御医師　横尾道碩
従者壱人
一 御納戸　荒木文八郎
一 御台所　壱人

一 御膳方　平納右衛門
御徒　多々良源内
手男弐人
一 手許目附　壱人
一 御広間　壱人
一 台子番　壱人
一 御門番　足軽弐人
一 使番　壱人
御船々
一 秀丸
一 葵使船
一 赤塗六丁立　弐艘
一 御馬船　壱艘
御台所渡り
一 五丁立　壱艘
一 御荷物船
〆
右之通、今晩飯後長崎釣合候様、御手当可被成
候、以上

三月八日
御側
長崎ゟ福田迄御供付　○印通切
一　番馬取　○吉野十吉
但シ十日晩長崎牽越
一　騎馬御供　○御側四人
一　御馬　口取　○館宗一
但シ十日晩長崎牽越
諫早迄差次
御仲間三人
一　御手鑓　○藤山清太夫
一　沓箱　平夫壱人
〆
一　御同伴　藤山丈左衛門様
松永宗円殿
若旦那様長崎ゟ福田迄御供付、左之通
一　御徒　諫早迄　差次壱人
一　御駕籠　右同　陸尺四人
一　御小性　○御側弐人
○御相手弐人

一　御鑓　さし次　御仲間壱人
一　御箱　諫早迄　小道具壱人
一　御長柄　さし次右同　御仲間壱人
一　御茶弁当　平夫壱人
一　合羽箱　右同壱人
〆
一　御側頭　○渡辺五郎右衛門
○従者壱人
一　御医師　○横尾道碩
○従者壱人
一　御納戸　○荒木文八郎
○従者三平
佐嘉迄
一　手許目附　壱人
一　御膳方　○多々良源内
○手男　善太郎
○同　和十
一　御荷物才領　○平真作
差次　○高比良可右衛門

〆
○山口卯兵衛

右之通、十日晩飯後長崎　御屋敷釣合候様、御手当可被成候、以上

三月八日　　御側

役所様

一　御荷物仕廻等相整候付、昼九ツ半時比御裏波戸ゟ　御乗船、御門前峯為之丞堪忍被申上候、八ツ時半比被遊御着崎候付、直ニ聞番方為御知相成候事

同九日

一　御供立等昨夜釣合相揃居候付、聞役手代納富六郎左衛門殿御同道、立山能勢大隅守様・西御役所徳永石見守様御方御勤、御口上被仰達、惣而美濃守様　御（ママ衍）御番人当所参着候付、明十日更代相整候条、明後十一日ゟ引払罷登候段、御暇乞迄、御自分御口上一同御用人迄被仰述候処、御面談、相応之御挨拶御座候由

一　右御勤済之上、御内外仰上等、御番方記ニ委細有之候故略ス

一　右ニ付、跡方比竟御仕届之向々、左之通り

杉原包水引結節のし付
一　拾丁懸蝋五斤ツ、　聞役手代
納富六郎左衛門殿
深堀在番

杉原包片木居
一　金子百疋　郡目附壱人
右同
一　同弐百疋ツ、　御屋代三人
右同
一　同百疋　納戸壱人
杉原包水引結片木居
一　銀五両　聞番小性中
右同

一　同壱両ツ、　秀丸番舸子壱人
　　　　　　　葵使船右同壱人
　　　　　　　六丁立右同壱人
御目録付
一　同七両　　御屋代　篠原久太夫
一　矢上継所江人馬呼越、当節役所ゟ為持遣候便ニ而御昼休所相談懸合、左ニ
以手紙申越候、来ル十一日爰元出立、諫早被相越候付、昼休之義致御相談候、自然差支等有之候ハヽ、糸荷屋相休候通、御通達致御頼候、以上
　三月九日　　深堀
　矢上継所　　荒木文八郎
　　久米助殿

同十日

一　今日御番所并御台場々々御引渡相済候届、且筑前御番人応対之名書其外、御番方ゟ申上相成候廉々　御内外仰上、其外御番方記ニ有リ、略ス
一　昼御飯後ゟ大浦アメリカ　部屋江副嶋左源太殿御案内被申上御入被遊候処、御饗応申上、二丁込袖筒・帯〆・直田織様之類色々差上候、其末　部屋　御入、夜五ツ時比被遊　御帰館候事

同十一日

一　御仕廻方等相整候付、六ツ半時比ゟ御先ニ若担那様被遊
御発駕、御供御行列付之通ニシテ御旅行、
担那様ニ茂追々被遊
御出馬、矢上御昼休所諸国屋江四ツ半時比御着、暫時御休之末、被遊
御立、八ツ時比福田御茶屋被遊
御着候事
一　明十二日　御乗船之御積候得共、御荷物等着揃相成、殊ニ汐間宜敷候故、今夜汐ゟ被遊　御乗船可然御都合ニ付、則其手配相整、暮六ツ時

比　御乗込被遊御出船候、御出着共、在役多々
良平太夫、諫早深海在住之御家来御門内堪忍中
上候事
一　中小性山口嘉藤次忰初而
御目見御礼被為　請候事

同十二日

一　右之末、追々御船行之処、海上別而平和ニ而
御二方様共益御機嫌能、厘外二股被遊
御着船候、御共立等も間ニ合不申ニ付、御忍御
拾ヒニ而朝五ツ時比　御着館也
一　右ニ付、御祝之御仕与
上々様御一同於　御内被為　請候事
一　御側其外江御着之御届、跡方比竟役所より取
計相成候事
一　御船々御船頭其外拝領銀、左之通
一　銀弐両
右者御本船御船頭
一　同壱両ツ、
右者付船八丁立役者弐人

同十三日

一　朝五ツ時比ゟ為伺
御機嫌、御登　城、昼四ツ時被遊
御帰館候事
一　昼御飯後ゟ
日峯社御祭ニ付、為　御見物、片田江御屋敷御
出之末、夕七ツ時比被遊綾部一郎左衛門殿宅被
遊　御出、夜五ツ時比
御帰館也
一　御母堂様御始河内様其外様江之御土産、最前
御納戸手当之通被差進候事
一　日峯大明神様御祭ニ付、請役所ゟ達帳役所ゟ
申上相成候付、達
御聴候、左之通
今度

日峯大明神様弐百五拾年御祭被為済候御祝ニ付
而、御家来江御樽肴被為頂戴儀ニ候、右御目録
来ル十九日朝五ツ時頭立候御家来　御城罷出御
側釣合、頂戴仕候人者即日
御年寄中宅罷出御礼被申上候様、且又右頂戴之
上、左之通
一　日峯大明神様弐百五拾年御祭被為済候御祝
　ニ付、進上物左之通
殿様
一　干鯛　一折　拾枚舫
大殿様
一　同　一折　七枚舫
鷹之助様
孫四郎様
御名様
監物様
縫殿助様
殿様
一　同　一折　五枚舫
大殿様
一　同　一折　三枚舫
御名様
監物様
縫殿助様
御内方様
殿様
一　同　一折　三枚舫
大殿様
一　同　一折　弐枚舫
御名様
監物様
縫殿助様
御母儀様
右御進物之儀来十四日被差上候条、御一格ゟ一
人充御使者被差出、御進物方へ釣合可被相勤
候、尤右御進物之儀品物相備ニ不及、一紙目録
ニ而御披露相済儀ニ候条、料銀之儀ハ追而役筋

可被相納旨ニ候
右之通可被御申上候、以上
　　請役所附四人
今度
日峯様弐百五拾年御祭被為済候御祝ニ付、御酒
頂戴等相済候上御礼左之通
一　御三家御家来頂戴相済候上、御目附方へ
　銘々御礼申上候事
一　御親類・御同格・御家老中様御家来頂戴相
　済候上、御年寄中江宅へ罷出御礼申上候事
一　御家老中様御自身御側江御礼可被　仰上候
　事
　　但御当病等之御方ハ先以御側御断、御使
　　者被仰上、御病気相整候上、御側江御礼
　　被仰上候様、尤他方被相越居候御方ハ御
　　状を以御礼之事
　　卯三月　　請役所附四人
来十四日・十六日・十九日
日峯様弐百五拾年御祭被為済候
御祝有之候条、右三ケ日
御城御出仕之御方様ハ麻上下御着用被成候様与
有之候、此段可被御申上候、以上
　卯三月　　請役所附四人
一　御年寄衆ゟ之御奉札御到来、被遊
御披見候、左之通、尤御請札之義跡方比竟差出
相成候様相達置候事
今度
日峯大明神様二百五拾年御祭被為済候御祝被成
御整候付、被渡
御目、御酒偖又御盃、且於御勝手御料理被為頂
戴候条、明十四日六半時御登
城候様、此段可相達由、
上意御座候、以上
　三月十三日　　納富右膳
鍋嶋左馬助様　　原田小四郎
　　　　　　井上丈左衛門

同十四日

一　今日御登　城被遊筈ニ候得共、其儀無御座候故、御側江之御届左之通、尤請役所・御目附方江者例之通御不快之御届也

　　手覚

今度
日峯大明神様弐百五拾年御祭被為済候御祝ニ付、被渡
御目、御酒偖又御盃、且於御勝手御料理被為頂戴候旨ニ付、左馬助儀今十四日登
城可仕之処、不快有之、其義不相叶候、此段御達仕候、以上

　　卯三月十四日　　御名内

　　　　渡辺五郎右衛門

一　御着為御歓、河内様・若狭（ママ様脱カ）ゟ御使を以、御肴一折ツ、御到来ニ付、則遂披露候事

同十五日

一　今日御出仕不被遊ニ付、例之通請役所・御目附方御届相成候事

同十六日

一　例刻ゟ　御出仕、昼四ツ時被遊
御帰館候事

一　御祭御祝ニ付、御与内侍・手明鑓中御酒頂戴ニ付、御礼之義御側江被仰上候由

同十七日

一　例刻ゟ　御出仕、昼四ツ時被遊
御帰館候事

一　御内御小性峯伝太夫儀、帰宿御暇日数廿日願出、其通被差免候事

同十八日

一　弘道館御会試日ニ付、五ツ時ゟ御出席、昼四ツ時比被遊　御帰館候事

一　昼御飯後ゟ御火術方被遊　御出席候事

同十九日

一　例刻ゟ　御出仕、昼四ツ時被遊御帰館候事

一　御祭御祝ニ付、御与内足軽中江御酒肴被為頂戴候御礼、且御家来江同断被為頂戴候御礼、御口上ニ而御側江被　仰上候、尤足軽中御礼之義左之通御手覚を以被　仰上候事

日峯大明神様弐百五拾年御祭被為済候御祝ニ付、私与内足軽江御酒肴被為頂戴、難有奉存候、右御礼申上候

右者大半切認之事

一　足軽中三組充御酒頂戴ニ付、御広間御出座、五郎右衛門ゟ何某殿組足軽々々与呼出候上御達被遊御入、頂戴相済候上、又々　御出座、最前之通御達被遊候、右者一同頂戴可仕之処、多人数ニ而御間内並切不申候付、弐座仕切相成候事

一　藤山丈左衛門様ゟ御一統様御案内相成候付、為御手土産、御肴一折・御酒壱陶三升入被差進、昼九ツ前ゟ御出、夜五ツ時比被遊御帰館候、尤獅子舞等被遊御覧候故、御手元より金壱両被差出候事

同廿日

一　例刻ゟ　御出仕、昼九ツ時被遊御帰館候事

同廿一日

一　例刻ゟ　御出仕、昼九ツ時被遊

御帰館候事

同廿二日

一　前条同断

同廿三日

一　前条同断

同廿四日

一　前条同断

同廿五日

一　前条同断

同廿六日

一　役所ゟ之伺手覚、達

御聴候処、いつれも願通被仰出候、左ニ

此通り

伺手覚

堤壮右衛門儀内用有之帰宿仕度、日数廿日之御暇別紙之通願出候、右者（ママ願脱カ）通被　仰付方ニ者有御座間敷哉、遂吟味此段奉伺候、以上

三月廿六日

此通り

伺手覚

深堀琢磨儀内用有之帰宿仕度、日数御暇別紙之通願出候、右者いつれ之通可被仰付哉、此段奉伺候、以上

三月廿六日

一　先般御在所御下向之砌、異人館御出之処、色々御饗応申上候ニ付、左之通被下候事

手覚

先般御在所　御下向之節、副嶋左源太殿御同伴ニ而異人館御出之処、ハリマンス所ニ而色々御饗応申上、袖筒其外数品献上も仕候ニ付、右為

御挨拶、御文書御囲之内料紙箱壱・御文箱壱偖又御手許御持合之植木体壱被下之旨ニ付、当節致御渡候間、峯為之丞・田代大九郎江被仰達、其筋相達候通御取計可被成候、以上

三月廿六日　渡辺五郎右衛門

深堀琢磨殿

同廿七日

一　今日敷山社御祭ニ付、御城江之御届左ニ

――　儀今日

敷山社御祭ニ付社参仕義ニ付、出仕不相叶候、此段御達仕候、以上

三月廿七日　使　古賀松一郎

一　今朝五ツ時比

御出馬之末、御立宿御着、御上下御着用ニ而敷山社御参詣、御行列左之通

一　御徒　平真作

一　御小性　深堀助太夫

　　荒木文八郎

　　志波原八太夫

一　御鑓　館宗一

一　御草リ　藤山清太夫

右御社参被為済、御立宿御小休被遊候処、御茶并御菓子等差上相成候事

一　右之末、昼九ツ時比被遊御帰館候事

附リ騎馬御供右三人

一　金百疋

右者御立宿何某被下候也

一　同五拾疋

右者御徒平真作を以御先ニ被差越、御立宿何某宅御相談相成居候処、御寄リ無之、併シ御入之積ニ而勿論掃除方其外相整居趣ニ而無何与被差置かたくニ付、本行之通被下候也

同廿八日　晴天

一　例刻ゟ　御出仕、昼四ツ時被遊

御帰館候事

同廿九日　雨天

一　例刻ゟ　御出仕、昼九ツ時被遊

御帰館候事

書上

峯利兵衛儀内用有之、嘉瀬罷越候処、於用先散々相煩、引取不任所存、然処病苦敷故、其旨御達仕儀も失念罷在候由ニ而別紙之通引入用捨仕候段達出候

一　前断用捨引入相成候義、御法茂有之義ニ候得共、壱人役之義ニ而反的御用差支候ニ付、用捨差免方ニ者有御座間敷哉、此旨奉伺候、以上

三月廿九日

四月朔日

一　例刻ゟ　御出仕、四ツ時被遊

御帰館候事、御側古賀松一郎・志波原八太夫、御徒以下例之通

書上

来三日於

二御丸、

文粛夫人様御忌祭ニ付、御奠式朝五ツ時被相整、右御忌祭相済候上、差付御勤之各様方半袴御着用、御奠幣なく御上香被仰付候条、其御心得ニ而御出被成候様可被御申上候、以上

卯四月朔日　宮嶋寿平

相良宗左衛門

山本伝左衛門

羽室雷助

右之通、請役所ゟ被相達候ニ付、此段申上候、以上

四月朔日

書上

大隅様御事、御跡式御礼首尾能被相済候段為御吹聴御式台御出有之候、此段申上候、以上

同二日　晴天

一　例刻ゟ　御出仕、四ツ時被遊
御帰館候事、御供古賀松一郎・志波原八太夫・御徒峯嘉次郎、御仲間其外例之通り

一　御広敷御用ニ付、江口小平太被罷出候処、関千左衛門殿ゟ被相達候者、先達而御老女始御在所被罷下候節御自分方ゟ御仕成何御雑作ニ被罷成候由ニ而、
上様ゟ右之為御挨拶　担那様江者小倉織御袴地壱本・山焼砵弐、極御内々被為　拝領候段、尤御礼被仰上義者素ゟ極御内々之訳ニ而御年寄江之御礼ニ者不被相及、矢張私迄被仰候通、旁千左衛門殿ゟ演達相成候由

一　右ニ付、其砌懸リ役々江も金子被為拝領候段、持帰相成、入　上覧候事

一　先達而久保田御茶屋被遊
御出候処、色々御雑作御取持被成候ニ付、右為御挨拶、若狭様御夫婦様江三斤入御菓子壱箱、御内外御附中江金子千疋、御使を以被差進候事

一　右之御使志波原八太夫被相勤候事

同三日

一　於二御丸、
文粛夫人様御忌祭
御名代被遊　御勤候通り、頃日御当役様より御直達之由ニ而、朝六ツ半時比御供揃ニ而御出仕被遊候、御行列当時別而御改格中ニ付、左之通り

一　御徒　　峯嘉次郎

一　御側　御出仕之節　江口尉九・志波原八太夫
　　　　　御帰館之節　荒木文八郎・古賀松一郎

一　御草リ　　藤山清太夫
一　御鐙　　差次　御仲間壱人
一　又小者　　三平
〆
一　前断御手数振之儀者先規御覚之通リ被遊旨、
被　仰出候事
一　前断ニ付、
殿様御上香被為済候上、差附御名代被為済御上
香候上、則御登　城相成、四ツ時比被遊　御帰
館候事

同四日

一　今日御登　城不遊候ニ付、請役所并御目附方
江之御達、左ニ
――――儀不快有之、今日出仕不相叶候
此段御達仕候、以上
――――　使　古賀松一郎
一　前辺ゟ石田利兵衛殿多布施御出被下候様御直
約相成候由ニ而、今朝多布施御越可被成旨被仰
出候ニ付、為御案内江口尉九被罷出候処、昨日
来客ニ而川狩相成候処、漁事無之、節角被為御
存立候筋ニ而御楽ミ不相成候通ニ而ハ気之毒奉
存候付、来ル十二日十三日間御出被下間敷哉之
段挨拶有之、尤御漁事之有無ニ不相拘、御所替
且又被懸御出候半者少も差支之儀無之段被申聞
候、追々　担那様　若担那様ニ茂御騎馬ニ而御
同伴御出被成候事
一　御二方様御供、左之通
騎馬　荒木文八郎
　　　志波原八太夫
江口尉九
田口亥介
江副豹七郎
田代幸之助
御仲間　藤山清太夫
　　　　差次壱人
御馬取　館宗一

又小者　三平
目籠　手男　和十
一　右之末追々御仕廻方被為済候ニ付、為御案内石田利兵衛殿被罷出、川御漁被遊候、御得物大分有之、石田殿宅被為居候処、御上下共色々御饗応被申上候末、夕八ツ半時比益御機嫌克被遊御帰館候事

同五日

一　例刻ゟ御出仕、九ツ時被遊御帰館候事
一　頃日御在所ゟ到来海栗御両殿様江献上有之候付、御奉書左ニ
大殿様江為御機嫌御伺、以御使者海栗壱壷被差上之候、遂披露候処、御喜悦之御事ニ候、此段可相達由
上意御座候、以上
四月五日　井上丈左衛門
原田小四郎
納富右膳
御名様
一　福満寺制札役所ゟ差上相成候付、遂披露其筋相達候事
一　御在所ゟ飛脚到着、役所ゟ差上相成候付遂披露、其筋相達候廉々左之通リ
書上
今昼汐月次飛脚船着岸、御在所ゟ申来候廉々連署之侭差上之、此段申上候、以上
四月五日
一筆致啓達候、弥御堅固被成御勤珍重御事ニ御座候、然者為御見舞以御使者海栗一器被懸御意、不浅忝次第御座候、右御礼報為可申述如斯御座候、恐惶謹言
高木作右衛門
忠知　判
御名様
書上

華岳院様御年忌御法事之儀、深堀菩提寺・深海村天初院ニ而同日御修行相成候通ニ而ハ被御差支候付、天初院ニ者前年御取越ニ而御修行相成来候前例ニ御座候ニ付、明辰五月廻忌相当候由ニ而、仏事相整候段、彼召使ゟ達出候ニ付、跡方比竟　上使被差出候ニ付、此段申上候、以上

卯四月三日

伺手覚

一　作右衛門組深町又右衛門儀当年六拾四歳罷成、最早及老衰御奉公申上候体無御座ニ付、隠居仕、家督之儀忰運八当年弐拾四歳罷成候間、不相替相続被仰付被下度、作右衛門副達を以別紙之通願出候、右者願之通リ被仰付方ニ者有御座間敷哉、遂吟味候ニ付、此段奉伺候、以上

卯四月三日

伺手覚

松永十右衛門儀無調法有之、役方被差迦、永蟄居去寅十月廿八日被仰渡置候、然処今般日峯大明神様弐百五拾年御祭ニ付、軽罪之者被差免候様請役所ゟ被相達候ニ付而ハ右御手当被差免方ニ者有御座間敷哉、遂吟味此段奉伺候、以上

卯四月三日

御状致拝見候、今般日峰大明神様弐百五拾年御忌御祭ニ付、御祝之御酒被為拝領旨別紙之通リ請役所ゟ達帳を以被相達候ニ付、去ル十九日堤壮右衛門　御城罷出、御目録之通御年寄衆ゟ御引渡有之候旨、壮右衛門引取申達候、依之右御樽肴之内御樽壱・鱈壱折当節差越候条、爰元御家来中頂戴相成候通リ可取計旨、左候而其許御家来中之儀者同廿五日頂戴相成候通御側被相伺被御取計候由、委細之趣致承知候、此段為御答如斯御座候、恐惶謹言

四月三日　　田代五八郎

賢驍　判

渡辺五郎右衛門様

一筆致啓達候、

華岳院様御年忌ニ付、御法事御修行之儀明三月
御経営被相整度段、別紙之通リ天初院ゟ達出相
成、御吟味之処、相達候通被仰付方ニ者（ママ）可有之
被相決、別紙書上壱紙差越候条、可被仰上旨候
一　松永十右衛門儀御手当之処、今度
日峯大明神様御年祭ニ付、請役所ゟ被相達候
次第茂有之候ニ付、被差免方ニ者有之間敷
哉、御吟味別紙伺書壱差越候条、被相伺、
御下知之否可被仰越旨候
一　深堀助太夫・山本嘉平太銃陣伝習被　仰付
候付、其許詰木屋且御当介振リ別紙を以願出
相成、御吟味之処、付紙通被　仰付義ニ候
条、右人々可被仰達旨候
一　五八郎殿先祖浄泰殿年廻達出ニ付、上使
等之御仕成跡方比竟取計候ニ付、右書上壱本
差越候条、可被御申上候
一　作右衛門殿組深町又右衛門隠居願壱括伺書
相副差越候条、被相伺、
御下知之否可被仰越候
一　高木作右衛門殿ゟ之御状壱本差越候条、御
側可被差上候
右廉々為可申越如斯御座候、恐惶謹言
四月三日　　多々良平太夫
峯為之丞
峯弥次右衛門
渡辺五郎右衛門様
御追書致拝見候、今般
日峰大明神様御年祭済ニ付、御祝之御酒被為
拝領候ニ付、右之委細御頭人被仰越、御樽肴
被差越、無別条相達申候、此段為御答如斯御
座候、其外御再答致文略候、以上
四月三日　平太夫
為之丞
弥次右衛門
五郎右衛門様
致追啓候、先般爰許
御下向之節、副嶋左源太殿御同伴ニ而異人館御
出、ハリマンス所ニ而色々御饗応申上、其末袖

筒其外数品献上も仕候ニ付、右為御挨拶、御文書御囲之内料紙箱壱・御文箱壱偖又御手許御持合之植木砵一被下候旨ニ付、夫々取計候様、深堀琢磨含下手覚之委細致承知候、明後五日山口弥平次出崎相成、岸川才一郎同道、異人館品々持越相成筈ニ御座候、左候而琢磨江御含相成居候御側御調入物、急成品々之由ニ候得共、同人儀着懸ゟ家内病人ニ而未出崎出来兼、当便迄間ニ合不申候間、程能御側被仰上置度存候、以上

四月三日　平太夫

為之丞

弥次右衛門

五郎右衛門様

口達

天初様御忌日御法事之義、菩提寺・当寺同日ニ御修行相成候而者御支所有御座哉ニ而、是迄之御先例、当寺ニ者一ケ年御取越御修行相成来候趣御座候、依之当弐百五拾年御忌之儀も明辰之五月御修行可相成、然処茶堂再建方之儀従御上御助力并御声懸勧化等ニ而御蔭ニ建家ニ者相成候得共、当時節柄諸色日増ニ高価ニ相成、勧化体者存懸寄兼、彼是ニ而同普請之義不捌有之、爰切気請ニ相心得、普請方懸り役々其外江も厚及讃談候得共、最早取納時、差向職人夫方等之手当十分不行届、迚も御法事前成就相叶間敷奉存候、茶堂右之次第ニ而ハ　御尊霊様柄之御法事御経営方万端差支可申与甚案痛罷在義ニ御座候、就而者近来略々敷恐多難奉願儀御座候得共、右御経営之義御正当御忌日菩提寺同様ニ者御支所も可有御座ニ付、明三月御忌日ニ被差延被下度、只管奉願候、於然者茶堂普請之義も成就、万端無差支御法事首尾能可相整与奉存候条、支所無御座候半者何卒願之通被差免被下候様、筋々宜敷御相達可被下儀深重頼入存候、以上

卯三月　天初院

一　万部御祈祷御執行ニ付而役所ゟ書上相成候廉々左之通

一　四月四日請役所ゟ之達帳写
今度万部御祈祷御執行ニ付、
一　来十一日御開闢同廿四日御結願ニ付而両日共御領中殺生禁断被　仰付候事
一　右両日共
御本丸
二御丸
三御丸罷出候面々上下共精進仕候様、且忌穢食穢之人不罷出候様与有之候事
一　科人格別御赦免被仰付旨ニ付而者御家中自分ニ科被申付置候者被差免候事
一　来ル廿五日侍・手明鑓偖又御親類・御同格・御家老之家来侍通迄万部嶋参詣被仰付候事
一　同廿六日御徒以下御扶持人偖又御親類・御同格・御家老之家来侍通以下并諸津諸町之男迄右同断
一　同廿八日昼迄之内、侍・手明鑓偖又御親類・御同格・御家老之家来侍通迄之妻娘右同断
一　同日昼以後、御徒以下御扶持人偖又御親類・御同格・御家老之家来侍通以下之妻娘并諸郷諸津諸町之女迄右同断
一　右参詣之節銘々御札頂戴被　仰付候事
一　参詣之節、会所西濡御門内塀中門ゟ罷通、帰りニ者東御門外南角仮橋ゟ罷通候事
一　女参詣之節ハ右濡御門限リ、男之義ハ供之者たり共一向不罷通候様、尤懐子之義ハ不苦、供之者ハ右仮橋外差廻置候事
但濡御門限乗物并笠無用之事
一　遠在之者ハ日割通参詣不相叶向者、男女共来ル廿九日ゟ五月廿日迄参詣被差免候条、片田江御用屋敷内道ゟ罷通リ社人江得案内候様、尤御札被下義ニ候事
右之通被仰付候条、端々迄懇ニ可被相達候、以上
四月四日　羽室雷助
山本伝左衛門

相良宗左衛門
宮嶋寿平
今度万部御祈祷御執行ニ付、
一　来ル十一日御開闢同廿四日御結願ニ付
而、両日共各様方麻上下御着用ニ而御登
城御堪忍被成候様、尤御拝礼被成候事
一　右両日共御刻限之義十一日卯中刻、廿
四日辰上刻ニ而候間、其御心得ニ而御出
仕可被成候事
一　来ル廿四日万部嶋御納経之上
殿様御参詣
御帰城之上、為御祝儀可被渡
御目由、将又
大殿様江之御祝儀御帳ニ而被　仰上候事
附リ御女中様・御母儀様方ゟハ御使者
被差出候様与有之候事
一　同日麻上下御着用ニ而万部嶋御参詣、
御札御頂戴被成候事
一　右両日共御精進被成候様、尤御供之者
迄不残精進可被　仰付由候、
且又忌穢食穢等之御方ハ御出仕無之筈ニ
御座候
一　御女儀様方、万部嶋御参詣可被成与被
思召候御方様ハ、右之御願御結願前辺、
万部方役所迄御達可有之候
右之通可被御申上候、以上
卯四月
宮嶋寿平
相良宗左衛門
山本伝左衛門
羽室雷助
渡辺五郎右衛門様
一　廿四日万部嶋御参詣之義、会所濡御門内
塀中門ゟ御通被成、御鑓等之義右門前限リ
之事
一　同日御札御頂戴被成候御礼、御目附方へ
可被御申上候事
一　同廿七日昼迄之内、万部嶋御参詣被成候
御女儀様方ハ唐御門外ニ而御下乗之事

右之通為御存候、以上

卯四月

宮嶋寿平
相良宗左衛門
山本伝左衛門
羽室雷助

渡辺五郎右衛門様

同六日　晴天

一　例刻ゟ　御出仕、四ツ時比被遊
御帰館候事

一　峯五太夫儀是迄御側勤相成居候末、転役被仰
付、頃日御伺旁上着相成候処、被渡　御目、御
言葉等被下候事

一　役所ゟ之書上左之通申上候事

書上

来ル九日於評定所不時御立会有之由

一　来ル十一日評定所式日候得共、万部御祈祷
御開闢ニ付、御判ニも不及由

右之通可被御申上候、以上

四月六日　請役所

右之通請役所ゟ被相達候ニ付、此段申上候、以
上

役所

書上

御側ゟ之書取、請役所より御廻達相成候を孫四
郎様御方ゟ差廻来候、左ニ

映姫様御事
宏姫様与御改名被成候様、従
大殿様被仰進候

一　明七日知行所大楠村江川狩御越被成候様、深
堀弁次郎殿より御直ニ御相談被申上候由ニ而御
越被遊候、供付左之通

一　御馬　口取　館宗一

一　騎馬御供　田口亥介
荒木文八郎
志波原八太夫

一　歩行御供　古賀松一郎

一　御徒　　　峯嘉二郎
一　又小者　　　三平
一　番馬取　　手男　徳右衛門
一　御手鑓　一　御仲間　良蔵
一　御両懸　一　手男壱人
一　目籠　一　手男壱人
〆

同七日　晴天
一　弁次郎殿知行所大楠村被遊
御越候ニ付、御城江之御達左之通
――儀御暇日之内今日御寄会偖又出仕不相叶
候、此段御達仕候、以上
――　　　使　江口尉九
一　大楠村御越、昼四ツ半過ゟ
御出馬候事、御同伴左ニ
　　　石井兵三郎殿
　　藤山丈左衛門様

伺手覚
副嶋大七儀内用有之帰宿仕度、日数別紙之通願
出候、右者願通被差免方ニ者有御座間敷哉、此
段奉伺候、以上
　　四月七日
伺手覚
峯作之丞儀内用有之帰宿仕度、日数御暇之儀別
紙之通願出候、右者願之通被差免方ニ者有御座
間敷哉、此段奉伺候、以上
　　四月七日

同八日　晴天
一　御留主中ニ付、御城江之御届左ニ
――儀御暇日之内今日出仕不相叶候、此段御
達仕候、以上
　　四月八日　　　使　江口尉九

同九日　晴天

一　今日迄大楠村被遊
御滞留候ニ付、評定所江之御届左之通り
嬉野弥平次殿請取
御名儀不快有之、今日不時御立会出席不相叶
候、此段御達仕候、以上
四月九日　使　江口尉九

一　御滞留之末、凡九ツ時比被遊
御帰館候事

同十日

一　例刻ゟ御出仕、四ツ半時比被遊
御帰館候事

一　役所ゟ之伺、達
御聴候、左ニ
伺手覚
文成軒様御一廻忌御法事、御在所於陽向寺御執
行之旨、為御知相成候ニ付而ハ、御仕成振之
儀、御逮夜御野菜一折、御当日白麻拾帖御寺納
相成方ニ者有御座間敷哉、遂吟味此段奉伺候、
以上
四月十日

同十一日　晴天

一　万部御執行ニ付、明六ツ半時比ゟ御上下ニ而
御登　城被遊候末、四ツ半時比被遊
御帰館候事
以手紙致啓達候、然者今十一日吉辰ニ付、伊豆
妹於和を鷹之助様江縁談御取組之義、首尾能被
相済候、此段為御知如斯御座候、以上
四月十一日　嘉久七太夫
渡辺五郎右衛門様

同十二日　晴天

一　褒信院様

大寛院様御祥月御命日ニ付、朝御飯後ゟ被遊
御堂参候、御騎馬也
一　右ニ付、御城江之御届、左之通り
――儀不快有之、今日出仕不相叶候、此段
御達仕候、以上
四月十二日　使　古賀松一郎
一　御二方様御舫ニ而御茶講被相整、御連枝方ニ
も御出被成、御仕組左之通、於御膳方御割合も
の御手許方ゟ相整差上候事
一　御銚子　　一　御鉢（胡麻豆腐 砂糖ぬた）
一　御吸物（青ミ 胡麻豆腐 白味噌）
御膳
御皿　香物　　御汁（寒干 大根 白味噌）
御平（雁もとき 竹の子 山芋 とせん 椎茸）　　御飯
引而
御茶
右者
御二方様
若担那様
御母堂様其外様入テ拾人様前、尤御霊膳迄
一　御内外御次中江御茶講拝領被
仰付候事

同十三日　晴天
一　例刻ゟ　御出仕、昼比被遊
御帰館候事
一　大寛院様御祥月ニ付、妙玉寺江之御代香、古
賀松一郎被相勤候事

同十四日　晴天
一　例刻ゟ　御出仕、九ツ時比被遊

御帰館候事
一　夕方　担那様　若担那様御責馬
被遊候事

同十五日

一　御　登城不被遊ニ付、請役所・御目附方江之
御届、御不快之御達ニ而江口尉九被相勤候事
伺手覚
今十五日諸御礼被為
請候哉、此段奉伺候、以上
卯四月十五日
一　前断伺相成候処、被為　請旨被仰出候ニ付、
初御礼左之通
御扇子　家督御礼
御樽　相浦平八郎
御肴
御扇子　初而　御目見並跡式之御礼
御樽　緒方収蔵
御肴
以上
一　昼御飯後ゟ御火術方御出席、御炮術之末、夕
七ツ時比被遊　御帰館候事
一　役所ゟ之伺、達　御聴ニ候、左ニ
伺手覚
江副大介殿内方出産之由、為御知ニ付而者無何
与難被閣ニ付、御歓御使者従
御一家様被差出方ニ者有御座間敷哉、此段奉伺
候、以上
四月十五日

同十六日　晴天

一　御病所被為　在候ニ付而　御登
城不被遊候ニ付、請役所・御目附方江之御届、
志波原八太夫被相勤候事
一　御在所ゟ十四日立之飛脚到着之由ニ而廉々役
所ゟ申上相成候、左之通り
書上

御在所ゟ之飛脚到着、申来候廉々連署之伺差上
之、此段申上候、以上
四月十六日
一筆致啓達候、私江被相含候御側御用白葡萄酒
六瓶并フリツキジヨロ弐ツ偖又深堀琢磨含下之
石筆・鉛玉手当相揃、別紙売揚相副差越申候、
此段為可申越如斯御座候、恐惶謹言
四月十三日　深堀蔵人
賢一　判
渡辺五郎右衛門様
一　平戸家中篠原源右衛門ゟ来状、入
御覧候、左之通り
貴翰拝見仕候、如被仰下候春陽之御慶猶更不
可有尽期御座候、御手前様愈御堅達御超歳被
成候旨、珍重奉存候、為御祝詞被示下、殊ニ
塩鴨一簀苞被懸貴意、忝次第奉存候、恐惶謹
言
篠原源右衛門
孝定　判
鍋　左馬助様
貴報
伺手覚
廉々此通り
一　五八郎組江口十兵衛・猪之助組深町太平太
儀病所有之、武雄入湯仕度、日数御暇之義、
別紙之通書替を以願出候、右願通被差免方ニ
者有御座間敷哉
一　作右衛門組中小性村井久米助病死ニ付而
者、跡式之儀、悴利七江忌明之上、不相替被
仰付方ニ者有御座間敷哉
右廉々奉伺候、以上
卯四月十三日
書上
一　深町又右衛門儀、類中相煩候付、色々療養
相加候得共、養生不相叶去ル七日相果申候由
ニ而悴運八ゟ之達出壱括出浮候ニ付、別紙差
上之候
一　中小性村井久米助儀胃病相煩、色々療養相

加候得共、養生不相叶去ル九日相果申候由ニ而悴利七ゟ達出并一類鳥巣市之助ゟ之類忌引入書付壱括、同様ニ付、別紙差上之候

一　伊王嶋津民八五郎・徳松・留次郎与申者三人漁船壱艘乗与、為漁業去ル八日沖出之末、逢強風破船、徳松与申者致溺死候段筋々達出候付、役々差出見分手数相整候ニ付、手形壱括別紙差上之候

右廉々申上候

卯四月

一筆致啓達候、ハリマンス江御挨拶之儀去ル五日山口弥平次御使被相勤、於彼異人館ハリマンス面会御挨拶之旨被相通、料紙(ママ箱脱カ)其外之品々引渡相成候処、殊之外相歓、就中料紙(ママ箱脱カ)巻絵之儀古代之上品ニ而当代ニ無之品与甚致賞美候趣、弥平次罷帰被申達候、偖又跡込銃袖筒玉薬之儀、最前間違之品御取入相成居候由ニ而、引替相成候通、頃日深堀琢磨含下相成候末、近日引替相成候ニ付、右玉薬弐箱当節差越候条、御側可被差上候、此段為可申越如斯御座候、恐惶謹言

多々良平太夫

四月十三日　義鳴（花押）

峰為之允

真興（花押）

深堀蔵人

峰弥次右衛門

渡辺五郎右衛門様

一　河内様ゟ御注文之石筆壱本・地鉛玉拾八斤半いつれ差上候処、御内ゟ御文付ニ《シテ》被進候事

御状致拝見候、御側御用白ぶどふ酒六瓶・ジヨロ弐ツ并河内様御注文之石筆壱本・鉛玉拾八斤半何れも当飛脚ニ而御仕登相成、無別条相達候ニ付、御側差上置候、惣而今又赤ぶどふ酒拾瓶并御手許御所持之四挺込御袖筒用手本通之薬持込玉百ツ・頂番白砂糖五斤御調入、御仕登相成候様、御手当可被成存候、此段御答旁為可申越如斯御座候、恐惶謹言

四月十二日　　　　　渡辺五郎右衛門

深堀蔵人様

致追啓候、右御整品々御急用之趣ニ付而ハ后便ゟ者無間違御仕登相成候様、猶又及御談候、以上

一　今夜五ツ半過比、請役所ゟ各様方江之御廻達、左之通り

卯四月十六日河内殿・御当役上総殿御一覧宏姫様御事、細川越中守様御嫡澄之助様江御縁組之儀御相談被仰進候処、幸之御相手様ニ付、御縁組可被成与被思召候旨、被仰出候

御親類・同格・御家老中江も可被相達候

同十七日　晴天

一　例刻ゟ　御出仕、四ツ時比被遊御帰館候事

一　昼御飯後ゟ御火術方御出席、八ツ半時被遊御帰館候事

一　請役所ゟ之申上、役所ゟ書上相成候、左之通り

書上

明十八日弘道館御会試之儀、講堂普請中ニ付、被相止旨ニ候、此段可被御申上候、以上

卯四月　　請役所

右之通被相達候付、此段申上候、以上

四月十七日

同十八日

一　例刻ゟ　御出仕、四ツ時比被遊御帰館候事

一　頃日河内様ゟ御注文之石筆壱本・鉛玉拾斤半差上相成候末、代銀今日御城御本人様御直ニ御請取被遊候由ニ而御下渡相成候間、則荒木文八郎引請申候事

一　御登　城之砌、昼御飯後ゟ打鞠被遊候ニ付、

鷹之助様ニも御出被成候様被仰出候ニ付、古賀
松一郎御使被罷出候事

一　鷹之助様御始御馬屋ゟも被罷出候由ニ而御料
理等被仰出候、左ニ

一　御銚子　　一　御重
　御飯
　御汁

右者
御二方様
若担那様・鷹之助様・石井豹三郎殿五人様前
御仕組
　四ツ組茶漬
　銚子
右者御馬屋ゟ出席相成候人々江御次於三ノ間
ニ被差出候事

一　前断鷹之助様ニ者夜五ツ過御帰被成候事

同十九日　七ツ比ゟ雨天

一　例刻ゟ　御出仕、四ツ時過被遊
御帰館候事

一　昼御飯後ゟ御火術方御出席被遊、
御供廻之儀ハ例之通御騎馬ニ而凡七ツ時比被遊
御帰館候事

同廿日　晴天

一　例刻ゟ　御出仕、四ツ時比被遊
御帰館候事

一　先達而深堀弁次郎殿知行所大楠村江川狩御越
之砌、神崎浄光寺御立寄被遊候ニ付、御挨拶左
之通り
以手紙致啓上候、時下弥御清栄可被成御法務奉
敬賀候、然者左馬助儀先達而貴寺大ニ御面倒罷
成、殊ニ供方迄預御心遣、重畳忝存候、随而近
比是式《（ママ乍脱カ）》、右御挨拶寸志迄松魚一連進覧之いた
し候間、御笑留可被下候、此段為可得貴意如斯
御座候、以上

四月廿日
　浄光寺様　　渡辺五郎右衛門

同廿一日　雨天

一　例刻ゟ　御登　城被遊候末、九ツ時被遊
御帰館候事

一　御供之儀者志波原八太夫・江口尉九、余者例
之通

同廿二日　晴天

一　御故障被為在候ニ付、　御城請役所・御目附
方江之御届、左之通リ
御名儀、不快有之、今日御寄会偖又出仕不相叶
候、此段御達仕候、以上
　四月廿二日　　使　古賀松一郎

一　昼御飯後ゟ於御屋敷内、御内輪計ニ而銃陣御
稽古被　遊候事
一　先達而万部御執行ニ付而申上相成候廉々之
内、今又左之通リ請役所ゟ被相達候ニ付、役所
ゟ申上相成、達
御聴置候事
　書上
来廿四日万部嶋江御納経之上、
殿様御参詣
御帰城之上、
御両殿様江右之御祝儀御帳ニ而
被仰付候事
　四月廿二日　　請役所
右者請役所ゟ万部御執行ニ付、達帳を以相達被
置候廉々之内書直シ今又被相達候付、此段申上
候、以上
　四月廿二日

同廿三日　晴天

一　御故障被為在候付、御城請役所・御目附方

江之御届、古賀松一郎被相勤候事
一　万部御執行ニ付、請役所ゟ被相達候次第役所ゟ申上相成候故、達
御聴候、左之通リ
　　書上
今度万部御執行御結願相済候上、如跡方各様方着座中御舫ニ而、出家中江為菓子料白銀拾枚可被進旨被相談候、尤右割方之儀者追而被相達儀ニ候、此段可被御申上候、以上
　　卯四月廿三日　　　　請役所
明廿四日御帳〆七ツ時之由ニ候、
右之通請役所ゟ被相達候ニ付、此段申上候、以上
　　四月廿三日

同廿四日　晴天
一　万部御執行ニ付而前辺請役所ゟ申上相成候末ニ而、今朝辰ノ上刻より麻　上下ニ而　御　登城被遊、諸御手数振リ等被為済候上、於御城ニ御札をも御頂戴、右之御礼御目附方江被仰上候末、凡四ツ半過被遊　御帰館候事
一　万部御執行ニ付、御行列左之通リ
一　御徒　　　　中尾卯兵衛
一　御側　　　　志波原八太夫
　　　　　　　　江口尉九
一　御草リ　　　山口卯兵衛
一　御鑓　さし次　御仲間壱人
一　又小者　　　三平
一　目籠　　　　手男壱人
〆
一　前断ニ付、
殿様万部嶋
御参詣被遊候比合相伺候ため御仲間山口卯兵衛
供屋辺差遣置候処、昼九ツ時過
御参詣被遊候段申来候ニ付、則
御登　城被遊候末、追々
御帰城被遊候ニ付、御手数振リ等被為済候上、

万部嶋　御参詣被遊候事
一　御道操之儀、南角塀中門ゟ御通リ凡弐丁計リも可有之処江御門有之、此所迄先御徒相立候ニ付、御供廻ニシテ日暮御門迄御供申上、担那様御参詣被遊候末、東御門外南角仮橋御通リ、橋外ゟ御行列相□被遊　御帰館候事
一　最前　御登　城之砌、御鑓・目籠体之義ハ濡御門限ニ而則ゟ東御門外南角仮橋之方江相廻シ置候事
一　御供廻之儀ハ前断之通リニ而八ツ半時比被遊
御帰館候事

同廿五日　雨天
一　今日　御登　城不被遊候付、請役所・御目附方江之御届、古賀松一郎被相勤候事
一　請役所ゟ被相達候、左ニ
明廿六日評定所式日ニ候得共、究者無之ニ付、御判にも不及由ニ候、此段可被御申上候、以上

卯四月廿五日
宮嶋寿平
相良宗左衛門
山本伝左衛門
羽室雷助
渡辺五郎右衛門様

一　縫殿助様ゟ御直ニ御約束相成居候趣ニ而、夕七ツ時比より被遊　御出候ニ付、御供中にも御供帰申上候末、於御向方各様方ニも御出、色々与御饗応被為成候御都合ニ而夜九ツ時比被遊
御帰館候事

同廿六日　晴天
一　例刻ゟ　御出仕、四ツ時比被遊
御帰館候事
一　御在所ゟ廿四日立之飛脚到着相成候由ニ而、役所ゟ廉々申上相成候ニ付、達
御聴候、左之通
書上

昨夜御在所ゟ之月次飛脚船着岸、深堀琢磨御暇
願継其外伺書等差越候ニ付、連署之侭差上之、
此段申上候、以上
　　卯四月廿六日
　口達
私儀内用有之御暇帰宿罷在候処、昨十七日迄満
日相成候ニ付、出佐嘉可仕之処、差懸ゟ親次郎
右衛門儀大病相煩居、兼而無人之家内柄、看病
方不行届、依之近比御用繁之御半柄再往難奉願
御（ママ衍）御座候得共、今十八日ゟ向日数十五日之御
暇奉願候条、支所無御座候ハヽ、何卒願之通被差
免被下候様、筋々宜敷御相達可被下儀深重頼入
存候、以上
　　　　　　　　　　深堀琢磨
　峯弥次右衛門殿
　深堀蔵人殿
　峯為之允殿
　多々良平太夫殿
　　伺手覚

一　猪之助組田代大九郎悴亥六儀、文武為稽古
佐嘉罷登度、当四月ゟ向八月迄御暇、猪之助
書替を以、別紙之通願出候、右者願之通被仰
付方ニ者有御座間敷哉
一　五八郎組田代右源次悴安太夫儀、当年拾八
歳罷成候処、幼少ゟ病身ニ有之漸快方相整候
由ニ而、初而
御目見之儀奉願候、惣□上、
於佐嘉稽古為仕度、当四月ゟ向八月迄御暇、
五八郎書替を以、別紙之通願出候、右者願之
通被仰付方ニ者有御座間敷哉
一　深堀琢磨儀内用帰宿御暇之末、去ル十七日
迄日数満日相成候得共、親次郎右衛門大病相
煩居候ニ付、為看病方同十八日ゟ今又日数拾
五日之御暇別紙之通願出候、右者何れ之通可
被仰付哉
一　猪之助組初川忠之助儀、親母佐嘉白石一類
内江罷登居、不計病気差起候段申来候由ニ而
為看病罷登度、明後廿四日ゟ向日数十日之御

暇、猪之助書替を以、別紙之通願出候、□□（右者カ）願□通被仰付方ニ者有御座間□□（敷哉カ）
右廉々遂吟味、此段奉伺候、以上
卯四月

一　万部嶋御参詣方ニ付、今又請役所ゟ被相達候次第、役所ゟ申上相成候、左之通
書上
来ル廿七日万部嶋御参詣之御女中様方御下乗場所之儀、猶又御吟味之次第有之、濡御門内塀御中門内差付御下乗可被成由ニ候、此段可被御申上候、以上
卯四月　宮嶋寿平
相良宗左衛門
山本伝左衛門
□□□□（羽室雷助カ）

右之通請役所ゟ触来候［　　］（付此段申上候以上カ）
四月廿五日

同廿七日　晴天
一　例刻ゟ　御出仕、四ツ時比被遊御帰館候事
一　深海社人福田直記先達而上京之末罷下候由ニ而、御扇子献上相成候事
書上
深海社人福田直記儀上京之末昨夜下着、上々様江御内々御扇子献上申上度達出候付、差上之、此段申上候、以上
四月廿七日

同廿八日　晴天
一　今日御故障被為在［　　］（候付請役所御目附方江カ）御不快之御届、古賀松一郎被相勤候事

同廿九日　晴天

一　例刻ゟ　御出仕、四ツ時比被遊
御帰館候事
　伺手覚
副嶋大七儀内用御暇之末、未夕用向相弁兼候由
ニ而昨廿八日ゟ今又十日之御暇、別紙之通願出
候ニ付、願通被仰付方ニ者有御座間敷哉、此段
奉伺候、以上
　四月廿九日

同晦日　曇天

一　例刻ゟ　御出仕、四ツ時比被遊
御帰館候事
一　昨日深堀蔵人上便ゟ［　　　　　　　　］御
申越相成居候赤ぶとふ酒拾瓶・頂番白砂糖五斤
持登相成候ニ付、御側差上置申候事

校注（数字はページ数）

247上　**歯固**　正月に鏡餅・大根・瓜・猪肉・鹿肉・押鮎などを食べて長命を願う。ここではそれらの料理を指す。

247上　**御手洗餅**　みたらしもち。

248上　**三社**　日峯社・八幡社・鳩森社。

248上　**縫殿助様**　姉川鍋島茂好。家老家。大組頭。

248上　**長門様**　多久茂族。親類同格家。なお茂族は元治元年通称を与兵衛に改名。

248上　**伊豆様**　須古鍋島茂朝。親類同格家。

248上　**鷹之助様**　鍋島主水家一〇代当主。諱未詳。家老家。大組頭。

248上　**河内様**　白石鍋島直暠。親類家。直暠の母は深堀鍋島茂辰の娘絢。茂精と直暠はいとこにあたる。

248上　**監物様**　太田鍋島資智。家老家。大組頭。

248上　**志摩様**　倉町鍋島敬哉。家老家。大組頭。

248上　**安芸様**　村田鍋島茂彬。親類家。

248上　**誠吉郎様**　神代《こうじろ》鍋島茂文。家老家。大組頭。のち孫四郎。

248上　**若狭様**　久保田村田政矩。親類家。政矩は深堀鍋島茂辰の二男。茂精の叔父にあたる。

248上　**大炊助様**　川久保神代《くましろ》直宝。親類家。

248上　**上総様**　武雄鍋島茂昌。親類同格家。

248上　**豊前様**　諫早一学。親類同格家。

248上　**日峯社**　藩祖鍋島直茂（日峯）を祀る。文化一四年松原社と改称。

248上　**八幡社**　竜造寺八幡宮。白山八幡宮ともいう。

248上　**鳩森社**　佐賀城下八幡小路にある神社。

248上　**日喜渡**　引渡。本膳に杯を三つ添えた膳部。

248下　**御上様・若担那様・御母堂様**　御上《かみ》様は茂精室筆（のち富喜）、若担那様は茂精男茂麟（安政五年二月一三日生）、御母堂様は茂精の祖母幹《より》。茂精は父茂勲の死去により祖父茂辰の養子として家督を相続したため御母堂様という。実母区《まち》（松寿院）はすでに逝去。

248下　**善応庵**　佐賀市にある曹洞宗寺院。

248下　**松寿院**　茂精の生母区。佐賀藩九代藩主斉直の娘。天保三年茂精の父茂勲と婚姻、のち離縁。弘化三年閏五月九日卒。法名松寿院信操浄節大姉。葬善応庵。

248下　**高伝寺**　佐賀市にある曹洞宗寺院。代々藩主鍋島家菩提寺。

249上　**方丈**　寺の住職。

249上　**妙玉寺**　佐賀市にある日蓮宗寺院。佐賀における深堀鍋島家の菩提寺。

249下　**多久縫殿**　佐賀藩士。物成二〇〇石。士組代。実名安美。
249下　**岡部杢之助**　佐賀藩士。着座家。物成五〇〇石。大組頭。実名重安。
249下　**伊東外記**　佐賀藩士。切米一五〇石、内九五石加米。左馬助組。請役所相談人。士組代。文久二年正月、もとの名次兵衛を外記と改名。
249下　**原田大右衛門**　佐賀藩士。着座家。物成二五〇石。大組頭。実名種贇。実は深堀鍋島茂辰四男。茂精には叔父にあたる。
249下　**坂部又右衛門**　佐賀藩士。着座家。物成四〇〇石。大組頭。実名明矩。
249下　**石井左近**　佐賀藩士。着座家。物成五〇〇石。実名孝祖。実は深堀鍋島茂辰三男。茂精には叔父にあたる。
250上　**初御誕生日**　茂精は天保四年一二月四日生。
250下　**請役所**　佐賀藩の役所。藩政を総括する請役家老が執務する役所。請役家老は当役とも呼ばれ交代制であった。
250下　**大串**　小城郡大串村（現佐賀市）。深堀鍋島氏の被官集団に大串寄合がある。
250下　**竜王築切**　佐賀県杵島郡白石町に竜王崎、築切《ついきり》の地名がある。ここにも深堀鍋島氏の被官集団として寄合があった。
250下　**東目村々**　現在の佐賀県下にあった深堀鍋島家の給地の村々。三根郡蓑原村・神埼郡駅ケ里村・同郡的村の三ケ村。
250下　**小ヶ倉村**　彼杵郡。深堀領。現長崎市。
251上　**土井首村**　彼杵郡。深堀領。現長崎市。
251上　**香焼村**　彼杵郡。深堀領。現長崎市。
251上　**深海村**　高来郡。深堀領。現諫早市。
251上　**三江**　彼杵郡。三重村。深堀領（大村藩との相給）。現長崎市。
251上　**大籠村**　彼杵郡。深堀領。現長崎市。
251下　**一御家門様方**　この部分、「一御三方　土器熨斗」まで12行、底本（複製本）は脱落あり。原本により補う。
252下　**藤山丈左衛門**　藤山寛太（貫房）カ。貫房は深堀鍋島茂辰五男雄三郎。藤山内蔵允貫貞に養子。
252下　**綾部三左衛門**　実名幸煕。実は深堀鍋島茂辰七男。茂精には叔父にあたる。
252下　**原田清一郎**　原田大右衛門嫡子。
252下　**石井豹三郎**　石井左近男子。
252下　**綾部又吉郎**　綾部三左衛門幸熈の養父一郎左衛

門幸教の実子幸保。のち幸熙の養子として綾部家を継ぐ（中島一仁「幕末期プロテスタント受洗者の研究（二）――元佐賀藩士綾部幸熙の信仰と生活」佐賀大学地域学歴史文化研究センター研究紀要第九号による）。

252下　**於橘**　深堀鍋島茂辰女。天保七年生。鍋島達之助へ嫁す。茂精には叔母。

252下　**於益**　深堀鍋島茂辰女。天保一一年生。佐野又四郎へ嫁す。茂精には叔母。なお二月晦日条参照。

253上　**石橋屋敷**　神代鍋島氏屋敷。佐賀城北門の外にあった。

253上　**羽室雷助**　佐賀藩士。実名長孝。物成一六五石、内加米一〇石。請役所附役。

253下　**龍吉郎**　久保田村田政匡。若狭政矩の嫡子。政矩は深堀鍋島茂辰の二男であるから幹には実孫、茂精にはいとこにあたる。

254上　**備前**　諫早一学。二四八頁に豊前として既出。この時期名替したカ。

254上　**与兵衛**　多久茂族。二四八頁に長門として既出。

254上　**乾一郎**　多久茂穀。茂族嫡子。

254上　**孫四郎**　神代鍋島茂文。二四八頁に誠吉郎として既出。

254上　**大隅**　倉町鍋島文武。実は直正の庶弟。

254上　**弘道館**　佐賀藩藩校。

254下　**浄円寺**　上佐賀千布村にある曹洞宗寺院。倉町鍋島家の菩提寺。

255上　**恒姫**　佐賀藩一〇代藩主直正の娘靖子。映姫と改名後さらに宏姫と改める。慶応三年一一月、細川護久（熊本）に嫁す。四月六日条・四月一六日条を参照。

256下　**褒信院**　茂精の祖父茂辰。嘉永三年四月一二日卒。法名褒信院殿賢徳日量大神儀。

258上　**矢利**　やきき。鉄砲・矢の向きや着弾が有効なこと。

258上　**間伏**　まぶし（射翳）。猟師が鳥獣を射る時、柴などの木枝で作った身を隠すもの。

259下　**十五日～**　この条、一を脱か。

260上　**嬉野弥平次**　佐賀藩士。実名通敦。物成一七五石二斗八升。御帳場目付。

260上　**主上崩御**　孝明天皇、慶応二年一二月二五日崩御。

262上　**茂久公**　深堀鍋島第四代邑主。寛文五～享保五。

263上　**文右衛門**　田代文右衛門。深堀鍋島家家老田代五八郎の嫡子カ。深堀金谷山菩提寺の田代家墓域に「心厳浄鉄居士　明治三庚午七月二十二日　行年二十五歳　田代文右衛門厚郷」と刻する墓石がある（中村美智子氏のご教示による）。

263上　**作右衛門**　樋口作右衛門。深堀鍋島家家老。実は峰弥次右衛門の長男俊平。樋口賢年の次女秀子の婿として樋口家を継ぐも維新後峰家に復籍した（中村貴志氏のご教示による）。

263下　**福田村**　高来郡。深堀領。現諫早市。

263下　**草場瑳助**　草場佩川。佐賀藩儒学者。

263下　**火術方**　佐賀藩の役所。銃砲鋳立と砲術調練のため弘化元年に設置。

264下　**深堀又太郎**　佐賀藩士。実名祐道。物成二三〇石。左馬助組組頭。戊辰戦争で戦死。

266上　**愛敬嶋**　佐賀郡。佐賀本藩領。現佐賀市。

267上　**猪之助**　深堀猪之助。深堀鍋島家筆頭家老。

267上　**五八郎**　田代五八郎。深堀鍋島家二番家老。

267上　**馬渡千三郎**　佐賀藩士。物成二〇石。体術免状。

267下　**中嶋弥次兵衛**　佐賀藩士。物成一八〇石。剣印可。

267下　**石井平学**　佐賀藩士。物成一二〇石。

268下　**重松清次**　佐賀藩士。物成七〇石。

268下　**点合**　てんのう。許可を得る。照会する。

268下　**茶宇袴地**　茶宇縞の袴生地。

268下　**宮嶋寿平**　佐賀藩士。切米二〇石。

268下　**相良宗左衛門**　佐賀藩士。切米二〇石。

268下　**山本伝左衛門**　佐賀藩士。物成一三〇石。左馬助組。請役所附役。実名常亮。山本常朝の子孫。

269上　**大寛院**　茂精の父茂勲。弘化元年四月一三日卒。三二歳。法名大寛院泰山日要居士。

269下　**御番代**　長崎港警備の交代。佐賀藩と福岡藩で交代勤務。本年は佐賀から福岡へ渡す。

270下　**館林社**　未詳。中尾正美『郷土史深堀』に、三浦大明神・館林大明神・日正大明神を合祀して深堀大明神と称する旨の慶応四年神祇道庁宣がみえる。三浦大明神は深堀能仲の霊であるが、他は未詳。あるいは日正は深堀鍋島初代・茂賢（恭法院殿浄信日正大神儀）か。

270下　**四面宮**　深堀領の高来郡深海村（現諫早市）の氏神。鍋島家文庫『神社略記』のうち「深堀私領中神社由緒書」（『神道大系神社編四十五』一二〇頁）には「慶長年中建立相成候由申伝」とみえる。現深海神社ではないかと思われるが確定できない。

270下　**高浜院様**　深堀氏始祖能仲。上総国御家人。建長七年肥前国戸八浦地頭職に補任さる。

270下　**脇津**　深堀領御崎村の枝村。現長崎市。遠見番所があった。

271上 **牟田口源吾**　佐賀藩手明鑓。切米一一石。

271上 **片田江御屋敷**　白石鍋島氏屋敷。佐賀城東門の東側。

271上 **妙孌院**　白石鍋島直章室孌《しな》。佐賀藩八代藩主治茂の娘。天保一四年二月二〇日卒。法名妙孌院殿芳徽日韶大姉。

271上 **本行寺**　佐賀市西田代にある日蓮宗寺院。白石鍋島家の菩提寺。

271下 **納富六郎左衛門**　佐賀藩士。物成八五石、内加米五石。

271下 **乞筈**　申請書。筈は書面、手形のこと。

272上 **長栄院**　諫早茂孫。諫早領一四代邑主。慶応二年二月二〇日卒。法名長栄院殿無敵高健大居士。

272下 **六角継**　長崎街道浜道の六角宿（現佐賀県白石町）を経由する早飛脚。

273上 **相良寛蔵**　佐賀藩士。物成九〇石源兵衛嫡子。

273下 **支所**　この二文字でつかえ。差支えること。

273下 **今津**　佐賀郡。佐賀本藩領。当村のうちに厘外津がある。

274下 **福田御船場**　福田は深堀領（現諫早市）。佐賀厘外津から海路有明海を渡り諫早福田から陸路となる。

274下 **拾**　ひろう。徒歩で移動する。

274下 **権門駕籠**　家臣が主人の用で他家へ行く時に主人に借りた駕籠。

275下 **馬盤**　馬盥。

276上 **秀丸**　船名。茂精の座乗用。「白帆注進外国船出入注進三」（『佐賀県近世史料』第五編第二巻三三六頁）に「左馬助殿乗船秀丸浜八丁立・葵八丁立・赤塗六丁立弐艘其外ニ而」とある。

276上 **葵使船**　葵八丁立の使船。弘化二年惣着到の佐賀藩所有船に「葵」がみえる。櫓数は八丁立、繋泊地は深堀（鍋島家文庫『弘化二年惣着到』鍋島弥平左衛門組中村彦之允与御船頭幷役者御手舸子）。

276下 **首途**　かどで。しゅと。旅立ち。出立すること。

276下 **跡方比竟**　前例に照らし合わせて。

277上 **永田源之進**　佐賀藩士。切米四五石永田諸領の子。

277下 **堪忍**　堪忍番。進んで奉仕する当番。

277下 **天初院**　深海村にある深堀家の菩提寺。ここでは天初院の住持僧をさす。

278上 **教宗寺**　長崎街道矢上宿にある真宗寺院。長崎警備の佐賀藩士が道中宿泊所としても利用した。文政九年シーボルトも江戸参府のおり、ここで昼食をとった。

278下　厘外津　りんげつ。本庄江と本庄川の合流点付近。諫早への渡海場として深堀鍋島家の船場屋敷もあった。

279上　貝津　高来郡。佐賀本藩領。村内を長崎街道が通る。現諫早市。

279上　矢上　高来郡。諫早領。長崎街道の長崎の玄口。現長崎市。

279上　糸荷屋　矢上宿にあった旅宿。杉沢寿一郎『矢上郷土絵図』（長崎歴史文化博物館蔵）に、八幡宮下の所に糸荷屋が見える。生糸など長崎輸入品の上方輸送は糸荷廻船と陸路の糸荷宰領によって行われた。糸荷屋はこの糸荷宰領に関わったか。

279上　長崎御屋敷　長崎浦五島町にある深堀鍋島家の蔵屋敷。五島町御屋敷。「白帆注進外国船出入注進三」（『佐賀県近世史料』第五編第二巻四〇七頁）に「同廿五日、大番頭鍋嶋左馬助殿長崎御着崎ニ相成申候」とある。

279上　御屋代篠原久太夫　『文政十三年寅正月五日浦五嶋町宗旨改帳』（長崎大学図書館経済学部分館武藤文庫所蔵文書）に、「深堀蔵屋鋪家代　篠原熊次郎」の名がみえる。

280上　渡辺善太夫　佐賀藩士。切米五五石。

280上　永渕嘉兵衛　佐賀藩士。切米五〇石。

280上　原口重蔵　佐賀藩士。切米四〇石。

280上　高浜村　彼杵郡。幕府領。現長崎市。もとは深堀氏の知行地。

280上　三浦社　高浜村にある神社。深堀能仲を祀る。

280上　円鏡　お供え用の鏡餅。

280上　正瑞寺　高浜村にある寺。深堀能仲およびその母を祀る。

282上　古里　高浜村の字名の一。端島の前面。

282上　為石　深堀領。現長崎市。

282上　法性寺　為石村にある深堀菩提寺の末寺。

282上　蚊焼　深堀領。現長崎市。

282上　御遊様　御遊びためし。様の訓みはためす。試す。

283上　幸天社　深堀の神社、深堀鍋島氏の氏神。深堀能仲が修祀したと伝える。現在の深堀小学校の地にあった。

283上　菩提寺　深堀にある曹洞宗の寺。金谷山。深堀鍋島家の氏寺。

283上　シツホク　卓袱《しっぽく》料理。中国料理と日本料理が混ざり合った長崎独特の料理。

283下　観音寺　脇津にある曹洞宗寺院。行基の創立と伝える。
283下　**西教寺**　御崎村にある真宗寺院。
284上　**出崎**　長崎に行くこと。着崎は長崎に到着すること。
285上　**提鈴**　提げ錫か。持ち運びのできる錫製の酒入れ。
285上　**ボートイム**　ボードイン Antonius Franciscus Bauduin 1820~85 オランダの陸軍軍医。文久二年長崎に着任しポンペの後慶応二年まで長崎養生所で講義。直正が彼に治療を受けた記述は他にもあるが、ここでは「殿様」とあり直大を指すか。あるいは大殿様の誤記か。なお「白帆注進外国船出入注進三」（『佐賀県近世史料』第五編第二巻四〇九頁）には廿八日の記事として「閑叟様御養生として、矢上御着崎被遊御坐候、但シホートーイン名医御招ニ相成申候」とある。
286上　**御東・御西**　佐賀屋敷における茂精室筆（富喜）と祖母幹の居住区。ここでは筆と幹をさす。
286上　**煮取**　鰹節を煮出して作っただし汁。
286上　**蘭砵**　オランダから舶来の深皿。箱書に「阿蘭陀焼鉢」「阿蘭陀鉢」「阿蘭陀菓子鉢」などとある現物が残る（長崎市歴史民俗資料館前館長永松実氏のご教示による）。なお、永松実「流転の蘭鉢について」（長崎歴史文化協会編『ながさきの空』第二六集　平成二七年四月　所収）に蘭鉢の画像がある。
286下　**相原丈之進**　佐賀藩士。切米二〇石。
286下　**小森清左衛門**　佐賀藩士。切米三〇石。左馬助組。
286下　**和布葉**　海藻ワカメ。
286下　**青さ**　海藻。石蓴《あおさ》。
287下　**岸川才吉**　岸川才一郎ともあり。長崎の商人カ。
287下　**ガラブル**　グラバー Thomas Blake Glover 1838~1911 イギリスの貿易商。安政六年来日。諸藩に艦船武器類を販売したほか高島炭鉱の経営にも関与。
288下　**松平美濃守**　福岡藩主黒田長溥。
289上　**能勢大隅守**　諱頼之。長崎奉行。慶応元年八月~同三年一二月在任。
289上　**徳永石見守**　諱昌新。長崎奉行。慶応二年三月~同三年一二月在任。慶応二年から二名とも長崎在勤となる。
289上　**井上丈左衛門**　佐賀藩士。実名長基。物成九〇石。
289上　**原田小四郎**　佐賀藩士。切米四〇石。直正御側役。
289上　**納富右膳**　佐賀藩士。実名安興。物成二〇〇石。

290上　**伊達若狭守**　伊予吉田藩主、伊達宗孝。実兄宇和島藩主伊達宗城の室は佐賀藩九代藩主鍋島斉直の娘猶。

290上　**昭徳院**　徳川一四代将軍家茂。慶応二年七月没。

292下　**板倉伊賀守**　諱勝静。備中松山藩主。幕府老中。

292下　**副島左源太**　佐賀藩士。切米二〇石。

292下　**円福寺**　香焼島にある深堀菩提寺の末寺。

292下　**三献**　さんこん。三尾。コンは魚を数える単位。喉の訛りという。

296上　**立山・西御役所**　長崎奉行所は立山役所と西役所の二か所にあった。

297下　**直田織様**　不詳。真田織カ。原文の文字は直田織。

298下　**綾部一郎左衛門**　佐賀藩士。実名幸教。物成一八三石五斗。茂辰七男鹿之助（のち三左衛門幸熙）の養親。

298下　**日峯大明神**　佐賀藩祖鍋島直茂の神号。日峯社前の新馬場一帯でにぎやかに二五〇年祭礼がおこなわれた。鍋島報效会『生誕二〇〇年記念展　鍋島直正公』展覧会図録一〇〇頁の祭礼図参照。

299上　**且又右頂戴之上左之通**　この部分二丁の乱丁錯入あるか。この後には三〇〇頁上段「今度日峯様～」が続くべき。元のママ翻刻。

300下　**奉札・請札**　主人の意を受けて従者が自らの名を署して出す文書が奉札。これに対する受領の文書が請札。

304上　**敷山社**　龍造寺隆信・政家・高房を祀る神社。天保五年、佐賀郡北山小川村に神殿を造営、佐賀城内から遷座。現在は佐嘉神社内松原神社に奉祀。

305上　**嘉瀬**　佐賀郡。佐賀本藩領。嘉瀬川下流東岸に位置。河港嘉瀬津があった。

305上　**反的**　端的。直ちに。すぐ。

305下　**文粛夫人**　直正前室。将軍家斉一八女盛姫。文政八年直正と婚姻、弘化四年二月三日卒。

306上　**御広敷**　佐賀藩役所大奥。

306上　**関千左衛門**　佐賀藩士。実名昌基。物成五五石。

307上　**石田利兵衛**　佐賀藩士。切米二五石。左馬助組。

307下　**多布施**　たふせ村。佐賀郡のうち。佐賀本藩領。十間堀川の西北にあり川を挟んで城下の多布施町に接する。

307下　**十二日十三日間**　この間は、二つ以上のもののうちの範囲を表す。十二日と十三日のうちいずれか。

308上　**海栗**　うみぐり。ウニの異称。

308下　**福満寺**　佐賀市にある真言宗寺院。護国長尾山福満密寺。

308下　**高木作右衛門**　実名忠知。長崎代官。なお後年作右衛門女田鶴は茂精の継室となる。

309上　**華岳院**　深堀純賢。元和五年五月一八日卒、八三歳。法名は華岳院殿天初宗蓮居士。葬深海村天初院。

309上　**差迦**　さしはずし。

311下　**爰切**　ここきり。力の及ぶ限り。

312上　**万部島**　佐賀城東門の東正面白石家屋敷の西側に堀に突き出ている島。歴代藩主が国家安全を祈願して万部塔を建立し万部経を執行した。

314下　**書取**　文字音声などによる文章などを書きとった文書。

314下　**映姫**　直正の娘靖子。恒姫、映姫、宏姫と改名。三二二頁註および三三九頁註をみよ。

314下　**大楠村**　養父郡。本藩領。現鳥栖市。深堀弁次郎の給地があった。

314下　**深堀弁次郎**　佐賀藩士。物成一二五石の八左衛門嗣子。

315上　**石井兵三郎**　石井豹三郎カ。豹三郎は石井左近の男子。既出。

316上　**文成軒**　須古鍋島茂真。安房。直正の庶兄。慶応二年四月一九日卒。法名文成軒清陰大庇居士。

316上　**陽向寺**　佐賀県白石町にある須古鍋島家の菩提寺。正しくは陽興寺。

316下　**伊豆妹於和**　須古鍋島茂真の娘和。伊豆は須古鍋島茂朝。鷹之助は鍋島主水家。なお『日記』七月二日条参照。

317上　**茶講**　法要のための集会。

317上　**青ミ**　吸い物・刺身・焼き魚などのあしらいとして添える青い野菜。

317上　**寒干**　千切りにした大根を冬の天日で乾燥させた保存食。

317上　**とせん**　ドゼン。独活《うど》。

318下　**江副大介**　佐賀藩士。切米四〇石の兵部左衛門嫡子。のち清一郎に改名。

319上　**石筆**　鉛筆のことか。

319上　**篠原源右衛門**　実名孝定。平戸藩士。「禄高一五〇石。安政二年、中老嫡子格。文久三年、御部屋様御用向。慶応三年、御内室御姫様御用係」（以上、松浦史料博物館出口氏のご教示による）。この他にも弘化四年四月二八日付鍋島茂辰宛書状以下数通の来状がある（長崎市深堀町樋口家所蔵文書）が、深堀鍋島氏と交際を持つ経緯は不詳。

320上　**伊王嶋**　深堀領。現長崎市。

320下　頂番砂糖　中国から輸入された白砂糖。『守貞謾稿』巻之五に「砂糖のこと、昔は紅毛より齎し来るを出島白、清より来るを三盆・頂番・並白と云ふ」とある。なお、松浦章「江戸時代唐船による砂糖輸入と国内消費の展開」（関西大学『東アジア文化交渉研究』第三号所収）に「最高級品の三盆、そして極上砂糖の頂番糖」とあるように極上品であった。

321上　宏姫　直正の娘靖子。恒姫、映姫、宏姫と改名。慶応三年一一月一五日細川護久（熊本）に嫁す。

322下　浄光寺　神埼市にある浄土真宗寺院。

326下　白石　しろいし。杵島郡。現白石町。

日記　慶応三丁卯年七月

（表紙）

慶応三丁卯年七月
茂精公御代
日記
御非番　渡辺五郎右衛門役内
□□□□（御在佐嘉カ）中

慶応三丁卯年七月中
茂精公御代
御非番
御在佐嘉

七月朔日　申　晴天

一　詰中月次御祝儀御帳ニ而被為
請候事

一　諸御礼被為
請候人々左ニ

御扇子　再勤被　仰付候御礼
御樽一　相浦三兵衛
御肴一折
御扇子　平川大介実弟養子差遣候代御礼
御肴　江副豹七郎
御扇子　中小性皆良田大蔵養子被差免候代
御礼
御肴　中小性　鳥巣良作
御扇子　初而　御目見
中小性　皆良田勝一
以上

一　請役所呼出ニ付、大塚慶太差出候処、当盆会御灯炉被相止候ニ付、廉々達帳を以、被相達候、左ニ
先般御仕与ニ而盆御灯炉之義被相止料銀ニ而被相済候ニ付、別紙之通折居ニシテ御霊前差上相成候様被仰付義ニ候
附リ御家中献備被下等も本文同断
六月廿九日

右之趣承知仕候、以上
一　銀弐匁
右者
御尊霊様御灯炉拵料入用之銀之内、当節ゟ料銀ニ而被差上候付、料銀包紙并折代銀引残り三ツ割ニして凡右之員数
一　同壱匁五分
右者、殉死塔扨又御家中被下候御灯炉、前条同断

六月　　御蔵方

下付紙
御家中献備之義も此員数差上候様之事
一　相浦三兵衛義再勤之為御礼罷登被居候末、今朔日右御礼被為請候ニ付、則引払罷下候段被申達候故、附状相渡候、左之通
御状致拝見候、相浦三兵衛義再勤之御礼為可申上、去月廿四日其許出立被罷登候由、同廿五日上着、御附状之趣致承知候、右御礼今朔日被相済、則引払被罷下義ニ候、此段御答旁如斯御座候、恐惶謹言

七月朔日　　渡辺五郎右衛門

峯弥次右衛門様
峯為之允様
多々良平太夫様

致追啓候、当盆会御灯炉被相省候御仕与、請役所ゟ達帳を以被相達候廉々并右ニ付、大与頭中様御申合御書附御与内達帳写、御心得迄差越申候、此段為御懸合如斯御座候、以上

七月朔日　五郎右衛門

前三人様

同二日　酉　晴天

一　御役々并御立入之人々江例年之通、暑中見舞差遣候、左之通
甚暑之節御座候得共、何某様弥御健達可被成御座奉恐賀候、随而近来乍是式素麺一居進上之仕

候、聊暑中御伺申上候証迄御座候間、御序宜御
執成被下度致御頼候、以上

七月二日　　渡辺五郎右衛門

中野数馬様
伊　外記様
坂　又右衛門様
深　助右衛門様
　　御小性中様

甚暑之節御座候得共、弥御健達可被成御座奉敬
賀候、随而近来乍是式素麺一居進覧之仕候、聊
暑中御伺之印迄御座候間、御笑留可被成下候、
以上

七月二日　　渡辺五郎右衛門

羽室雷助様
山本伝左衛門様
相良宗左衛門様
宮嶋寿平様
八戸彦兵衛様
副嶋左源太様
藤瀬孫太郎様
石井雄左衛門様
御立入並　関判蔵様
　　原五郎左衛門様
御立入　横尾文吾様　此三人ハ塩小鯛一
　　市川新之允様　折ツ、
　　深堀蔵人連名也

甚暑之節御座候得共、弥御壮健可被成御勤奉敬
賀候、随而近来乍是式素麺一居進覧之仕候、聊
暑中御見舞之証迄御座候間、御笑留可被下候、
以上

渡辺五郎右衛門

南里与助様
清水良作様
田代判蔵様

一　原田大右衛門様御病気之処、近日只様被御差
重候由ニ付、為御見舞従
御一家御願文御肴被進度被
思召上候条、其取計可致旨被

仰出候由、御側ゟ被申達候ニ付、則御勝手方手当夫々相備候故、御使大久保大助を以被差進候事

附リ御願文之義ハ御都合有之、先以御見合相成候事

一　頃日之末、今又左之通書附代官所差出、助役香田十蔵殿相達候処、当節者請取相成候

口達

長州御征伐ニ付、去夏出勢之分過夫御領中竃懸ニ《シテ》割夫被仰付義候条、賃米扨又雇替夫賃、深堀割前相納候様、大庄屋筋被相達置候得共、今以無其義、其筋之納銀差支候故、急速相納候通、自分方ニも其筋手当仕候様、為急弁（ママ）被仰達旨ニ付、右ハ去ル四月委細御達仕置候通、何分御請運兼候故、右出夫遂御断度、請役所奉願置候末、今以御差図無之ニ付、何れ右願筋御差図之処、宜御聞置被下度段、今又御達仕候得共、何分其通難被御聞置旨ニ而右書附被差返、猶又御懇達之次第承知仕候、就而ハ是等之儀再三御達仕候亘リ重畳恐多奉存候得共、抑深堀表点役御免之由緒大庄屋抔素リ相心得候筋ニ無御座、

御神祖様

泰盛院様ゟ先祖純賢二代目茂賢江奉蒙

御仁恩、難有

御判物をも頂戴罷在候訳柄有之、夫故主従共如睦甲胄之勤向猶更御報恩之志ニ而格別勉励、是迄連綿与取続来候処、右出夫当節献力之楯ニ《シテ》被仰付旨ニ者候得共、其通ニ而ハ前断頂戴之

御判物ニ齟齬仕、且ハ内輪主従之勤向廃頽、下民之難渋、彼是多端差支候至儀有之、何分ニも御達通之御請運兼候ニ付、遂御断置候次第者最前其筋へ差出置候書付をも相添御達仕置候通ニ御坐候、勿論右者大庄屋共相預候筋ニ無御座候条、何れ其筋ゟ御差図迄之処、幾重ニも御聞置、大庄屋筋御厳達之儀御猶予被成下度、此段御達仕候、以上

卯七月　御名内

渡辺五郎右衛門

石井雄左衛門殿
一　須古御屋敷ゟ之為御知、左之通
以手紙致啓達候、然者於和を鷹之助様へ御縁組
願之通被
仰付、右御礼今日首尾能相済申候、此段為御知
如斯御座候、以上
七月朔日
渡辺五郎右衛門様　古賀七太夫

同三日　戌　晴天

一　当盆御灯炉之儀、御変革之旨被相達候ニ付、
御内輪之儀も右ニ准シ料銀ニ而御寺納相成方ニ
可有之、吟味合御側相伺候、左之通
料銀ニ而御寺納
相成候様
伺手覚
盆御灯炉之儀、料銀ニ而御寺納相成、御家中献
備之儀も同様料銀ニ而差上候様、請役所ゟ被相
達候ニ付而者、右ニ准シ御家中之儀も灯炉取止
相成候様、大与頭中様仰合之由ニ付而ハ御自分
方之儀も右ニ准シ料銀ニ而御寺納相成方ニ可有
御座哉、此段奉伺候、以上
卯七月二日
一　深堀助太夫・山本嘉平太御火術方出席、的前
放出稽古用玉薬御定外御取替被差出度、頃日書
附を以、同所願出置候末、願通被差免旨、達帳
を以被相達候、左之通
一　左馬助家来深堀助太夫・山本嘉平太儀、役
内炮術稽古之儀、御番方家役之家柄、家来中
之稽古も是迄届兼候故、右之両人先以昇達之
上、一般ニ相及度旨ニ而自分専業申付相成、
出席之砌、的前放出御定、纔之放数ニ而何分
急々昇達之期不相見ニ付、御定外自分放出を
も為被仕度、併シ放出玉薬等其時々自分ゟ相
弁兼候ニ付、何程充欤拝借被差出被下度、尤
返上之儀いつれ与も被仰付次第奉畏候段、委
曲彼家来渡辺五郎右衛門ゟ願出之趣御吟味之
処、自余不相双御番方専要之家柄を以、家来

取立之儀ニ付而ハ願出之次第も無余儀相聞候
ニ付、地行御定放数之上、壱日壱人拾放宛被
差出儀ニ候、尤込薬フーナー代銀、偖又玉重
リ半高代銀納相成候様、被仰付儀候、此段
筋々可被相達候、以上

卯七月三日　御火術方

右御達之趣、承知仕候、以上

渡辺五郎右衛門

同四日　亥　晴天

一　当盆御灯炉被相止料銀ニ而被相済候通御改革
相成候処、是迄御並中様ゟ於高伝寺
御先祖様方へ被相懸候御灯炉之義、追廻御亭主
相立心遣相成来、当年
此御方御順当之処、形之通別而簡易之御仕与ニ
御変革相成、料銀折居ニシテ同寺役僧引渡迄之儀
ニ而、心遣ニも不相及ニ付而ハ御座上鷹之助様
御方ゟ被相整方ニ者有之間敷哉、御亭主前之訳
を以、気附之次第相談候方ニ可有之、山田又蔵
を以、彼御方遂示談候処、一体無拠気附ニ候得
共、矢張打追之通追廻ニシテ被相整度旨返答ニ
付、其通可取計、折其外其筋注文相成居候通、
御勝手方へ書出シ手数相整置候事

一　請役所ゟ之触状左之通

明五日
御城御寄会有之候条、此段可被御申上候、以上

卯七月　宮嶋寿平
相良宗左衛門
羽室雷助

渡辺五郎右衛門様

一　請役所ゟ御用ニ而、旧冬以来御願出相成居候
分過夫并出舸子献力御断、将又御番方ニ付而御
助力米願、何れも御吟味難被相附旨ニ而、右書
附都而被差返候事

同五日　子　晴天

一　当盆
上御先祖様方江御並中様ゟ之御献灯
此御方御亭主前ニ付、其段及御知候、左之通
以手紙致啓達候、当盆御並中様ゟ高伝寺ニおゐ
て被相懸候御灯炉心遣、此方順当ニ付、当節御
仕与替之旨を以、料銀致御寺納候通取計儀ニ御
座候、此段為御懸合如斯御座候、以上
七月五日　　渡辺五郎右衛門
吉岡仁右衛門様
其外諸家御用人中　尤御並中様
一　今昼月次飛船着岸、御在所ゟ申来候廉々并山
口弥平次御用筋含登、右船乗与上着、含登手覚
等左ニ
一筆致啓達候、深町太平太江被　御含越候其許
塾御造立之一件、於爰許評合、道場裏手夜廻道
傍南北棟立ニ《シテ》差図取立相成居候得共、其許お
ゐて尚御評合之処、色々差支所有之候付、棟相
建少シ南手江寄セ、別紙住居替図面之通建方相
成方ニ可有之、左候而差付ゟ地開キ壁土堀（ママ）方等
被相始度ニ付、何程歟右御普請方別段出筋ニ《シテ》
上銀相成度、旁委曲之御紙面承知之、御同意ニ
存候、右御普請方出筋之儀御仕与方より被差出
方ニ可有之、吟味決相成候付、其段彼役筋相達
置候付而ハ当便ゟ上銀可相成存候
一　前断塾御造営ニ付而ハ壁竹其外相応之入用
可有之ニ付、深のミ村御建山之内ゟ追々性合
相定候上、伐取仕登相成度候間、右之次第、
彼地在役峯五太夫江申越候様、惣而原五郎左
衛門殿ゟ御相談之小竹も同様五太夫江申越候
様、致承知其取計いたす儀ニ御座候
一　地道舸子賃金願書一件、太平太含下手覚致
承知、右者爰元ニも長州船頭刄傷方一件等ニ
而取紛中、元〆方願書差出方差扣、追々差出
儀ニ御座候
一　当秋元〆方詰下村三郎兵衛殿被仰付候通有
之度一件、右同断
一　御助力願始郷津軍役御願方之儀も委細右同
人手覚書之通、致承知候

一　具足鐺之儀も委細右同人ゟ致承知候
一　御仕与方御私領中諸運上御取立御栄出之
末、当時石炭方御運上格別之御所務柄ニ候
処、上石炭御仕与方御無理之所置振ニ付、
精々目論見半、幸、御臨時方江被相据、広太
之御栄出相成候御都合ニ付、一刻も急々右之
新局御栄出相成度、希望之趣意、横尾殿現地
之振合得与遂熟談度一件、段々同人其外御示
談相成候得共、爰元之趣意通致急埒候御都合
無之趣致承知候
一　長州御征伐ニ付、去夏出勢之分過夫、御領
中竈懸ニシテ夫料銀割前可相納旨、彼是之趣、
右同断
一　異宗門方一件、太平太含下致承知候
右廉々為可申越如斯御座候、恐惶謹言

多々良平太夫

七月三日　義鳴（花押）

峯為之允

峯弥次右衛門

渡辺五郎右衛門様
深堀蔵人様

一筆致啓達候、円成寺住持寛度より年来之疝癪
差募、寺務法用勤兼候旨を以、隠居仕、後住之
儀者新発意法梁江被仰付度段、別紙之通願出候
付、右書付江伺書相副差越候条、被相伺
御下知之否、早々可被仰越候、此段為可申越如
斯御座候、恐惶謹言

多々良平太夫

七月三日　義鳴（花押）

峯為之允

峯弥次右衛門

渡辺五郎右衛門様

御答致拝見候、猪之助殿組中小性皆良田太蔵忰
勝一儀、初而
御目見并前髪執願、猪之助殿書替を以達出相
成、伺書相副差越候ニ付、被相伺候処、願通被
仰付旨、偖又堤壮右衛門組御徒野母新右衛門

儀、去ル十六日病死之段、忰観之丞ゟ筋々達出
ニ付、右書附ヘ書上相副差越候処、御側被御申
上候由、致承知候、将又御手元御用赤葡萄酒拾
弐瓶入壱箱差越候処、無別条相達候由、致承知
候、余条御答之廉々致承知候、御再答致文略
候、此段為御再答如斯御座候、恐惶謹言

七月三日　　多々良平太夫
　　　　　　　　義鳴（花押）
　　　　　峰為之丞
　　　　　峰弥次右衛門

渡辺五郎右衛門様

追而、
若担那様御養生方薬用白砂糖壱本儀、深町太
平太下便ニ而田代大九郎其外ヘ同御用同品調
方申来候由、右ハ矢張最前我々ヘ被仰越置候
外ニ相調候事ニ有御座間敷与申合ニ付、矢張
最前之御注文ニ而調置候白砂糖、大九郎ゟ仕
送相成義ニ御座候、以上

一筆致啓達候、大木藤十郎ゟ暑中為伺　御機
嫌、龍眼肉一箱、我々江之御披露状相副到来ニ
付、右箱書状共差越候条、可被遂御披露存候、
此段為可申越如斯御座候、恐惶謹言

七月三日　　多々良平太夫
　　　　　　　　義鳴（花押）
　　　　　峯為之允
　　　　　峯弥次右衛門

渡辺五郎右衛門様

一筆致啓達候、四面宮当夏越一同
館林様御神号御祭リ之儀、被相整候、依之社人
福田駿河ゟ
上々様江御札・御鏡餅
御献上仕候ニ付、差越候条、
御内外御側江可被差上与存候、此段為可申越如
斯御座候、恐惶謹言

七月四日　　峯五太夫

渡辺五郎右衛門様

伺手覚
円成寺住持寛度儀、年来持病之疝癪差募、寺務法用勤兼候旨を以、隠居仕、後住之儀者新発意法梁江被仰付度、別紙之通願出候、右者願通被仰付方ニ者有御座間敷哉、遂吟味右書付差上之、此段奉伺候、以上
七月三日

御追書致拝見候、河内様・若狭様ゟ長崎御注文品
御直ニ御頼之由ニ而別紙之通、手当越相成候通被
仰出候旨、御側ゟ被申達候間、其筋手当急便次第差越候様、御紙面之趣致承知、昨日為調方使番長崎差越候得共、岸川才吉出違等ニ而調方不行届、尤唐団扇之儀ハ有之候得共、先達而御側御用同品、深堀蔵人上便ニ而調差越候代銀之儀ハ壱朱ト壱匁欤ニ而相調候処、一体払底之由ニ而ゟり残し之下品も壱朱ト三匁ならて不手入、余リ高値ニ有之、調兼空敷罷帰候、就而ハ右値段品ニ而可然哉、御向方被御問合否可被仰越候、余御注文之品之儀ハ前断之次第、期後便候

一　去ル十五日小城祇園社々人西川淡路与申人、御玄関参上、貴様御面談申入相成候得共、不快中ニ付、永石権作応対之処、懸リ祇園社火災之末、再建方ニ付、御領中勧化之筋奉願蒙御免、御城下辺勧化大図相髄候ニ付、当月末比ゟ御私領方罷越勧化相整度候間、彼地参着前其向相響居候通取計呉度旨、口能相談相成候付、右ハ最前勧化御免之次第請役所ゟ達帳を以、相達相成候末ニ付而ハ示談通大庄屋筋へ其段相響候通可申越旨、及御返答被置候間、其含を以、其筋相達置候様、委曲御紙面之趣致承知、其筋相達置申候

一　御部屋女中美那女江当盆前跡方比竟御手許方ゟ被渡下候御合力金者、御手許方ゟ出方仕向相成候様、別紙書出手数を以、御側ゟ被申

達候ニ付、右書出被差越候条、其取計相成候
通、其筋相達候様、御紙面之委細承知之、其
筋相達出方相成候付、当節別紙符紙之通差越
候条、其筋可被相渡存候
右廉々為御答如斯御座候、以上
七月三日　平太夫
為之丞
弥次右衛門
五郎右衛門様

去ル十八日、長州荒神丸甚六船長崎口より椛嶋
志し乗出候末、逆風相加、当浦内野牛嶋辺致汐
繋居候処、同夜九時比、強盗入込金子無心申懸
候上、船頭甚六逢刃傷無程致絶命候趣、至翌朝
相聞、惣而右船之儀、汐繋丈ニ而勿論問屋江も
相付居不申由ニ者候得共、前断之至儀ニ付而者
何れ浦方を相便リ可申儀当然之事ニ可有之処、
無其儀、少も浦方ニ相拘リ居候儀も無之哉ニ被
相考、尤長崎ニ而ハ付問屋も有之、何欤心配も
可致遣ニ付而者類船共より都合好取扱為漕戻候
通共ニ而ハ如何可有御座哉、御吟味之次第、山
口弥平次を以、洪助之進殿御示談相成候処、汐
繋与候而も見張手近之場所ニ有之、陸地同様之
訳ニ候得者無何与為漕戻候而者、至後々自然国
方懸合等有之候節、不都合之儀抔出来候而不相
済ニ付、何れ与欤手〆リ者相付居度段、被相答
候付、是迄難破船溺死等取計来候手規を以相考
候得者、向後一条於浦方難題ケ間敷儀等毛頭願
出間敷与之証書取〆置候振合之計方ニも可有之
哉之旨、弥平次ゟ及演舌候処、兎角無何与為漕
戻候通ニ者難致筋ニ付、猶役々相談同意候半者
其運共相付趣、依御談及御答之旨返答有之、弥
平次引取其段相達、猶御評合候処、前断談達之
振《（ママ合脱カ）》を以者、難破船溺死之節、諸事被御取計来
候手規を以、夫々御栄出相成方ニ可有之御評
決、其手配相成候末、手形取〆振等之儀、別紙
文達ニ手形三通相副、助之進殿へ猶又被及御相
談候処、最前御示談同意候半者其運相付可然与

之儀、同人ニ者逢刃傷候段其筋より達出候付、致文達廉々被相心得、手形取候亘リ手過之段問合相成候得共、台体当節之一件逢刃傷候次第、乗組中ゟ浦方別当筋へも達出候儀ニ無之、別当より茂役筋江達出不申、下目附ゟ相聞候旨為知来候付而者、跡方被相拠候例迚も無之儀ニ付、取計振相伺候儀ニ有之、前断之通向後一条ニ付於浦方難題ケ間敷儀等願出間敷与之証書取入《ミ》〆置候振合之計方ニ可有之哉与演達之処、其運相付候様与之儀、手形取〆之計迄相貫候段者打見居、今更右様取計過之様問答可相成儀無之哉ニ相心得候、然処右一件別紙之通文達之末、下目付見分手形ニ《シテ》取出候儀申渡、左候而乗与中ゟ国元へ之付状願出候付、別当ゟ可差出旨下目付より及沙汰候趣申達、旁ニ付、深堀蔵人・弥平次儀、助之進殿面談、跡方難破船之例を以、諸事取計置候付而者手形之儀も是迄之通請取相成度段、重畳讃談相成候得共、下目付見分手形ト二重相成候由被申聞候付、手元被留置候儀者如何可有候哉、猶又及相談候得共、被差出候上者早速向々差廻半而不叶候処、当節之振合を以者其儀も取計兼候由被申聞候付、近年伊王嶋ニ而五嶋富江領之船及難船、乗与之内溺死之者有之、下目付見分相整候付而ハ勿論手形をも取〆相成居可申、然ニ其節も支配済手形其外壱括在番方差出、受取相成候例も有之段、相咄候処、夫も於助之進殿ハ不相当筋ニ被相心得候由、抑御城下其外代官所懸等ニ而旅人刃傷殺害等有之候ハヽ、御目付方より見分手形ニ可相成、乍其上、内済手数与申欤ニ而旅人被差返候通行移候ハヽ、先方懸リ庄屋江之付状等夫々取計相成ニ《シテ》者いつれニ手形ハ代官筋よりも取〆可相成、然者右も実ニ相成訳ニ而無之哉、只管御目付方役向一筋之儀被申聞候哉ニ被相考、此節別当より之付状別紙之通、下目付添削候而取計相成申候、右者一件御改革ニ而御目付方取計置仰付儀候ハヽ、其段御私領方へも被相達置候半而不相叶、惣而別当より付状差出候儀、浦方致出来候事柄ニ付、浦役別当ゟ先方庄屋へ差出候付状候ハ、則浦方ゟ証書差出候訳ニ付、其浦支配罷出候、御私領方存不申候間、別当ゟ差出候訳無之、殺害与溺死与事替リ候得共、先方へ証書差出候儀者溺死手数ニ相替義無之処、御目付方限リ取計相成候亘リ於御私領方不相済義ニ申合候、依之以来右様之儀御私領方心得振御差図相成候様、請役所伺出相成候事

以手紙致啓上候、五嶋富江片町弐枚帆富吉丸船頭金蔵・水主清五郎・和三郎・船頭娘けい・同甥文吉都而六人乗組、蒸炭其外積合、去ル十一日富江出船長崎を志、出船之処、西風烈敷吹募、梶折損、洋中相漂罷在、同十二日八時比伊王崎平治鼻与申於瀬方及破船候段、大明寺村へ船頭とも ゟ申達候ニ付、介抱相加、然処右乗与之内娘けい行衛不相知旨、旁申出候段、其筋ゟ達出候付、早速支配役差出調子合候処、右娘義及溺死候段申出候付、死体探促為致候処、前断破船之場所深底江相沈居候を昨十四日夕方見当候付、取揚無疎勤番申附置候段其筋ゟ達出候、此段為御達如斯御座候、以上

十二月十五日　　田代五八郎

相良五兵衛様

口書

五嶋富江領片町弐枚帆富吉丸直乗

一向宗　酉四拾六歳　船頭　金蔵
浄土宗　同三拾四歳　水主　清五郎
一向宗　同拾八歳　同　和吉
同宗　同拾九歳　金蔵子　和三郎
同宗　同弐拾八歳　金蔵甥　文吉

当十二月十二日昼八ツ時比、御当所平治鼻与申於瀬方及破船候始末被仰問、左ニ申上候

一　船頭金蔵・水主清五郎・和吉申上候、私共儀、蒸炭百五拾俵・山芋七箱・生鯛三拾喉積入為商売長崎罷越候付、金蔵子和三郎同娘けい同甥文吉儀も同所為見物致同船、去ル十一

日朝五嶋出帆之処、西風次第ニ吹募、尤左迄相案候儀有之間敷申合、長崎を志シ相走居候処、只様風勢相増候得共、其比ハ地方ゟ三拾里余乗離却而長崎之方近寄居、殊ニ引戻候儀逆風相成訳ニ付而ハ長崎相運候方理前候故、打追相走居候内、凡夕七ツ半時比松嶋ゟ五六里沖ニ而不計楫打折、乗与何れも致当惑、檣相立可相凌之処、風波強、中々其儀不相叶、就中金蔵始乗組いつれも船心ニ而相臥働出来兼、清五郎壱人達者罷在候ニ付、色々相働候得共、何与申肝要之楫相損候而ハ如何共可仕様無御座、不得止事、金碇弐房・木碇壱房・端綱其外三房艫へ為挽、天運ニ任セ流次第ニ仕居候内、金碇弐房沈瀬へ引懸リ船可覆いたし候ニ付、右碇切捨、同夜中沖合相漂罷在候処、同十二日朝ニ至、当嶋近寄流寄居候付、力を得、何卒地方へ取附助命仕度、神仏へ祈誓仕之外他事無御座候処、凡八ツ時比ニ而も可有之、平治鼻与申瀬方へ被吹付候ニ付、いつれも海中飛込這上申候、娘義も同様飛込候得共、五嶋出船差付ゟ船心ニ而正気無之故歟、這上リ出来兼候模様ニ付、水棹差延候得共取附不相叶、親子之情合難見捨、険阻荒波之磯辺ニハ候へ（ママ）ハ金蔵飛込可相助いたし候処、大浪ニ二三篇被打倒所々怪我仕、兎哉角仕候内、引浪ニ被打込暫見守居候而も浮被出不申、本船之儀者無間も砕々相成、伝聞之儀瀬方打揚申候、右之次第甚乍残念、私共一同大明寺村御庄屋宅へ漸這附色々預介抱、左候而娘死体并船具手廻道具其外早速御人数被差出海岸御探促被下候得共、大浪打懸弁別不相叶、海上之儀ハ前断強風波之折柄船人難被差出、御差扣相成候事

一　和三郎・文吉申上候、前件金蔵其外為商売蒸炭其外積入長崎渡海仕候ニ付、同所為見物罷越度申談、娘けい諸共同船ニ而去ル十一日五嶋出帆之処、西風吹募洋中及極難、翌十二日御当所平治鼻与申所瀬方へ被吹附破船仕候

始終、金蔵其外申上候通相違無御座候事

一　右之次第早速御庄屋ゟ深堀御役方御届出、同十三日御支配御役人様御出張、万端厚蒙御介抱、殊ニ段々風間相成候付、船人数多被差出、船具手廻道具之内最寄之浜辺流寄候品々御取揚被下、死体之儀方々御探促被下候処、浜辺ゟ十四五間沖瀬間へ相挟リ沈居候由ニ而、御取揚被下、見調子候処、娘死骸ニ其紛無之、一向宗大蓮寺担那ニ付、伊王嶋於円通庵仮葬相整度奉願候処、其通御聞済、死体御見分之上被渡下候故、同寺相頼相葬候事

一　浜辺流寄候品々之外積荷船具手廻道具等尚又方々御探促被下候へ共、前条破船之砌、海中散乱遠沖流失仕候儀見及罷在候ニ付、最早御探促被相止被下度奉願候処、御取止被下、彼是御難題奉懸、誠ニ以迷惑千万奉存候事

一　五嶋役方ゟ申請候船往来之儀、無難ニ持上リ候ニ付差出候処、御見届之上船頭江御渡被下、慥ニ請取申候事

一　御役方御手当を以、御取揚被下候金子并船具手廻道具等、御庄屋方ゟ夫々被相渡、無相違請取、別紙書附差出申候、船滓之儀も可被相渡旨被仰聞候得共、御覧懸之通、微塵ニ相成居可拾取様も無之候故、捨置度願出、其通御聞済被下候事

一　当節破船ニ付而ハ灘証文可被相渡旨被仰聞候得共、其通ニ而ハ表立迷惑仕候ニ付、御内済之御計被下度奉願候処、御聞済、在所庄屋櫛山伝右衛門へ御当所御庄屋より之御附状被渡下、慥ニ請取申候事

一　当節破船ニ付而ハ流失品盗取或者於当浦不審怪敷気附等者無之哉、不差包申上候様、重畳御詮儀御座候得共、前条強風荒浪ニ而船相浮ヒ不申、積荷其外散乱流出仕候儀者眼前見届罷在義ニ而、全以左様之気附無御座、段々被入御念御介抱被成下御蔭ニ助命仕、就中死骸御探促方、船具其外御取揚之儀、数多之船人被差出、無残所御支配相済候ニ付而ハ勝手

引取候様被仰下、尚又長崎迄之渡海船をも被
差出被下、千万難有、追々帰着之上、遂一役
方相達可申奉存候事
右廉々聊相違不申上候、以上
文久元年
酉十二月十五日　文吉
和三郎
和吉
清五郎
金蔵
多々良平太夫殿
江口藤右衛門殿

以手紙致啓上候、最前御達仕候五嶋富江片町船
頭金蔵其外、於伊王嶋破船ニ付、支配役差出調
子合候次第、手形別紙写之通御座候、依之右■
■写差出、此段為御達如斯御座候
十二月十七日
相良五兵衛様　田代五八郎

以手紙致啓上候、一昨十八日夜当浦野牛嶋辺へ
泊船罷在候旅船へ強盗乗入、船頭逢刃傷候趣、
追々相聞候ニ付、役人差出取調子候処、別紙手
形之通り申出候ニ付、長州荒神丸乗与之者ニ者
跡方難破船ニ付浦方取合見合を以、当所別当ゟ
先方庄屋へ之懸合状相渡、右死体乗与之侭出帆
申付候、此段為御達如斯御座候、恐惶謹言
六月廿日
洪助之進様　田代五八郎

手形覚
長州大津郡黄波戸浦
拾三反帆荒神丸甚六船
乗組水主　三次郎
卯四拾七歳
亀次郎
同四拾弐歳
炊　利三郎

同弐拾三歳

私共儀当六月十八日夜於御当浦、播州飾東郡地啓村松原山八正寺領拾三反帆千歳丸相舫泊船罷在候半、船頭逢刃傷候段相聞候旨を以、始末被相調子、沖乗船頭前之甚六一同、去ル五月十一日黄波戸浦ニ而素麺半切昆布等積受出帆之末、所々江泊船、当月十一日長崎着湊、椛嶋町周防屋へ相付、積荷之内素麺半切丈売捌、夫々仕切等も為相済都合ニ而同十七日同湊出船、戸町浦へ泊船、翌十八日椛嶋を志シ出船之処、風並悪敷同夕七ツ時比御当所浦手沖小粒嶋辺江汐繋之積ニ而、勿論問屋付等も不仕、同夜泊船何れも休息罷在候処、九ツ時比ニ而も可有御座哉、船外ゟ荒々敷呼懸候者有之、怪敷相心得、船頭甚六始直様起立候処、何者とも不差分候得共厳敷伺申聞、火を灯シ候処、凡年齢三拾歳位、月代挟ク右折厚鬢ニ而筒袖羽織袴着用帯刀之男両人船内乗込来、金子無心之旨申懸ケ尖ニ於不被差出者打果とも可致風情ニ付いつれも爰限リ気味悪敷、船頭懐中ゟ凡金五六両位ニ而も可有御座哉差出候処、少分ニ相心得候様子ニ而、外所持之金子可差出旨猶又厳敷申聞、不得止事何程歟今又可差出積ニ而も可有御座哉、囲所之品物等段々取出し居候内、袋入之脇差壱本有之候を見受、若者切懸リ候哉も難計相心得候歟ニ而、壱人之男刀抜離シ、直様船頭面膚江切付候故、船縁江逃出候処、後口より臂を被切立候侭海中飛込候付、利三郎ニも同様飛込ミ最寄相繋居候芸州船之由碇綱江甚六諸供取付、三次郎儀ハ船底相忍居候処、無間も盗賊共無何方与も立去候模様ニ付、舳へ相潜居候亀次郎ゟ船頭其外へ声を懸候処、右芸州船ゟ伝間船ニ而甚六を介抱、炊・利三郎供々連来候得共、面膚其外之疵口ゟ多分之出血共ニ而不軽容体ニ付、暫気分を見合セ船内抱乗セ種々療養致し呉候得共、数ケ所之深疵与申、逃出候砌海中飛込游抔いたし候故歟、疲労強ク無程及絶命申候、惣而最前甚六ゟ差出候金子袋入之脇差扨又兼而所持罷在候胴巻とも無之、尤外相囲居候金子者相気付不申哉ニ而其侭差置居、盗賊共ニハ五人乗ニ而長崎之方へ向ケ漕去候趣、片船之者ゟ承得候付而者、長崎へ浮浪之徒入込、右之所業為相及儀ニ者無之哉与、人体柄ニ而相気付候得共、穿鑿之手懸リ迚も無之、十方を失ひ彼是与致し夜者明ケ居候処、追々御呼出為相成儀ニ御座候段申出候処、不容易事柄ニ付而者外ニ不審之気付等者無之哉、不包可申出旨被仰聞候得共、夜中不意を被襲、殊更帯刀荒男之風情見受候間、いつれも狼狽罷在たる儀ニ而外ニ気付候筋更ニ無御座、就而者最早乍此上御穿鑿之儀も御取止メ被成下、船頭死体一刻も連帰、前断之始末身寄之者共ニも具ニ申聞候通仕度ニ付、表立御取捌被成下候通ニ而者段々御手数をも相懸ケ可申ニ付、何卒内済ニ被成下候儀者被相叶間敷哉之旨、達而願出候付、御聞済、彼是厚御吟味被仰付被下候段、重畳難有仕合奉存候、右一条ニ付而ハ後日当御浦方ニおゐて御難題ケ間敷儀毛頭不奉願、猶国元罷帰候上、御手当之次第早速役方可申達儀ニ御座候、此段相違不申上候、以上

慶応三年
卯六月十九日　利三郎
亀次郎
三次郎

江口央助殿
山口弥平次殿

手形覚

播州飾東郡地啓村松原山八正寺領
拾三反帆千歳丸
沖乗船頭　清三郎
卯三拾壱歳
水主　留七郎
同五拾弐歳
政七郎
卯弐拾八歳
炊　富蔵
同拾五歳

私共儀当六月十八日夜於御当浦、長州大津郡黄波戸浦拾三反帆荒神丸相舫泊船罷在候処、荒神丸船頭甚六逢刃傷候始末被相調子、当四月廿八日鰯油素麺積込、地啓村川口出帆之末、下関ニ而素麺丈売捌、同所ゟ昆布運賃ニ而積請出帆、同五月廿三日長崎着候処、積荷値組等不思和敷、滞船之末唐米買受、肥後国志し昨十八日同湊出帆之処、逆風相成無余儀御当所浦へ碇を入相繋候処、長州船之由ニ而今壱艘繋船罷在候付、互ニ名乗合相舫居候処、同夜凡九ツ時比ニ而為有之哉、私共船へ致帯刀候男両人乗移り、壱人ハ凡年比四拾歳位、今壱人ハ三拾歳位ニ而月代狭ク右折厚髪ニ而筒袖羽織袴着用罷在り、金子無心之ため参候段荒々敷風情ニ而申懸ケ乗組中甚相驚有様、船頭清三郎ニ者長崎表仕切不捌ニ而相滞、留主中ニ付、其段申断候得共聞入不申、所々入物等相探シ候而財布之内ニ有之候金壱両船頭存之羽織壱ツ懸硯壱間取候而引取、長州船へ入込候、盗賊一同小船一艘ニ乗組、都合人数五人ニ而急キ長崎之方へ向ケ漕行候付而ハ、定而長崎へ浮浪之徒入込居、右之所業為仕儀ニ可有之哉与相気附候迄ニ而、其後如何相成候哉相心得不申、然処、長州船頭甚六右盗賊ゟ逢刃傷候趣承知仕、弥以乗組中驚入罷在候処、段々夜明彼是いたし候内御呼出為相成義候段申上候処、一件不容易事変ニ付而ハ外ニ気附存寄等有之候半ハ不包申出候様、重畳被仰聞候得共、不斗致出来候儀ニ而存附等一向無御座、惣而一件表向御手数等被成下候通ニ而ハ弥ケ上難渋仕義ニ御座候条、何卒内済之御取計被成下度奉願候処、御聞啓被下難有奉存候、乍此上御浦方ニおゐて何角少も御難題ケ間敷儀無御座、種々厚御僉儀被成下、御浦方御難題奉懸候亘リ重畳奉痛入儀ニ御座候、此段相違不申上候、以上

慶応三年
卯六月十九日　富蔵
政七郎
留七郎

清三郎

江口央助殿
山口弥平次殿

手形覚

芸州豊田郡大崎嶋矢馬村
弐拾三反帆春日丸

船頭　長蔵　卯五拾歳
水主　倉吉　同弐拾壱歳
同　庄吉　同五拾歳
同　安平　同三拾弐歳
同　倉蔵　同四拾歳
同　兼吉　同弐拾二歳
同　亀吉　同三拾七歳
同　藤吉　同拾九歳

当六月十八日夜於御当浦[redacted]長州大津郡黄波戸浦拾三反帆荒神丸船頭甚六、逢刃傷候始末被相調子、当四月十二日御当浦入船相繋居、同六月昨十八日夜何れも休息罷在候処、同九ツ比ニ而も有之候ニ而哉、怪敷声ニ而助ケ呉候様相叫候ニ付、起上リ見廻候処、碇縄へ取附居、強盗ゟ刃傷ニ逢候段申聞ニ付、相驚き致仰天候内、今又壱人游き来リ同縄へ取附候ニ付、手間船へ右刃傷ニ逢候ものを抱へ乗セ候処、右之手其外数ケ所之大疵ニ而容体甚タ危急と相見へ子細等承リ候処、刃傷ニ逢候者長州船頭甚六、今壱人者同水主利三郎、共々介抱いたし候半、右長州船ゟ盗賊ハ立去リ候旨相呼リ候ニ付、利三郎・安平両人ニ而其侭手馬船ゟ漕送リ本船へ抱乗セ候而追々安平ニ者引取罷帰リたる儀ニ御坐候、然処右一件被御聞附候由ニ而今十九日朝御出張、厚ク御詮儀相成、気附存寄等ハ無之哉、種々御尋ニ候へ共、不慮之儀ニ而一向気附存寄リ更ニ無御坐、併御浦方御難題奉懸ケ候亘リ於私ともニ奉痛入儀ニ御坐候、此段相違不申上候、以上

慶応三年　藤吉
卯六月十九日　亀吉
兼吉
倉蔵
安平
庄吉
長蔵

江口央助殿
山口弥平次殿

手形　写

来卯八月限
一　六拾石積壱艘船頭舸子四人乗
右、長州大津郡黄波戸浦甚六船、為商売長崎表之外諸国罷越候、宗門相改無紛者候条、津々浦々無煩御通可被下候、以上

長州
慶応弐寅十月　田中庄左衛門　印

諸所
御究衆中

船往来手形

播州飾東郡
御朱印地　松原山八正寺領
船主　長左衛門
沖船頭　清三郎
百三拾石積拾（ママ）反帆
但水主共五人乗
右者為商売諸国致渡海候間、国々御関所無相違御通可被下、為其舟往来手形仍而如件

松原山八正寺行事
慶応三卯年　文殊院　判
正月

国々浦々
御関所
御役人衆中
以手紙致啓上候、昨十八日長州船拾三反帆壱艘・播州船拾三反帆壱艘長崎出帆之末、椛嶋志罷在候処、逆風ニ付当浦野牛嶋辺致汐繋居候半、同夜四ツ時比五人乗候漁船壱艘乗付、右船ニ致手分金子無心申懸、長州船頭壱人及殺害候段、乗与之者共ゟ申達候趣、其筋へ達出候ニ付支配役差出無疎勤番申付置ゟ申達候、此段為御達如斯御坐候、恐惶謹言以上
六月十九日
洪助之進様　田代五八郎

口達
去ル十八日夜、長州大津郡黄波戸浦荒神丸沖船頭甚六与申者、当沖野牛嶋辺汐繋泊船中、逢刃傷候末相果候付、難破船溺死之節取計来候例ニ倣ひ乗与之者共取調子、手形を取致見分候取計罷在候間、旧例可達出旨被仰達、右者別紙之通御座候、此段御達仕候、以上
卯六月廿一日　田代五八郎
洪助之進殿

口達
先般御用石炭積船明神丸直乗船頭熊作外弐人乗船、於小ケ倉前ニ及破船候ニ付、支配手数相整候始末、其御役筋御聞番方御達仕候末、佐嘉表筋々御届をも仕置候処、右者致来之事ニも可有之候得共、不筋之事ニ付、書付壱通被差返置候由、依之前方ゟ難破船之砌支配振等御達仕候様被仰達、承知仕候
一　公儀扨又諸国御用物積船、自然難破船之砌者差付最寄之浦ゟ船人差出及介抱、難破船之次第役場遂註進候ニ付、早速支配役之者差出、其段其御役場御聞番方御達仕、支配済之上も其趣及御達、佐嘉表江も支配済之趣委細

御届仕、尤商売船之義ハ支配済之上[redacted]佐嘉表而已御達仕候、古来ゟ致来ニ御座候処、部一請取方之儀ニ付、天明六年午六月請役所御呼出、御達帳を以、左之通被相達候ニ付、猶又守其旨罷在儀ニ御座候

一　於御領海他方之蔵米運送之砌、及難船候節、濡米干米共部一之儀、拾部壱浦中取来候得共隣国其通無之ニ付、以後ハ濡米ハ沈荷拾部壱、干米者浮荷弐拾部壱受取候様、去々年被相達候得共、右之通干濡部壱取納仕候節者浦人共心得違利欲ニ相拘リ干物も濡物ニ相成候程之儀抔有之間敷儀ニ而も無之、自然悪事等致出来候而者不相叶、其外差支候儀も多々有之候条、致来之通被　仰付被下度旨段々被申達、御当役御聞届御吟味之処、相違之趣無拠相聞候ニ付、古来ゟ致来之通被　仰付候、尤万一御用米積候船及難船候節者早速深堀御蔵床ニも申達取計可被申候、旁相達候、以上

午六月十八日　請役所

右、志摩殿家来へ被相達候趣承届候、以上

津方役

一　前断

公儀扨又諸家御用物積船等支配取計候節ハ御聞番方御達仕候上、其筋々御懸合相成、御代官手代所方ゟ者長崎屋敷詰之役人抔出張立会取計候儀ニ御座候

一　天明之度御達之末、部壱請取方之儀、公儀ゟ左之通御触出之趣ニ付、其後ハ右御触御達之通取計申儀ニ御座候事

申渡

御城米并武家荷物其外商荷物共海上ニ而致難船候節、荷物致陸揚候者分一請取方之儀、是迄区々之場所も有之候哉ニ付、以来別紙之通可相心得候

右者、太　備後守殿へ申上候上、万石以上諸家へ相達候ニゟ支配所并最寄万石以下知行寺社領之内海岸付村々江可被申触候

御城米并武家荷物其外商荷物とも於海上及難破船候節、荷物致陸揚候もの分一請取方之儀、以来左之通可被相心得候

一 浮荷物沈荷物共浦高札ニ有之候者、船中之荷物ニ者無之、難船之節海中江致散乱海上ニ浮、又者海底ニ沈候荷物之事ニ有之、海上ニ浮有之荷物取揚候もの者弐拾部壱、海底ニ沈候荷物取揚候ものハ拾分壱請取可申候事

一 船中ニ有之荷物之儀者沈船ニも可至体之水船并沈船ニ而も浅き場所之分ハ致陸揚候荷物三拾分一請取、全ク之浮船ゟ致陸揚候分ハ分一請取申間敷事

右之通相心得、分一請取方之儀者寛政七卯年御触之通、其品相当之代金ニ而請取可申、尤差向難決儀も有之荷物ハ不残荷主へ相渡、分一請取方之儀者其時々可被問合候

亥八月

一 公儀并諸国御用物積船等難破船之砌、支配方御代官手代或者諸家役人出張之上者立会、難破船之模様積荷等委敷調子合、浦手形等夫々取〆相軄申儀ニ御座候

一 諸国商売船難破船之砌、支配役差出遂見分、浦手形等夫々取〆、船頭ゟ内済願出候得者、其所役ゟ向方所役迄、難破船之都合部壱請取高等迄手形相副、懸合状差出儀ニ御座候、尤内済願出不申候得者灘証文相副、表向支配役之者ゟ其向々役方へ懸合状差出申儀ニ御座候事

右之通、難破船之砌前々ゟ致来ニ御座候、以上

巳三月　田代五八郎

石川寛左衛門殿

一筆致啓達候、唐津明神丸直乗船頭熊作外弐人乗、久原ゟ長崎被差廻候石炭積受出帆之末、去ル十三日小ケ倉前ニ而及破船候由ニ而左馬助殿

家来出役、浦手形等夫々取〆候由、委曲彼家来ゟ達出候趣、御当役御聞届之処、右者致来之儀ニも可有之候得共、一体右体之儀ハ其御役場ゟ夫々御取計相成候儀当然之儀ニ有之、右家来筋ゟ之取計者不筋之事ニ付、書付壱通被差返置候条、急速夫々被御取調子可被御申越候、勿論以来共其心得可被成候、此段申越候様有之如斯御座候、恐惶謹言

二月廿八日　中野兵右衛門
田中五郎左衛門
井上丈左衛門

石川寛左衛門様

御状致拝見候、唐津明神丸直乗船頭熊作外弐人乗、久原ゟ長崎■被差廻候石炭積請■出帆之末、去月十三日小ケ倉前ニおゐて及破船候由ニ而左馬助殿家来出役、浦手形等夫々取〆候段、委曲彼家来ゟ達出候趣、御当役御聞届之処、右者致来之儀ニも可有之候得共、一体右体之儀ハ爰元役場ゟ夫々取計候儀当然之義ニ有之、右家来筋ゟ之取計不筋之事ニ付、書付一通被差返置候条、急速夫々取調子申越候様、勿論以来共可致其心得旨、委細之御申越致承知之候、右難船一件之義ハ其筋ゟ註進之、差付左馬助殿家来筋ゟ演達之末、船頭名前並積荷其外所役之ものゟ一通取調子候趣、田代五八郎ゟ別紙之通手紙ニ而申達候、右ハ他邦之荷船或者商荷等積請候難破船与相違、長崎会所納御用石炭、御山方付役福岡助太郎其外ゟ久米次左衛門江之送状所持罷在候ニ付而ハ家来筋ゟ次左衛門江申達、同人始御屋敷詰石炭方存之人々ゟ得差図夫々取計相成候様、尤爰元詰元〆役郡目付并元〆方手伝役之儀者御側ゟ深堀勤役中右石炭方懸合被仰付置候趣ニ付、如何可被相心得哉、可応相談之次第も有之候得共、右役々之儀者香焼嶋・高嶋両嶋ゟ之出炭方懸合被仰付置候心得ニ付、御屋敷詰石炭方受持之役々ゟ夫々取計相成候方相当ニ者無之哉之旨返答有之候故、旁之趣家来筋へ申達置候処、早速次左衛門へ相達、浦法致来之通取計

差支無之哉之旨相尋候処、同人〻も其通差支有之間敷旨任被申聞ニ、地方浦役人出張、例之通取調子相成候処、右乗与船頭熊作共〻内済願立候由ニ而右之運取計、其段次左衛門江も申達、跡方之通夫々手形等取〆、小ケ倉庄屋〻船頭熊作共居所庄屋江之付状差出、諸事浦法之通取計相成候段、是又別紙写之通五八郎〻達出相成候、一体難船支配之儀ニ付而者役場ヘ御書物等も無之候得共、右様之節者其時々家来筋〻申達候儀聞置候迄ニ而役場誰〻致出役候儀無之、尤乗与之内溺死等有之候節者下目付差出、手形取〆候通取計来候旨承リ得居候ニ付、是迄其心得ニ罷在候、然シ当節ハ御用物右之次第ニ而訳柄も相違候得共、前断之通、次左衛門江之送状有之、殊ニ右石炭方請持之人々御屋敷ヘ数人被罷在候ニ付、右役々〻之差図を以、夫々取計相成候儀当然之様相心得、右之通申達置たる儀ニ御座候、然処一件此節委曲之御差図越ニ付、早速家来筋猶又調子合候処、別紙写之通船頭熊作其外手形等夫々取揃付状差出、右熊作其外之もの共ニ者滞差返置候由、惣而浦法手数合之儀者往古〻之致来之末、天明之比御役筋〻之御達帳其後

公儀〻被相達候次第有之、其以来者右御触達通取計来候由ニ而、委細別紙之通、五八郎〻口達書を以申達候、右者船頭共ニも最早引取罷在、前断之次第を以者いつれ之通取計可然哉、以来之儀とも取束、今一応御吟味有御座度、依之五八郎〻之手紙写ニ并口達書扨又船頭共手形其外写壱括、且浦法ニ付而地方役場留書写二、都而五品差越申候条、猶又被遂御評議御差図之否、早急可被御申越候、此段御答旁為可申越如斯御座候、恐惶謹言

三月　　　　石川寛左衛門

井上丈左衛門様

田中五郎左衛門様

中野兵右衛門様

安政四年巳四月朔日
一筆致啓達候、唐津明神丸先月十三日小ケ倉前ニおゐて及破船候処、左馬助殿家来出役、浦手形等夫々取〆之一件ニ付而最前手数振及御問合候処、彼家来ゟ達出之次第等を以、猶又被相伺越候趣、御当役御聞届御吟味之上、別紙書取之通被相決、彼家来江も被相達置、以来其御取計可被成候、此段申越候様有之如斯御座候、恐惶謹言

三月廿一日　中野兵右衛門
田中五郎左衛門
井上丈左衛門

石川寛左衛門様

唐津明神丸直乗船頭熊作外弐人乗、久原ゟ長崎被差廻候石炭積請出帆之末、去月十三日小ケ倉前ニおゐて及破船候付、左馬助殿家来出役、浦手形等夫々取〆候由、彼家来ゟ達出相成候一件、右等之砌者深堀在番ゟ夫々差引相成候儀当然之筋ニ相見候処、在番ゟ者為何儀も無之ニ付、石川寛左衛門江問合越相成候処、難船之節家来ゟ届出ニ者相成候得共、彼役場ゟ之取計者有之不来哉ニ而、家来筋問合相成候処、前々ゟ致来之由委曲達出候由ニ而、以来之取計振尚又伺越相成調子合相成候処、先年諫早海辺へ薩州船難船之節者爰元ゟ支配役数人被差出置、一体他邦江も相懸候筋ニ而、依于趣候而者別段支配役等被差出候儀ニも可有之、然ニ致来ニ而在番方江申達候迄ニ而家来筋一手限之取計有之候儀、元来不相当事ニ付、以来難破船等之節助船抔者浦法通其場急速差出、則在番方相伺、手形取〆等之儀者跡形之見合も有之候条、其節之振合ニ随ひ在番差図之上家来筋ゟ夫々取計候様、左候而右手形等取束達出候を在番ゟ請役所達越相成候様之事

一筆致啓達候、唐津船明神丸当二月十三日小ケ倉前ニおゐて及破船候ニ付、左馬助殿家来出役、浦手形等夫々取〆一件ニ付而最前手数振等

被相達越候処、家来筋ゟ致来之旨を以達出候次第、且役場是迄之心得有之、猶又伺越候趣、御当役御聞届御吟味之上、御書取之通被相決、彼家来江も被相達置候ニ付、以来其取計いたし候様、委細御差図越之旨致承知候、依之於爰元も右之次第家来筋相達為置儀ニ御座候、惣而者前断明神丸難船一条之儀者いつれ与も御差図無之ニ付、家来筋問合候処、別紙之通伺出候、右者夫形ニ差置相成候事柄ニ而も無之哉ニ相見、一体是迄之致来為有之儀ニ候得共、最前被相達候手続且此節御差図之旨も有之候得者、乍跡事、支配済之上、手形其外役場差図相成候方可然与存候、其段家来筋申達、別紙袋入手形其外并伺書をも差越申候条、御落手可被成候、尤右明神丸支配一件之義者外ニ御吟味之都合も有之候半者手形其外其筋可及返達候条、可被差返与存候、右者一往可伺越之処、往返隙取候ニ付為急弁右之取計為相整儀ニ御座候、此段御答為可申越如斯御座候、恐惶謹言

四月九日　　石川寛左衛門

井上丈左衛門様

田中五郎左衛門様

中野兵右衛門様

唐津明神丸直乗船頭熊作外弐人乗、久原ゟ長崎被差廻候石炭積請出帆之末、去月十三日小ケ倉前ニおゐて及破船候付、左馬助殿家来出役、浦手形等夫々取〆候由、彼家来ゟ達出相成、一体右等之筋ハ深堀在番ゟ夫々差引相成候儀当然之筋ニ相見候処、在番ゟハ為何儀も無之ニ付、石川寛左衛門江問合越相成候処、難船之節家来ゟ届出ニ者相成候得共、彼役場ゟ之取計者有之不来哉ニ而、家来筋問合相成候処、前々ゟ致来之由委曲達出候由ニ而、以来之取計振猶又伺越相成調子合相成候処、先年諫早海辺江薩州船難船之節者爰元ゟ支配役数人被差出置、一体他邦江も相懸候筋ニ而、依于趣候而者別段支配役等被差出候儀も可有之、然ニ致来ニ而在番方江申達候迄ニ而家来筋一手限之取計有之候儀、元来不

相当事ニ付、以来難破船等之節助船抔者浦法通
其場急速差出、則在番方相伺、手形取〆等之儀
者跡方之見合も有之候条、其節之振合ニ随イ在
番差図之上家来筋ゟ夫々取計候様、左候而右手
形等取束達出候を在番ゟ請役所達越相成候様之
事

深堀最寄御領海ニおいて難破船有之候節手数振
之儀、左馬助殿家来致来之旨も有之候由ニ候得
共、以来、難破船等之節助船抔者浦法之通其場
急速差出、則役場江伺出、手形取〆等之儀者
時々之振合ニ随イ役筋ゟ之差図を以、家来筋ゟ
夫々取計相成候様、乍其上、一件ニ付而之諸書
付等取束役場達出候通被
仰付儀ニ候、右ニ付為心得其筋ゟ之御達書写相
渡申候条、可被得其意候、以上

巳四月　石川寛左衛門

右御達書之趣承知仕候

口達

深堀最寄御領海ニおいて難破船有之候節手数振
之儀、致来之旨も有之候得共、以来、助船抔者
浦法之通急速差出、則御役場伺出、手形取〆等
之儀者時々之振合ニ随イ御差図を以、夫々取計
候様、乍其上、一件ニ付而之諸書付等取束御役
場及御達候通被仰付置旨、委細御達之趣承知仕
候、尤当二月唐津明神丸御用石炭積請長崎廻之
船小ケ倉沖及破船支配済之一件、其節用人筋を
以手形其外差出、御請役所御達仕置候処、右者
不筋之由ニ而被差返候段、佐嘉表ゟ申越候、就
而者右一条之儀、改而御役場江御達仕候儀ニ可
有御座哉、何れ之通相心得可申哉、此段相伺
候、以上

四月八日　田代五八郎

石川寛左衛門殿

口達

唐津明神丸御用石炭積請長崎廻之船於小ケ倉沖

及破船支配済之一件、其節用人筋を以船頭手形其外御請役所御達仕置候処、右者不筋ニ而被差返候段佐嘉表ゟ申越、其末難破船支配以来手数振之儀今般御達之旨も有之候付而者、右手形其外改而御役場御達可仕哉、何分相心得可申哉之旨相伺候処、一件之書付類都而御役場差出候様被仰達候、依之福岡助太郎殿其外ゟ之送書写壱并船頭手形壱・唐津領福本式五郎へ小ケ倉村庄屋ゟ之懸合状都而四通差出、此段御達仕候、以上

四月九日　　田代五八郎

石川寛左衛門殿

未得御意候得共一筆致啓上候、弥御堅固可被成御勤珍重存候、然者御懸内荒神丸船頭甚六・水主三次郎・亀次郎・治三郎四人乗、当六月十七日肥後志長崎出帆之末、同十八日当領亀ケ崎浦与申所へ汐繋罷在候処、同夜九ツ時比五人乗漁船壱艘乗懸金子無心申懸候末、船頭甚六及殺害候段、問屋ゟ達出候ニ付、役々見分之上、三次郎其外ゟ手形差出、内済手数相済候間、一刻も帰国仕度被願出候故、任其意出帆有之候通取計候ニ付、委細ハ右人々ゟ御承知可被成候、此段御懸合与して如斯ニ御座候、恐惶謹言

卯六月廿二日　　肥前彼杵郡深堀

田中大助

長州大津郡黄波止浦

村岡半七様

同六日　丑　晴天

一　横辺田代官所ゟ出夫割合前納銀之義、今又才促有之候事

同七日　寅　晴天

一　七夕御祝儀御帳ニ而被為請候事

一　御式台御帳場相立、御広間人々出張相成候事

同七八日　卯　晴天

一　月次飛脚船今夕汐ゟ出船申付筈ニ而連署等夫々相仕廻置候、尤山口弥平次含登御用筋未タ相躾兼候ニ付、捌次第深堀蔵人ニも一同乗船被罷下筈ニ候、依之御在所并深海在役江之懸合等左之通

御状致拝見候、深町太平太含帰之廉々御承知之由

一　円成寺住持寛度隠居仕、後住法梁江被仰付度段、別紙之通願出ニ付、右書附伺書被相添被差越候旨致承知、御側相伺候処、御吟味通被　仰付旨ニ候

一　大木藤十郎ゟ暑中為伺、龍眼肉一箱各様迄差上候付、右箱・書状共被差越旨致承知、御側差上置申候

右廉々取束御答為可申越、余条文略、如斯御座候、恐惶謹言

七月八日　　渡辺五郎右衛門

峯弥次右衛門様

峯為之允様

多々良平太夫様

追而、

若担那様御養生方薬用砂糖之儀、矢張御追書仰越之通当節田代大九郎ゟ之仕向ニ而相済義ニ御座候事

河内様・若狭様御頼品之内唐団扇之儀越下仰上之通下品高直ニ有之候半、御求不相成ニ付、御手当不及旨ニ候、御部屋女中美な女江御手許方ゟ被為頂戴候御合力金其筋ゟ出方を以、当節別紙符紙之通被差越候由、無別条相達申候、以上

致追啓候、立川作一郎其外当土用稽古済之上、剣術偖又体術相伝有之候段、文武方ゟ別紙之通達出ニ付、右書附差越申候、就而者自余見合銘々取御目録被為拝領方ニ可有御座

哉、御頭人被仰達否、可被仰越存候、此段為
御懸合如斯御座候、以上
七月八日　五郎右衛門
弥次右衛門様
為之允様
平太夫様

同九日　辰　晴天

一　横辺田代官所へ（以下脱文、記事を欠く）

一　今朝五ツ時御用之旨請役所ゟ申来候ニ付、江口小平太被罷出候処、御当役上総様ゟ御直達ニ而、深海村足軽館米作祖母長寿者ニ付被相祝、青銅被為拝領候旨御書取を以被相達候、左ニ

左馬助足軽高木郡
深海村館米作
祖母

右之者当年九十一歳罷成別而達者有之、子孫連続罷在長寿もの候段、達
上聞被成、御祝青銅三貫文被為拝領候

一　厘外波止場番馬渡大蔵ゟ同津懸リ穢多共当時勢柄難渋之旨を以、津中へ助成願出候由ニ而、波止場番人中申合之次第書附を以達出相成候ニ付、遂吟味、達面無拠相聞候ニ付、被差出方ニ可有之、其旨御勝手方懸合置候、大蔵達書左之通

手覚

厘外津懸リ夜廻リ穢多儀是迄日ニ一銭之御助成被成下、其上去夏依于願米五舛御助力被成下難有頂戴罷在候処、近年諸色殊之外高価相成候ニ付而ハ至極難渋仕候由、就而ハ弥ケ上御難題ケ間敷難奉願畳（マヽ）重恐多奉存上候得共、前断之場合ニ付何卒御慈悲を以、米何程欤御救被成下度旨、津中江願出候由、然処波止場中之儀格段願来候処、御米月ニ壱舛ツ、頂戴被
仰付度奉歎願候ニ付、一統打寄申合候処、当時勢柄無余儀事情相聞候ニ付而者願通壱舛ツ、被渡下候半而相叶間敷与相談候ニ付、

此御方ニ茂自余同様被為頂戴被下候様奉願候
条、宜敷御吟味被成下度、此段致御達候、以上
　卯七月　　馬渡大蔵

同十日　巳　晴天

一　深堀蔵人・山口弥平次義御用筋相捌兼、今日
迄御留相成居候末、何れも一先今夕汐ゟ被罷下
候ニ付、両人手覚并飛脚船をも引留置候得共、
一同出船申付、御在所申越候次第、左之通
　手覚
一　元丸放出用之大炮弐挺丈ケ新製被成置度旨
被　仰出候一件
一　繻子帯地三本
一　三御丸ゟ長崎御整入御相談之由、
御内ゟ被申達候一件
一　稽古人文武業前書取被相渡候一件
右廉々委細御案内之通、夫々可被仰談候、以
上
　七月十日　　渡辺五郎右衛門
　深堀蔵人殿
　手覚
長州船々頭逢殺害候一件、御私領方ゟ見分手形
を取、夫々被相運候末、下目付ゟ取合相成、五
八郎殿ゟ差図取計相成候次第書取可差出旨申聞
候ニ付、下目付并洪助之進殿へ取合手続之都合
其外委細貴様被御含越候ニ付、差付、原殿・横
尾殿私小屋相招、両人之存寄致承知、其末、成
松殿へ文右衛門殿を以御目附方之御法前相尋候
処、五八郎殿ゟ口達書丈ケハ下目附ニもいつれ
被[redacted]差出候半而相叶間敷ニ付、差付請役所伺
出候手筈難相付ニ付、一先其筋之運被相付、乍
其上請役所伺之取計可致旨、於爰許尚以致御申
合候通ニ付而者委細御承知之通、深堀被仰合、
峯弥次右衛門其外へも御打合相成度御座候、以
上
　七月十日　　渡辺五郎右衛門
　山口弥平次殿

一筆致啓達候、深海在住足軽館米作祖母長寿者ニ付、青銅可被為拝領候旨、別紙御書附を以御当役様ゟ御直達之末、右青銅其筋より相渡候ニ付、右之者頂戴有之候通、彼在役峯五太夫へ懸合越義ニ御座候、此段為可申越如斯御座候、留ル

七月十日　　　渡辺五郎右衛門

峯弥次右衛門様

峯為之丞様

多々良平太夫様

一筆致啓達候、其許在住足軽館米作祖母長寿者ニ付、請役所ゟ青銅被為拝領旨、御当役様より別紙御書付写之通御直達之末、右青銅相渡候付、当節差越候条、右之者被仰達頂戴有之候通御取計可被成候、此段為可申越如此御座候、留ル

七月十日　　　渡辺五郎右衛門

峯五太夫様

追而、本文之趣御在所へも此方ゟ申越置義ニ御座候、已上

同十一日　午　晴天

一　於妙玉寺御施餓鬼ニ付、役割之通何れも早朝ゟ御寺出張相成候事

一　御組内月次寄会被相整候事

一　鷹之助様御用人ゟ左之通

以手紙致啓達候、然者当盆恭法院様御塔前へ鷹之助ゟ相懸候御灯炉、御仕与替ニ附料銀ニ而別封壱為持申候条、其筋宜被相達度致御頼候、以上

七月十一日　　　吉岡仁右衛門

渡辺五郎右衛門様　　草場甫助

一　今夜五ツ時比陸地夜通飛脚到着、峯為之丞親羽右衛門病気ニ付、渡辺五郎右衛門へ為之丞ゟ懸合度旨を以、飛脚願出相成候由、附状左之通

一筆致啓達候、峯為之允親羽右衛門儀病気ニ付、貴様江懸合越度旨を以、飛脚願出相成候ニ

付差立申候、此段為付状如斯御座候、恐惶謹言

七月十日　　多々良平太夫

義鳴（花押）

峯弥次右衛門

渡辺五郎右衛門様

同十二日　未　晴天

一　昨十一日於妙玉寺御施餓鬼ニ付、諸家御代香
左之通

備前代香
西山平之丞

鷹之助代香
宮永安太郎

岡部杢佐代香
高尾佐七

一　御一類様方へ御灯炉料被差送候御向々左ニ

以手紙致啓達候、然者当盆自得院様・文昌院様・容光院様御塔前へ左馬助夫婦・幹ゟ相備候御灯炉料五封為持申候条、其筋被相達度宜致御頼候、以上

七月十二日　　渡辺五郎右衛門

渕井弾助様

以手紙致啓達候、然者当盆文成軒様　須古
見性院様　東御門
御塔前へ左馬助ゟ・・・・・・・・・・・以上

七月十二日　　渡辺五郎右衛門

須古　古賀七太夫様

東御門（吉岡仁右衛門様
草場甫助様

以手紙得貴意候、然者当盆維摩院様御塔前へ・・・・・・・・宜御頼仕候、以上

宝光院様　　渡辺五郎右衛門

以手紙致啓達候、当盆水ノ粉料一包銀四匁致寺納候、此段為可得御意如斯御座候、以上

浄円寺様　　渡辺

一　当盆御立入人々へ御仕届左ニ

残暑難凌御座候処、弥御健達可被成御座奉恐賀

候、随而近来是式之至御座候得ども素麺一居進
覧之仕候、聊中元之御祝義申上候印迄御座候
間、御笑留可被成下候、以上
七月十二日　　山本和忍右衛門
渡辺五郎右衛門
原五郎左衛門様
横尾文吾様
御与扱　武富平兵衛様
一　御家門様方ゟ御灯炉御到来相成候御向々左ニ
口上
近比乍御世話妙玉寺へ御序之節御灯明料御進被
下度致御頼候、以上
七月十二日　　石井平学
以手紙致啓達候、然者当盆若狭殿ゟ褒信院様江
被相備候御灯炉料一封為持申候条、其筋宜致御
頼候、此段為可得御意如斯御座候、以上
七月十二日
渡辺五郎右衛門様　　大隈新左衛門
一（ママ）御灯炉料壱封　　石川七郎助殿

以手紙致啓達候、然者当盆褒信院様御塔前へ河
内殿ゟ被相懸候灯炉一料銀為持申候条、其筋御
通達致御頼候、以上
七月十三（ママ）日
渡辺五郎右衛門様　　渕井弾助
以手紙得貴意候、然者当盆褒信院様御塔前へ於
橘ゟ相懸候灯炉料銀為持申候条、宜御頼仕候、
此段為可得貴意如斯御座候、以上
七月十三（ママ）日
渡辺五郎右衛門様　　徳永礼介

同十三日　申　晴天

一　御当役様ゟ之御剪紙石橋屋敷ゟ御使を以相達
左ニ
当盆左之御寺々
大殿様御名代各被相談可被相勤候
高伝寺
龍泰寺

天祐寺
宗智寺
宗龍寺
右之趣為可申達如斯御座候、以上
七月十三日　鍋嶋上総
鍋嶋鷹之助様
鍋嶋孫四郎様
御名
鍋嶋大隅様
鍋嶋監物様
鍋嶋縫殿助様

同十四日　酉　晴天

一　御寺勤其外役割之通、部場々々勤相成候事

同十五日　戌　晴天

一　御牌前江河内様其外様ゟ之御代香被罷出候、左ニ
河内殿代香
古場神左衛門
若狭殿代香
蒲原敬一
上総様御代香
山崎雄七

一　今夕汐御在所ゟ之飛脚着岸、廉（ママ懸カ）合来候、左之通
一筆致啓達候、河内様・若狭様御注文赤葡萄酒一箱拾弐本入・白同五本・茴杏酒壱本、長崎手当、別紙岸川才一（ママ）ゟ売揚相副差越候条、御向々相達候様御側可被差上候、株櫚団羽之儀下品高直ニ有之、御用可相成哉先便伺越之末、蔵人下便ニ而御不用之段御含メ相成候得共、前断才吉手筋ニ而随分相応之品、殊ニ蔵人先達而持登候団羽代料ゟ弁利ニ而遣調入相成、右ニ付此節右団羽弐拾本差越候条、右之入割被仰上御側被差上度御座候、右代銀之儀者都而御手許方江口十

兵衛ゟ出方相成居候条、御向々ゟ相達来候半者
同人江仕向相成候様可被御取計候
一　河内様御注文綿羊之儀段々其筋手当相成候
処、当時小形之方無之、壱疋凡百斤程有之、
代料トル拾八枚之由、飛脚便共ニ而ハ道中之
飼方も有之、迚も手ニ及かたく重荷与申、殊
ニ大分高料ニも相見候処、随分御取入可相成
哉、今一応御向方御尋合否、早々御申越相成
度御座候
一　爰許御家来七夕御祝儀書上壱紙差越候条、
御内外可被差上存候
一　蔵人江被相含候河内様御注文品等、長州船
頭殺害一件問合盆会取紛彼是ニ而何分此節間
ニ合兼候間、程能御断被仰上置度御座候
一　分過夫扱又船役舸子役御断願書於爰許打合
相成候得共、格別存寄所等無之、両御立入加
除をも有之候半者尚御勘考、御都合次第御差
出可相成存候
右旁為可申越如斯御座候、恐惶謹言

七月十三日　峯為之允
深堀蔵人
賢一（花押）
峯弥次右衛門（印）
渡辺五郎右衛門様

御状致拝見候、深海在住足軽館米作祖母長寿者
ニ付、青銅被為拝領之旨、別紙御書付を以御当
役様ゟ御直達之末、右青銅其筋ゟ相渡候付、右
之者致頂戴候通、在役峯五太夫へ御懸合相成候
由、御書付被差越致承知候
一　円成寺住持寛度儀隠居、後住之儀新発意法
梁江被仰付度願出之次第、御聞済之有無御懸
合者無之候得共、伺手覚端書相見候付而者、
定而願通被仰付ニ而可有御座与夫々相達相済
申候
一　立川作一郎其外当土用稽古済之上、剣術扱
又体術相伝有之候段、文武方ゟ達出相成候由
ニ而右書付被差越、就而者自余見合銘々江御

目録被為拝領方ニ者有御座間敷哉之旨、御頭
人相達別紙伺書相副差越候条被相伺、伺通被
仰付儀候半者人々頂戴相成候通、可被御取計
旨ニ御座候
右御答為可申越如斯御座候、恐惶謹言
七月十三日　峯為之允
深堀蔵人
賢一（花押）
峯弥次右衛門（印）
渡辺五郎右衛門様
致追啓候、亡喜多忠一郎祖母病気之末、一昨十
一日相果候ニ付而多々良平太夫・松永十右衛
門・中小性山口権作忌引入書付達出相成候、右
者平太夫・権作ニ者御無人ニ而御用差支候ニ
付、無拠半減前ニも被差免候様有之度、遠方懸
隔り往返之間合も有之儀ニ付、於爰許其取計相
成居可申旨候条、程克被相伺
御下知之否、可被仰越候、依之別紙達書三通伺
書壱紙差越申候
一　最前申越置候地道舸子賃銀願之儀、丹羽五
郎助殿へ差出候処、同人存寄之旨有之、書替
等ニ而及延引候末、別紙之通昨十二日差出相
成候間、於其許御蔵方御役々御示談願方趣意
立候様可被御取計存候
右廉々為可申越如斯御座候、以上
七月十三日　為之允
蔵人
弥次衛門
五郎右衛門様
卯七月十二日元〆方丹羽五郎助殿へ差出ス
口達
御番方御用御雇船舸子賃銀之儀、段々御増減有
之、一昨丑十月以来舸子壱人賃定銀四匁弐分飯
米九合、櫓壱挺ニ付、同壱匁八分充被渡下、然
処深堀之儀地道田畑手少、郷津共漁業重ニ渡世
罷在、穀物諸色共多分買入を以日用相凌候場所

ニ御座候処、米価始猶々致沸騰候半、一般不漁勝ニ而如何程相稼候共、朝夕之過賄引足候儀無御座、眼前親妻子相育兼、艱苦之下情不忍見聞、実以当惑之参懸ニ御座候処、前文御雇筋近年依願賃銀御増渡ニも相成居候得共、時勢柄日用過賄筋引足候儀無之都合之由ニ而、御雇当触之時々迅速之出夫届兼、比竟渡世相続筋差詰候処ゟ右之次第与者乍申、愚陋之民情不得止之勢ニ而夫々諭方不行届、残念之仕合有御座、惣而御繋船舸子之儀、前方御仕組前、地道夫々御栄附之上、不時格別之御臨時筋出来候節者操越舸子御呼寄ニも相成来候処、近年御繋船舸子共猶又御省略相成候ニ付而ハ御雇高者弥増之儀成立、然処御雇出夫手当向、三江村々・脇津御崎村・為石津等一日之御雇往来三日相懸候儀ニ而弥ケ上之難渋ニ付而ハ打追之御当介高ニ而幾々難取続次第者相見居、殊ニ
御城下諸津臨時御雇御当介前ニ見合、過分之違目相立候儀ニ而、彼是之事情一入歎ケ敷次第奉存候、就而ハ是等之儀毎々難奉願、重畳恐多奉存候得共、前断不時御臨時格別之御雇筋へ成丈出夫候通可仕候間兼而御詰役御乗船舸子等之儀者いつれ卒御仕組を以御雇ニ不及様御差操之道者有御座間敷哉左候而舸子壱人ニ付、賃正銀六匁五分飯米九合、櫓壱挺ニ付、同三匁充、去寅十月以後向様打栄賃飯被差出被下候様、伏而奉歎訴候、於然者御蔭ニ親妻子相育候手段相附、漸々産業ニ基キ向以郷津振立、何時御雇被相達候共、尖ニ出夫仕候通御奉公為仕可申与御鴻恩之程猶更難有仕合奉存候条、下々現在之振合御観察被成下、前件彼是之事情幾重ニも被聞召啓、格別御仁恕之御評儀を以、何卒願通御聞済被下候様、筋々宜御相達可被下儀深重奉頼候、以上

卯五月

左馬助内

多々良平太夫（印）

峰為之丞

深堀蔵人

峰弥次右衛門（印）

丹羽五郎助殿

伺手覚

一 当土用仕切稽古済之上、立川作一郎其外、剣術偖又体術銘々左之通相伝を請候段、文武方ゟ達出候、右者前方比竟為御観（ママ勧カ）、書載之通御目録被為拝領方ニ者有御座間敷哉、遂吟味此段奉伺候

一 金子百疋ツ、

立川作一郎
田代安太夫
田嶋卯兵衛

右ハ直心影流剣術切紙、中嶋弥次兵衛殿入門

一 同弐百疋ツ、

川副寿一郎
福嶋貞一郎
田中三郎助

一 同百疋ツ、

中小性 峰嘉二郎

右者同断剣術目録右同

山口理四郎
伝太夫次男 峰小助

右者体術大意相伝、武内流体術馬渡千三郎殿へ入門稽古

一 同百疋ツ、

田代同助
十兵衛四男 江口健吾
荒木峰太郎

右者直心影流切紙相伝、五八郎取立

一 同弐百疋

作右衛門召使 松本喜四郎

右者同断剣術目録右同

以上

卯七月

伺手覚

亡喜多忠一郎祖母病気之末、一昨十一日相果、右ニ付、多々良平太夫・中小性山口権作義類忌引入之義、別紙之通達出候、然処右人々役内いつれも御用繁ニ而差支候ニ付而者忌被差免出勤被仰付方ニ者有御座間敷哉、遂吟味候ニ付、右書附差上之、此段奉伺候、以上

卯七月十三日

一筆致啓達候、上々様益御安泰被遊御座奉恐悦候、随而七夕之御祝儀為可申上如斯御座候、御序之砌宜預御披露候、恐惶謹言

七月七日　田代五八郎

深堀猪之助

渡辺五郎右衛門様

山本和忍右衛門様

同十六日　亥　晴天

一　江口尉九儀母親病気之由ニ而為看病罷下度達出相成、今朝ゟ被罷下候付、付状左之通

一筆致啓達候、江口尉九義親母病気ニ付、為看病今十六日ゟ日数廿日之御暇願出相成、今朝汐ゟ厘外津出船被罷下儀ニ候、此段為付状如斯御座候、恐惶謹言

七月十六日　渡辺五郎右衛門

峯弥次右衛門様

深堀蔵人様

峯為之允様

多々良平太夫様

一　請役所ゟ則呼出ニ而

大殿様御上京之末、去月十七日御着京之由ニ而上々様江之御祝儀被相達候、左ニ

従京都之飛脚到着、

大殿様益御機嫌克先月十七日被遊御着京候段申来候、依之明十七日各様方

御城御出仕、

上々様江右之御祝儀被御申上候様

一　同断ニ付、御女中様御母儀様方ゟ
御城江御使者被差出候様
右之通可被御申上候、以上
七月十六日　宮崎（ママ）寿平
相良宗左衛門
羽室雷助

一　今暮比御在所ゟ之陸夜通飛脚到着、懸合来
候、左之通
一筆致啓達候、長州荒神丸船頭逢殺害候付、取計振御目附方ゟ問合相成候一件、蔵人・山口弥平次其許之都合含下、委細頭人衆始江致演達候付、当名無之口達書被差出方ニ可有之相決、右書付田代観五持出相成候処、至其節書付請取候都合ニ取合不申、支配役江口央助・弥平次役所ゟ之差図を請、取計被罷在趣ニ御座候得共、右人々被取計候心得振者何れ之次第ニ候哉、其辺問合候半而不相叶ニ付、右人々を御目附方呼出相成積之段演舌ニ付、書付不差出其侭観五引取被申、然末昨晩両人御目付方被罷出、言永々問合相成候得共、一円不差詰、〆リ処重而可致面会旨ニ而立別相成候由被申達、今以不致落着義候、然半昨日在番方呼出ニ而手元諸隈多内を以、一条御私領方被御取計候次第書取可達出旨被相達候付、折節右達書取立半ニ御座候、下目附口気者今更ニ而ハ五八郎殿ゟ之達書ハ不及夫、央助・弥平次取計振手過之段、病入（ママ）書付ニ而も差出候様有之度、希望罷在候様被相考候由ニ候得共、右様之書付差出可相成所謂無之、此上者在番方江五八郎殿ゟ之口達書差出相成候上、如何之都合ニ可移行哉、乍其上請役所達出候様ニも可被相運哉、いつれ后後都合次第之筋ニ付、到其節態与可申越存候、此段最前之末ニ付、先以御含迄如斯御座候、恐惶謹言
七月十四日　峯為之允
深堀蔵人
賢一（花押）
峯弥次右衛門（印）
渡辺五郎右衛門様

同十七日　子　晴天

一　昨日請役所ゟ相達之末、上々様ゟ　御城江之御祝儀御使者左之人々被相勤、御帳場御目附野田清右衛門殿へ相達被置候事

御上様御使者
樋口貞一
御母堂様右同
山田又蔵

一　昨夜到着之陸飛脚今朝ゟ大夜通ニ差立、御在所申越候返答左ニ

御状致拝見候、長州荒神丸船頭殺害方一件、蔵人殿・山口弥平次御含下之末、頭人衆ゟ口達書被差出方ニ相決、田代観吾持出相成候処、至其節書付請取之都合ニ取合不申、江口央助・弥平次へ問合候積之段演舌ニ付、書付不差出観吾引取被申、然末両人御目附方被罷出問合相成候得共、一円不差詰、今以落着不致由、然半在番方呼出ニ而手許諸隈多内を以、一条御私領方被御取計候次第書取可達出旨被相達候付、折角右御達書御取立半之由、下目付口気今更ニ而ハ五八郎殿ゟ之達書ハ夫ニ不及、央助・弥平次病入《（マヽ）》書付ニ而も差出候様有之度、希望之様被相考候得共、右様之書付差出可相成所謂無之、此上者在番方へ五八郎殿ゟ之口達書差出相成候上、如何之都合ニ可移行哉、乍其上請役所被達出候様ニも可相成哉、后後之都合次第重而可被仰越、先以右之次第含迄御懸合之旨、委細之趣致承知候、爰元ニ而も御目附方ゟ受役所達出之振合聞合、且一条台体之所置振、羽室殿相尋度、盆前両度彼宅罷出候得共、一度出違一度ハ混雑之旨ニ而断相成、面談届兼候故、今明日今又罷出含ニ御座候、乍其上自然相変義も御座候半ハ態とも可申越存候、此段為御答如斯御座候、恐惶謹言

七月十七日　　渡辺五郎右衛門

峯弥次右衛門様
其外様

同十八日　丑　晴天
無事

同十九日　寅　晴天
無事

同廿日　卯　晴天
一　永昌代官所ゟ今朝飯後御用申来居候付、高浜貫一郎差出候処、分過夫御断書附被差返候次第深堀申越相成居候由ニ付而ハ未いつれ与も都合不相分候哉、其筋ゟ日々之様役内江催促相成候間、早々納銀相整候様大庄屋筋江も申達置候得共、為御用弁猶可申達旨、石井雄左衛門殿ゟ演達之由、右者貫一郎江返答振相含置候通、深堀ゟ昨日申越候者書付被差返候迚其侭御請難申上筋ニ付、今又再願可仕旨ニ付、其運相付候間、今明日ニ者書付其筋可差出筈ニ候間、其上ながら御役内江も同様可奉願奉及候付、右之亘リ宜御聞置被下度及相談被置候由也
一　今朝汐、堤壮右衛門儀内用御暇帰宿之末上着、付状左之通
一筆致啓達候、堤壮右衛門儀御暇帰宿之末、明十九日ゟ出立、其許被罷登儀ニ候、此段付状為可申越如斯御座候、恐惶謹言
多々良平太夫
七月十八日　峰為之丞
深堀蔵人
賢一（花押）
峰弥次右衛門
渡部（ママ）五郎右衛門様
一　去ル十五日晩着船之月次飛脚、江口尉九母（ママ病脱力）気之由ニ而為看病被罷下候付、右船差出候

故、飛脚之儀返答其外懸合等、厘外船便を以、今夜汐ゟ申越候次第左之通
御答書致拝見候、深海在住足軽館米作祖母長寿者ニ付、請役所ゟ青銅拝領之委細及御懸合候次第御承知之由
一　円成寺住持寛度隠居、後住法梁へ被仰付度願出候次第、御聞済之有無懸合ニハ無之候とも伺手覚端書相見候ニ付而者、定而願通被仰付ニ可有御座与夫々相達被置候由、右ハ先書ニ矢張御吟味通可被仰付与之旨及御懸合置候へ共、無其儀与御答之趣、何れ之間違ニ而可有御座哉与存候
一　立川作一郎其外当士用稽古済之上、剣術偖亦体術相伝有之候段達出ニ付、右書附差越、自余見合御目録被為拝領方ニ者有御座間敷哉之旨、及御懸合候処、御頭人被仰達候之由、当節別紙伺書被相副被差越候条、御側相伺、其通ニ候ハヽ、人々相達候様之旨致承知則相伺候処、伺通被仰付旨ニ付、夫々相達置申候
一　亡喜多忠一郎祖母去ル十一日死去ニ付、多々良平太夫・松永十右衛門・中小性山口権作忌引入書付達出相成候、右、平太夫・権作ニハ御無人ニ而御用支ニ付、無拠半減前ニも被差免通有之度、往返之間合も有之儀ニ付、於其許其取計相成居可申旨ニ候条、程克相伺、御下知之否、申越候様、依之別紙達書三通・伺書壱紙被差越之旨、御追書之趣致承知、御側相伺候処、御吟味通被仰付旨ニ候
一　最前被仰付越置候地道舸子賃銀願之儀、丹羽五郎助殿へ被差出候処、同人存寄之旨有之、書替等ニ而及延引候末、去ル十二日別紙之通被差出候間、於爰許御蔵方御役々遂示談、御願之御趣意相立候様可取計旨、是又御追書之趣致承知候
右廉々取束為御再答如此ニ御座候、恐惶謹言
七月廿日　　　渡辺五郎右衛門
峯弥次右衛門様
深堀蔵人様

峯為之丞様
多々良平太夫様
致追啓候、頃日ゟ及御贈答候長州船頭殺害之一件、其許之御都合何れ之通相運ひ候哉否不相分候得共、昨朝羽室殿へ罷出、都合次第大体之心得振可伺出、且又御目附方ゟいつれ之都合ニ相廻居候哉之旨、内々尋試候処、一件最前承知之末、御目附方へ両度も問合見候得共、未何れ共彼役内不相響旨返答ニ而、于今為何儀も差廻不相成候、惣而右者深堀表問合次第ニハ役内伺出ニも相成候半而不相済義も可有之哉ニ候得共、成丈表立之伺書ニハ不相成方可然事ニ者無之哉、左無之与も御目附方ゟ相廻リ候ハヽ、自分之勘弁ニ而いづれ与ぞ取計之道者有之間敷哉、今ゟ者いつれ与も難申顕、尚、原・横尾亘リ打合可申与之沙汰ニ付、兎角可然様、都合次第猶又可遂御相談与程克応対、引取申候、就而者其許御都合次第可被仰越存候、此段為御懸合如此ニ御座候、以上

七月廿日　五郎右衛門
右四人様

一筆致啓達候、爰許詰中薪仕組方其外別紙手覚書之通、遂吟味候ニ付、当節差越候条、猶於其許御評決之否、被仰越度御座候、右者向新方之事ニ候得共、手男差操之義九月差付ゟ取計度筋ニ付、則今及御懸合候間其御含ニ而御急評相成度存候、此段為可申越如此ニ御座候、恐惶謹言

七月廿日　副嶋大七
渡辺五郎右衛門
峯弥次右衛門様
峯為之丞様
田代大九郎様
江口央助様
深町太平太様

御状致拝見候、河内様・若狭様御注文赤葡萄酒一箱拾弐本入・白同五本・茴杏酒壱本、長崎御手当、別紙売揚副ニシテ被差越候条、御向々相達候様御側可差上旨、株梠団羽之義下品高直ニ

付、一先御見合之旨、蔵人殿御含下相成候得共、才吉手筋に而相応之品代料も弁利ニ而遄調入相成居候ニ付、当節弐拾本丈被差越候条、右之次第申上御側可差上旨致承知、いづれも夫々差上申候、左候而右代銀之義都而御手本方江口十兵衛ゟ出方相成居候間、御向々ゟ相達来候ハ、同人へ仕向候様是又致承知候

一　河内様御注文綿羊之儀其筋御手当之処、当時小形之方無之、一疋凡百斤位有之、代料トル拾八枚之由、飛脚便共ニ而者道中之飼方も有之、迚も難及手重荷与申、殊ニ大分高料ニも相見候へ共、夫ニ而も随分御取入可相成哉、今一応御向方御尋合否申越候様之旨御側申上置候処、右之通大形ニ而代料も高価ニ候ハ、、一先御見合可相成与御向方ゟ御答之由御座候

一　其許御家来七夕御祝儀書上被差越、御内外遂披露申候

一　蔵人殿へ相含被置候河内様御注文品等、長州船頭殺害一件問合方盆会取紛、彼是ニ而当節迄間ニ合兼候間、程克御側可申上旨、致承知候

一　分過夫偖又船役舸子役御断再願出於其許御打合之処、格別存寄迚も無之ニ付、両御立入加除相[illegible]候ハ、爰許都合次第可差出旨、致承知候、右者折角両御立入加除等遂才促不日可差出旨、羽室殿江も遂相談置申候

右廉々御答為可申越如斯御座候、恐惶謹言

七月廿一日　渡辺五郎右衛門

前四人様

手覚

佐嘉　御屋敷詰中塩噌料之儀、近年諸色高価ニ随ひ折々被相増、当時御徒以上壱人壱日銀壱匁ツ、御仲間以下同四分五厘ツ、被渡下儀ニ候得共、諸色高価只様及沸騰右之御当介共ニ而ハ中々薪料ニも足リ合不申位ニ而何れも難渋不少候、去迚御蔵元之儀も時弊柄諸般之御入費弥増

之御半、右様塩噌料体迄御目安立ニ而被相増候儀ハ難被及御手哉ニ付、何れ卒別段仕法立等を以、御蔵元御失墜不相成通ニシテ御手付部ハ有御座間敷哉与役々相目論見候得共、何を申、胴銀無之而者其運難相付ニ付、幸、東目両村社倉御囲籾惣有高弐百九拾八石余有之儀ニ候間、右之内半高百四拾九石余
上御備之分を年壱割之御益付ニシテ両村へ年賦拝借被差出候半者、右之御益籾年ニ拾四石九斗余、米ニ成シ七石四斗五舛余有之儀ニ付、右米売払代銀を以、年々弁利克現薪を買入、詰中配分頂戴候通被仰付候ハヽ、一端之御助成ニ有之、於両村も近年長州御征伐之時々出夫、且去夏之水損共ニ而至極難渋半ニ付、右籾年賦拝借被差出候ハヽ、仮令聊之御益相付候迚、是又御救恤之一助与も可相成間、其通被仰付方ニ者有御座間敷哉、於然者、右仕法方之儀永々無猥様無之而不叶筋ニ付、主役役所付両人・銀方役立会ニシテ帳合手数向等御目附方見聞ハ勿論御用人相談人点合、奥印を以夫々納帳年々引付有之様、吃度手〆リ相付置方ニ可有御座事

一　前条詰中薪仕与、吟味通被仰付候共、向新役ニ而籾仕法相立、明後役内ニ至リ候半而現業不行届義候処、詰中之難渋者則今之儀ニ付、差付ゟ仕与相極度間、一役之処ハ東目両村口米是迄四ノ口御取納来を御国法之通六ノ口御取納、昨年御改革ニ而当秋御物成ゟ弐ノ口丈之御取納増米拾九石余有之儀ニ付而者、右米御取納不相成内与被相心得、当壱ケ年分前断薪料仕与方へ被相部方者有御座間敷哉、於然者右之内ゟ
御屋敷内無益之藪地を開明、役局々々菜園之地床をも致分付、且又蓮堀再興をも相整、向以者蓑原請山上納仕法へ相加、是又薪仕組方へ取結、詰中炊道具其外小屋渡品等迄夫々相弁候通仕与相立度御座候事

一　詰中御仲間以下又小者等迄役局々々不少人数相部リ居候共、夫々掃除方等も不行届、御

台所部手男抔者聊之所用も銘々使ニ而、時与してハ数多之手男都而出払、反的之御用筋差支候儀も間々有之、右者比竟下を使候規則無之処ゟ右之次第ニ付、役局々々手男部方左之通致潤色、成丈者其局々ニ而公私之所用相弁候様有之度事

一　御側御仲間両人・又小者両人相部居候得共、当時御登
城も御鑓なしニ候得者平生者御草リ取御仲間壱人ニ而相済義ニ付、御仲間壱人被相減、其代リ手男を相部、又小者も壱人者手男ニ仕替へ、御仲(ママ 間脱カ)壱人・手男弐人・又小者壱人御側定部ニ《シテ》、御供方を始公私之所用成丈局内限ニ而相弁、手透之折者菜園方等迄心懸相成候様

一　役所御仲間壱人・又小者壱人相部居候得共、又小者を手男ニ仕かへ御仲間壱人・手男壱人相部、右同断

一　御台所手男四人相部居候得共、前断役局部リ手男相増儀ニ付而者、壱人相減三人ニ成シ、炊方・風呂方両人、壱人を惣使番ニ《シテ》御屋敷内塾生之所用も無拠筋者相弁候様

一　御修リ方手男弐人相部居候得共、打追ニ而ハ掃除方等も届兼候付、壱人相増三人ニ成シ、御内外大事之御用筋等ハ其時々御勝手方相達、右三人之内引揚、相弁候様

右之外、役局者打追之通役内限ニ而相弁、菜園方等も尚又心懸相成候様

以上　〆ル

右之廉々猶又於御在所御評決否、御差図相成度事、以上

卯八月(ママ)

三　副嶋大七
二　山本和忍右衛門
一　渡辺五郎右衛門

同廿一日　辰　晴天

一　今朝深堀ゟ之大夜通陸飛脚到着、五郎右衛門

其外へ峯為之允親父病死之由、懸合越度願出之旨ニ而申来候、左之通
一筆致啓達候、峯為之允親隠居羽右衛門儀病気之末、養生不相叶、今十九日相果候ニ付、貴様其外江右之段懸合越度旨を以、飛脚依于願差立申儀ニ御座候、此段為可申越如斯御座候、恐惶謹言

七月十九日　多々良平太夫

義鳴（花押）

深堀蔵人

峯弥次右衛門

渡辺五郎右衛門様

一　前断峯為之允親父死去ニ付、従弟之続を以、五郎右衛門ゟ忌請書付別紙之通出浮候付、御側申上候処、御用差支候旨を以、忌被差免之旨懸合来候付、則同人江差廻候事

口達

峯為之允親隠居羽右衛門儀病気之末、養生不相叶、去ル十九日相果候段申来、右者私従弟之縁続ニ付、定式之忌用捨仕義ニ御座候、此段致御達候、以上

七月廿一日　渡辺五郎右衛門

渡辺五郎右衛門儀類忌引入之儀、達御聴候処、御用差支候付、被差免旨被仰出候、此段為御懸合如斯御座候、以上

七月廿一日

役所様　御側

同廿二日　巳　晴天

一　御在所ゟ来込之陸飛脚差立、返答等左ニ御状致拝見候、堤壮右衛門儀御暇帰宿之末、去ル十九日ゟ其許被罷登之由、御付状之趣致承知候、一昨廿日上着有之候

一　峯為之允親隠居羽右衛門儀病気之末、養生不相叶、去ル十九日死去ニ付、私其外江右之段懸合越度願出ニ付、飛脚被差立由、昨廿一日相達、御懸合之趣致承知候、

右廉々為御答如此御座候、恐惶謹言
七月廿二日　渡辺五郎右衛門
峯弥次右衛門様
其外様
追而、格別御用筋も無之候得共、脇頼整成仕送物等有之候付、其許差通儀御座候、以上

同廿三日　午　晴天

一　峯羽右衛門病死ニ付而重松玄雄儀母方叔父之縁続を以、定式之忌引入用捨書付出浮候付、則御側申上置候事

一　御在所ゟ夜通陸飛脚到着、五郎右衛門江御吟味御用之旨懸合来候付、今夜汐より出船被罷下候、来状左之通

一筆致啓達候、於爰許急成吟味御用有之候条、御前被御申上、貴様儀五七日御滞留之積ニ而急速爰許可被相越候、此段可為申達如斯御座候、恐惶謹言

七月廿一日　田代五八郎（印）
渡辺五郎右衛門様
追而、山本和忍右衛門御暇帰宿中、其許御無人ニ付、同人儀早々出勤有之候様申越相成候、以上

一筆致啓達候、先般改革被仰付候独礼組附扨又御家来夏成麦頂戴ニ付、願立之筋有之、且新方役組其外ニ付而篤与打合御吟味相成筋有之、貴様爰許御越被成候様、御頭人ゟ申越相成候、就而ハ其許御無人ニ付、山本和忍右衛門儀早々出勤有之候様申越相成候得共、自然同人延引等候半者永石権作其外被仰談、和忍右衛門出勤不被相拘早々御越可被成存候

一　爰許之儀干魃ニ而最早田畑共差支、村々ゟ浮立興行之義願出候、右者当時御仕組ニも押出無益之費等被相省候半而不相叶、成丈参籠祈願等ニ而可被相済儀ニハ候得共、自然此末も長々照続潤雨無之節者一ケ村興行等ハ無拠

被差免候半而叶間敷ニ付、其筋御頼置相成度
御座候、右旁為可申越不時飛脚差立如斯御座
候、恐惶謹言

七月廿一日　多々良平太夫
義鳴（花押）
深堀蔵人
賢一（花押）
峯弥次右衛門

渡辺五郎右衛門様

同廿四日未晴天

一　分過夫出夫割出御断書付、請役所ゟ頃日御吟味難相付旨ニ而被差返候付、今又再願書山田又蔵を以、羽室雷助殿へ今□差出候、左ニ

口達

昨寅長州御再討ニ付、分過夫并出夫御割出之儀、兼而点役除之御山方・御新地方・御小物成所ニも被相懸儀ニ付、御由緒を以点役御免之鍋嶋本庄を始、守護不入之寺社領偖又深堀之儀も最前被相達候割合を以、献力之楯ニシテ致出夫候様、且又於御船手ニ而ハ深堀舸子御雇高壱万弐千三拾壱人之内弐千三拾壱人ハ前度御出勢之節御雇高ゟ八千人献力仕候割合を以、無賃銀夫差出候様、旧冬被仰達候ニ付、両条共委細書附を以遂御断候処、何分御聞済難相成旨を以、右書附被差返候、就而者此上差付何欤難奉願、重畳恐（カ）脚至極奉存候得共、先書申上候通、此方点役御免之儀、先祖左馬助純賢奉慕
御国光御随従申上候差付、従
御神祖様奉蒙
御仁恩、永代無公役被
仰付、其後従
泰盛院様二代安芸守茂賢江任先例之旨弥令免許
与申
御判物被為頂戴、冥加至極難有奉感戴、純賢志願を受継、御報恩一図ニ差含、御番方偖又御先手家役武門之栄職無此上奉存、小家不相応之家来其外軽輩ニ迄取立置、小身微禄之当介ニ而郷中津内共自分ニ相懸候役目を除、給禄ニ相充罷

在候、右者全点役御免之筋ゟ先祖共家政相立、
御番方勤時々之御手配無間欠様、是迄上下共精
力を尽連綿来、一昨年以来長州御出勢ニ付而者
是又家役度毎出陣、諸家ニ不相並、遠在迅速之
懸引、武器運送扨又萱屋・若松廻・下ノ関御打
渡用船舸子数百人、数拾日之御雇差出、御用柄
与申、遠海乗廻候儀壮強之者ならて用立不申、
津内在人ニ而致不足候ニ付、郷村迄櫓手叶之者
駆立差出シ、御公私過分之出夫出舸子両度共太
切之御用途、力限相勤罷在、右出夫跡家内々々
老幼之育、彼是之雑費、郷津惣廻救合候通取計
置候得共、当時米穀諸色共斯之通大高価之時
節、朝夕之煙立兼候者勝ニ有之、農漁共些之余
力更ニ無御座、尤前度舸子八千人献力仕候儀ハ
二百年来未曽有之御軍事、船舸子大惣之御雇高
相嵩、兼□
御恩免奉蒙罷在、且代々御先手被仰付置□家柄、
彼是之訳を以、不顧前後一准献力為仕儀御座候
得共、此後何時何等之事変可差起哉難計処、度
毎恒例之様献力仕候儀ハ不任力、殊ニ無賃銀夫
与申儀、先祖頂戴罷在候
御判物ニ齟齬仕、旁之処ゟ分過夫舸子両条共御
断奉歎訴儀ニ而、
御国家之御大事を安閑与傍観罷在訳ニ無御座
候、惣而従
御神祖様之御特恩純賢忠勤御称誉被為在候而之
御恩免ニ而、
上々相勤候役目を被相除、自分之用途勝手ニ取
用候様被
仰付候筋ニ付、前断之通、家政ニも相施、当節
□御軍事も矢張右之御恩鴻《（ママ）》ニ而、主従共可也之
出張□たる儀ニ付而者鍋嶋本庄其外自余御仁免
之場所与者格別訳品相違仕儀与奉存候、先祖以
来拝戴伝来候難有
御判物至当代無詮相成、従来之家政迄頽廃仕候
而者前代後世ニ無申訳、家ニ取、誠ニ以不容易
事柄、主従共悲歎痛哭之場合共ニ而何分ニも御
達通御請之儀所詮運兼候付、今又遂御断候条、

自余ニ不相並
御国初以来格別之
御仁沢変動不仕様、情実御熟察被成下、何卒願之通御聞啓被下候様、筋々宜御相達被下儀幾重ニも奉頼候、以上

卯七月　左馬助内
渡辺五郎右衛門

羽室雷助殿
相良宗左衛門殿
宮嶋寿平殿

同廿四日　未　晴天

同廿五日　申　晴天

一　前断分過夫出夫割付御断再願書、一昨廿三日受役所差出候付、同日代官所江も書付山田又蔵を以差出候得共、役々何□出郷中之由ニ付、今日同人差出、代官石井雄左衛門殿へ差出候、左之通

口達

長州御征伐ニ付、去夏御出勢之分過夫竃懸□□（ニシテカ）割夫被仰付候賃米偖又雇替夫賃、深堀割前納銀之儀、請役所筋江御断願書差出置候ニ付、御差図迄之処、宜御聞置被下度段、最前御達仕置候末、右願書頃日被差返候ニ付而者急速相納候通今又御懇達之次第承知仕候、就而者何様其運可相付之処、全体深堀表点役御免之由緒且又主従之勤向ニ相拘候難渋、彼是多端差支候至儀有之処ゟ前断遂御断候儀ニ而、何分ニも御達通之御請運兼候ニ付、何れ遂御断度、今又別紙之通其筋再願仕儀ニ御座候条、是等之儀毎々恐多奉存候得共、猶又御差図迄之処、宜御聞置被下度、此段御達仕候、以上

一　御馬屋部リ手男十吉義当四五月比八幡裏ニおゐて女遊相催候趣相聞居候得共、其砌御暇帰宿いたし居候処、頃日罷登候付、取調子、聞之次第ニ相違無之ニ付、口書取〆、今廿五日御手当被仰付候、左之通

口書

手男　十吉

去四月比八幡裏於炭売屋女遊仕候始末御問合ニ付、申上候、某儀四月初ゟ御暇帰宿仕候処、姉きを与申者最前為奉公
御城下蓮池町罷出居候処、奉公向ゟ遄引取、八幡裏伊十宅罷在、不埒之儀相働候趣承知仕候付、右者不容易事ニ奉存候故、一類中申合、早速呼下候積ニ而同月十五日晩厘外着船、
御屋敷江者出勤不仕、直ニ八幡裏伊十宅罷出、同所江両日滞留色々加異見、同十七日厘外出船為致、某ニ者則
御屋敷出勤仕、其末同月廿二三日比ニ而も可有
御座、夕方ゟ前断伊十宅罷出、女召呼酒座相催候心得ニ而
御屋敷立出候得共、折節脇方ゟ客取紛中ニ付、少々酒抔相請、同夜六ツ過比罷帰候、其後両三日いたし候而又々罷出、酌取相招度及相談候処、伊十女房何方江欤為迎罷出候得共、不居合由ニ而空敷帰リ来候故、則可罷帰奉存候得共、最早五ツ過ニも相成御門限相迦候付、其侭伊十宅一宿、翌朝未明不目立通為罷帰儀御座候事

卯七月

御馬屋部
手男　十吉

右之者儀部場相勤罷在不届之筋有之付、科代夫三拾人申付候也

慶応三年
卯七月

右仰渡之趣奉畏候、以上

手男　十吉●

一　今昼御在所ゟ之月次飛脚船着岸、川原龍右衛門弟泰三儀御暇帰宿之末、上着附状偖□（又カ）申来候廉々等左之通
一筆致啓達候、峰為之丞親隠居羽右衛門儀病気之末、養生不相叶去ル十九日相果候ニ付、為之丞忌引入之儀別紙之通達出相成候、書上相副、

右書付差越候条、御側可被差上存候、此段為可
申越如斯御座候、恐惶謹言
七月廿四日
多々良平太夫
深堀蔵人
賢一（花押）
峰弥次右衛門
渡辺五郎右衛門様
一筆致啓達候、川原龍右衛門弟泰三儀病気養生
之ため御暇帰宿之末、快方相成、明廿三日ゟ出
立、其許被罷登儀ニ御座候、此段為附状如斯御
座候、恐惶謹言
多々良平太夫
七月廿二日
深堀蔵人
賢一（花押）
峯弥次右衛門
渡辺五郎右衛門様
一筆致啓達候、蔵人其許引払之砌、御側ゟ被相
含候河内様御注文之銘酒瓶付提偖又硝子灯探促
方、岸川才吉申付置候処、名酒瓶提之儀異人館
其外当今有リ合無之由ニ付、尚又追而手当可相
整候、硝子灯之儀委細御含之下火筒小キ方無之
由ニ而常並之灯手当差遣候、右者一応及御懸合
御向方御当リ合之上整入可申之処、遄調切、才
吉ゟ相達候付、無拠当節差越申候、何分御用可
相立哉ニ候得共、異人相手ニ買入品返却之儀事
六ケ敷候間、成丈者御取入相成候通有御座度、
程克御側可被仰上存候
一　伊豆様御注文赤葡萄酒十二瓶入壱箱・ヲロ
シコヲル薬用砂糖壱本、是又同様手当、当節
一同差越候条、御側可被差上候
一　サンハン酒前方御側ゟ才吉江御注文相成候
得共、其砌切レ間ニ而手当不行届相納不申
処、此節相応之品有之、葡萄酒代料ニ聊之違
ニ而上品ニ付而ハ定而御用可相成与此節相納
候、右者同人心遣ニ而前断之次第迷惑ニ心得
候得共、節角相納、殊ニ格別銀高之品ニも無
之ニ付、無拠差越申候、是又程克御取繕御側
可被差上存候

一　ボン水拾弐瓶、右者
上様江才吉ゟ御内々奉献上度差上候ニ付差越
候条、御側可被差上候、右御用イ方勿論御案
内可被為　在候得共、暑分冷水等御望之節
少々充水ニ御加へ被
召上候得者格別爽成もの之由御座候
右廉々為可申越如斯御座候、恐惶謹言
多々良平太夫
七月廿三日　深堀蔵人
賢一（花押）
峯弥次右衛門
渡辺五郎右衛門様
追而本文品々代金別紙売揚差越申候条、御
向々ゟ相達来候ハヽ、御手許方江口十兵衛江仕
向相成候様可被御取計候、以上
御答書致拝見候、河内様・若狭様御注文赤葡萄
酒其外棕梠団扇等差越候処、相達、御側被差上
候由、綿羊之儀ハ一先不及手当旨致承知候

一　円成寺住持寛度隠居、後住法梁江被
仰付度願出之筋
御聞済之否、御懸合不相見段申越候得共、右
者爰許ニ而脇筋江御懸合状相混居、跡立差分
致承知候
一　立川作一郎其外当土用稽古済之上、剣術・
体術相伝ニ付、自余見合御目録拝領之義、伺
通被仰付、人々被相達候由、爰許稽古人ニも
同様相達相成義ニ御座候
一　亡喜多忠一郎祖母病死ニ付、多々良平太
夫・中小性山口権作忌引入達出相成、右者御
用支可相成ニ付、無拠半減前ニも被差免候通
有之度、往返之間合も相懸候付、於爰許其取
計可相成ニ付、程能被相伺
御下知之否、被仰越候様伺書相副及御懸合候
処、被相伺、吟味通被
仰付之旨御紙面致承知いつれも一七日ニ而御
免之取計相成申候
右取束御再答為可申越如斯御座候、恐惶謹言

多々良平太夫
七月廿四日　深堀蔵人
賢一（花押）
峰弥次右衛門
渡辺五郎右衛門様
追而、御端書之趣致承知候、已上

同廿六日　酉　晴天

同廿七日　戌　雨天

一　来込之月次船飛脚今夜汐ゟ帰船申付、渡辺五郎右衛門ニ者御在所御用下留主中ニ付、飛脚之義永石権作其外ゟ返答等取計懸合儀相成候、左之通

尚以五郎右衛門方へ之御懸合ニ候へ共、其許御用下中、山本和忍右衛門ニ者未出勤無之ニ付、我々ゟ本文御答之義取計たる義ニ御座候、以上

御状致拝見候、蔵人殿爰許御引払之砌、御側ゟ被相含候河内様御注文之銘酒瓶付提偖□□（又硝カ）子灯御探促方、岸川才吉御申付被置候処、名酒瓶提之義異人館其外当今有リ合無之由ニ而尚又追日御手当可相整、硝子灯之義委細御含之下火筒小キ方無之由ニ而常並之灯手当差遣候付、右ハ一応被及御懸合、御向方御当合之上御整入可相成之処、逍調切リ、才吉ゟ相達□□（候付カ）、無拠被差越候条、御用可相立哉ニ候得共、異人相手ニ買入品返却之儀事六ケ敷候間、成丈御取入相成候通、程克御側申上候様、委細承知仕差上候処、右品ニ而可然旨御座候

一　伊豆様御注文赤葡萄酒十二瓶入壱箱・ヲロシコヲル薬用砂糖壱本、是又同様御手当、被差越候条、御側可差上旨承知仕差上置申候

一　サンハン酒□□□（前方御カ）側ゟ才吉へ御注文相成、其砌ハ切間□□□□（ニ而手当カ）不行届相納不申処、此節相応之品有之、葡萄酒代料ニ聊之違ニ而上品ニ付而ハ定而御用可相成与此節相納候ニ付、右ハ同人心遣ニ

而前断之次第御迷惑ニ被相心得候へ共、節角
相納、殊ニ格別□□□（銀高之カ）品ニも無
之ニ付、無拠被差越候間、□□□□（是又程
克カ）御側申上候様委細承知仕差上置申候
一　ボン水拾二瓶、右者
上々様へ才吉ゟ御内々奉献上度差上候ニ付被
差越候条、御側可差上旨委細御紙面承知仕、
是又差上置申候
右廉々為御答如斯ニ御座候、恐惶謹言
□□□□（七月廿七日カ）　山田又蔵
　　　　　　　　　　　永石権作
□（峯カ）弥次右衛門様
　其外様
追而本文品々代金別紙売揚被差越候条、御
向々ゟ相達来候ハヽ、御手許方江口十兵衛江
御仕向相成候様可仕旨、承知いたし
▭
御状致▭為之丞方親隠居羽右衛門方儀
▭末、養生不相叶去ル十九日死□□付、為
之丞方忌引入之義別紙之通達出候ニ付、書上被
相副、右書付被差越候条、御側可被差上旨、御
紙面之趣承知仕、御側差上置申候
一　川原龍▭（右衛門弟カ）泰三儀病気
養生之為御暇帰▭移、去ル廿三
日ゟ出立、▭状之趣承知仕、廿五日
上▭
右廉▭答如此御座候、余条御再答
▭恐惶謹言
　七月□□□
　　　　　　　　　　　山田又蔵
　　　　　　　　　　　永石権作
□□（峯弥カ）次右衛門様
□□（其外カ）様
一　分□□（以下破損、二八日および晦日（二九
日）の記事を欠く）

校注（数字はページ数）

343下 **折居**　おりすえ。紙を折って形を作ったもの。
344上 **御蔵方**　佐賀藩の役所。歳出入・租税徴収など藩の銭穀一切の出納を処理する。
345上 **中野数馬**　佐賀藩士。実名匡明。物成二五五石。請役相談役。
345上 **深　助右衛門**　佐賀藩士深江助右衛門。実名種忠。物成一五〇石。
345上 **八戸彦兵衛**　佐賀藩士。物成二五石。
345下 **藤瀬孫太郎**　佐賀藩士。切米五〇石。
345下 **石井雄左衛門**　佐賀藩士。物成七五石。
345下 **関判蔵**　佐賀藩士。物成二八石。
345下 **原五郎左衛門**　佐賀藩士。実名誠一。切米三五石。
345下 **横尾文吾**　佐賀藩士。切米二五石。
345下 **市川新之助**　佐賀藩士。切米二〇石。
345下 **南里与助**　佐賀藩手明鑓。切米一四石。請役所物書役。
345下 **清水良作**　佐賀藩手明鑓。切米一〇石。請役所物書役。
345下 **田代判蔵**　佐賀藩手明鑓。切米一〇石。
346上 **分過夫**　軍役規定以上（分過）の夫役。
346上 **急弁**　不詳。急ぎ支払うの意カ。
346下 **点役**　臨時に課せられる雑税。
346下 **御神祖様**　佐賀藩始祖鍋島直茂。
346下 **泰盛院様**　佐賀藩初代藩主鍋島勝茂。
347上 **須古御屋敷**　須古鍋島家（親類同格）の佐賀屋敷。
347上 **於和**　須古鍋島茂真の娘。鍋島主水家一〇代鷹之助に嫁す。大正二年没。智徳院。
349下 **深のミ村**　深海村。高来郡。深堀領。
350上 **栄出**　はえだし。触れ達し。
350下 **円成寺**　深堀にある浄土真宗寺院。
351下 **大木藤十郎**　佐賀藩御館入（『佐賀県近世史料第五編第一巻』一四五頁）。実名忠貞。長崎の砲術家。蘭人から砲術を学び、長崎在番の各藩士に砲術を教授した。
351下 **龍眼肉**　龍眼はムクロジ科の常緑高木。中国南部原産。その果実の外皮と核を取り去ったものを龍眼肉と呼び、甘味があり食用・薬用とする。
352下 **小城祇園社**　正和五年千葉胤貞により建立。代々領主・藩主の崇敬を受けた。明治九年須賀神社と改称。

352下　**鯱**　すくみ。佐賀方言。本来は正味の意。ここでは完全に仕遂げる意。

352下　**美那女**　深堀鍋島家家来の医師大串春園の次女。左馬助妻富喜付女中。左馬助の子、千代・綱・縫・園などの産母。

353上　**椛嶋**　樺島。高来郡。幕府領。長崎へ向かう航路の目標とされた。現長崎市。

353上　**野牛嶋**　やきしま。深堀にある島。現深堀町一丁目。

353下　**洪助之進**　佐賀藩士。実名安襲。物成八六石四斗。文政八年二月三日生　明治二一年九月二〇日没。左馬助組。このとき深堀在番。なお、洪家の先祖は文禄の役で鍋島軍により日本に連れてこられた洪浩然。佐賀県立名護屋城博物館『洪浩然　忍ぶ・忘れず』（寄贈記念展図録　二〇〇八年三月）参照。

353下　**振合**　その場の具合。都合。状況。

354上　**跡方**　旧制。過去の事例。

354下　**五嶋富江領**　松浦郡。五島列島福江島の南端。五島藩を分知した旗本五島氏が知行。

355上　**都而六人**　ここには水主和吉を欠く。彼を含めて六人。

355上　**大明寺村**　深堀領伊王島にある村。

355下　**相良五兵衛**　佐賀藩士。実名常晃。物成二〇〇石。原田大右衛門組。深堀在番。

356上　**相走居候処**　「走」原文は舟偏に走。以下の打追相走居候内の「走」も同様。

357上　**大蓮寺**　五島富江にある真宗寺院。

357上　**円通庵**　円通寺。伊王島にある曹洞宗寺院。

357下　**船滓**　「滓」原文は舟偏に宰。

357下　**灘証文**　海難証明書。浦証文。海難の場合に浦役人が出役して民事刑事上の責めなきことを証する証拠書類。

358下　**黄波戸浦**　きわどうら。長門大津郡。現長門市（旧日置町）

359上　**地啓村**　八正寺は播磨国飾東郡松原村にあるが、地啓村は「旧高旧領取調帳」にも見えず。あるいは松原村の小字か。

359上　**八正寺**　姫路市白浜町にある真言宗寺院。山号は松原山。松原八幡宮の神宮寺。

359上　**戸町浦**　彼杵郡。幕府領。現長崎市。

359上　**小粒嶋**　未詳。野牛島に近い舞島（現在は埋め立てられ、無い）を指すか。

359上　**尖ニ**　せんに。早く。すみやかに。即座に。

359上　**爰限り**　ここきり。力の及ぶ限り。

363上　長蔵　この手形覚の差出人には冒頭にある八人のうち水主倉吉を欠く。
364下　小ヶ倉　深堀領。現長崎市。
365上　深堀御蔵床　深堀にあった藩の倉庫。深堀陣屋に隣接し海岸部にあった（鍋島報效会所蔵「長崎湊内外一円之図」など）。藩の深堀御蔵役が駐留し、長崎御番に使用する諸道具・船・武器・兵糧などを収納したと考えられる。なお杉本勲ほか編『幕末軍事技術の軌跡―佐賀藩史料「松乃落葉」―』九八頁「深堀御蔵床」の注には「御蔵床　蔵の敷地」（三五一頁）とあるが、蔵そのもの、ないし深堀御蔵役を指すと考える。
365下　志摩　深堀領邑主鍋島茂矩。安永二年家督。天明三年志摩を称し、のち寛政二年淡路と改める。
365下　申渡　天保一〇年八月の海難救助報酬に関する幕府触書。
365下　太備後守　老中太田備後守資始。
366下　石川寛左衛門　佐賀藩士。実名輔寛。物成一二〇石。深堀在番。
366下　久原　くばら。松浦郡。現伊万里市。石炭を産出した。
367上　中野兵右衛門　佐賀藩士。実名匡明。物成二五五石。着座家。
367上　田中五郎左衛門　佐賀藩士。物成一一〇石五斗。
367下　福岡助太郎　佐賀藩士。切米三九石（内役米五石）。
367下　久米次左衛門　佐賀藩士。実名邦卿。切米四〇石（内加米五石）。久米邦武の父。
367下　香焼嶋　深堀領。現長崎市。
367下　高嶋　深堀領。現長崎市。
372上　亀ヶ崎浦　深堀の小字名の一。野牛島の対岸。現二丁目。
372下　横辺田代官所　よこべた。杵島郡のうち横辺田郷（現大町町・江北町一帯）に設けた代官所。
375下　成松殿　成松新兵衛（佐賀藩士。物成二二〇石）カ。九月二日条参照。
376下　妙玉寺　佐賀市にある日蓮宗寺院。深堀鍋島家の菩提寺。
376下　恭法院　深堀鍋島の祖茂賢。正保二年没。法名恭法院浄信日正大神儀。鍋島主水家の祖茂里の弟。
377上　備前　諫早一学。既出。
377上　自得院　白石鍋島直章。文久元年没。
377上　文昌院　白石鍋島直喬。弘化四年没。
377上　容光院　深堀鍋島茂辰娘絢。白石鍋島直喬の室。河内直暠の母。嘉永二年没。

377下　文成軒　須古鍋島茂真。慶応二年四月一九日没。
377下　見性院　鍋島主水家の祖茂里。慶長一五年没。
377下　東御門　鍋島主水家。家老家。
377下　維摩院　深堀鍋島茂春男、出家して維摩院守玄大僧都。元禄一一年四月遷化。太田村宝光院に葬る。
377下　宝光院　佐賀郡太田村（現佐賀市諸富町）の寺院。
377下　水ノ粉料　水の子は盆の供物の一。茄子・南瓜・里芋などを賽の目に刻み、墓や盆棚に供える。
377下　浄円寺　佐賀市にある日蓮宗寺院。石井家菩提寺。
378上　原五郎左衛門　佐賀藩士。実名誠一。切米三五石。左馬助組。
378下　石橋屋敷　神代鍋島家の佐賀屋敷。佐賀城北門の外にあった。
378下　高伝寺　佐賀市にある曹洞宗寺院。恵日山。藩主鍋島家菩提寺。
378下　龍泰寺　佐賀市にある曹洞宗寺院。平安山。
379上　天祐寺　佐賀市にある曹洞宗寺院。
379上　宗智寺　佐賀市にある曹洞宗寺院。日峰山。山号寺号は藩祖直茂の戒名日峰宗智大居士にちなむ。
379上　宗龍寺　佐賀市にある曹洞宗寺院。金剛山。
379下　茴杏酒　ういきょうしゅ。茴香はセリ科の多年草。秋、卵形の実をつけ健胃剤や痰切りの薬となる。
379下　遄　はやく。速やかに。早く。
379下　入割　物事の細かい理由や込み入った事情。いきさつ。
381下　丹羽五郎助　佐賀藩士。物成四十石。深堀元〆方。
381下　口達　この口達の紙継ぎ目には押印あり。
382上　諭方　「諭」原文は言偏に愈。
382上　三江村々　彼杵郡三重村。大村領と深堀領の相給。深堀領の枝村として樫山・長田・黒崎・平・悉津がある。現長崎市。
382上　脇津御崎村　深堀領。現長崎市。
382上　為石津　為石村。深堀領。現長崎市。
382上　打追　うちおい。従来。ありきたり。
384下　大殿様　佐賀藩前藩主鍋島直正。隠居後、閑叟と号す。
385下　諸隈多内　諸隈太内。佐賀藩手明鑓。切米九石五斗。
385下　病入書付　不詳。あるいは病入は痛入の意か。恐縮して釈明する趣旨の書付を要求したものか。
386上　野田清右衛門　佐賀藩士。切米三七石。

387上　**永昌代官所**　永昌は現諫早市。佐賀藩蔵入地。藩は長崎街道永昌宿と代官所・俵銭方を置いた。この記事によると代官役所は佐賀にもあったようである。あるいは代官は現地赴任しなかったか。九月一三日条参照。

391上　**部**　はまる。はめる。充当する。

392上　**反的**　端的。すぐ。

393上　**出浮**　でうき。出浮くは出歩く意。ここでは書類を提出する意か。

394下　**独礼**　儀式などのとき、独りで拝謁が許されている身分。

394下　**浮立**　ふりゅう。鬼面の者や仮装の者が鉦・太鼓・笛などの囃子で踊る芸能。深堀領では現在平山町に伝承する。

395下　**恐脚**　不詳。恐縮などの意カ。

395下　**左馬助純賢**　深堀氏一八代深堀純賢。俵石城城主。のち鍋島直茂に臣従し鍋島姓を賜る。

395下　**安芸守茂賢**　深堀鍋島初代鍋島茂賢。実は石井信忠二男。ここでは純賢を初代、茂賢を二代としている。

396上　**萱屋**　芦屋。筑前芦屋。

397上　**同廿四日**　原文日付のみで、この日の記事なし。二六日も同じ。

398上　**蓮池町**　佐賀郡。支藩・蓮池藩領。

398下　**相迦**　あいはずし。迦は、はずす。

399下　**サンハン酒**　シャンペン。

400上　**ボン水**　ポン水のことか。ポン水はラムネのこと。阿部栄次郎編『日本清涼飲料史』（昭和五〇年　社団法人東京清涼飲料協会）五五頁、「清涼飲料歴史年表」に「万延元年　英国船によりラムネ長崎に伝来、長崎在住の一外人により製造販売される。キュウリ壜につめられ栓を抜く音からポン水といった」、「慶応元年　長崎の商人藤瀬半兵衛氏ラムネ製造を学びレモン水と名づけ販売。レモネードがなまりラムネの名がおこる」と見える。

日記　慶応三丁卯年八月

（表紙）

慶応三丁卯年八月
日記　　深堀
茂精公御代
御非番　　渡辺五郎右衛門
御在佐嘉　　役内

慶応三丁卯年八月中
茂精公御代
御非番
御在佐嘉

八月朔日　丑　晴天

一　八朔御祝儀御帳ニ而被為
請候事
一　御玄関江御広間詰之人々出張相成候事
一　御蔵方ゟ今朝飯後御用ニ付、高浜貫一郎差出
候処、舸子賃銀其外増願出之末、達帳を以、
被相達候、左ニ
一　深堀御雇舸子之儀一昨丑十月以後、舸子壱人賃定銀四匁弐分飯米九合、櫓壱丁ニ付同壱匁八分ツヽ、被渡下置候処、去寅十月已後者割増被差出下度、左馬助殿家来ゟ委曲願出之段、深堀元〆方ゟ達越之趣吟味之処、当御仕組半、折々之願増難被差出候得共、当今諸色存外之高直ニ而内分難渋も無余儀相聞候条、今又四割増ニシテ去寅十月ゟ当九月迄一順左之通割増被差出儀ニ候、尤飯米之儀ハ打追之通ニシテ被渡下儀ニ候条、此段可被相達候
一　舸子壱人
賃正銀三匁七分六厘
一　飯米九合
一　櫓壱挺ニ付
賃正銀壱匁六分
以上
卯七月廿九日

右之趣承届候、以上
深堀元〆方
右御達之趣承知仕候、以上
渡辺五郎右衛門
一　上総様御役方打追被蒙仰候段、為御知ニ付、
御歓御使被差出候事

同二日　寅　曇天

一　請役所ゟ則刻御用ニ付、江口小平太被罷出候
処、
大殿様於京都従
禁帝御拝領之御酒、御日勤之各様方江被為拝領
旨ニ候間、器用意、御台所罷出受取候様、惣而
右御礼之儀者明三日御出仕之上御年寄迄可被仰
上旨、被相達候由、引取被申達候付、則御側申
上、器用意、小平太被罷出候処、相渡候故、御
側差上候事

同三日　卯　曇天

同四日　辰　曇天

一　請役所則呼出ニ而
大殿様御上京之末、伊万里御着船、御下国被遊
旨ニ而御使者其外諸手数向等被相達候、左ニ
尚以八月三日いま里御着、同四日同所
御滞留、同五日柄崎御泊ニ而、翌六日
御着城之由候、此段可被御申上候、以上
今度
大殿様御参　内被為拝
天顔、品々御拝領、格別之御国《ゲ》国ニ付而
一　伊万里　御着船被遊候ニ付同所江為伺
御機嫌、御直代之各様方ゟ御使者被差越候事
但右御使者於伊万里ニ被渡　御目事
一　右同御部屋住様ゟ御状被差上候事
但右御状前条御使者ニ而被差越候事

一　柄崎御泊江為伺
御機嫌、各様方御一格々々ゟ御壱人様充御越
可被成事
一　同御女中様方ゟ御一格々々御舫ニ而御使者
被差越候事
右之通可被御申上候、以上
卯八月　宮嶋寿平
相良宗左衛門
羽室雷助
来六日
大殿様御着城ニ付而御目見場所、左之通
柄崎御越不被成
御親類中様　御同格中様
御当役様も御一所ニ而　御家老中様
右　三御丸御門前西向ニ而御並居
甲斐守様御家来
御親類様御家来
右八戸番所外西ニ付
但被罷出候御家来名書明五日迄之内請役所
可被差出候、左候而披露名書懐中有之、御
側之人江可被相渡候
欽八郎様御家来
右大隅殿櫓之下
但右同断
備中守様御親《ケ》来
右松原社前北東ニ付下馬札向辺
但右同断
一　御着城之上、各様方　御城御出御祝儀可被
仰上事
一　右同断、御女中様方ゟ御使者可被差出事
但御母儀様方右同断
一　御着城之翌日翌々日　御機嫌為御伺各様方
御[redacted]登　城可被成事
一　御着城之翌日御女中様方ゟ御使者可被差出
事
右之趣可被御申上候、以上

卯八月　　請役所三人

一　右之通被相達候ニ付、いま里江之御使者堤壮右衛門、柄崎　御泊江御並中様御内方中様ゟ之御使者江口小平太被　仰付方ニ者有御座間敷哉、御側相伺候、左ニ

伺手覚

別紙書上之通被相達候ニ付而ハ伊万里并柄崎御泊江御使者、左之人々被仰付方ニ者有御座間敷哉、遂吟味、此段奉伺候

伊万里　御泊江担那様御使者

堤壮右衛門

柄崎　御泊江御並中様

御内方中様御舫御使者

江口小平太

以上

一　右ニ付、柄崎　御泊江御女中様方御舫御使者、此御方御順当ニ付、諸家為御知、左之通以手紙致啓達候、明五日

大殿様柄崎　御止宿江御並中様之御内方中様御舫御使者、此方順当ニ付、差出儀ニ御座候、此段為御知如斯御座候、以上

八月四日

吉武来助様

光岡兵左衛門様　　渡辺五郎右衛門

高嶋猪七郎様

一　右為御知之向々ゟ返答頼入来候事

一　堤壮右衛門・江口小平太今夕刻ゟ伊万里其外為御使者被罷越候付、御状并御名札等左ニ

一筆致啓達候、

大殿様益御勇健、伊万里可被遊御着、奉恐悦候、為可奉（ママ伺脱カ）御機嫌指上使者候、此段御序之節可然様御取成頼入存候、恐惶謹言

八月四日　　鍋嶋左馬助

井上丈左衛門様

杉原折紙認

左馬助　妻

大隅　妻

監物　妻

縫殿助　妻
右舫使者
左馬助家来
江口小平太

同五日　巳　晴天

一　請役所ゟ則呼出ニ而達帳左之通
来ル六日
大殿様御着城之儀、未伊万里御着船之御一左右
不申来候付、重而被相達候条、此段為御存候、
以上
卯八月　羽室雷助
其外

同六日　午　晴天

一　深堀助太夫其外銃陣専業稽古被仰付置、御火
術方出席有之候処、当時的前放出重ニ有之趣ニ
而銃陣之儀者月々三六九ニ式日被相定、右御定
丈之日数ニ而ハ放課取不申、然処、幸、相部之
人々毎日稽古被相整候付、右之内江相加リ、稽
古被仰付度願出相成候処、演達之分ニ而者自余
ニ差支候間、颯与書付相認差出候様沙汰之由被
申達候付、右書付差出候、左ニ

口達

家来深堀助太夫・山本嘉平太儀、御火術方相部
稽古方申付、出席仕義ニ候処、今般銃陣式日三
六九ニ御定相成、一ケ月纔之稽古日数何分急々
昇達之期相見不申、然処、幸、御家中相部稽古
被相整候ニ付而ハ右御人数之内へ両人をも毎日
稽古被仰付被下度奉願候条、支所無御座候半者
何卒願之通被差免被下候様、筋々宜御相達可被
下儀深重奉頼候、已上

――内

卯八月　渡辺五郎右衛門
原次郎兵衛殿
其外

一　武雄御屋敷浄忠様三拾三年御仏事之由、彼御用人ゟ為知来候、左之通
以手紙致啓達候、然者来ル十日浄忠様三拾三回忌被相当候付、九日ゟ十日迄御在所於円応寺御仏事被相営儀ニ御座候、此段為御知如斯御座候、以上
八月六日　　千綿左忠太
渡辺五郎右衛門様　　木下儀一

同七日　未　晴天
一　受役所ゟ則御用ニ付、大久保大助被罷出候処、大殿様伊万里御着船被遊候由、被相達候、左ニ
八月六日伊万里御着、同七日同所御滞留、同八日小田御泊ニ而翌九日御着城之由ニ候、此段可被御申上候、以上
卯八月　　請役所

同八日　申　晴天
一　武雄浄忠様三十三回忌御仏事之旨、為御知相成居候付、前方比竟御仕成振相伺候、左之通
伺手覚
武雄御屋敷浄忠様明九日ゟ十日迄三拾三回忌御法事御軽（ママ）営之旨、為御知相成ニ付而者前方比竟御持（ママ）夜御野菜一折被差送、御在所円応寺へ御代香被差出、白麻二十帖御一《ケッシ》家様御舫ニシテ御寺納相成方ニ者有御座間敷哉、此段奉伺候、以上
卯八月八日
一　今昼受役所ゟ則御用ニ而　御拝領品々御到着之節、御堪忍方彼是廉々被相達候、左ニ
尚以麻上下御着用被成候様与有之候、以上
明九日
御扇子扨又御脇差御到着之節、御勤之各様方三御丸御式台之間御堪忍被成候様与有之候、此段可被御申上候、以上
今八日
大殿様小田御泊ニ而明九日暁八ツ時御供揃ニ而

御発駕被遊
御着城由候、此段可被御申上候、以上
　卯八月　　請役所
一　堤壮右衛門義伊万里御使者之末、今夕方帰着
有之、同所ニ而之振合等書取を以被相達候、左
之通
　　手覚
一　八月四日
大殿様従
御所品々御拝領、伊万里御着船、
御帰城ニ付、同所御使者被仰付主従三人同夕
七ツ半時比ゟ出立、翌五日朝五ツ時比伊万里
参着、松屋致旅宿候処、御蔵方手許同様旅宿
ニ付、御着船之比合且
御揚場等心得ニ者無之哉承合候処、未何事も
不相分趣ニ付、比合御聞取次第則為知被呉候
様相頼置、御番所罷出、尚又尋試候得共、是
又同様不相分趣ニ付、鷹之助様御家来小宮藤
馬其外旅宿立寄、御先番之人揚陸之上、
御目見場所を始御刻限等相伺■《ミ》方ニ可有之相
談、旅宿引取候事
一　同六日夕七ツ時比、
御着船ニ而戸渡嶋ゟ
御揚陸之趣相聞候ニ付、鷹之助様御家来一同
御本陣円通寺罷出、御先番中嶋新八殿へ前条
御目見場所等相伺候処、何れ
御着座之上、今又罷出相伺候様演達ニ付、一
先旅宿引取、
御通見合居候処、追々
御本陣御着ニ付、諸家御使者一同罷出候、御
進物役増田忠八郎殿面会、御使札并名書差出
候処、例之通被渡
御目筈ニ候得共、
御不例ニ而無其儀ニ付、矢張被渡
御目候心得いたし候様演達相成候、惣而明後
八日小田
御泊ニ付同所迄ニ而御使者相済儀ニ候処、当
所迄御出、御苦労之旨挨拶ニ付、於然者内方

中ゟ之舫使者塚崎
御泊之御栄出相成、同所罷出居候、右者小田
罷出相勤候通可仕哉、相伺候処、其取計いた
し候様旁演達有之、何れも引取候事
一　御書御渡之儀於当地被相渡候哉相尋候処、
当節
御書不被差出由ニ候事
一　同七日伊万里出立、塚崎罷越、江口小平太
面会、御内方中様御舫御使者勤振前ケ条演達
之次第相談置候事
一　同八日塚崎出立、　御屋敷罷帰候事
以上
八月九八日　　堤壮右衛門
一
御在所ゟ之月次船飛脚之儀、逆風ニ而深のミ
ゟ出船不相叶旨ニ而今夕陸飛脚到着、懸合来候
廉々、左之通
一筆致啓達候、江口尉九親母病気之末養生不相
叶、昨二日被相果候ニ付、尉九悴又平戸弾之
丞・小川右源太ゟ忌引入書附三出浮候ニ付、書
上相副差越候条、御側可被差上候、此段為可申
越如斯御座候、恐惶謹言
多々良平太夫
義鳴（花押）
八月三日　　深堀蔵人
賢一（花押）
峯弥次右衛門
永石権作様
山田又蔵様
追而、蔵人引払之砌、被相含候河内様其外様
御注文物、先便差越候処、相達候由、当飛脚
便ゟ被差越候御紙面且御端書之趣旁致承知
候、余条御再答ニ付、致文略候、以上
一筆致啓達候、当八朔御家来御祝儀書上壱差越
候条、
御内外御側可被差上候
一　御側御注文之三江五色素麺之儀、先以出来
立之分別紙之通差越候条、御側可被差上候、

左候而梅雨中出来立之方も御取入相成候半者
素麺作之者難渋之趣ニ付、其段も御側可被仰
達候、此段為可申越如斯御座候、恐惶謹言

多々良平太夫
義鳴（花押）

八月三日　深堀蔵人
賢一（花押）

峯弥次右衛門

永石権作様
山田又蔵様

同九日　酉　雨天

一　浄忠様今日ゟ御仏事ニ付、最前相伺置候通、
武雄江之御代香今朝未明ゟ永石権作被罷越候、
手札左ニ

左馬助様
御一家様　御代香

白麻二十帖　永石権作

一　大殿様今日ゟ　御着城ニ付、最前受役所相達
之通、御機嫌伺祝儀御使者左之人々被相勤、当
御帳場御目附嬉野弥平次殿江相達被置候事

御上様御使者
堤壮右衛門

御母堂様右同
山田又蔵

一　五郎右衛門儀御用ニ而御在所罷下候末、昨夜
汐上着、含登候手覚等、左ニ

手覚

一　当秋役与帳別冊致御渡候条、被相伺、
御下知之否、早々可被御申越候、佐嘉詰役々
之義伺通被仰付儀ニ候半者爰元御往覆ニ不
及、早速御相達可被成候
一　異宗門方一件、今日伊東外記殿ゟ猶又示談
之筋も有之候ニ付、得与取調子、可及御懸合
義も可有之候事
一　長州船頭殺害一件、段々縺合候末、〆リ
処、拙者より洪助之進殿江口達書差出候ニ付

而ハ、立上り、評定所御用ニも相成可申始末、委細御聞得之通御前被御申上、羽室殿并原殿・横尾殿御示談、成丈御利運相成候様有之度事
一　峯為之允儀忌引入被居候得共、御用繁之節者半減ニ而被差免候様有御座度、伺書致御渡候条、被相伺、御下知之否、可被御申越候事
八月六日　　田代五八郎
渡辺五郎右衛門殿

手覚

一　修リ御時計之義連々遂才促候得共、今以出来立不申、気之毒ニ奉存候、猶又才促方差寄セ候様委敷篠原久太夫江申達置候条、右之次第御側可被御申上事
一　御丸ゟ注文之黒繻子帯地探促方、岸川才吉江申付置候処、異国繻子之儀ハ所々ニ相見候得共、品合不宜、唐出之方手当方少々日間取候半而手ニ入不申都合有之趣ニ而此節迄間ニ合兼候ニ付、追々差越可申間、右之都合、御内可被御申上置事
一　橋本孝兵衛ゟ暑中為御伺差上候箱物紙包壱致御渡候条、御側可被差上事
右廉々致御含候、以上
八月六日　　多々良平太夫
深堀蔵人
峯弥次右衛門
渡辺五郎右衛門殿

口達

去月十八日長州荒神丸長崎出帆之末、当所亀ケ崎浦手野牛嶋辺江致汐懸居候処、同夜中強盗入込、金子無心申懸、船頭甚六与申者逢刃傷、無程致絶命候趣、至翌日相聞、然処右船之儀汐懸丈ニ而問屋付等之手数不罷在故欤、浦方別当江申達候儀も無之、何れ之筋ゟも表立不相響候故、いつれ之通心得可然哉、尤長崎ニ而者附問

屋も有之趣ニ候得者、何歟心配も可致遣ニ付而者類船共ゟ都合好取扱、為漕戻候通共ニ而ハ何分可有之哉之旨、家来山口弥平次を以、其御方江演達仕候処、汐懸リ与候而も見張手近之場所ニ候得者無何与為漕戻候而者自然後々国方懸合等相成候節、不都合之儀等出来候而不相済ニ付、何れ与歟、手〆リ相付居候様有之度旨、被仰聞候付、於然者難破船溺死等取計来候例を以相考候得者、向後一条於浦方難題ケ間敷儀等毛頭願出間敷与之証書取〆置候振合ニ而も可有御座哉之旨、及御応答候処、猶役々相談候様被仰聞候故、役頭共申達重而御達可仕段、猶又及御挨拶候処、同意候者其運可相付旨被仰聞候趣、弥平次引取申達候就而、手〆リ相付ニシテ者、右乗与之者共呼出、浦手形を取、夫々手数相運外無之義ニ付、則御沙汰之旨を以、跡方難破船溺死之例ニ依リ支配役江口央助、前之弥平次差出候、尤船頭甚六横死之振合、乗与之者共申立候通相違無之哉、其筋之者差越、死体為見届、浦手形之儀者支配役ゟ取〆候通申達、追々其運相付候付、右取〆候手形面支所等者有之間敷哉、為念廿千達相副、同廿日演舌を副、諸書付差出候処、追々御呼出、手形取〆候義如何之心得ニ候哉、御問合ニ付、最前御応答之次第も有之、難破船溺死等取計来候類例猶又口能相達仕候処、右者演達ニ而不相済候ニ付、旧例書取早々可差出旨被仰達、左候而初発横死之次第文達をも差出候様与之儀ニ付、同日右之文達差出、翌二十一日旧例書取共差出置候、然処此節難破船溺死之例ニ依リ取計候様御差図無之儀者如何之心得ニ而取計候哉御問合、最前差出候手形扱又書付同廿四日被差返候、右者難破船之例を以取計候様、訳而御口達者無御座由ニ候得共、弥平次ゟ申達候御応答之手続、同意候半者其運相付候様与之儀、則御差図之意相貫居候ニ付、夫々運為相付儀ニ御座候、惣而一条地方全不相預、被御取計候訳ニ者従来之心得振ニ致相違候、此段御問合ニ付、如斯御座候、以上

卯七月　　左馬助内
　　　　　田代五八郎
洪助之進殿

一　武雄浄忠様今晩御待夜ニ付、
御一家様ゟ御野菜一折被差送候、御使高浜貫一
郎被相勤候事

一　武雄江之御使者江口小平太今昼帰着、最前ハ
同所御止宿之由被相達候付、彼地被罷越候処、
相変小田御止宿被遊之旨重而被相達候付、同所
へ立戻リ、昨八日御進物役増田忠八郎殿被相勤
候処、
御不例之旨ニ而御目渡等之御手数無之段、被相
達候由被申達候付、右之次第大隅様御方其外及
御知候、左ニ
以手紙致啓達候、
大殿様御下国ニ付、小田へ御内方中様御舫御使
者江口小平太相勤候処、
御不例之旨ニ而不被渡
御目候、此段為御知如斯御座候、以上
八月九日　　渡辺五郎右衛門
山崎内蔵之進様
光岡兵左衛門様
高嶋猪七郎様
右為御知之向々ゟ返答申来候事

一　昨夕到着之陸飛脚差返、飛脚物等ハ五郎右衛
門乗船ゟ帰船ゟ差越候付、含登候次第其外返答
等廉々申越候、左之通
致追啓候、私其外出立之末、日見峠御番所之
儀、下リ之節申達置候手筈ニ而無何事聞置相成
候、依之最前御談合之通、当節私往来ニ不限、
同藩中都而右之手筈ニ而差通ニ相成度段、及示
談候処、御自領御往来之儀ニ而無余儀御事情ニ
候得共、其御手筈ニ而可然与前を以御申極於致
ハ其筋伺出候半而自己限難取計ニ付、御往来之
時々其心得ニ而御問合可致間其含いたし度段、
答話相成、其理も尤之様相心得候付、尚右之都
合同藩中重役共江可申達間、程克遂相談置候

間、猶亦被遂御吟味、随分其手筈ニ而可然事ニ被相決候ハヽ、御家来往来之人々其心得ニ而被罷通候様、時々被相達度存候、爰許ニ而者其手筈相付儀ニ御座候、以上

八月九日　渡辺五郎右衛門

峯弥次右衛門様

深堀蔵人様

多々良平太夫様

一筆致啓上候、当秋役与別冊之通相伺、
御下知之否、早々御懸合仕候様、伺通ニ候半者爰許詰役々ニ者早速可相達旨、御含之通、御側申上候処、別冊之通被仰付旨候、依之爰許詰役々相達申候

一　峯為之允儀忌引入被罷在候得共、御用繁之節者半減ニ而被差免候様有御座度旨、別紙伺書を以申上候様、其通被
仰付旨ニ候

右廉々為御懸合如斯御座候、恐惶謹言

八月九日　渡辺五郎右衛門

田　五八郎様

追而、長州船頭殺害一件其外御含之廉々、夫々御側申上置候、以上

一筆致啓達候、私儀其許出立之末、昨夜汐上着いたし候、依之御頭人扨又各様ゟ御含之廉々、
御側申上、
御下知之次第当節御頭人江申越儀御座候、此段為御懸合如此御座候、恐惶謹言

八月九日　渡辺五郎右衛門

峰弥次右衛門様

深堀蔵人様

多々良平太夫様

追而、其許滞勤中別而御面倒罷成候、以上

御状致拝見候、江口尉九母親病気之末養生不相叶、去ル二日死去ニ付、尉九偖又平戸弾之丞・小川右源太ゟ忌引入書附出浮候ニ付、書上副ニ《シテ》被差越之旨致承知、則御側申上候

一　去ル八朔御家来御祝儀書上被差越旨致承

知、御内外遂披露申候
右廉々取束為御答如斯御座候、恐惶謹言
八月九日　山田又蔵
永石権作
峰弥次右衛門様
其外様
致追啓候、先般仰越被置候其許地道船舸子雇賃銀御願出之末、別紙之通被仰付旨、去ル二日御蔵方呼出ニ而被相達候付、右達帳写差越申候
一　大殿様御事、御上京之末、今九日御帰城被遊候、御滞京之都合区々巷説とも有之候得共、
御参　内をも被為遊、御品々御拝領をも為被遊由御座候、此段御含迄申越候
右廉々為御懸合如斯御座候、恐惶謹言
八月九日　五郎右衛門
三人様

同十日　戌　晴天
一　大殿様昨日御着城ニ付、御上様ゟ伺御機嫌御使者堤壮右衛門被相勤、御帳場御目附渡辺右馬允殿江相達被置候事

同十一日　亥　晴天
一　御組内吉田市郎殿悴友一郎殿儀仰渡ニ付、大御目附并御相談人御目附被罷出候段、御与扱武富平兵衛殿ゟ沙汰之末、於御広間　仰渡相済候事
一　御組内月次寄会被相整候ニ付、例之仕与被差出候事
一　河内様御事御太病ニ付、為御見舞御一統様ゟ御菓子三斤入壱箱可被差進候旨被仰出候段、御側ゟ被申達候ニ付、御勝手方書出相整、御使高浜貫一郎被相勤候事
一　吉田友一郎殿永蟄居被仰付候由之処、前方御

組内御手当之節、
担那様御用捨御書附被差出候儀
御覚被為　在候処、当節何れ之通御手数可被相
結哉、調子合候様被
仰出候旨、御側ゟ被申達候、右者御手当之振合
ニ依リ候事ニ可有之、幸、御組寄合半ニ付、御
与扱武富平兵衛殿へ尋試、自然不相分候半者出
席之内誰ゾ心得之人無之哉、聞繕頼入候得共、
いづれも聢与不被相心得趣ニ付、
御城泊番之人江聞繕相成候様、堤壮右衛門相談
候処、御案文方手許三好平七面会有之、永蟄居
迄ニ者御書附ニ不相及、未タ重御手当之節、大
与頭様へ兼而之御諭不被御行届候段、御問合之
上、御書附被差出候御手数前ニ而、其筋ゟ御沙
汰相成候、無其儀候得者御用捨ニ不被及旨、同
人ゟ沙汰之由、引取被申達候事

同十二日　子　晴天

無事

同十三日　丑　晴天

一　御蔵方御用ニ付、大久保大助差出候処、達帳
を以被相達候、左之通
卯八月九日御蔵方頭人聞届

口達

鷹之助殿知行所其外、先年洗剥砂下相成候地米
ニ相懸候献米除之儀、当春年記(ママ)満ニ付、相改返
シ残地米偖又河内殿私領其外去夏大洪水ニ而田
畠砂下相成候地米、左之通、当卯年ゟ未年迄五
ケ年献米除被仰付候条、其筋被相達度、此段致
御達候、以上

一　地米四拾壱石七舛弐合
右者去夏大洪水ニ而洗剥砂下
御名殿知行

一　同百八拾八石九斗八合
右者前方之洗剥砂下

孫四郎殿右同
一　同百七石六斗八舛七合
監物殿右同
〆　米拾壱石四斗三舛
右者去夏大洪水ニ而洗剥砂下
米九拾六石弐斗五升七合
右者前方之洗剥砂下
以上
卯八月　　検者方
右之趣、承届候、以上

同十四日　寅　晴天
一　当盆於高伝寺御献備相成候御灯炉料銀其外、
御割合之儀、諸家及廻達候、左之通
当盆於高伝寺御献備相成候御灯炉料銀料（ママ衍）銀其外
御割合之儀、別紙之通、其筋ゟ申達候条、御出
納可被下候、此段為御懸合如此御座候、以上
八月十四日　　渡辺五郎右衛門

吉岡仁右衛門様
草場甫助様　東御門
谷官郎左衛門様　石橋
山崎内蔵之進様　西松原
光岡兵左衛門様　太田
高嶋猪七郎様　坊所

覚
一　銀子折拾三枚
代銀弐拾三匁四分
一　小奉書紙四枚
代同壱匁
一　杉原紙拾三枚
代同壱匁三分
〆銀弐拾五匁七分
右之通御座候、以上
卯七月　　石丸太平
但壱包弐匁充
一　銀弐拾六匁
〆銀五拾壱匁七分

右六ツ割ニシテ御壱人様前八匁壱（ママ）分弐厘
右之通御座候、以上
峯作之允　判
一　夕刻請役所ゟ呼出ニ而達帳を以被相達候、左
ニ
宏姫様御事、七月十日、細川越中守様御養子右
京太夫様江御縁与御願之通被
仰出候段申来候、依之明十五日各様方
御城御出仕、
上々様江右之御祝儀被御申上候様、偖又御女中
様方ゟ者御使者被差出候様、此段可被御申上
候、以上
卯八月　宮嶋寿平
相良宗左衛門
羽室雷助
右之趣承知仕候、以上
渡辺五郎右衛門

同十五日　卯　晴天
一　昨日請役所ゟ之触状ニ依リ
御城江
御上様ゟ之御祝儀御使者永石権作被相勤、御帳
場御目附渡辺右馬之允殿被相達置候、右名札左
ニ
左馬助妻使者
永石権作
大半切三ツ切認

同十六日　辰　晴天
一　今朝潮月次飛脚船着岸、山本和忍右衛門上着
出勤、偖又御在所ゟ懸合来候廉々左之通
一筆致啓達候、山本和忍右衛門儀、御勝手方相
談人格其外役方、打追居付ニ被
仰付之旨
御内意申達候処、持病之疝癪差募、難渋之旨を
以別紙之通御断願出相成候、右者病体遠方詰難

渋之次第、無余儀相聞候付、願之通被差免、右
代役御差繰を以別紙之通被仰付方ニ者有御座間
敷哉、被相伺、
御下知之否、急飛脚を以可被御申越候、此段為
可申越如斯御座候、恐惶謹言
田代五八郎
八月十四日　賢驍（花押）
渡辺五郎右衛門様

佐嘉
一　雑務相談人格・東目両村代官并
御上様
御母堂様其外様御付頭請持
田代大九郎

深堀
一　政務相談人
長渕萱右衛門

深堀
一　御蔵方相談人并郷津代官其外

多々良平太夫

以上

一筆致啓達候、猪之助殿組重松権七儀、年来病
症相煩、様々養生手を[redacted]尽候得共、一円薬験無
之、当春以来只様病勢差募候由ニ而、隠居仕
度、当六月願出相成候処、於書面少々調子合候
儀有之、吟味伺延引相成居候半、病勢致増進候
由ニ而、去ル九日於自宅縊死罷在候段、一類中
ゟ別紙之通達出相成候付、早速在番方相達、下
目附見分手数相済、於御内輪も御目附方出役
夫々手数相輔、別紙手形出浮候ニ付、差越候
条、御側可被差上候、惣而前断之次第、職分柄
直世ニ而者尚更御名目ニも相拘リ候付、遄隠居
御免之姿ニシテ在番方ニも達出之取計相成候条、
右之段程能御側被仰上、左候而、乍跡事隠居御
免之否ハ
御下知御座候様可被御取計旨ニ御座候、此段為
可申越如斯御座候、恐惶謹言

八月十四日　多々良平太夫
義鳴（花押）
深堀蔵人
賢一（花押）
峯弥次右衛門
渡辺五郎右衛門様

御状致拝見候、当秋役組被相伺候様別冊致御渡置候末、被相伺候処、伺通被仰付之旨、御紙面承知之、爰許之儀一昨十二日相達申候、其許差付被相達候由致承知候

一　峯為之允忌御免之儀被相伺候処、是又吟味通被仰付之旨致承知候、此段御答為可申越如斯御座候、恐惶謹言

田代五八郎
八月十四日　賢驍（花押）
渡辺五郎右衛門様

致追啓候、爰許地道御雇船舸子賃銀増願出之末、御手を被付候達帳写被差越候書面之内、今又四割増与有之候者、根元舸子壱人賃定銀壱匁四分・櫓壱挺同八分ニ四割増相懸候算当与相見候得共、夫ニシテ者下付紙之通ニ相成、少々違目相立、不分明ニ付、尚又元〆方尋試相成候処、彼役内ニも疑惑之由ニ候間、其筋御取調子否、被御申越度御座候、以上

八月十四日　平太夫
蔵人
弥次右衛門
五郎右衛門様

御状致拝見候、貴様爰許御出立之末、翌九日夜汐御早着被成候由、御往来御苦労之御事ニ御座候、御頭人偖又我々ゟ御含之廉々御側被御申上、御下知之次第当節御頭人被仰越之由、致承知候、此段御答為可申越如斯御座候、恐惶謹言

八月十四日　多々良平太夫
義鳴（花押）
深堀蔵人
賢一（花押）

峯弥次右衛門

渡辺五郎右衛門様

御追書致拝見候、先頃御願立相成候爰許地道船舸子賃銀増、別紙之通被仰付旨、去ル二日御蔵方呼出ニ而被相達候由、右達帳写被差越致承知、其筋相達置候

一 大殿様御事、御上京之末、去ル九日被遊御帰城、御滞京之御都合区々巷説とも有之候得共、

御参内をも被為済、御品々御拝領をも為被遊由、乍蔭御恐悦奉存候、以上

八月十四日　平太夫

蔵人

五郎右衛門様　弥次右衛門

御追書致拝見候、爰許御出立之末、日見峠御番所御通行御応対之委細致承知候、矢上・今津御番所切手一覧ニ而日見御番所差通し相成候儀、前を以申極者自己限難取計ニ付、往来之時々其心得ニ而可及取合ニ付、致其含度段、答話之次第ハ尤ニ相聞候、右之手筈ニ而相済候半者簡弁之筋至極御同意ニ存候付、御家来往来之人々其心得ニ而通路有之候様、爰許ニおゐて者相達相成儀ニ候条、其許之儀も其手筈を以御取計可被成存候、此段為御答如斯御座候、恐惶謹言

八月十四日　平太夫

蔵人

五郎右衛門様　弥次右衛門

一 請役所ゟ則御用ニ付、大久保大助差出候処、御私領於浦方自然難破船等之節者、御私領方ゟ御支配役人被差出、難船之次第手形御取〆、在番方御達出、同所ゟ差図之上出帆御申渡相成候御手数ニ可有御座哉、聢与役内不相分ニ付、及御問合候旨、物書役松岡又六郎ゟ口能之由、引

取被申達候ニ付、則永石権作を以、最前難破船支配振御問合之趣致承知候、矢張被仰聞候通之手数ニ而、以前者右取〆候手形御在番方へ御達仕、其上彼地役人ゟ爰許詰用人江も申越、用人ゟ副書を以御役筋御達仕来候処、五六年以前右者在番方ゟ御申越相成、一事両様之義ニ付、御在番方御達限ニ而屋敷詰用人ゟ之御達ニ不相及旨、御差図御座候ニ付、任御差図之旨、用人ゟ之御達者相止候段、及返答置候事

一　請役所則御用ニ而スタールフ銃御取入之義御願出相成、被相整候様演達有之、右ニ付、番方ゟ之懸合状写置候、左ニ

一筆致啓上候、今度御取入相成候スタールフ銃代銀引合筋等、昨十四日亜商ヲルス江深川寿兵衛を以、為及談判候処、彼者申聞候者、筒壱挺ニ付洋銀弐拾五枚、尤壱部銀ニ而払入相成候半者弐拾両弐歩ニ而引合可相整旨、申聞候由、右ニ付、寿兵衛より問合候者、最前御役々御出之砌貴様申聞候者、洋銀ニしてハ弐拾五枚尤壱部銀ニ而ハ弐拾両ニ而引合可相整由申立置、今更ニ相成、右様違約之儀申立候通ニ而者不相済ニ付、矢張最前約速通、壱部銀弐拾両ニ而条約可取極旨申向候処、右員数ニ而相渡候与申立候覚へ更ニ無之旨、強情申張、幾往申砕候而も承引不致ニ付、然時者此方限ニ而何分条約いたし候儀不相叶ニ付、右之次第猶御役々へ相伺、其上ニ而何れ与も可及談判申答、引入候処ニ、ヲルス申聞候者、今日ゟ三日之内御請取相成候半者弐拾金ニ而差遣可申、尤五六日も延引いたし候半者右之通ニ而者差遣かたく申向候段、寿兵衛ゟ申達候、依之右代銀爰許ニ而銀配之儀、寿兵衛を以向々相談見候得共、其儀不行届、惣而当時銀銭双場引下居、洋銀弐拾五枚ニ而金弐拾両、内廉ニ相当可申由候得共、商人共ニ者追々銀銭双場引合候与見込罷在候趣ニ御座候得共、前断次第ニ付而無拠筒壱挺ニ付洋銀弐拾五枚ニ而取極、壱部銀ニ而者時双場を以引合可相整、条約取結、彼者差出候原書和解相整、差越申

候、此段為可申越如斯御座候、恐惶謹言
八月十五日　重松善左衛門
伊東外記様
追而、本文スタールフ銃今又壱箱御取入相成儀候条、都合三箱丈急速運相付候様御申越之趣致承知候、将又銀銭双場当時者洋銀弐拾五枚ニ付金拾九両三部位ニ相当可申由ニ候へ共、買入候与いたし候得者弐拾両位ハ差出候半而ハ手ニ入申間敷由、尤日数六七日も相過候へ者双場引揚候与専ら取沙汰いたし候付、代銀之義者一刻も早ク御仕向被成候方御弁利可相成与存候、以上
和解
肥州御聞役重松様へスタル氏発明騎馬線銃六拾挺御売度可申上御約定
丁入之壱箱ニ付附属諸品者左之通御座候
一　ハトロン　弐百ツ
一　鉄金具　弐拾ツ
一　懸革　弐拾ツ
一　捻抜　弐拾ツ
一　掃除道具　弐拾ツ
外ニ、スフリンツールス壱通添ル
右代銀壱挺ニ付洋銀弐拾五枚ニ而御渡可申上、尤品物御請取之節引渡ニ而銀子御払入被下度奉願候、以上
洋暦千八百六十七年
九月十一日
慶応丁卯八月十四日当ル
亜商ヲルス商会

同十七日　巳　晴天

一　来込之飛脚船差通、御在所申越候廉々、左ニ
御状致拝見候、山本和忍右衛門義、爰許御勝手方相談人格其外役方、打追居付被仰付候旨、
御内意被仰達候処、地病之疝癪差募、難渋之旨を以別紙之通御断願出相成、病体遠方詰難渋無余義ニ相聞候ニ付、願之通被差免、右代役御差

操を以別紙之通被仰付方ニ者有御座間敷（ママ 哉脱カ）、相伺
御下知之否、申越候様、御紙面承知之、則相伺
候処、別紙御差操之通被仰付旨ニ候、此段為御
答如斯御座候、恐惶謹言

八月十七日　渡辺

田　五八郎様

御状致拝見候、猪之助殿与重松権七義、年来肝
症被相煩、当春以来唯様差募候由ニ而、隠居仕
度、去ル六月願出相成候処、書面御調子合之義
有之、御吟味伺延引相成居候半、病勢致増長、
去ル九日於自宅縊死之段、一類中ゟ別紙之通達
出ニ付、早速在番方被相達、下目附見分手数相
済、御内輪ニおゐても御目附方出役夫々手数相
躰、別紙手形被差越候条、御側差上候様、惣而
前断之次第、職分柄直代ニ而者尚更
御名目ニも相拘リ候ニ付、端隠居之姿ニシテ在番
方御達出被御取計候条、右之段程能申上、乍跡
事隠居御免之否
御下知御座候様可被取計旨、彼是之委細致承
知、御側申上候処、隠居之義願通被仰付旨ニ
候、此段御答為可申越如斯御座候、恐惶謹言

八月十七日　渡辺

峯弥次右衛門様
深堀蔵人様
多々良平太夫様

追而、地道御雇船舸子賃銀増願出之末、御
潤色相成候達帳写差越候処、右書面之内、
今又四割増与有之候者、元御定賃金之四割
増ニ而可有之処、夫ニシテハ少々違目相立、
不分明ニ付、其許元〆方江御尋試之処、彼
役内ニも疑惑之由ニ候間、其筋調子合否、
申越候様、御追書之趣致承知候、当便右調
子間ニ合兼候付、於后便可及御左右、余条
御答之廉々致承知、御再答致文略候、以上

一筆致啓達候、スタールフ銃拾挺丈御取入可相
成、御軍艦御取入方江
担那様ゟ御直ニ御相談被成置候由ニ而代銀早速
相納候様、今十七日同役所ゟ呼出ニ而被相達、

御側ゟも
御退　城之上右之次第
仰出之旨被申達候得共、差懸リ爰許ニおゐて御
備銀無之義ニ付而者差付之御納銀不被御行届候
義ニ付、御側申上、偖又御軍艦御取入方へ御猶
予達出候処、右者長崎表急々御下達相成候半而
筒御請取不相叶義ニ付、彼地平戸町江出張之手
許松林源蔵へ御在所ゟ直ニ被相渡候様、左候而
於爰元ハ一先御振替之願書可被差出旨、沙汰御
座候ニ付、任其意、願書差出候通取計置候間、
其御心得を以、右代銀無御延引、源蔵被相達候
通御取計可被成候、尤筒壱丁ニ付、代洋銀弐拾
五枚之由御座候、全体後込銃弐拾丁御取入之御
注文ニ候得共、右者不相渡、当節之筒者騎馬線
銃之由ニ付、先以拾丁丈ケ御取入被成旨ニ御座
候、此段為御懸合如斯御座候、恐惶

八月十七日　　渡辺

峯弥次右衛門様
深堀蔵人様

多々良平太夫様

一筆致啓達候、爰許文武寮御造営ニ付、深海御
建山之内ゟ御用之竹伐取、被差越候様之委細、
於御在所御承知之通ニ候、然処、右竹左書載之
通御用相成義ニ而最早御普請相始、反的差支申
儀ニ候条、早々御仕登相成候様、御取計可被成
存候、惣而御廻船之節者八田江着岸いたし候
方、川船運送之弁利可然間、船頭其心得いたし
候様可被御申付候、此段為御懸合如斯御座候、
恐惶謹言

八月十七日　　渡辺

峯五太夫様

但四寸五寸廻リ五本六本結ニシテ
一　小竹百弐拾束
但六寸七寸廻リ位
一　中竹百本
〆ル

致追啓候、重松豊安儀当夏大病相煩被申、当今
大分快方ニ者相移居候得共、地行老体之上右之

次第ニ而、何分出勤不任所存、至極難渋之旨ニ而、御匕医御断別紙之通願出相成、実以難渋之事情無余義相聞候ニ付而者、願通被差免方ニ者有御座間敷哉、惣而願通於被仰付者御匕医横尾道碩壱人ニ相成、当時上々様御数方様ニ而、自然御不例等之時々御用支之支(ママ衍)之儀も可有御座相見居候ニ付而者、重松玄雄・大串春嶺義いまだ壮年之義ニ者候得共、御匕医被仰付方ニ者有御座間敷哉、旁御吟味否、可被仰越存候、此段為御懸合如斯御座候、以上

八月十七日　　五郎右衛門

三人様

伺手覚

猪之助与重松権七儀当年三拾五歳罷成候処、近年肝症相煩、種々療養手を尽候得共一円薬験無之、当春以来病勢只様差募、人事致失却、只今之容体ニ而者向以御奉公申上候通、急快之程無覚束段、医師ゟも申被聞候、依之残念ながら隠居仕度、尤家督之儀実女子罷在候ニ付、相応之者見立、嫁娵相続之儀、追而一類中ゟ可奉願候間、旁之趣何卒願通被仰付被下候様、猪之助副達を以願出候、右者未タ壮年之儀ニも候得共、病勢柄打追罷在候而も其詮無之ニ付而ハ願通被差免方ニ者有御座間敷哉、遂吟味、本人願・一類願・医師手形相副、此段奉伺候、以上

卯七月

手形覚

我々一類重松権七義於自宅致縊死候ニ付、其段筋々御達仕候処、死体御見分被相整、一件ニ付而ハ定而子細可有之、始末具ニ可申出旨被仰問、同人義肝症相煩全ク乱心之様有之、色々療養手を尽候処、漸々快方相移、近比ニ至リ候而者本心相基付候故、一類中ニも安心いたし猶又保養罷在候、然処昨九日朝飯後母妻共用向有之、一類宅江罷出、用事相済シ同四ツ時比両人

一同致帰宅候処、表戸関詰有之候ニ付、権七儀近辺立出候ニ而も可有之哉与存、引明見候処、縊居候ニ付、不斗相驚、縄を迦シ養生相加候得共、湍及絶命居、其詮無之、無是非仕合ニ御座候段申上候処、纔時之間ニ及変死候程之儀ニ付而者於内輪深キ訳合或ハ外ニ不審気付之筋等者無之哉、不包申出候様尚又被相調子候得共、少シも気付之筋等更ニ無■■御座、前断申上候通、漸快方いたし安心罷在候処、病症柄与者乍申、其場俄ニ心気致逆上、右之至儀相及たるニ而可有御座、併身分柄右様及変死、筋々御手数込相成候亘リ深重奉恐入義ニ御座候、以上

慶応三年

卯八月十日　一類　松永十右衛門

木下新右衛門

権七母親　せき

同妻　よ祢

江口央助殿

一　川副寿一郎其外御暇帰宿ニ付、附状左之通

一筆致啓達候、川副寿一郎其外左ニ書載之人々、日数御暇、肩書之通銘々ゟ願出相成、今夜汐厘外津出船被罷下義候、此段為付状如此御座候

御暇日数廿日　川副寿一郎

右同十五日　大久保大助

右同十二日　神職　山口且見

以上

八月十七日　渡辺五郎右衛門

峯弥次右衛門様

深堀蔵人様

多々良平太夫様

一　昨夜請役所ゟ相達相成候騎馬線銃拾丁御取入ニ付■代銀之義、御在所申越、上金之上ならで納銀不相叶之処、往返日間取候而不叶御都合之由、依之深堀ゟ直ニ聞番筋相納候通取計可申ニ付、其旨同所懸合越被呉候様御取入方へ及示談候処、其運相成可然、尤長崎平戸町江出張所被相立、松林源蔵出役相成候ニ付、同人江引渡相

成候様、御屋敷ゟも可申越、惣而右銀一准御取替願書差出候様、林清左衛門殿ゟ演達有之候由、堤壮右衛門引取被申達候ニ付、則書附相認、請役所差出置候、左之通

口達

スタルフ銃拾丁丈拝領払奉願、其通被仰付候ニ付、右代銀早速相納候様、被仰達候ニ付而者何様納銀可仕之処、於爰許之納銀何分届兼候ニ付、深堀表申越、於長崎納銀相整度御座候条、夫迄之処、一准御振替拝借奉願候条、何卒願之通被仰付被下候様、筋々宜御相達可被下義深重奉頼候、以上

御名内

八月十七日　渡辺五郎右衛門

羽室雷助殿

相良宗左衛門殿

宮嶋寿平殿

同十八日　午　晴天

無事

同十九日　未　晴天

一　御軍艦御取入方ゟ左之通申来候ニ付、江口小平太被罷出請取相成候事

今度御取入之スターフ銃致御引渡候条、今十九日晩八ツ半時、厘外津別当武平宅御出可被成候、以上

八月十九日　御軍艦御取入方

渡辺五郎右衛門様　附役中

同廿日　申　雨天

一　請役所ゟ之達帳、左之通

甘露寺頭左仲弁様御妹蓮体院様御病気之末、御養生無御叶御卒去之段、京都ゟ申来候、依之今廿日ゟ廿一日迄日数二日御領中下々迄相慎罷在

候様、被仰付候条此段筋々可被相達旨、御当役
御申候、以上
卯八月　　　請役附三人
右之趣　御内外申上、詰中触達相整候事

同廿一日　酉　雨天

同廿二日　戌　雨天

同廿三日　亥　昼ゟ晴
一　大塚慶太儀
御登
城御供ニ而
御城被罷在候処、請役所ゟ則御用之旨ニ付、被
罷出候処、関所通方ニ付従
公辺之触達、達帳を以被相達候、左ニ

七月廿日稲葉美濃守殿御渡候御書附写
大目附江
関所通し方之義前々ゟ御規定之趣も有之候処、
今度変革被　仰出候条、来ル八月朔日ゟ別紙之
通可相心得候、尤是迄御留主居ニ而取扱廉も以
来都而関所懸御目附取扱候筈ニ候
右之趣万石以上
以下之面々へ不洩様可被相触候
七月
条々
一　婦人通し方之義別段之改無之、惣而男子同
様之振合を以相通申し、小女も振袖・留袖勝
手たるへき事
一　剃髪・惣髪かふろ等総而別段之改無之事
一　首・死骸・乱心・手負・囚人等手形無之候
共、差添之者ゟ証書差出、通行可致候事
一　諸役人急御用之節、上下共夜中も通行不苦
候事
一　鉄炮武器等者其品々差添之者ゟ証書差出、

通行可致事
一　是迄印鑑ニ引合通行之分、以来其儀不及候事
右之通、可相心得候
右之通被相達候段、江戸ゟ申来候条、此段筋々可被相達候、以上
八月　宮嶋寿平
相良宗左衛門
羽室雷助
一　渡辺五郎右衛門儀急成御用有之、今夜汐ゟ御在所被罷下候事

同廿四日　子　晴天

一　請役所御用ニ付、高浜貫一郎罷出候処、頃日御再訴相成居候長州御征伐ニ付分過夫割合并御雇船舸子献力御断之儀、最前被相達置候通、一准之儀ニ候得者又候右様之儀も有之間敷、当節ハ自余ニも差構、何分御吟味難被相付旨、羽室雷助殿ゟ口能を以書附被差返候事

同廿五日　丑　晴天

一　今汐夕（ママ）月次飛船着岸、御在所ゟ懸合来候廉々、偖又嶋原盗人松之助於御在所被召捕、警固峯嘉六外壱人相付連登、右船乗与上着いたし候ニ付、早速評定所差出、同所へ之副達等、左之通
一筆致啓達候、嶋原盗人松之助与申者於土井首村召捕候段、其筋ゟ達出候付、早速入牢、於御内輪一通取調子相成候処、別紙口書之通申出、布巻村内蔵吉与申者江無実申懸候儀等有之、段々逢差詰、致白状、右之外於所々不所業相働候聞有之候付、警固峯嘉六外壱人相付、早見越福田ゟ飛脚船乗込ニシテ其許差登セ候条、評定所可被差出候、尤右之者表裏申立、御私領者御用懸等相成候而者不相叶ニ付、御立入警固抔、右之亘リ差含候様御示談相成度存候

一　御崎観音寺逢盗候段、当六月別紙之通達出
相成候処、致物落居候付、此節差越候条、程
能断口能を以、評定所可被相達候
一　異宗門一件、伊東殿長崎引払之砌相達ニ依
リ其比迄之振合書取を以申達置候処、いつれ
篤与御吟味
大殿様ニも御帰国ニ付而ハ
御賢慮御差図可相成沙汰有之候末、今以為何
儀も無御座、三江村々之振合者日ニ増、黒之
勢差募、取鎮方只様御手強可相成、甚御懸念
之筋ニ付、誰そ相含、出佐嘉可被仰付筈ニ候
へ共、此節迄捌兼候間、
殿中如何之御都合共ニ候哉、伊東殿江御尋試
否、被仰越度御座候
一　長州船頭殺害方在番方取合一件、五八郎殿
ゟ之口達書請取相成候末、為何儀も無之、先
しつと致し取合も相止居候、右之落着ハ如何
可相成哉、御序羽室殿亘リ御尋合都合被御申
越度存候、右旁為可申越如斯御座候、恐惶謹
言

八月廿四日　　多々良平太夫
　　　　　　　峰為之允
　　　　　　　深堀蔵人
　　　　　　　　賢一（花押）
　　　　　　　峰弥次右衛門（印）
渡辺五郎右衛門様

追而、本文異宗門一条、為何誰そ被差越候半
而相叶間敷御讃談中ニ付、伊東殿御対話之都
合、此方ニ者態与六角継ニ而も不日被仰越度
存候、以上

覚
　　　　　　嶋原婦津村
　　　　　　　松之助
　　　　　　　　卯弐拾弐歳
右之者儀去ル八日御料藤田尾より土井首村罷
越、夜半比同村嘉吉与申者所持之鰯網都合四拾

弐反盗取、小船ニ而深堀あなた浦漕参、同所ゟ
揚陸之積ニ而右盗取候網之内拾反丈引分、残者
小船簀下江差隠シ、其場所繋置、翌九日未明ゟ
藤田尾持越、又々可相運積ニ而引返、同日昼比
あなた浦罷越見候処、右船不相見ニ付、無余儀
藤田尾立帰リ翌十日罷越、深堀町方通行之砌捕
ニ逢候段申出、前断藤田尾持越候残網并小船運
向不差分、且一往藤田尾罷越引返、白昼品物可
持運積抔与廉々申出不都合ニ有之、どふで同類
之者も有之、手を分ケ何方ニ欤為相運ニ而者無
之哉、右外遠近ニ而不所業相働候儀多々可有之
都合ニ申出居候事

卯八月

口達

一 紺縮綿衣　壱枚　一 紫紋沙衣　壱枚
一 紋加々袈裟　壱ツ　一 夏九条袈裟　壱ツ
一 白無垢綿入　壱枚　一 水色羽二重　壱枚
一 紋縮綿綿入　壱枚　一 紋金巾綿入　壱枚
一 はかた帯　壱筋　一 蒲団大小　弐ツ
一 蚊帳　壱張　一 ときはなし一衣物　壱ツ
一 鉄瓶　壱ツ　一 古ごさ　壱枚
〆拾四品
右之通逢盗申候間、此段御達仕候、已上

卯六月　御崎村
観音寺　判

御代官所

覚

一 三百目立網　八反　一 干目網　六反
一 もし　弐拾八反　一 三尋は櫓　壱丁
一 弐尋半櫓　壱丁
〆
右之通昨八日夜盗ニ逢申候、此段御達仕候、已
上

土井首村百姓
卯八月九日　嘉吉
原田伝作殿

覚

一　小船　壱艘

右船昨八日夜盗ニ逢申候、此段御達仕候、已上

土井首村百姓
仙之助

卯八月九日

原田伝作殿

口達

深堀御崎村観音寺倩又土井首村嘉吉・同村仙之助与申者共盗ニ逢候段、別紙之通銘々より達出候、依之右書附差出、此段御達仕候、以上

――家来

卯八月廿六日

渡辺五郎右衛門

石井又左衛門殿

其外

一筆致啓達候、高嶋・香焼嶋石炭旅出ニ付、為冥加、炭百斤ニ付銀五厘充被相懸候段、石炭御仕組方ゟ被相達候ニ付、右懸銀二重納之儀ニ付、御断願書被差出候得共、右者自余一般被相懸候御印銭ニ付、冥加銀之儀者願面難被御聞立、御取納相成候段、当六月被相達、差附再願相成筈之処、外御用繁ニ而其侭閣相成居候処、御仕組方銀引合ニも差支、第一御家格差構候ニ付、吃度御願啓相成居候様有之度被相談儀ニ御座候、依之右願書草案并問屋口銭御出銀被下度段之願書同、都而弐通差越候条、尚御立入之人々御打合、兎角御趣意立候様其筋被仰立、左候而右願書差艫候地摸《(ママ)》并石炭方御聞立有無之達帳欤否之都合可被仰越存候、尤五厘懸願之儀専請負納之筋ニ致関係候ニ付而ハ、仰立之趣向次第ニ副嶋左源太被相招、石炭方へ此通リ被仰立義候条、御小物成所ニも深堀之儀自余同様俵銭不被相懸次第差含相成居候様与之儀為念御示談相成、乍其上石炭方御達出相成方ニ者有之間敷哉、尚其許御都合次第可被相運存候、此段為可申越如斯御座候、恐惶謹言

多々良平太夫
義鳴（花押）
八月廿三日
峰為之丞
深堀蔵人
賢一（花押）
峰弥次右衛門（印）
渡辺五郎右衛門様

奉願口上覚

高嶋・香焼嶋石炭旅出ニ付百斤ニ付冥加銀五厘充被相懸候段、被相達候付、深堀之儀自余ニ不相並、古来ゟ御仕成来有之、諸運上之御初穂御小物成所へ相納来候付、二重納之儀難届合、被相除被下度段最前奉願候処、御小物成所相納有之銀之儀ハ自余一般相納候御印銭ニ而、去丑年一般御印銭を相増高嶋香焼嶋之義も自余同様旅出炭百斤ニ付定銀弐厘ツ、之楯ニシテ一ケ年出炭高ニ依リ御印銭被相増候訳ニ付而ハ矢張御印銭有之台体、御役内御仕組之儀ハ塊石一式御買揚、下炭旅出ニ付冥加銀御取納相成候付而ハ二重御取納之訳ニ無之、何分難被御聞届啓ニ付、打追御取納相成義候段、今又被相達候、右者深堀物成高弐千四百六拾石余之内四百六拾石余者海成ニ而致相続候付、海中ゟ取揚候魚菜を始類ハ勿論米酒其外諸色海中上運送之商品まて運上致所務候付、深堀郷津ゟいつれ之筋江も別段納銀等不仕来候処、御小物成所御法ニ洩、自余ニ不相並義ニ付俵銭被相懸候段、安永年中御小物成所ゟ被相達候得共、其通ニ而ハ二重納之訳ニ而先格致相違、下々難渋ハ不能申、蔵方ニ而も所務相減相続差支候訳を以、前断俵銭遂御断候、尤自余不相並御法ニ洩候亘リ憚多奉存候付、取立候運上之御初穂為冥加銀拾五枚蔵方ゟ相納度旨奉願、前断海成取納筋之事情、自余不相並訳柄被御聞啓、願通被仰付候、以来請負納相成来、自余一般被相納候御印銭同様之筋ニ無御座候、然ニ今度冥加銀御役内ゟも被相懸候通ニ而ハ従来御仕成来之家格訳柄無所謂致相違候筋ニ成立、重畳歎ケ敷奉存候条、右等之亘リ幾重ニも被御聞啓、格別御仁恕之御吟味を以、何卒願通五厘懸冥加銀被相除被下候様、筋々宜敷被仰達被下度深重奉頼候、以上

内　渡辺五郎右衛門

石炭御仕与方　当ル

奉願口上覚

高嶋・香焼嶋塊炭御買揚代銀其外諸懸物等之銀立廉々最前奉願、夫々被仰付置候、尤右之外百斤ニ付銀弐分充諸運上之儀、是迄被相渡来候間屋五部口銭之儀ハ商法差定候儀ニ付而ハ前断願廉ニ取加不申共、御出銀案中之筋ニ奉存、其儀無御座候、長崎御出張所へ御下渡之儀奉願候処、一体無余儀出筋ニ者被御聞立候得共、御差図無御座而長崎御出張所限リ難被相渡■段被相達候、就而者右口銭之儀海成運上問屋ゟ相納候筋有之候ニ付、去九月以来船積高之五部自余商法同様口銭相渡被下候様奉願候間、御仁恕之御吟味を以、何卒願之通御聞済被下候様、筋々宜敷被仰達被下度深重奉頼候、以上

内　渡辺五郎右衛門

石炭方　当ル

御状致拝見候、川副寿一郎・大久保大助・神職山口且見儀、銘々日数御暇ニ而去ル十七日夜汐厘外出船被罷下之由、何れも十九日帰着、御附状之趣致承知候、此段為御答如斯御座候、恐惶謹言

八月廿三日

多々良平太夫
義嶋（花押）
峰為之丞
深堀蔵人
峰弥次右衛門

渡辺五郎右衛門様

御状致拝見候、スタールフ銃拾挺丈御取入可相成、御軍艦御取入方江
担那様ゟ御直ニ御相談被成置候由ニ而代銀早速相納候様、去ル十七日同役所呼出ニ而被相達、
御側ゟも　御退
城之上右之次第
仰出之旨被申達候得共、差懸其許御備銀も無之ニ付、御側被御申上、御軍艦御取入方江御猶予御達出之処、右者長崎表江急々御下金相成候半而筒御請取不相叶儀ニ付、同所平戸町江出張之手許松林源蔵江爰許ニおゐて相渡候様、左候而於其許者一先御振替之願書被差出置候間、其心得を以、右代銀無延引源蔵相達候様、尤筒壱挺代洋銀弐拾五枚之由、全体跡込銃弐拾挺之御注文ニ候得共、右者不相渡、当節之筒者騎馬線銃之由、旁御紙面之趣致承知、御頭人相達、役末、御銀配御六ケ敷候得共、跡込銃弐拾挺御取入之儀者最前御請相成居候付而ハ何欤与難申上、銀備可被相整、洋銀双場打合セ彼是一昨廿一日蔵人出崎、源蔵面会遂示談候処、最前仏商《ママ》御談約之砌ハ洋銀弐拾五枚・日本金廿両ニ相当居候へ共、当時ニ而ハ其通参兼、直増之儀仏商ゟ申立候得共、段々談判漸廿金ニ相決、尤雑用銀何程欤ハ右ニ相増候得共、是ハ跡立清算之上於佐嘉御納銀相成可然候条、先以筒料丈相備候様沙汰ニ付、今日態与使番を以金弐百両源蔵江相達候通取計候、就而者筒者相替候共最前御請之跡込銃弐拾挺之数ニ被相充、別段之御取入ニ不相成様被
思召上被下候様可被仰上置旨ニ御座候、此段御答旁為可申越如斯御座候、恐惶謹言

八月廿三日

多々良平太夫
義鳴（花押）
峯為之允
深堀蔵人
賢一（花押）
峯弥次右衛門

渡辺五郎右衛門様

御追書致拝見候、重松豊安儀当夏大病相煩被
中、当今快方ニ相移候得共、地行老体之上右之
次第ニ而、何分出勤不任所存、至極難渋之旨を
以、御匕医勤御断別紙之通願出相成、右者実以
難渋之事情無余儀相聞候付而ハ願通被差免、跡
御匕医横尾道碩壱人ニ相成、当時
上々様御数方様ニ而、自然御不例等之時々御用
支可相成儀相見居候ニ付而ハ、重松玄雄・大串
春嶺儀いまた壮年之儀ニ者候得共、両人共御匕
勤被仰付方ニ者有之間敷哉、旁之趣御頭人相
達、御懸合之通被仰付方ニ可有之御吟味、此節
別紙伺書相副差越候条、被相伺吟味通被仰付儀
ニ候半者豊安其外人々可被相達旨候、此段為御
答如斯御座候、以上

八月廿四日　平太夫
為之允
蔵人
弥次右衛門

五郎右衛門様

伺手覚

此通り
重松豊安儀年来御匕医被仰付置難有相勤罷在候
処、近年胃病相煩、殊ニ当春以来尚又病勢差
募、既ニ危篤之症ニ相移、近比ニ而者漸々快方
ニ相趣候得共、最早老体与申、衰弱強只今之容
子ニ而ハ何分出勤不任所存、乍残念、御匕勤遂
御断度、別紙之通願出候、右ハ老体病症柄事情
無余儀相聞候ニ付而ハ願通被差免、尤格別之御
用之時々者出勤相整候様被仰付、左候而御匕医
之儀横尾道碩壱人ニ相成、当時
上々様御数方様ニ而、自然御不例等之時々御用
支も可有御座ニ付、重松玄雄・大串春嶺儀いま
た壮年ニも御座候得共、両人共御匕医被仰付方
ニ者有御座間敷哉、旁遂吟味、此段奉伺候、以
上

卯八月

同廿六日　寅　雨天

一　請役所ゟ之達帳、左之通

当六月

大殿様御上京之節、御往来御船被為

召候ニ付、各様方ゟ左之通御願被相懸候料銀御

割合前、書載之通、急速寺社方可被相納候

一　松原社　祓百座

料銀弐拾匁

魚鳥備

右同四拾匁

一　八幡社　献膳

料銀拾五匁

御祓三百座

右同六拾匁

一　鳩森社　御船中之百日祓

右同三拾匁

御供御懸肴・御造酒

御菓子・御餅

右同拾五匁

御神楽御神納

右同弐拾匁

一　徳善社　御本地供十二座

右同百匁

御供料

右同三拾匁

放生

右同拾匁

一　金毘羅社　御本地供拾五座

右同壱枚

中臣祓

右同弐拾匁

〆料銀弐百九拾三匁四分

御壱人前様拾八匁三分四厘

河内様　大炊助様

若狭様　龍吉郎様

安芸様　上総様

豊前様　与兵衛様

伊豆様　龍一郎様

鷹之助様　孫四郎様

御名様　大隅様

監物様　縫殿助様

以上

卯八月

宮嶋寿平
相良宗左衛門
羽室雷助

渡辺五郎右衛門様

同廿七日　卯　曇天

一　横辺田代官所ゟ御用ニ而分過夫割合納銀急々
相納候様、催促有之候事

一　請役所則呼出ニ而最前被相達置候
大殿様御上京ニ付、御願成就料御割合之儀、拾
八匁三分四厘相納候様、最前被相達置候得共、
算違之由ニ而弐拾匁壱分四厘相納候様今又被相
達候事

一　飛脚差立、御在所へ申越候廉々左之通
御答書致拝見候、当節スタルース銃拾丁御取入
相成候ニ付而者、最前御請相成居候跡込銃弐拾
挺之儀ハ別段御取入不相成様被　思召上被下候
様可申上置旨、委細之御紙面致承知、御側申上
置候

一　重松[redacted]豊安儀当[redacted]夏大病相煩被申、当今快
方相移候得共、地行老体之上右之次第ニ付而
者、何分出勤不任所存[redacted]至極難渋之旨を
以、御匕医勤御断別紙之通願出相成、右者実
以難渋之事情無余儀相聞候ニ付而者願通被差
免、跡御匕横尾道碩壱人相成、当時
上々様御数方様ニ而、自然御不例等之時々御
用支可相成儀相見居候ニ付而者、重松玄雄・
大串春嶺義いまた壮年之儀ニ者候得共、両人
共御匕医被仰付方ニ者有之間敷哉、旁之趣御
頭人被仰達、御吟味別紙伺書共被差越候条、
相伺御吟味通被仰付儀ニ候半者豊安其外人々
可相達旨致承知、御側相伺候処、御吟味通被
仰付旨ニ付、御懸合之通人々相達儀ニ御座候
右廉々為御再答如斯御座候、恐惶謹言

八月廿七日　山本和忍右衛門

峯弥次右衛門様
深堀蔵人様

峯為之允様
　多々良平太夫様
御状致拝見候、嶋原盗人松之助与申者於土井首村召捕候段、其筋ゟ達出候ニ付、於御内輪一通御取調子相成候処、別紙口書之通申出、布巻村内蔵吉与申者へ無実申懸候義等有之、段々逢差詰、致白状、右之外於所々不所業相働候聞有之候ニ付、警固峯嘉六外壱人相付、早見越福田ゟ飛脚船乗込ニ《シテ》爰許被差登候条、評定所可被差出、尤右之者表裏申立、御私領者御用懸等相成候而不相叶ニ付、御立入警固抔、右之亘リ差含候様示談可被相整旨、御紙面之趣致承知、右□
□一昨廿五日夕無別条連越候ニ付、早速評定所差出置、警固示談等之儀も取計義ニ御座候
一　御崎村観音寺盗ニ逢候段、当六月別紙之通達出相成候処、致物落居候ニ付、被差越候条、程能断口能を以、評定所可差出旨致承知、則相達置申候
一　異宗門一件并長州船頭殺害一件差含、渡辺五郎右衛門被罷下居候得者御承知可被成存候
一　石炭方御再訴一件、是亦、幸、五郎右衛門下リ中ニ付而ハ猶御吟味、同人上着之上、何れ与も取計可相成存候
右廉々為御答如斯御座候、恐惶謹言
　八月廿七日　渡山本和忍右衛門
峯弥次右衛門様
深堀蔵人様
峯為之允様
多々良平太夫様
一筆致啓達候、去ル廿二日請役所呼出ニ而、関所通し方ニ付従
公辺之御書附別紙之通、達帳を以被相達候ニ付、写差越申候
一　同廿四日同役所呼出ニ付、高浜貫一郎を以承リ候処、羽室雷助殿ゟ頃日御再訴相成居候長州御征伐ニ付分過夫割合其外御断之儀、一体無余儀御願面ニ候得共、右者最前被相達置候通、一准献力之楯与申儀ニ候得者以後右様

之事有之訳ニも有御座間敷、当節之儀者自余ニも差構、何分御願通御吟味難被相付旨、演舌を以右願書被差返たる義ニ御坐候、此段御含迄及御懸合候

右廉々為可申越如斯御座候、恐惶謹言

八月廿七日　山本和忍右衛門

峯弥次右衛門様
深堀蔵人様
峯為之允様
多々良平太夫様

一　御側詰荒木文八郎其外、御暇帰宿ニ付、付状左之通

一筆致啓達候、荒木文八郎・古賀松一郎義当秋ゟも打追御側詰被仰付候付、為仕舞方引揚帰宿仕度、日数廿日ツ、之御暇願出相成、偖又稽古人樋口貞一・緒方収蔵・深町元亨儀内用有之、日数十日充之御暇ニ而、文八郎其外一同今夕汐厘外津出船被罷下義ニ候、此段付状為可申越如斯御座候、恐惶謹言

八月廿七日　山本和忍右衛門

峯弥次右衛門様
深堀蔵人様
峯為之允様
多々良平太夫様

一　囚人才領罷登候警固共罷下候付、附状左ニ

一筆致啓達候、嶋原盗人松之助才領罷登候警固峯嘉六外壱人御用相済、今夕汐厘外津出船罷下義ニ候、此段為付状如斯御座候、恐惶謹言

八月廿七日　山本和忍右衛門

前四人様

一　東御鎖口番中尾卯兵衛義疫症相煩候ニ付、小屋引取養生相整度、日数御暇願出候ニ付、右跡差次中田吉兵衛可被仰付、役所人々ゟ文達相成候処、病気之由ニ而遂御断候ニ付、原定一郎□□□同断、文達相成候、左ニ

以手紙令啓達候、東御内御鎖口番中尾卯兵衛義病気相煩、為養生御暇願出候跡差次、貴殿被仰付旨候条、則御出勤可有之候、以上

上様為中元之御祝義、干鯛壱箱被遊御
拝領候段、江戸ゟ申来候、依之向朔日御親類中
様・御家□（老カ）中様
御城御出仕
上々様江右之御祝儀被御申上候様
一　前断ニ付、御女中様・御母儀様□□□（方ゟ之カ）御使者被差出候様
右之通可□□□（被御申カ）上候、以上
八月晦日　　宮崎寿平《（ママ）》
相良宗左衛門
羽室雷助
渡辺五郎右衛門様
大尾

八月廿七日　　山田又蔵
永石権作
原定一郎殿

同廿八日　辰　雨天
一　昨日請役所ゟ被相達候
大殿様御上京ニ付御願成就料割合銀、牧口常一
を以寺社方相納、早田龍□□□□□候事
一　御判紙五枚、御判取ニ差廻来候事

同廿九日　巳　雨天
無事

同晦日　午　風雨
一　請役所ゟ之達帳左之通
七月十五日従

校注（数字はページ数）

411下　**定銀**　藩札のこと。これに対し全国に通用する銀貨幣は正銀という。
411下　**一順**　一応。ひととおり。
412上　**大殿様**　前藩主直正。この年六月将軍慶喜の招請により上京し、八月九日帰城した。
412下　**同三日**　原文この日、日付のみで記事なし。当月二一日、二二日も同様。
412下　**柄崎**　塚崎。長崎街道の宿駅。現武雄市。
412下　**御国国**《ゲ》　御下国。原文国国と誤記したためゲの振仮名を付した。
413上　**甲斐守様**　蓮池藩主鍋島直紀。文政九年生。弘化二年七月家督。
413下　**欽八郎様**　小城藩主鍋島直虎。安政三年生。直正六男。紀伊守。元治元年二月家督。
413下　**備中守様**　鹿島藩主鍋島直彬。天保一四年生。嘉永元年九月家督。
413下　**御親**《ゲ》**来**　御家来の誤記。親字にケと振仮名を付している。
413下　**松原社**　藩祖鍋島直茂（日峯）を祀る。日峰社を文化一四年松原社と改称。

415下　**部**　はまる。佐賀方言。担当する。精励する。
415下　**原次郎兵衛**　佐賀藩士。物成一五〇石。
416上　**浄忠様**　武雄鍋島茂順。天保六年八月没。法名岱叟浄忠。
416上　**円応寺**　武雄市にある曹洞宗寺院。武雄鍋島家の菩提寺。
416上　**小田**　長崎街道の宿駅。現佐賀県江北町。
416下　**ケツシ**　原文にある「ケッシ」の振仮名は、御一家様の部分を欠字にして表敬せよという意味か。
417下　**戸渡島**　ととしま。現在伊万里市木須町。正保国絵図では島。享保年間に戸ノ須干拓で陸続きとなる。
417下　**円通寺**　伊万里市にある臨済宗寺院。
417下　**中嶋新八**　中島新八郎（佐賀藩士。物成一〇〇石）カ。
417下　**増田忠八郎**　佐賀藩士。切米二五石、内役米五石。左馬助組。御進物方。
419上　**同九日**　この部分、「最前受役所」まで八行、底本（複製本）に脱落あり。原本にて補う。
419下　**異宗門方一件**　伊東外記の日記慶応三年八月五日条に「昨日深堀蔵人召呼候而異宗一件手続ニ而差出候様申達置」とある（『佐賀県近世史料』第五編第一巻九一九頁）。同九二〇頁も参照。また同年七月廿三日条

には「田代五八良義罷出、右は三重樫山之筋ニ而召呼置末也」（同九〇五頁）とある

421下 **廿千** はたち、苗字。永松亨氏のご教示による。「廿千達」の達は名前と見るべきか、廿千等の意とすべきか、確定しがたい。

422下 **日見峠** 長崎街道矢上と長崎の間の峠。難所として知られ、幕末には関所を設置。

424下 **渡辺右馬允** 佐賀藩士。切米五五石。

424下 **吉田市郎** 佐賀藩士。父五左衛門は切米二〇石。

425上 **三好平七** 佐賀藩手明鑓。切米一五石。

425上 **御諭** 「諭」原文は言偏に愈。佐賀藩における書き癖か。

425下 **地米** 佐賀藩において年貢高を表す用語。佐賀藩では禄高をいうときは物成、村が上納するときは地米という（城島正祥『佐賀藩の制度と財政』一五三頁）。

426下 **東御門** 鍋島主水家の佐賀屋敷。家老家。

426下 **石橋** 神代《こうじろ》鍋島家の佐賀屋敷。家老家。

426下 **西松原** 倉町鍋島家の佐賀屋敷。家老家。

426下 **太田** 太田鍋島。家老家。

426下 **坊所** 坊所鍋島。家老家。

428下 **直世** 一七日条の直代に同じカ。当主の意。

429下 **算当** 勘定すること。算用すること。

430下 **松岡又六郎** 佐賀藩手明鑓。切米一一石一斗。

431上 **スタールフ銃** スタールstarr銃。米国製騎兵銃。

431上 **ヲルス** 米国商人。John G. Walsh 『幕末・明治期における長崎居留地外国人名簿Ⅰ』（長崎県立長崎図書館 郷土史料叢書［二］ 平成一四年）によると、ジョンジウヲルスが見え大浦上等三番に亜ウヲルス商社がある。また大浦中等乙二十六番に亜ウヲルス茶製所、東山手十二番に住居がある。なお本件記事の時期（卯八月）には彼の名前は見えないが、大浦三番の商社に弟のロハウヲルスRobert Walsh の名前が見える。また伊東外記の日記慶応二年一〇月一六日条にも英商ヲールトAltとならびヲロスと見え、同年一一月二四日条に「大浦岩原ヲロスに短筒四拾挺、長同六拾挺都合百挺註文可成候事」（前掲書八八九頁）などの記事が散見される。浜崎国男『長崎異人街誌』も参照。

431上 **深川寿兵衛** 長崎の商人（『佐賀県近世史料』第五編第一巻 一〇三六頁注による）。

432上 **重松善左衛門** 佐賀藩士。物成八十石、内加米十石。長崎聞番。

432上 **ハトロン** 火薬を詰めて薬莢を作る紙。

433上 **直代** 家督を継いだばかりの若い当主。ここでは単に当主の意。

434上　松林源蔵　佐賀藩手明鑓。切米一五石。左馬助組。高島炭鉱開発に従事。

434下　八田江　佐賀江川の分流。佐賀市北川副から有明海に注ぐ。

437下　甘露寺頭左仲弁　甘露寺勝長。公家。愛長の長男。慶応元年左中弁。

437下　蓮体院　甘露寺尚子。典侍。尚子の姉親子は公家の梅渓通善夫人。通善の長女胤子（駒姫）は藩主直大の正室。佐賀藩にとって蓮体院は藩主正室の叔母にあたる（以上、鍋島報效会徴古館主任学芸員富田紘次氏のご教示による）。

438下　稲葉美濃守　幕府老中稲葉正邦。

439下　土井首村　深堀領。現長崎市。

439下　布巻村　深堀領。現長崎市。

439下　早見　早見村。高来郡。深堀領。現諫早市。

440上　御崎観音寺　深堀領御崎村（脇岬、現長崎市）の曹洞宗円通山観音寺。行基の創建と伝える。

440上　取合　いさかい。議論。

440下　嶋原婦津村　布津村。肥前国高来郡のうち。島原藩領。

440下　藤田尾　幕府領。為石と茂木の間。天草灘に面する。現長崎市。

441上　あなた浦　深堀村の字名の一。穴多浦。現一丁目。

441下　もし　綟網《もじあみ》。アミ（エビの極小物）を捕る敷き網。竹を三角に組み目の細い網を張る。

441下　半櫓　半艪。はろ。

442上　石井又左衛門　佐賀藩士石井九郎右衛門（物成一〇〇石）の嫡子。

445下　仏商　一六日条には「亜商ヲルス」とある。

447上　松原社　藩祖鍋島直茂（日峯）を祀る。文化一四年日峯社を松原神社と改称。

447上　八幡社　竜造寺八幡宮。白山八幡宮ともいう。

447上　鳩森社　八幡小路にある神社。

447下　徳善社　佐賀市嘉瀬町にある神社。英彦山権現の分霊を祀る。

447下　金毘羅社　佐賀市金立町にある神社。龍造寺家・鍋島家の直願神社として崇敬された。

日記　慶応三年丁卯九月

（表紙）

慶応三年丁卯九月

日記

茂精公御代

御非番　渡辺五郎右衛門

御在佐嘉　役内

慶応三年丁卯九月中

茂精公御代

御非番

御在佐嘉

九月朔日　未　晴天

一　当日之御祝儀御帳ニ而被為

請候事

一　昨日請役所ゟ之依触状

御城江

御上様　御母堂様ゟ之御使者、左之人々被相

勤、御帳場御目附渡辺右馬允殿へ被相達置候事

左馬助妻使者

堤壮右衛門

左馬助母使者

永石権作

一　当秋役組、左之通、

卯秋役割

佐嘉

一　御用人御目附

担那様

若担那様

御上様

御母堂様・御部屋様方御附頭請持

渡辺五郎右衛門

一　御側并諸役所聞次兼

御用御差次　深堀琢磨

荒木文八郎

古賀松一郎

江口尉□（九）

御在邑之節御納戸兼
志波原八太□（夫）
御火術方専業
深堀助□□（太夫）
山本嘉□□（平太）
一　若担那様御側
田口亥□（助）
江副豹七郎
一　御膳方御供番偖又
御在邑御旅行之節御台所手附兼
多々良源内
一　御広間台子御供番御行列方下役
館宗一
一　雑務相談人格東目両村代官并
若担那様御側頭
御上様
御母堂様・御部屋様方御附頭請持
政務方之儀も申談候様
山本和忍右衛□（門）
一　御祐筆御文書方并諸役所聞次・宗門方取

次・御組方・御広間番請持
御使者方請持
永石権□（作）
一　御広間番諸役所聞次・御武具方兼
御使者方・文武方請持
樋口弥次□□（兵衛）
堤壮右衛門
一　御広間台子番
峯嘉次郎
一　文武寮鑑并文武方兼
深堀理右衛門
一　役内目附
山田又蔵
一　銀方・御納戸御修理方・御差分御遣方
御内御小性并深堀弁次郎殿石隈寿吉郎殿
御差配方兼
初川忠之助
一　銀方下役并東目両村下代・深堀弁次郎□
（殿カ）石隈寿吉郎殿御差配方下役
緒方弥□（七）

一　御台所手伝・御道具方并御料理方兼
　　　　　　　　　平納右衛門
一　御内御小性
　　御西　　　　　馬渡大蔵
　　御東　　　　　峯伝太夫
一　御鎖口番
　　御西　　　　　川浪平蔵
　　御東　　　　　中尾卯兵衛
一　十五御屋敷番
一　厘外御屋敷番
　　深堀
一　政雑当役
　　　　　　　　　田代五八郎
一　政務相談人・御目附・御仕組方兼
　　　　　　　　　峯弥次右衛門
一　政務相談人・御在邑之節御側頭兼
御内御附頭偖又強兵方請持
　　　　　　　　　深堀蔵人
一　政務方相談人・御目附・御仕組方偖又

脇津在役請持
　　　　　　　　　峯為之允
一　政務相談人
　　　　　　　　　多々良平太夫
一　御蔵方相談人格并郷津代官・伊王嶋
沖ノ嶋大明寺村在役請持
　　　　　　　　　田代大九郎
一　当役附御祐筆・御文書方・白帆方・番船方
手許、御使者仕出方・御境方・寺社方兼
旅人方・下人方請持
　　　　　　　　　江口十兵□（衛）
　　　　　　　　　山口弥平□（次）
一　御境方・御武具方・御記録方并諸役□（所
カ）聞次兼
　　三江村々心遣
　　　　　　　　　田代伝右衛門
　　　　　　　　　樋口慶之允
　　士兵方受持
　　　　　　　　　向井喜助
一　学館指南役并文武方受持
　　　　　　　　　福地錬八
　　　　　　　　　高浜貫一

一　役内目附　　江口央助
御仕組方附役受持　深町太平太
副嶋大七

一　元〆方并御蔵方
帳究方之儀も申談候様　松永十右衛門

一　御仕組方
元〆方　高浜助□□□（右衛門）
脇津詰　田代観吾
御山方　役格　峯作之允

一　御臨時方・御修理方・御道具方兼　平二右衛門

一　御遣夫方・船舸子支配方・御道具方兼　峯理兵衛

一　帳究方・検者方　長渕浅右衛門
小川右源太

一　手許目附　熊沢太
森頼助
山口権作

一　郷津方・宗門方手許・役所下物書并御武具方・旅人取締方・下人方手伝兼
伊王嶋沖嶋大明寺村
在役手許　〔平七之□（丞）
熊常右□□（衛門）

一　御仕組方下役・山留兼　野母観之允
諫早　今壱人

一　深海村并四ケ村代官・御山方兼　峯五太夫

一　深海村中山村飛脚取次并代官手許
川方山留兼　皆良田大蔵

以上

白帆方・番船方

森孫右衛門
向井寿兵衛
小西郡兵衛
田代右源次
荒木丈之允
城嶋七右衛門
伊東五兵衛

以上

一　東御内御鎖口番中尾卯兵衛儀病気ニ付、実弟熊沢太為看病罷登候由、附状相達候、左之通

一筆致啓達候、中小性熊沢太儀兄御徒中尾卯兵衛於其許大病相煩候付、為看病罷登度御暇願出其許罷登儀ニ御座候、此段為付状如斯御座候、恐惶謹言

八月廿九日　多々良平太夫

峰為之允
深堀蔵人
賢一（花押）
峰弥次右衛門

渡部（ママ）五郎右衛門様
山本和忍右衛門様

同二日　申　晴天

一　御組内市川新之允殿於御広間御手当　仰渡有之候、尤大目附成松新兵衛殿・請役所御相談人深江助右衛門殿・御目附北原有右衛門殿・郡目附・下目附列席也、仰渡左之通

仰渡

市川新之允

其方儀、相聞候次第有之、永蟄居被
仰付候

一　渡辺五郎右衛門儀御用含下之末、今朝上着、

偖又副嶋大七儀御暇帰宿之末是又上着、出勤有之候、五郎右衛門手覚左ニ
手覚
一　異宗門方一件、伊東外記殿ゟ懇達之次第、吟味合取計振別紙書取致御渡候条、御含帰、外記殿被相達、御差図之否、早々可被御申越候
一　異宗門御取鎮方心遣其外尚又別紙之通被仰付、銘々申達置候、右ハ伺済之上可取計儀当然ニ御座候処、一件遅々相成候而不叶都合ニ付、取計候条、右之亘リ御案内之通程能可被御申上候
一　江口尉九儀忌被差免、早々出勤有之候通申達候処、別紙之通御暇願出相成候付、致御渡候条、被相伺否可被御申越候
右之廉々致御含候、以上
卯八月廿八日　田代五八郎
渡辺五郎右衛門殿
一　当秋役所見習并御当介振、別紙之通被仰付義

候条、人々可被相達候、以上
一　異宗門取締方心遣請持　深堀蔵人
峯為之丞
一　三江村々在役　江口十兵衛
一　伊王嶋在役地役ゟ兼帯　江口央助
以上
佐嘉役所見習
飯米塩噌、御合力三石　江口小平太
右同、右同壱石五斗　江口津右衛門
飯米塩噌　大久保大助
右同　大塚慶太
以上
深堀村々異宗門取鎮一件、追々御諭□（達カ）之次第達出承知、計振之儀吟味合候廉々書
一　三江村々之儀辺僻之場所ニ而神儒仏之教共生来耳ニ触候儀無之、蒙昧之至極ゟ邪宗之説被惑、誠ニ珍等敷難有道も有之物与一途ニ尊信、

竊ニ浦上村往来、同村邪宗信仰願出、其後御捕ニも相成候得共、
公辺御取捌寛宥之次第自然与伝聞仕、忌憚之心無御座、公然与致信仰、純民を誘入、党類蕃殖仕候事機ニ御座候得共、御機密有御座、厳猛之御計ひ決而不宜旨、仏法教化之業相施候様御内達ニ付、僧柄相撰、曹洞菩提寺隠居素龍和尚差出置候処、此節渡辺五郎右衛門御含相成、禅家之儀何れ之道高遠ニ而緊切ニ無之、愚昧之者教化筋者一向宗之所長ニ付、同派之僧相用候様、惣而両宗両端ゟ相□□可然哉、且者一向宗一筋ニ相纏候方可然哉、夫□□所者於内輪評合、成丈一向宗ニ改宗仕候様術被□心魂を尽候様、兎角御趣意貫通被相行候通可取計旨訳而御懇達奉畏、吟味合候者、両宗両端ゟ手を下し候半者互ニ引合候訳ニ相成却而疑惑帰着を失ひ候至儀も難計ニ付、教化者一向宗ニ相任、禅者白党之者変心不致様維持仕迄ニ取計方ニ可有御座、初発ゟ一向宗寺院ニ而も取構、改宗仕候様募候而者人気折合兼可申、惣而両宗とも非常権宜之御計イ諭達者可仕候得とも禅ニ対し一向宗斟酌之場も可有之愚察仕候、依之一向宗脇津浄福寺住持以真者、法頭願正寺役僧をも前方数年相勤、一通学僧ニ有之、御崎村西教寺新発意大空者一派之談儀僧ニ而
御城下其外法談ニ徘徊仕候僧柄ニ付、先以右両僧三江村々差出、左候而外ニ屈竟之俗人相撰、右宗旨ニ帰依仕候様駈立導込候手筈ニ仕方ニ可有御座事

一　最前邪宗信仰之者取調子候節者滥ク黒党ニ陥リ候者者改心難仕申出候得共、半疑之者者上を憚恐信仰取止候得共、信仰之者其侭ニ而御咎メも無之ニ付、最前ゟ信仰之仲ケ間ニ不加儀を悔候者有之由、就而者先年大村御境最寄大野原転住之因縁も有之、
上筋依御仕組、百姓移住被仰付候名目を以、賤津村近助如キ之渠魁ゟ先以幾竄欤、
御城下郷中江移住被仰付候半者、素リ本人共ハ

旧地を立去候儀希訳無之、白党之者共ニ者不了簡之者ハ右様之御計ひニも相成儀与暗ニ勧善避悪之道相立、黒党之勢相衰、一件取鎮方要務之筋□奉存候、一日も早急ニ其御運被成下度、尤移住ニ付□□計策并資用之筋等者内輪吟味合候儀も有□候ニ付、重而相伺奉願儀も可有御座事

一　三江村々并沖之嶋村異宗門信仰当今之振合、在役田代伝右衛門・江口央助ゟ差出候書取別紙ニ紙差出、御内達仕候

以上

卯八月

一　沖嶋異宗信仰之者共只今ニ而ハ最早上様ニも相知れ居候得共少も構候事無之旨申立、先比ゟハ一際横柄之栖ニ罷成、纔之事ニも姥婦人共迄声高ニ雑言等いたし候得共、役之者年寄共ゟ白中江必ス勘弁罷在候様申諭候故、格別之争論ニも不及、併何分入交リ難罷在ニ付、御役筋江御愁訴申上、嶋内ニ而も白黒之居所懸隔住居被仰付候道ハ有之間敷哉与折々白之方若者共村方江申出候由

一　一向宗円城寺住持儀、門徒共教化之ため同嶋江渡海、八月十八日晩ゟ翌日まて説法執行いたし候ニ就而無洩参詣之儀嶋中江村方ゟ申触候処、禅宗之者共ニも白之方者大略参詣、黒之方者壱人も参詣不致、扨又円城寺門徒之内者白之方勝ニ而不残参詣いたし候得共、其内異宗信仰又次郎・治助弐人之者不参、再々使差遣候処、漸ク法談相済候時分場所罷出候ニ付、住持義何れ共教化可致差含、役之者其外を退ケ右弐人ニ差向、尚巨細ニ法談之末、其方抔異宗信仰いたし候由承リ甚相驚キ態与致渡海候、彼異宗如何成難有証拠をも有之候得者御大法を背キ候哉、歎ケ敷段様々申諭候得共一円改心之模様無之、〆ル処ハ此世ニ而辛苦之重キ程来世にて猶々宜敷江参リ候故難渋苦ニ不存由申出候故、引取尚又得与勘弁相加候様申諭相成候処、翌朝ハ右弐人早々参リ何分ニも改心不相叶段申切リ其侭引

取候由

一　異宗立入候ものハ都而一致同服（ママ）之様子ニ而、同嶋江鰯網壱帖向仕出網子五拾人余も揃切候半而沖出不相叶、然処過半ハ黒之者加リ居、其内壱人ニ而も何支欤気ニ不入筋有之出漁相迦シ候得者黒仲ケ間不残色々申立相迦シ、夫故漁業不相叶儀間々有之候ニ付、当時者蚊焼村ゟ網子三拾人計リも相雇置候由

沖之嶋異宗門信仰之者共当今之振合、右之通御座候、以上

卯八月　　　　江口央助

一　賤津村出役之上、異宗信仰之動静為見聞八月十日夜使前足軽差出候処、賤津村清水与申所金助宅へ男女凡三四拾人余相集居候ニ付、遊歩之体ニ而立寄候処、集居もの共銘々立去リ網子共相集致諸讃談候旨申聞候由、網仕出方ニ女寄会候儀不都合ニ相見候

一　同十一日信仰之もの共寄合日之由ニ而、百姓漁師稼方相止、何方へ欤寄合念仏相唱致喰物候趣、惣而同村庄屋辰右衛門家作ニ付相雇居候大工共ニも稼方相止、右之場相集候由

一　同十三日伝右衛門儀樫山村罷越候砌、黒崎村峠長太与申もの所立寄候処、表庭江莚を敷、女弐人致針仕事居、男三人女四人相集居、長太ニ者於座敷何事欤いたし居候様子ニ而立出、座敷戸を詰、囲炉裡際へ居リ付候ニ付、病人等有之寄合居候義共ニ而ハ無之哉相尋候処、左様ニ而無之旨申聞候付、追々上納時分ニも相移候へハ田畠之稼心懸候様申聞置候

一　素龍和尚昨日ゟ樫山村於天福寺説法被相始、今日黒崎村参詣日割ニ付、罷越居候処、信仰之もの壱人も不致参詣候

一　永田村喜惣与申もの之信仰仕居候へ共、御法度之旨存当改心候旨村役ともへ申達候由

一　黒崎村峠勘次郎与申もの養子何れ□致信仰候付、家内中相嫌色々申諭候得共、一向改心之様子無之ニ付、養子返シいたし度旨村役共へ申聞

候由

一　当今之処ニ而ハ黒党ゟ白党を誘ひ勧メ候儀ハ無之姿ニ候得共、天主教信仰之義ハ最早御上ニも相知レ居候ニ付而ハ不致信仰もの社追々与御捕可相成抔申扱候由

異宗門信仰戒十ケ条

「第一　御一体之天帝を敬テ奉拝事

第二　デウスノ御名ニ懸ケ空敷違不申事

第三　御親共へ孝行する事

第四　人を殺不可事

第五　人ニ不懸讒言事

第七（ママ第六欠）　不可誅盗る事

第八　此廉不相知候事

第九　他ノ妻を乱ニ不可望事

第十　他宝を不可望る事」

一　同十三日天福寺説法之旨賤津村参詣日割候処、信仰之もの共ニも大分致参詣候得共、本人共ニハ壱人茂不参、妻子計リ致参詣候由、尤妻子為致参詣候儀ハ多分面作ニ而寺参リ抔致セ候半者御上筋之御都合宜敷格別御咎も有之間敷旨、昨夜頭分之もの寄合致讃談候由

一　黒党之者ゟ白党へ貸附置候銀筋ハ無体ニ催促取抜候得共、白党へ借用之銀筋ハ何之沙汰も不致其侭罷在候由

一　賤津村白木与申所へ罷在候一平与申ものへ異宗可致信仰黒党ゟ相勧候得共、貧窮之旨を以申断候処、黒党申談干唐芋抔貰合相与、無拠至儀ニ而相枷候由、一体眷属八九人親一平ニ而、子何某夫婦致信仰、一平夫婦并外子共ニ者相嫌ひ致離散居候末、右之至儀ニ候由

一　同十四日黒崎村長太所へ浦上村異宗門信仰頭分之者罷越潜居候趣相聞候ニ付、賤津村筆者一之助差遣、無何与実否為聞繕候処、成程一両日致滞留居候得共最早罷帰、滞留中酒食別段拵差出不申、有合ニ而相済、併時与してハ素麺抔差出、罷帰候砌謝金等者差送候共不致取納候ニ

付、持合之鰯抔差遣候由

一　長太儀前之一之助并黒崎村金七・文六三人江差向信仰相勧候由、一体当今ニ而ハ異宗信仰御上筋ハ御制止無之儀を於村方ニ色々与嫌立候抔与申罵候由

一　異宗信仰之儀ハ御上ニも相響御咎も有之間敷候得共、兼而御取〆之旨も有之、無手数ニ旅人を村方ニ留置自然出来事抔いたし候而者村方ハ勿論御上ニも奉懸御難題不可然ニ付、以来旅人を一宿たり共留間敷旨前三人ゟ申聞候処、尤之趣致返答候由

一　同十八日信仰之者共寄合日ニ而、百姓漁師一般稼方相止候

一　黒党之者信仰方へ日間欠候付、耕作相怠田畑相荒際立差分居候処、黒石御境際へ黒党之内兼蔵・七蔵与申者持分之畑作荒居候付、簡要之場所右様作荒候而不相叶段、庄屋共ゟ精々申聞候事

一　信仰之もの領主地頭ゟ厳敷手当捕ニも相成候節ハ、フランス国へ逃渡、侍ニ志シ候ものハ侍ニ取立、百姓ニ相好候者ハ百姓、漁□□漁師ニ取立、夫々職業有附候ニ付、必変□不致様、自然其儀不相叶節ハ国元へ申越軍船相迎可及戦争、仏朗人申聞候旨申嗳候由

一　賤津村当庄屋辰右衛門儀年来身元相応之者ニ而鰯網仕出、同村百姓共都而右網船稼ニ而渡世之助扨又田畑養イ迄相弁来候処、辰右衛門義ハ異宗ニ不傾、却而及訴訟候与目差悪ミ立、黒党之者皆以右網船ニ乗不申、辰右衛門ニハ鰯漁専用之時節右之次第殊之外困リ入、無拠網船樫山村へ差廻シ同村之者ニ而漁業相始候、黒党之ものの共ニも鰯網相止候而ハ生計差支候付、近助儀辰右衛門ニ次身元相応之者ニ而□□成心配、多人数五嶋へ罷越、当時八百両余之代金相懸リ候鰯網株一式船迄求帰、別段新網仕出候義相機関候次第相聞、太体出知れ候田舎百姓共儀ニ右之代金拵立候儀訝敷相見候処、頃日ゟ五嶋之者渡

海網株代及催促候由ニ付而ハいまた払滞可有
之、然半賤津村へ企罷在候講会辰右衛門鬮ニ当
候を無相談、黒党之もの共計いニて近助へ所望
為致取納、辰右衛門へハ跡達申聞候由、右之網
代銀ニ取用候為与相見候
右三江村々当今之振合ニ御座候、以上
卯八月　田代伝右衛門

手覚
一　石炭百斤ニ付冥加銀五厘懸御断一条
一　塊炭御買揚ニ付問屋取納五部口銭御出銀願一
条
一　上塊石炭百斤ニ付代銀弐拾匁替、下同百斤ニ
付右同拾七匁替、御立直段被相増被下度願一条
右廉々於佐嘉願書取立其筋願出、御差図之次第
可被御申越候、以上
卯八月廿八日　田代五八郎
渡辺五郎右衛門殿

手覚
五八郎殿組故水田清太夫跡式江猪之助殿組多々良
平太夫四男又五郎を養子願壱括并猪之助殿組樋口
慶之允改名願壱、伺書付ニシテ致御渡候条、被相伺
御下知之否、可被仰越候、以上
八月晦日　多々良平太夫

元佐嘉郡千布村
今居所深堀土井首
末吉郎
右之者被相調子ニ付、与合中不残偖又庄屋ニも釣
張御用有之候条、本人江者一類相附、来ル廿七日
朝五ツ時年行司罷出候様申来候条、其筋相達可申
候、以上
卯八月廿四日　代官所
右之趣奉畏候、已上　原田伝作
右末吉郎儀上着、差付御仲間深水弥八相附年行司
役所差出、触返（ママ達カ）面一類与合庄屋ニも御用之旨ニ候
得共当節本人壱人罷登候故、自然何レ之訳ニ而一

類其外不罷出欤之段、尋ニ逢候半者、庄屋ニ者不快ニ而罷登候儀不相叶、一類之者附副罷登候処、着懸散々相煩何分今日罷出候儀不相叶候得者ニ付、先以本人計リ連出候段、致返答候様、偖又何等之御用筋ニ可有之哉、内々下役西村半助亘リ尋試候様相含遣候処、右者全ク間違ニ而、末吉郎儀千布村住居中両三年欤面引合相整不罷在、夫ニ釣張候御用ニ付、深堀庄屋其外者御用無之由、千布村江者本人罷出、其比相勤居候庄屋并与合之者共同道、明朝飯後罷出候様、右半助ゟ申達候由ニ而、末吉郎ニ者直ニ千布村罷越候由、罷帰申達候事

同三日　酉　晴天

一　御判紙七枚差廻来候ニ付、則御判相居、御順之通大隅様御方差廻置候事

一　山本和忍右衛門儀今夜汐ゟ引払被罷下候事

同四日　戌　雨天

一　片田江御屋敷ゟ御法事為御知相成候、左之通

以手紙致啓達候、来ル五日ゟ六日まで福聚院殿・秋光院殿五拾年忌相当ニ付、高木於浄薩寺仏事被相営儀ニ御座候、此段為御知如斯御座候、以上

九月四日　渕井弾助

渡辺五郎右衛門様

同五日　亥　曇天

一　片田江御屋敷御法事ニ付、御仕成振御側相伺候、左之通

伺手覚

片田江御屋敷福聚院様・秋光院様今五日ゟ六日迄五拾廻御忌御法事之旨、為御知相成候付、前方之例調子合候得共、為何御しらせも無御座、乍去当日者

御上様御続之訳を以為御知為相成哉ニ付而者無
何与難被閣、従
御同人様御逮夜御野菜一折、御当日御代香被差
出、白麻拾帖御寺納相成方ニ者有御座間敷哉、
此段奉伺候、以上
九月五日
一 評定所飯後御用ニ付、堤壮右衛門を以承り候
処、土井首村仙之助・嘉吉与申者共鰯網偖又小
船等逢盗候段最前御達之末、右盗人相調候処、
盗品ニ者村役之者相預居候由、右品物一先評定
所相納、被盗主ゟ品渡願出之上被相渡候御規則
前ニ候得共、遠在難渋も可有之ニ付身体而已罷
登願出候様相達ニ付、被盗品之内網拾反丈ケハ
藤田尾山中隠置候之(ママ)、差押村方預置、其余行衛
不相知趣其砌承知罷在候得共、御達之委細尚可
申越段応答之処、亀ケ崎浦江繋置候事之由ニ付
而者手近之場ニ而噹相知レ居可申、于今無其義
候半者其段達出候様、旁之趣、石井平九郎殿演
達之由、引取被申達候事
一 片田江御屋敷ゟ御茶講之品・御野菜一折
御上様江御到来ニ付、則 御内差上置候事
一 前断ニ付従
御上様最前伺之通御野菜一折被差進候事
同六日 子 雨天
一 高嶋・香焼嶋石炭旅出ニ付、五厘懸冥加銀御
断其外書附三紙、今日、永石権作を以石炭方指
出置候、左之通
口達
高嶋・香焼嶋石炭御買揚之儀当夏直段増奉願、
上塊石炭百斤ニ付代銀拾五匁、下同拾三匁ツヽ、
被相渡候段其比御達帳を以被仰達、其以来右之
御立直段ニ而相納来候得共、大体鉛主共身元幽
之者勝ニ而仕操銀等非常之調達を以可也ニ取
続、出炭之利潤を以渡世相続罷在義候処、当時
ニ而者掘尽之両嶋専古鉛再興之場所而已ニ而、
水揚仕操等格別之手入ニ有之、当時諸色高価之

折柄、基手之雑費太捴之銀目ニ御座候処、出炭前断之御買揚ニ而者何分引合幾々難取続、漸々疲弊及潰外無之参懸ニ付、今又直揚之儀左ニ書載之通被仰付被下度段、鉛主共ゟ歎出、職業柄之下情無余義相聞候ニ付而者、是等之儀毎々奉願候亘リ重畳恐多奉存候得共、何卒願之通直増被仰付被下候様筋々宜御相達可被下義深重奉頼候、以上

卯九月　　御名内

渡辺五郎右衛門

吉岡大助殿

其外

覚

上塊石炭百斤ニ付

代銀弐拾匁

下同

代同拾七匁がへ

以上

右三紙与扣置候冥加銀御断且五部口銭願書八八月廿五日御在所ゟ之連署部中ニ有リ

一　片田江御屋敷御法事ニ付、高木浄蔭寺へ従御上様之御代香高浜貫一郎被相勤候事

一　今朝月次飛脚船着岸、御在所ゟ懸合来候廉々并江口尉九上着出勤附状等左之通

一筆致啓達候、江口尉九儀親母病気ニ付御暇帰宿之末、忌引入被罷在候得共、御側御用繁ニ付忌被差免出勤有之候様可取計旨申来、御免之上明四日ゟ出立其許被罷登候、此段為附状如斯御座候、恐惶謹言

九月三日

峰為之丞

深堀蔵人

賢一（花押）

長渕《（ママ）》官右衛門

峰弥次右衛門

渡辺五郎右衛門様

一筆致啓達候、其元稽古人事、業振書□□先達

而蔵人引払之砌被相渡置、爰元稽古人之儀ハ学館教職扱又文武方御問合之末達出之旨を以御吟味、当秋別紙之通被仰付方ニ可有之相〆候、尤御当介振之儀出精之厚薄を以増減も可有之哉ニ付、於其許御見聞之次第御打合之上可被御取極候間、否可被御申越候

一　高森五平并永石半太夫悴力太郎儀文武為稽古佐嘉罷登度、別紙之通書替を以願出相成候付、伺書相副差越候条、被相伺御差図之否、可被御申越候

一　猪之助殿知行所江ノ浦八丁分村当秋物成米六拾五石、同所ゟ深堀陸地運送之根居前方畢竟被差免被下度、彼召仕ゟ願出御聞取□相成候条、其筋之手数被御願啓、深海在役□可被差越存候、

右旁為可申越如斯御座候、恐惶謹言

峯為之允

九月■四日　真興（花押）

深堀蔵人

賢一（花押）

長渕菅右衛門

峯弥次右衛門

渡辺五郎右衛門様

追而、本文稽古人伺通被仰付義候半者其許罷在候人々江者則可被相達旨御座候、已上

卯秋稽古人

文右衛門

作右衛門

相浦平八郎

西久保平九郎

樋口貞一

多々良鉄之助

川副寿一郎

平川儀哉

末次英太郎

田中三郎助

高浜伝之助
深町春栄
右者打追之通
深堀禎太郎
福嶋貞一郎
右者当秋ゟ
堤壮右衛門弟
堤兵力
江口央助二男
江口十作
深町元仙二男
深町元享
右者打追之通
以上
此通リ
伺手覚
当秋ゟ爰元稽古人別紙之通被
仰付方ニ者有御座間敷哉、遂吟味此段奉伺候、
以上
卯九月

致追啓候、
三御丸女中頼之黒繻子壱本及手当置候処、漸差
出候ニ付別紙売揚相副差越候条、
御内可被差上候、代金之儀御蔵方ゟ為替出方相
成居候条、相達来候半者御仕向可被成存候、以
上
九月三日
為之丞
蔵人
弥次右衛門
五郎右衛門様
追而、本文繻子、樋口貞一ゟ堤壮右衛門仕向
之跡付ニ入置申候

同七日　丑　雨天
一　若狭様ゟ御隠居御願出相成候段、御使を以為
御知相成候、左之通
手覚

若狭殿近年多病之上当春以来時候被相障、出来不出来之上肝癖之症差副、是迄色々治療被相加候へ共、一円薬功相附兼候ニ付、不得止事、当節隠居被致度旨書附今日被差出儀ニ御座候、此段為御知使被申付候、以上

九月七日　若狭殿使者

飯盛伊吉郎

右之趣御側并　両御内申上置候事

一　御部屋女中美那女妊娠ニ付、着帯手数可相整旨

御内御小性峯伝太夫ゟ達出相成候、左ニ

御部屋女中美那女妊娠ニ付当月十日着帯祝被相整候条、此段致御達候、以上

御役所　峯伝太夫

右ニ付手数振跡方比竟御側相伺候、左ニ

此通り　伺手覚

来ル十日就吉辰、美那女着帯手数可相整旨、御小性峯伝太夫ゟ達出ニ付而者、諸御仕成振跡方比竟左之通取計方ニ者有御座間敷哉、此段奉伺候、以上

一　纐帯　二筋

但紅白加賀杉原包・水引包熨斗付

一　同　一筋

但花木綿五尺

一　願文

右者従

担那様被下候事

一　銀弐両　本婆々拝領

一　同壱両　副婆々拝領

一　茶くわし

一　吸物

一　銚子

一　重

一　鉢

一　取肴

料理

鱠　汁

平　飯

〆

美那女

婆々両人

相伴　老女壱人

当番御医師

以上

一　峯利兵衛其外引払、且御暇帰宿等ニ而今夜汐ゟ被罷下候ニ付、附状左之通

一筆致啓達候、峯利兵衛義当秋ゟ転役被仰付候ニ付、今七日ゟ爰許引払相成義候、偖又稽古人田嶋卯兵衛其外左ニ書載之人々引払、且御暇等ニ而利兵衛一同被罷下義候、此段為付状如斯御座候

田代安太夫

引払下り　田嶋卯兵衛

御暇下り　末次秀太郎

引払下り　川原泰三

以上

渡辺五郎右衛門

峯弥次右衛門様

長渕菅右衛門様

深堀蔵人様

峯為之允様

一筆致啓達候、原田大右衛門様へ随従被仰付置候元中小性田代市蔵儀当秋ゟも打追相勤候ニ付、為仕舞方帰宿仕度、日数十九日之暇願出候由ニ而今七日ゟ罷下儀候、此段為付状如此御座候、恐惶謹言

九月七日　渡辺五郎右衛門

峯弥次右衛門様

其外様

同八日　寅　雨天

一　年行司ゟ之触状左之通

一　年行司頭人差次岩村右近殿・中野数馬殿居付被相勤、附役拙者共打追被仰付候事

一　去九月以後監物殿其外ゟ被差出置候近国往

来板札、当九月廿九日限相納候様可被相達候
事
一　遠国往来板札、当十一月廿九日限相納候様
可被相達候事
一　頭立候御家来名書印鑑来ル十五日迄之内可
被差出事
右之通相達候様与有之候条、筋々懇ニ可被相
達候、以上
卯九月六日　伊東源蔵
庄嶋清五左衛門
重松基右衛門
右之趣承届候、以上
一　御組内火事仕組并長崎仕与、取立として仕与
役人々被罷出、懸合所望ニ付、例之通被差出候
事
一　明九日ゟ飛脚船差立候筈ニ而今日ゟ仕廻置、
御在所申越候廉々左之通
一筆致啓達候、異宗門方一件、私含帰リ之委細
御前申上、伊東外記殿へ罷出、夫々演達いたし
候処、相応之挨拶有之、　殿中御都合次第尚又
可相談与之旨ニ御座候
一　前断異宗門御取鎮方心遣其外、今又別紙之
通被仰付、人々被相達置候次第御側申上置候
一　当秋役所見習并御当介振、別紙之通被仰付
旨人々相達置申候
一　石炭納冥加銀御断、偖又問屋取納五部口銭
御出銀願・塊石炭直増願何れも石炭方願書差
出置候
一　五八郎殿与故水田清太夫跡式養子願・猪之
助殿与樋口慶之允改名願、御側相伺候処、何
れも願通被　仰付旨候、右廉々
右廉々為可申越如斯御座候、恐惶謹言
九月八日　渡辺五郎右衛門
峯弥次右衛門様
長渕菅右衛門様
深堀蔵人様
峯為之丞様
追而、私其許出立後海陸無滞、翌二日昼汐

上着仕候、滞留中乍例御面倒罷成、御礼申
述候、以上
御状致拝見候、江口尉九義御暇帰宿之末、忌引
入被罷在候得共、御側御用繁ニ付、忌被差免候
旨、最前及御談置候末、同人被仰達、去ル四日
ゟ其許出立被罷登由、御附状之趣同六日上着致
承知候、此段為御答如斯御座候、恐惶謹言
九月八日　　渡辺五郎右衛門
前四人様
御状致拝見候、爰許詰稽古人当秋別紙之通被仰
付方ニ可有之、御吟味相〆候、尤御当介振之儀
出精之厚薄を以増減も可有之哉ニ付、於爰許見
聞之次第御打合之上可被御取極間、否申越候様
致承知候、右者副嶋大七当節其許出勤ニ付、同
人相談置候間、御承知可被成候
一　高森五平并永石半太夫悴力太郎儀文武為稽
古爰許罷登度、別紙之通与筋書替を以願出ニ
付、伺書共被差越候条、相伺
御差図之否、可申越旨致承知、則御側相伺候
処、何れも願通被仰付旨候
一　猪之助殿知行所八丁分村物成米陸地運送根
居、前方比竟彼召使ゟ願出候付、其筋願啓、
深海在役可差越旨致承知候
一　三ノ御丸女中頼之繻子壱本別紙売揚副ニ《シテ》
被差越候条、御内差上候様、代金之儀御蔵
方ゟ為替出方相成候間、向方ゟ相達次第可差
越旨御追書之趣致承知、早速　御内差上候
処、右代金別紙目割之通拾九両弐歩之辻為持
来候ニ付、当節差越申候
右廉々御答為可申如斯御座候、恐惶謹言
九月八日　　渡辺五郎右衛門
前四人様
一筆致啓達候、若狭様御事近年御多病之上当春
以来御余症差副、色々御治療被相加候得共、一
円御薬功相附被兼候ニ付、不得止事、御隠居被
成度旨去ル七日御書附被差出候由、同日御使を
以別紙手覚之通為御知ニ付、御含迄申越候
一　御部屋女中美那女妊娠ニ付、当月吉辰相

撰、着帯手数可被相整旨、御内御老女ゟ被申達候付、跡方同様之節比竟可取計間、右之趣御頭人可被仰達置候
一　大殿様ゟ　御母堂様へ於藤殿御取次を以、川上鮎一籠御内分被為拝領候ニ付、右為御礼御内々何そ被差上度被　思召上候得共、爰許ニ而相応之品　思召付も無御座ニ付、御在産之訳を以、鰹生節弐拾本并竹輪かまほこ何程欤被差上度間、右品々其元手当申越候様被仰出候間、其御取計相成度御坐候
一　御母堂様御膳方御用相成候義候間、干鰯三百喉是又手当可申越旨ニ候間、其筋御手当急便可被差越存候
一　土井首村嘉吉・仙之助所持之網船先月八日夜盗ニ逢候段評定所達出置候末、去五日同所呼出ニ付、堤壮右衛門を以承候処、右被盗品役場可相納居ニ候得共、場太ク品遠在之運送届兼候難渋も可有之ニ付、右両人之者共爰許罷登、品渡之手数願出候様可取計旨、懸リ究

石井平九郎殿相達候由御座候間、早速罷登候様其筋御手当可被成存候
一　山田又蔵儀刀剣拵方ニ付、自余同様年賦拝借金被差出度段別紙之通願出候付、右書附差越候条、御差図之否、可被仰越候
一《ママ》　右廉々為可申越如斯御座候、恐惶謹言
九月八日　　渡辺五郎右衛門
峯弥次右衛門様
其外様
一　御普請中日雇之者共東西御門出入之儀、提札所持不罷在者差咎通行不相叶、御普請方御用差支候旨其筋ゟ被申達候ニ付、江口小平太を以、両御門へ御用人印鑑ニ而被差通候様、左之通口上書を以程能及示談候処、聞置相成候事
口上
此方作事中日雇之者御門出入、私印鑑ニ而御通被下候様御相談仕候、以上
卯九月　　御名内
渡辺五郎右衛門

御門
　御番

同九日　卯　晴天

一　当日之御祝義被為
請候事

一　御式台御帳場相立、御広間人々出張相成候事

一　副嶋大七其外今夜汐ら被罷下候ニ付、附状左
之通

一筆致啓達候、当秋其許転役引払偖又仕廻方御
暇等ニ而左ニ書載之通何れも今晩汐ら被罷下義
ニ候、就而者高浜貫一郎義も一同引払可相成之
処、爰許役所見習之義未タ出勤揃不相成、江口
小平太・大塚慶太ニ者差次被相部、壱人も見習
無之ニ付、無拠貫一郎義一先御引留相成義候
条、其御含可被成候、此段付状旁如此御坐候、
留ル

九月九日　　渡辺五郎右衛門

峯弥次右衛門様
其外様

引払　副嶋大七
　　　峯作之允

仕舞方　相浦平八郎
　　　　多々良鉄之助
　　　　田口亥助

以上

同十日　辰　晴天

同十一日　巳　晴天

一　御組内月次寄会并長崎御仕与・火事仕与、
担那様御出座ニ而御達相成候事

一　代官所ら飯後御用申来居候ニ付、高浜貫一郎
差出■■、定而出夫割合納銀才促ニ而可有之
■、自然其才促ニ而有之候半者、右者最前ら御

達仕置候通其筋へ御断之義願出置候得共、願不被相叶旨ニ而頃日書附被差返候、併シ格別之訳柄有之義ニ付、猶又再三願をも仕候含ニ而折角願書等取立半ニ付、近日中其筋可願出間、否御差図迄之処御聞置相成度及御相談候旨、返答相成候様含置候処、存之人出勤無之由ニ而御用呼出之仔細者不差分候得共、納銀催促断之義者助役三ケ嶋治右衛門殿迄相談被置候由

一　堤壮右衛門儀差競候用向有之旨ニ而御暇願出相成、今夜汐ゟ被罷下候付附状并土井首村末吉郎年行司御用ニ而罷登居候之処、御用相済是又今夜汐ゟ罷下リ候段申達候ニ付附状、左ニ

一筆致啓達候、堤壮右衛門儀無拠内用有之旨ニ而今十一日ゟ向日数三拾日之御暇願出相成、爰許之儀も御無人之御半ニ候得共、差競候用向之由ニ付願通被差免今夕汐ゟ厘外津出船被罷下儀ニ候、此段為附状如斯御座候、恐惶謹言

九月十一日　　渡辺五郎右衛門

峰弥次右衛門様

其外

一筆致啓達候、土井首村末吉郎義年行司御用之旨ニ而最前爰許罷登候末、御用相済今日ゟ引払候段達出候、此段為付状如此御坐候、留ル

九月十一日　　渡辺

前四人様

同十二日　午　晴天

一　今朝五ツ半時比、深海ゟ之飛脚到着、例年之通川方ゟ

上々様上リ候并詰中拝領之焼鮎仕向来候、附状左ニ

一筆啓上仕候、

上々様上リ焼鮎七拾ツ御役々へ同八拾ツ陸地飛脚を以差越候条、到着之上ハ御落手可被下候、此段為附状如斯御座候、恐惶謹言

九月十二日　　山口嘉藤次

永石権作様

追而申上候、渡辺五郎右衛門殿へ竹筒壱ツ差
送り候条、被相達可被下候、以上

同十三日　未　雨天

一　近国往来板札前渡五拾枚、高浜貫一郎を以、
年行司相納消印相済候事

一　深堀理右衛門・樋口弥次兵衛儀爰許為出勤今
夜汐上着、偖又稽古人樋口貞一・高森五平ニも
同様上着、附状相達候、左之通

一筆致啓達候、深堀理右衛門・樋口貞一・樋口
弥次兵衛義其元為詰明十二日ゟ爰元出立被罷登
義ニ御座候、且又高森五平自看為稽古御暇願出
ニ付其元伺越置候ニ付而者伺通被仰付ニ而可有
之ニ付、当節理右衛門其外一同出立相成義ニ御
座候、此段為附状如斯御座候、恐惶謹言

九月十一日　峯為之允
深堀蔵人
長渕菅右衛門
朋致（花押）
峯弥次右衛門
渡辺五郎右衛門様

一　今夜陸地飛脚到着、役所附人々へ多々良平太
夫ゟ近国往来札仕向来候、左ニ

一筆致啓達候、近国往来板札五拾枚箱入油紙包
ニシテ差登候条、其筋可被相納候、依之新札前渡
願五八郎殿ゟ之書附壱紙・印紙弐枚・印鑑弐枚
差越申候条、跡方之通夫々可被御取計儀不能申
越候、恐惶謹言

九月十一日　多々良平太夫
義鳴（花押）
永石権作様
樋口弥次兵衛様

一筆啓上仕候、近国往来札入之由、箱物壱ツ足
軽宰領付ニシテ従御在所被差越候ニ付、爰元継替
才領付差越申候条、御請取可被成候、此段為附
状如此御坐候、恐惶謹言

九月十三日　皆良田大蔵

永石権作様

同十四日　申　晴天

一　当秋御物成米津出并新穀持運札願、跡方之通
其筋差出候、左之通

口上覚

高来郡深海村・中山村・鷲崎村・早見村・江ノ
浦八丁分村当秋物成米之内白米五百六拾石、偖
又三根郡蓑原村・神埼郡駅ケ里村同三百石、深
堀台所用、彼地差廻度、津出之儀奉願候条、何
卒願通被差免被下度、筋々宜御相達可被下儀深
重奉頼候、以上

左馬助内

卯九月　渡辺五郎右衛門

羽室雷助殿
相良宗左衛門殿
宮嶋寿平殿

覚

一　新穀持運札弐枚　高来郡　福田村
一　同弐枚　同郡　中山村
一　同弐枚　同郡　早見村
一　同弐枚　同郡　鷲崎村
一　同弐枚　同郡　八丁分村

右御改印可被下候、但前書載之村々ゟ当秋此方
物成米之内深堀台所用彼地差廻候ニ付、懸リ船
場迄持届用申乞義御座候、以上

卯九月　――――内　渡辺五郎右衛門

深堀又太郎殿

覚

新穀持運札三枚

右御改印可被下候、但前書載之村ゟ当秋此方物
成米之内屋敷台所用取寄用申乞儀御坐候、已上

御名内

卯九月　渡辺五郎右衛門

深堀又太郎殿

其外

一　年行司ゟ御掟帳其外差廻来候ニ付。御判相
整、御順之通大隅様御方差廻置候事
付リ夕七ツ時也

尚以御承知之上ハ御書判被相整来候、以上
別紙御掟帳其外被差廻候条、時付日付を以、御
方々被差廻、廻留之御方ゟ役筋可被差出候、以
上

卯九月十三日　伊東源蔵
庄嶋清五左衛門
重松基右衛門

諸家御用人中様

一　高浜貫一郎儀今夜汐引払相成候ニ付、附状左
ニ

一筆致啓達候、高浜貫一郎儀最前及御懸合候
通、爰許役所御無人ニ付御引留相成居候末、樋
口弥次兵衛ニも昨十三日上着出勤有之候ニ付、
貫一郎義今夜汐ゟ厘外津出船引払被罷下義ニ
候、此段為付状如斯御座候、恐惶謹言

九月十四日　渡辺五郎右衛門

峯弥次右衛門様
其外様

御状致拝見候、近国往来板札五拾枚箱入油紙包
ニ被差登候条其筋可相納、依之前渡願[redacted]五八
郎殿ゟ之書附壱紙・印紙弐枚・印鑑弐枚被差越
候条、跡方之通夫々可取計旨、御紙面之趣承知
仕候、此段為貴答如此御坐候、留ル

九月十四日　樋口弥次兵衛
永石権作

多々良平太夫様

一　恒例之通大般若御執行有之候事
一　西持院被罷出御目得有之候事

同十五日　酉　晴天

一　代官所呼出ニ而出夫料銀催促有之候事
一　須古御屋敷ゟ於曄様御縁与之由、為御知相成
候、左之通

以手紙致啓達候、於曄事、石川寛左衛門殿嫡子

寛之進殿へ縁談取組之末、今日結納之手数相整
中候、此段為御知如斯御座候、以上
九月十四日
渡辺五郎右衛門様　　吉田三郎左衛門

同十六日　戌　晴天

一　頃日御物成米津出根居請役所願出置候末、願
通被差免、同所ゟ御小物成所江之懸合手紙相渡
候ニ付写置候、左之通

一　白米五百六拾石
右者高来郡深海村其外ゟ
一　同三百石
右者三根郡蓑原村其外ゟ
右之通、左馬助殿知行所物成米之内深堀廻被差
免度彼家来ゟ願之趣、御当役御聞届、台所用差
廻相成候由ニ付如願被差免候条、此段筋々可被
相達候、以上
九月十五日
御小物成所　　羽室雷助
相良宗左衛門
宮嶋寿平
御附役中様

一　今昼月次飛脚船着岸、懸合来候廉々并役所見
習江口津右衛門其外上着、附状相達候、左之通

一筆致啓達候、江口津右衛門義其元役所見習、
川副寿一郎義当秋ゟも打追文武稽古被仰付、明
十四日ゟ爰元出立被罷登義ニ御座候
一　永石力太郎義当卯九月ゟ向辰秋迄於其元自
看ニ而文武稽古之儀願通被差免置候末、明十
四日ゟ出立被罷登義ニ御座候
右為附状如斯御座候、恐惶謹言
九月十三日
峯為之允
真興（花押）
深堀蔵人
長渕菅右衛門
朋致（花押）
峯弥次右衛門（印）
渡辺五郎右衛門様

一筆致啓達候、五八郎殿組中小性熊常右衛門忰
沢太御暇願継、別紙之通御同人書替を以願出候
付、伺書相副、其許差越候条、
御差図之否、可被御申越候、此段為可申越如此
御座候、恐惶謹言

峯為之允
九月十三日　深堀蔵人
長渕菅右衛門
朋致（花押）
峯弥次右衛門
渡辺五郎右衛門様

一筆致啓達候、重陽之御祝儀書上壱、差越候
条、御側可被差上候
一　猪之助殿組中小性中尾広吉孫養子願、扨又
御同人組田代大九郎忰亥六文武稽古方ニ付御
暇、別紙之通書替を以願出相成候付、伺書相
副差越候条、被相伺
御差図之否、可被仰越候
右廉々為可申越如斯御座候、恐惶謹言

峯為之允
九月十三日　真興（花押）
深堀蔵人
長渕菅右衛門
朋致（花押）
峯弥次右衛門（印）
渡辺五郎右衛門様

覚
一　広口瓶　四ツ
一　頂番砂糖　弐拾斤
一　阿蘭陀菓子　五箱
一　肝油　五瓶
此品後便ゟ差上申候
一　フラ子ール
〆
一筆致啓達候、去ル九日御仕出月並飛脚帰リ便

九月十三日　　深堀蔵人
賢一（花押）
長渕菅右衛門
朋致（花押）
峯弥次右衛門

渡辺五郎右衛門様

追而
御母堂様御膳方御用干鰯三百喉、本文同様
差越申候、已上

御状致拝見候、若狭様近年御多病之上当春已来
御余症差副、色々御治療被相加候得共、一円御
薬功相附被兼候付、不得止事、御隠居被成度旨
去ル七日御書付被指出候由、同日御使を以別紙
手覚之通為御知ニ付含迄御懸合之趣致承知候
一　御部屋女中美那女妊娠ニ付、当月吉辰相
撰、着帯手数可被相整、
御内御老女ゟ被申達候付、跡方同様之節比竟
可被御取計旨、御頭人相達置申候
一　大殿様ゟ
ニ而御懸合之内、
大殿様ゟ
御母堂様江於藤殿御取次を以、川上鮎一駕籠御
内分被成御拝領候付、右為御礼御内々何そ被差
上度被
思召上候得共、其元ニ而相応之品
思召付も無御座ニ付、御在産之訳を以、鰹生節
弐拾本并竹輪鎌鉾何程欤被差上度間、右品々爰
元御手当之儀被
仰出候間、其取計いたし候様、御紙面承知之、
急速其筋及手当、生節廿本・竹輪鎌鉾廿并苞か
まほこ十本大夜通飛脚を以差越候条、御内可
被差上候、惣而右之品々相納候処、大分沢山ニ
相見、乍憚
御女儀様御献上品ニ者入御念過候様、恐察仕候
得共、節角手当相備候付、其侭差上候条、其元
御都合次第御所置可被成与奉存候、此段態与為
可申越如斯御座候、恐惶謹言
峯為之允

御母堂様へ於藤殿御取次を以、川上鮎一籠御内分被為拝領、右為御礼御内々何そ被差上度被
思召上候得共其許ニ而相応之品
思召付無御座ニ付御在産之訳を以、鰹生節弐拾本并竹輪かまぼこ何程敛被差上度ニ付、致其取計候様致承知、右者当便間ニ合兼候付、近々蔵人罷登候節持越相成儀ニ御座候
一　御母堂様御膳方御用干鰯之儀も前条同断
一　土井首村嘉吉・仙之助所持之網船先月八日夜盗ニ逢候段評定所達出置候末、去ル五日同所呼出ニ付、堤壮右衛門を以御承知之処、右被盗品役場可相納筈ニ候得共、場太キ品遠在之運送難渋も可有之ニ付、両人之者其許罷登、品渡之手数願出候様可取計旨、懸リ究石井平九郎殿ゟ相達之由、御懸合之趣致承知候、右者本人共遠方罷登候通ニ而者難渋ニ付、於其元作リ一類を以事済申儀共ニ者無之哉、其通ニ而可然候半者其御取計相成度御座候
一　深堀助太夫・山田又蔵刀剣拵方ニ付別紙被差越、御頭人相達候処、願通被差出儀ニ御座候
右廉々為可申越如此御座候、恐惶謹言
九月十三日
峯為之允
真興（花押）
深堀蔵人
長渕萱右衛門
朋致（花押）
峯弥次右衛門（印）
渡辺五郎右衛門様
致追啓候、
三ノ御丸女中頼之繻子壱本代金、別紙目割之通拾九両弐歩之辻為持来候由ニ而、当節被差越、其筋相達置申候
一　御側御用広口瓶其外、別紙之通、田口亥助持出候付差越候条、可被差上与存候、惣而フラ子ール并諸品売揚之儀ハ後便仕登相成由御

坐候
右廉々為可申越如斯御座候、已上
九月十三日　　為之允
蔵人
菅右衛門
弥次右衛門
五郎右衛門様
致追啓候、高嶋、半左衛門与申者評定所御用之趣別紙之通被相達候段、大庄屋ゟ達出候付、其筋調子相成候処、右名前之者并御裁許仰渡等可奉蒙者同嶋江無之段、達出相成候付、其段大庄屋ゟ永昌申達候処、代官ニも在佐嘉之儀ニ付、佐嘉罷在候手代りゟ直々代官筋達出呉候様示談相成候旨申立候間、其御取計可被成候
一　分過夫料懸リ前急速相納候様、大庄屋江才促相成候由、右ニ付而ハ蔵人義来ル十六日ゟ出立ニ而被差越義候条、再訴方御仕寄御取懸相成度御座候
右廉々為可申越如斯御座候、已上
九月十三日　　為之允
蔵人
菅右衛門
弥次右衛門
五郎右衛門様
一　今夜五ツ半時比、久保田御屋敷ゟ御使を以、龍吉郎様御内方於伝様御安産之旨御しらせ有之、追々四ツ時比又々御安産之末別而御気分宜、殊ニ御男子様御出生之段為御知相成候ニ付、右之趣御側并両御内申上、差附従御一家様御歓御使被差出、深堀理右衛門被相勤候事
同十七日　亥　曇天
一　例年之通、御小物成所江根手紙願、左之通
口達
深堀表之儀米穀払底之上迂出来之場所ニ而御番

方兵糧差支候ニ付、私領高来郡江ノ浦八丁分村
当卯秋物成米之内白米六拾五石、跡方之通陸地
差送度奉願候条、諫早俵銭方江之根手紙被差出
可被下候、尤運送之時々組庄屋ゟ送手数無疎相
整義ニ御座候、以上

卯九月　　御名内
　　　　渡辺五郎右衛門
　御小物成所当ル

口達

御名私領高来郡深海村其外当卯秋物成米之内白
米五百六拾石、深堀台所用、彼地差廻度津出之
儀奉願候処、願通被差免候、就而者廻米之時々
俵筈御当地ニおゐて相願筈ニ御座候得共、遠在
汐懸等ニ相成、積方致難渋候ニ付、於彼地御手
数奉願度御座候条、諫早俵銭方江之根手紙被差
出被下度奉願候、此段御達仕候、以上

　　御名内
卯九月　　渡辺五郎右衛門
前同

一　高嶋、半左衛門一件、御在所ゟ申来候通代官
所へ手代リ緒方弥七を以、右名前之者不罷在
旨、委細申達候処、不罷在訳者有之間敷、不調
子共ニ者有之間敷哉、数拾年経候而ケ様之儀有
之候条、何比之事ニ可有之哉、評定所亘リ尋合
候半者相分リ可申旨、沙汰之由、沙汰之由（ママ衍）引取
申達候事

一　夕刻、諸御番所へ被差出御印鑑、御判取ニ差
廻来候ニ付、則御判相済、御順之通、大隅様御
方差廻置候事

別紙廻状之通、諸御番所へ被差出候印鑑四拾
八枚、此方印形相整候ニ付、差廻申候、以上
　九月十七日　　永松五右衛門
　渡辺五郎右衛門様

諸御番所へ被差出候印鑑四拾八枚、為持申候
条、御方々御判被相済候半者御留リ之御方ゟ
役筋御差戻可被成候、已上
　伊東源蔵
　庄嶋清五左衛門

吉岡仁右衛門様

其外様

重松基右衛門

同十八日　子　晴天

一　月次飛脚船差立、御在所申越候廉々并峯伝太夫・御徒多々良源内御暇帰宿ニ付、附状并偖又文武寮御造営ニ付罷登居候大工共御用相済引払罷下候ニ付、附状等左之通

一筆致啓達候、峯伝太夫并御徒多々良源内義当秋ゟも打追爰許詰被仰付候ニ付、仕廻方として帰宿仕度、日数三十日之御暇銘々ゟ願出相成、今夜汐厘外津出船被罷下義候、此段為附状為可申越如斯御座候、恐惶謹言

九月十八日　渡辺五郎右衛門

峯弥次右衛門様

其外様

御状致拝見候、深堀理右衛門・樋口貞一・樋口弥次兵衛義、爰許詰として去ル十二日其元出立被罷登候由、且又高森五平義自看為稽古理右衛門其外一同出立之由、同十三日上着、御附状之趣致承知候、此段為御答如斯御座候、恐惶謹言

九月十八日　渡辺

峯弥次右衛門様

長渕菅右衛門様

深堀蔵人様

峰為之丞様

御状致拝見候、江口津右衛門・川副寿一郎・永石力太郎義、去ル十四日ゟ其元出立被罷登由、同十六日上着、御附状之趣致承知候、此段御答如斯御座候、恐惶謹言

九月十八日　渡辺

右四人様

御状致拝見候、五八郎殿組中小性熊常右衛門忰沢太義御暇願継、別紙之通五八郎殿書替を以願出ニ付伺書副ニシテ被差越旨致承知、御側相伺候処、願通被　仰付旨ニ候、此段為御

答如斯御座候、恐惶謹言
九月十八日　　渡辺
右四人様
御状致拝見候、其元御家来中重陽之御祝儀書上
被差越、
御内外遂披露申候
一　猪之助殿組中小性中(ママ広吉脱カ)尾孫養子願、偖又御同
人組田代大九郎悴亥六義文武稽古方ニ付御暇
願別紙之通書替を以願出ニ付伺書相副被差越
候旨致承知、
御側相伺候処、何れも願通被　仰付旨候、此
段為御答如此御座候、恐惶謹言
九月十八日　　渡辺
右四人様
御状致拝見候、最前及御懸合置候
大殿様江従
御母堂様御内分御献上用鰹生節弐拾本・竹輪か
まほこ弐拾本・つとかまほこ拾本大夜通飛脚を
以被差越候条、御内差上候様、惣而右之品々大
分沢山ニ有之、御女儀様御献上品ニ者余リ被入
御念候様相見候得共、猶爰元御都合次第可取計
旨致承知候、右飛脚昨十七日夜五ツ時比無別条
相達候ニ付、早速御内差上、今朝
担那様御差図を以夫々献上相済申候、仰越之通
御品物大分余慶ニ有之候得共、御老女亘リ江茂
少々被差贈、
御母堂様思召之程十分被御行届至極御歓之旨ニ
御座候、此段為御答如斯御座候、恐惶
九月十八日　　渡辺五郎右衛門
峯弥次右衛門様
長渕萱右衛門様
深堀蔵人様
峯為之允様
追而、
御母堂様御膳所御用干鰯三百根、本文同様
被差越候由、御端書之趣承知いたし無別条
相達申候、惣而本文竹輪弐拾本之内弐本、
つとかまほこ拾本之内壱本致不足候得共、

入物之〆口忍取不審も無之ニ付而者其元ニ
而算へ違ひ相成候半与存候
致追啓候、御組内赤司徳太夫伯父作右衛門義先年郡払之御手当之節其元居付、宗門方帳内ニも相加居候、然ル処、現人者豆津罷在、人改之時々帳主難渋も有之儀ニ付、宗門方出入相成度段其筋ゟ願出ニ付、於爰元御組扱亘リ江前断之次第相談候様、先般仰越ニ付、差付武富平兵衛殿江遂示談置候処、幸、当夏万部御執行ニ付郷（ママ帰カ）村之御赦免相成居候付、何様其取計可致返答之末、漸ク相捌候由ニ而懸宗門方ゟ之入筈并寺筈とも別紙被相渡候ニ付、当節差越候条、其筋被相達、其元宗門方ゟ之払筈扱又寺払筈をも可被差越存候
一　御出入盲人広都義最早及老衰御奉公難渋ニ付、造酒都与申弟子相応之人柄ニ付、跡代之儀右之者江被仰付被下度段、別紙之通願出ニ付、右願書差越候条、御吟味之否、可被仰越候、全体時勢柄格別盲人之御用も無之哉ニ候得共、年始御礼舞始或者重立候御祝等之節者今以不相替御用有之儀ニ付而者全ク御出入なしニも相済間敷哉ニ付、願之通被仰付度存候
右廉々為可申越如斯御座候、以上
九月十八日　　渡辺五郎右衛門
峯弥次右衛門様
長渕萱右衛門様
深堀蔵人様
峯為之允様
御答書致拝見候、土井首村嘉吉・千之助所持之網船盗ニ逢候末、評定所ゟ品渡之手数願出候様、懸リ究石井平九郎殿ゟ相達之委細、先書及懸合候処、右本人共遠方相登候通リニ而者難渋ニ付、於爰許作リ一類を以事済申儀ニ無之哉、其通可然候ハ、其取計いたし候様之旨致承知、其手筈相談見候得共、口書等も有之義ニ而何れ本人罷登候半而不相済事柄之由ニ候間、早々罷登候通猶又其筋可被仰達存候
一　深堀助太夫・山田又蔵儀刀剣拵方ニ付年賦

拝借金願出之次第、御頭人被仰達候処、願通
被差出旨人々相達置申候
一　三ノ御丸女中頼之繻子代金差越候処、無別
条相達其筋相渡被置候由
一　御側御用広口瓶其外別紙之通、田口亥助持
出ニ付被差越候旨致承知、御側差上置申候
右廉々御再答文略如斯御座候、恐惶謹言
九月十八日　渡辺五郎右衛門
峯弥次右衛門様
長渕菅右衛門様
深堀蔵人様
峯為之丞様
御追書致拝見候、高嶋、半左衛門与申もの評定
所御用之趣別紙之通被相達候段、大庄屋ゟ達出
ニ付其筋御調子相成候処、右名前之者并御裁許
仰渡等可蒙者同嶋へ無之段達出候ニ付、其段大
庄屋より永昌代官所江申達候処、代官も在佐嘉
之義ニ付、爰元手代リゟ直ニ代官筋達出候様示
談相成候旨大庄屋ゟ申達候間、其取計可致旨致
承知、早速緒方弥七を以代官筋達出候処、右者
居合不申訳無之、尤年久キ事ニ而死亡共ニ者無
之哉、猶評定所江も内々尋合、都合次第何れ与
も可達出旨沙汰之由ニ付、永石権作を以評定所
番宅へ尋試候処、調子付も急ニ者届兼候ニ付、
居合不申候ハヽ、其段達出可然旨ニ候間、原田伝
作ゟ永昌代官所江書付を以達出候通御取計可被
成存候、右者仰越之通、於爰元弥七ゟ書取達出
候而も可然哉ニ候得共、最前弥七代官所罷出候
節、右様之事柄爰元ニ而不取計候とも為其永昌
出張所被相立置候ニ付而者於彼地手数相詰候様
兼而可相心得旨沙汰有之たる由ニ候間、右之次
第伝作へ可被仰達置存候
一　分過夫料懸前急速相納候様、大庄屋江催促
相成候由、右ニ付而者蔵人殿儀去ル十六日ゟ
被差越義ニ候条、再訴方仕寄取懸置候様、致
承知候、右者於爰元ニも代官私宅呼出ニ而同
様相達候ニ付、猶又再願可相整積ニ付打追猶
予被呉度段申達候処、色々事六ツケ敷問合有

之、是非大庄屋筋ゟ一先取立候様現地出張可
取計旨抔懸リ助役荒木権六殿ゟ演達ニ付、推
而猶予之義申達置候得共、定而大庄屋筋江者
厳達可有之候間、其含答話有之候通御牒子合
可被置存候
右廉々御答旁如斯御座候、恐惶謹言
九月一八日　渡辺
前四人様
一筆致啓達候、其元村々御物成米五百六拾石、
深堀津廻根居并猪之助殿知行所陸地運送根居、
跡方比竟其筋願開キ御小成（ママ物脱カ）所ゟ永昌俵銭方江之
根手紙をも請取之、当節差越候条其筋可被相達
候
一　前断廻米之節、船場迄ケ所々々之道札今又
改印手数相済、当節差越申候
右廉々為可申越如斯御座候、恐惶謹言
九月十八日　渡辺
峯五太夫様
追而、爰元御普請方用大小竹、先般被差
越、御附状之通無別条其砌相達申候、右御
答致物落居候ニ付、当節如斯御座候、以上
奉願口上覚
私儀、
御屋敷江文化八未五月ゟ御出入被仰付、其末天
保元寅二月被　召抱、難有仕合奉存候、然処最
早及老年御奉公難申上御座候ニ付、跡之儀弟子
高木町罷在候造酒之都与申者相応之人柄ニ付、
右之者江被仰付被下候様奉願候条、支所無御座
候半者何卒願之通被　被（ママ衍）仰付可被下儀、深重
奉願上候、以上
卯九月　広都
渡辺五郎右衛門殿
一　今昼、御当役御差次伊豆様ゟ御剪紙御到来、
左ニ
今度宗対馬守様ゟ之御使者参着之節、於客屋出
会、貴様可被相勤候、此段為可相申達如斯御座
候、以上

九月十八日
御名様　鍋嶋伊豆
今度宗対馬守様ゟ之御使者参着之節、於客屋出会、私可相勤旨御紙面之趣致承知候、此段為御答如斯御座候、以上
九月十八日
鍋嶋伊豆様　御名

同十九日　丑　晴天

一　今昼四ツ過時比、請役所ゟ左之通剪紙を以申来候
尚々別而急成御用候付聊御延引被成間敷候
御用之義候条、則
御城御出可被成候、以上
九月十七日
渡辺五郎右衛門様
羽室雷助
相良宗左衛門
宮嶋寿平

一　右ニ付、聞次深堀理右衛門差出候処、宗左衛門殿面談、宗対馬守様御使者今日御出会之儀、最前者御見廻御使者丈之処、当節御結納御手数之御使者御家老之由ニ付、御応対被成候様今又御吟味替相成、御着服切上下熨斗目御着用相成候様、尤御進物方六角喜左衛門最早其向被参居候間、尚御問合振等者御直談可相成旨、演達有之候由、則
御側申上候事

一　右ニ付、理右衛門ゟ御使者御出会之御刻限等承合候処、今昼八ツ時与申事ニ有之候由、右者最前相達相成筈之処無其儀、然処、今朝飯後、担那様御出仕中御承知被遊候由

同廿日　寅　晴天

一　今日、久保田御屋敷ゟ左之通為御知相成来候付、
御内外差上、返答差出候

以手紙致啓上達候、然者今度出生之男子帍吉郎
与名被相附候、此段為御知如此御座候、已上
九月廿日　大隈新左衛門
渡部（ママ）様

御手紙致拝見候、然者今度御出生之御男子帍吉
郎様与御名被相附候段、御紙面之趣致承知、則
申達候、此段為御答如此御座候、已上
九月廿日
大隈新左衛門様　渡部（ママ）

一　昨十九日対州御使者御応接被遊
御勤候処、彼ノ家御使者平田為之允ゟ為土産百
田紙五束御到来ニ付、左之通、請役所江申達候
口達
左馬助儀昨日対州御使者御応接相勤候処、平田
為之允ゟ為土産百田紙致到来候、此段御達仕
候、以上
御名内
卯九月廿日　渡部（ママ）
羽室殿

其外
口達
一　人足弐拾五人
一　本馬弐疋
右人馬御高札賃銭払ニシテ爰元ゟ田代迄駅々相備
居候様、筋々被仰達可被下候、但左馬助儀今度
田代御使者被仰付、明廿一日ゟ彼地相越候付、
供立其外用往来共書載之通申上候儀ニ御座候、
以上
御名内
卯九月廿日　渡辺
羽室雷助殿
相良宗左衛門殿
宮嶋寿平殿

一　右人馬乞筈、深堀理右衛門を以請役所差出、
羽室雷助殿面談申入相成候処、同人ニ者御用繁
之由ニ而助役清水良作出会ニ付相達、御当役御
聞届之手数相済、御蔵方持出候処いつれも退出
後ニ相成、同所ゟ之手数不相済候得共、幸、抱

夫方滞勤相成居候由ニ付同所持出、遂示談候
処、御蔵方無之候得者同所ゟ之手数難相成由、
乍然今日俄ニ差懸候事故何れとそ手数相整被呉
間敷哉、強而申入候処、於然者人足拾五人丈者
監物殿類例有之候ニ付、手数可差出、尤馬之儀
者類例無之候得共、抱夫方一存ニ而差出置候
由、人馬帳境原ゟ之付出手数請取持帰被相達
候、依之境原江為持差越候事

先触

人足拾九人

右者左馬助方田代為御使者明廿一日暁七ツ時佐
嘉発駕同所被相越候ニ付、駅々相備居候様、手
当之儀頼入候、以上

御名内

九月廿日　　志波原八太夫

第々駅所

追而、明廿一日於田代旅宿壱軒下宿弐軒、
可然向手当相成居候様頼入存候、已上

同廿一日　卯　晴天　夕八ツ半過時雨降ル

一　昨日之末、今朝六ツ半時比御供揃ニ而被遊
御発駕候事

一　右ニ付、請役所・御目附方へ之達等其外左ニ

一　深堀蔵人諸御用含登、今朝六ツ半時比着館相
成候事

一(ママ)
田代御使者御行列、左之通

一　御先番　　深堀助太夫

内

乗馬壱疋

従者壱人

鑓持壱人

一　御先立　　福嶋徳兵衛

一　御鎧櫃　　脇差之三人

一　御箱　弐　　手男四人

一　御鑓　弐

藤山清太夫
田中良助
水町儀七
山田五兵衛

一　御鉄炮　四

川浪平蔵
田中市兵衛
深町与三

御雇　小西三郎

一　御徒

熊沢太　此人弟アニ中尾卯兵衛病気ニ付罷登居候ニ付一准御雇
峯嘉二郎
原定一郎
舘宗一

一　御駕籠

陸尺六人

一　御小性

深堀琢磨
山本嘉平太
江口尉九

差次

大塚慶太
高浜伝之助
志波原八太夫

一　御草履　山口卯兵衛

一　御長柄　深泉水弥八

一　御茶弁当　小道具壱人

一　御率馬

吉野十吉
手男次作

一　沓箱　壱荷　脇差之壱人

一　又小者

三平
菊蔵

一　御提灯箱　弐　脇差之弐人

一　合羽箱　弐　右同弐人

一　竹馬　三　右同弐人

一　押

徳久良蔵
田代文平

一　御両懸　壱荷　脇差之壱人

一　〓指　壱棹　右同三人

一　御医師　横尾道碩

内
駕籠平夫三人
従者壱人
打物壱人
〆
但御目附方之義不快等ニ而御無人ニ付、請持
一 御側頭御目附兼　渡辺五郎右衛門
内
乗馬壱疋
小性壱人
草履壱人
鑓持壱人
両懸平夫壱人
一 一（ママ）御膳方　平納右衛門
御膳箱持夫丸壱人　手男善太郎
樽弁当持右同壱人
〆
一 御納戸下役并人馬方兼　緒方弥七
御納戸箪笥　壱荷　夫丸壱人

〆
已上

一 御使者御口上等左ニ、尤余条者御側記録ニ有之候故略ス
対馬守様
播磨守様
播磨守様奥方様　江
寛寿院様　肥前守様
慈芳院様　閑叟様
閑叟様奥方様
就吉辰綱姫様江御結納御祝儀被進、幾久敷目出度思召候、依之為御祝儀以御使者御目録之通被進候
御惣容様江
肥前守様
閑叟様　より
閑叟様奥方様
綱姫様

就吉辰
対馬守様ゟ綱姫様江御結納御祝儀被進、幾久敷
目出度思召候、依之御祝儀以御使者被仰遣候
対馬守様
播磨守様　江
奥方様
寛寿院様
慈芳院様
御物容様

御物容様ゟ
就吉辰綱姫様江御結納御祝儀被進、幾久敷目出
度思召候、依之御祝儀以御使者被仰遣候

口達
左馬助儀田代御使者被仰付、今廿一日ゟ彼地罷
越候付、来ル廿三日迄出仕不相叶候、此段御達
仕候、以上
御名内
九月廿一日　渡部（ママ）

請役所三人殿

手覚
左馬助儀、・・・・・・此段御達仕候、以上
御名内
九月廿一日　渡辺
御目附方へ達ス
当名なし

一　今朝深堀蔵人上着帰船ゟ深海在役江之懸合、
左ニ
一筆致啓達候、其元村々御物成米五百六拾石、
深堀津廻根居并猪之助殿知行所陸地運送根居、
跡方比竟其筋願開キ御小物成所ゟ永昌俵銭方へ
之根手紙とも請取之、去ル■十八日立飛脚ゟ可
■差越段致御懸合置候得共、俵銭方へ之根手紙
其節間ニ合兼候ニ付、当節差越申候、惣而前断
廻米之節、船場迄ケ所々之道札改印手数相
済、先便差越候内壱枚爰元江取落シ有之候付、
右道札壱枚是又差越申候、此段為可申越如此御
座候、恐惶

九月廿一日　渡部（ママ）

峯五太夫様

吟味書

深堀之儀、従来点役皆除、殊ニ於御領中懸隔候場所、

上給人倍又諸家扶持人等雑居無之、一邑之形勢相備、

御家政向一貫格別之

御在所柄ニ有之、先年来小城・蓮池・諫早其外ゟ嶋詰等ニ付御私領者召抱度毎々御相談相成儀有之候得共、其通ニ而者

御家政御手縺之一端ニ付、御断切相成来候処、其以前所々遠見所助見賄等雇ニ而相部候者、数年勤功ニ而代々上足軽ニ被召抱別紙名前之者四人有之、其砌不調子ニ而右之至儀、去迚代々御私領者現地之事情今更立退候様之厳法も難被相下、此一条連続不致妨相成候付、遂吟味候者、上足軽苗跡之儀者自分ニ而於佐嘉表何れ之向江そ相譲リ御内輪出格之御趣捨を以新規被召出、御切米被為頂戴候半者、

御恩沢重畳難有可奉感戴、追年之間皆以御家臣可願出、自然与前断之弊改革相成儀ニ付而者吟味通被

仰付、左候而不得止訳品も有之、御私領帳脱ケ他所江立退候者格別、其外向後

上筋諸家共身格相被候者一切御私領人別江相加リ候儀御法度之御規則猶又厳重被相立方ニ者有之間敷哉之事

慶応三年

卯四月

手覚

一　上足軽今村官右衛門与申者奉慕

御家、被召仕被下度内願ニ付而吟味伺書壱紙、倍又鉄炮刀剣師稽古被仰付置候緒方収蔵稽古替ニ付伺書壱紙致御渡候条、夫々伺相成、

御下知之否、申来候様之事

一　石炭御仕組方へ直増其外願立之儀、最前渡
辺五郎右衛門含登相成居候、右者急々願啓之
儀中来候様之事
一　重松豊安御匕医御断之儀、願通被　仰付旨
候条、其段同医へ相達之事
右廉々致御含候、已上
卯九月十八日　田代五八郎
深堀蔵人殿
一筆致啓達候、深堀禎太郎義当秋ゟ稽古方被仰
付、明十九日ゟ爰元出立被罷登義御座候、此段
■附状為可申越如斯御坐候、恐惶謹言
峯為之允
九月十八日　深堀蔵人
長渕菅右衛門
朋致（花押）
峯弥次右衛門
渡辺五郎右衛門様

同廿二日　辰　晴天

同廿三日　巳　晴天

一　担那様御事、田代　御越之末、御使者無御滞
御首尾好被為済、今暮六ツ時比益御機嫌能被遊
御着館候事
一　右ニ付、御着御祝之御仕組并御供中袴着限御
酒拝領等之儀夫々御手当いつれも頂戴相成候事
附リ御徒已下御酒拝領之儀料銀ニ而頂戴相済
候也
一　田代ニ而左之通剪紙到来相成候由
御切紙拝見仕候、然者御名公ゟ御別紙之通御贈
被下忝拝受仕候、早速夫々江相渡可申候、以上
九月廿三日
六角喜左衛門様　渡辺孫左衛門
以楮札拝呈仕候、昨日者目出度御勤済御同慶奉
存候、御出立前罷出何角御挨拶申上候筈ニ御座
候得共、少々不例ニ而失敬仕候、

御機嫌克御帰藩之程至念仕候、将又不存寄御名
公ゟ種々御恵投被下置忝拝受仕候、乍憚御都合
を以御礼之義宜御取合奉頼候、此段御暇乞旁得
貴意度如此御座候、以上

九月廿三日

六角喜左衛門様　渡辺孫左衛門

一同（ママ）廿四日　午　晴天

一　昨夜　御着館ニ付、今朝請役所・御目附方
江御届等左ニ

口達

左馬助儀田代為御使者彼地罷越候末、今日致帰
着候、此段御達仕候、以上

御名内

九月廿三日　渡辺

羽室雷助殿
相良宗左衛門殿
宮嶋寿平殿

手覚

左馬助儀田代為御使者彼地罷越候末、今日致帰
着候、此段御達仕候、以上

御名内

九月廿三日　渡辺

御目附方　当名なし

一　請役所江之相達振案紙相認、先以、六角喜左
衛門殿江遂示談候処、左之通相認差出候様、案
紙等被相渡候付差出申候

口達

左馬助儀今度田代表江為御使者罷越候処、最前
宗対馬守様御家老平田為之允■御当地罷越候
節、土産等仕送相成候付、仕成振尋合候処、別
紙之通差贈相成候由、就而者出立之砌致御達可
被罷越筈之処、別而差懸候儀ニ付、於彼地六角
喜左衛門殿江相伺、為之允其外江別紙之通差贈
申候、此段御達仕候、以上

御名内

九月廿四日　渡部（ママ）

羽室殿
相良殿
宮嶋殿

覚

一 百田紙　五束
御名江
右者最前御達仕置候
一 半紙　四束
千住大之助江
一 同　四束
六角喜左衛門江
一 金子百疋充
右者欄干御茶屋ニ而出会之節給仕之者六人江
右之通、為之允ゟ差送相成候由
以上

覚

一 多葉粉　三十苞
右者平田為之允江
一 唐木綿　壱着
一 多葉粉　十苞
右者甲田作右衛門江
一 唐木綿　壱着
一 多葉粉　十苞
右者渡辺孫(ママ)右衛門江
一 唐木綿　壱着
右者嶋雄八郎江
一 金子七百疋
右者客屋給仕之人江
右之通、御名ゟ差送申候
以上

一 今度田代御使者御越之処、宗対馬守様ゟ御目録を以、綿五把被差贈候由ニ而右御目録御付副、御進物方六角喜左衛門殿ゟ被相渡候、依之左之通請役所へ相達ス

口達

左馬助儀今度田代御使者相勤候処、於彼地宗対馬守様ゟ綿五把被差贈候、此段御達仕候、以上

九月廿四日　御名内

渡部（ママ）

羽室殿

相良殿

宮嶋殿

同廿五日　未　晴天

一　例年之通、

担那様日数御暇御願出、左之通、御一類様より御持出之姿ニシテ取計被呉候様、深堀理右衛門請役所差出候

広紙折紙認済候而上包ニ上ト書載也

私儀、立願為成就於御当地所々罷越度、当秋冬ゟ明春ニ懸、日数四十日之御暇奉願候条、御序之砌宜御披露頼入存候、以上

卯九月　　御名　御書判

鍋嶋伊豆殿　　当時御当役御差次

一　右之通、請役所差出候処、追々御用呼出ニ付、江口津右衛門差出候処、羽室殿面談ニ而前断御暇御願出之儀、当秋ゟ与申儀最早秋与申而者日間無之義ニ付当冬と書載替相成候様演達有之由ニ付、今又其通認替差出申候事

一　今日御蔵方呼出ニ而江口津右衛門差出候処、左之通書取を以被相達候由ニ付、其段詰中江申触置候事

縫殿殿其外与切米去ル寅秋左ニ書載之蔵米筈三紙、散使勘蔵ニ而代官所為持候途中致紛失候付出替被差出度、代官執行主一ゟ達出相成、就而者品柄之儀ニ付誰そ拾取候又者引当等受取候向者無之哉、自然右様之向も有之候半者来ル廿九日迄之内御蔵方達出相成候様被仰付義ニ候条、此段筋々可被相達候

左近殿与切米　石井六郎兵衛

一　赤米弐石六斗弐升壱合弐夕

左近殿与切米　石井入テ四十九

一　同壱石弐斗弐升四合

縫殿殿[redacted]預与中嶋入テ

一　白米八石
以上

口達
鍛冶町罷在候嘉市与申者宅一昨五日夜中裏戸口ゟ忍入、別紙之通、盗ニ逢候趣達出ニ付、此段御達仕候、以上

卯九月　　田中大助（印）
多々良平太夫殿

品附覚
一　金拾両
一　札五両丈余
一　たば粉入壱ツ
〆
右之通ニ御座候、以上

一　頃日深堀蔵人上便ニ而、深堀鍛冶町嘉市与申もの宅去ル五日夜盗ニ逢候段達出之旨申来候ニ付、左之通、盗賊方相達候、尤別紙別当田中大助ゟ差出候儀ニ付、前方類例も可有之ニ付、是又於爰元別紙之通認替差出申候事

口達
深堀鍛冶町嘉市与申者宅去ル五日夜別紙之通盗ニ逢候段申越候、此段御達仕候、以上

御名家来
卯九月廿五日　　渡辺
石井又左衛門殿
石井平九郎殿

覚
一　金拾両
一　札五両丈余
一　多葉粉入壱ツ
〆
右之通昨五日夜盗ニ逢申候、此段御達仕候、以上

卯九月六日　　深堀鍛冶町
嘉一●　指判ニ而差出候也

田中大助殿

一　右書付今昼樋口弥次兵衛ニ而盗賊方差出申候事

一　右書付之儀其筋差出候内ニ者、盗ニ逢候本人ゟ大庄屋又者別当抔江之名当者已来無シニ《シテ》差出方可然哉ニ評合相成候事

一　田代御使者　御越、御滞留中御主従賄之儀、彼ノ御方ゟ心遣相成、且又　御帰路之節、人足六拾人轟木迄被差出候次第等最前演達ニ而可然哉旨、其段請役所相談候処、矢張達書ニ而差出候様沙汰ニ付、左之通

口達

左馬助儀今度田代御使者相勤候処、彼地滞留中主従賄御向方ゟ心遣相成、帰路之節者人足六拾人轟木駅迄被差出候、此段御達仕候、以上

御名内

卯九月廿五日　渡部（ママ）

羽室殿

其外殿

猶以先便ゟ被差越候新穀札九枚慥ニ相達申候、以上

一筆致啓達候、原五郎左衛門殿江被差遣候か、竹五拾五束、今廿一日夕汐ゟ船頭卯喜松舸子弐人乗ニ《シテ》爰元出船為差登候条、其元到着之上者夫々御改、其筋相達候様御取計可被成与存候、此段為付状如斯御座候、恐惶謹言

九月廿一日　峯五太夫

渡辺五郎右衛門様

追而、右船之儀例之公役船ニ《シテ》為差登候間、到着之上ハ飯米可被差出御座候、以上

御状致拝見候、原五郎左衛門殿江被差遣候か、竹五拾五束、去ル廿一日夕汐ゟ船頭卯喜松舸子弐人乗ニ《シテ》被差越候由、右船昨廿四日爰元着船、無別条■相達申候、右船御用無之ニ付、今夕ゟ爰元出船差返シ申候、此段為御答如斯御座候、恐惶謹言

九月廿一日（ママ）　渡辺

峯五太夫様

同廿六日 申 晴天

此廉此末覚養坊ゟ再願相成、御在所申越候処、無余儀相聞候訳を以今又銀弐枚被差出候通申来、其取計相成候次第等来十月廿六日ニ記ス

一 覚養坊ゟ今般大権現堂再建ニ付上遷座之手数相整ニ付而別紙之通願出候、依之前例等調子合候処、天保十一年子十二月同様之節同坊ゟ願出相成、然処其節者格別御差詰中ニ付諸般別而御省略之訳を以、吟味之処上御備物料銀渡切ニ《シテ》金三百疋差出相成居候、此度之儀同坊ゟ者格別諸色高直之時勢柄共ニ付而増願とも有之候得とも差懸リ願出之儀ニ付而者御在所申越、往覆之間合も無之ニ付、矢張前方比竟ニ《シテ》金三百疋被差出候通取計相成候、伺書等左之通

一 今夕御在所ゟ之飛脚船着岸、御側詰古賀松一郎・稽古人末次秀太郎、原田大右衛門様江随従被仰付置候元中小性田代市蔵上着ニ付、懸合来候廉々等左ニ

伺手覚

此通リ

大権現堂再建成就ニ付、上遷座之手数来ル廿七日ゟ同廿九日迄相整度、就而者先年同様之比竟を以御備物料銀をも被差出度段覚養坊ゟ別紙之通願出候、依之前例調子合候処、金子三百疋出切被仰付、結願之日

御代参被差出ニ付而者、当節之儀も右之比竟被仰付方ニ者有御座間敷哉、遂吟味此段奉伺候

九月廿六日

奉願口上覚

御先祖様被遊御勧請候大権現堂之義、及大壊候間、再興仕度段去ル子年御達仕置候、其末御蔭を以今般可也ニ成就仕候ニ付、上遷坐之義来ル廿七日ゟ同廿九日迄二夜三日御法楽式相勤度御坐候、就而者去ル天保子ノ十二月上遷座之節者御料銀金三百疋被差出、難有奉存候、且又我々

法中ニも弐拾ケ坊計三日共ニ出勤仕候由ニ御坐候得共、当時柄ニ而者成丈省略仕含ニ御座候、乍然寄進等仕候向々ニ者御神酒頂戴等為致候半而不相叶、殊ニ諸色高価之時節甚当惑仕候間、何卒御照察被成下、御料銀被相増拝領被仰付被下候道者有御座間敷哉奉願候、尤神前御備物附之義者別紙之通ニ御坐候条、何卒願之通被仰付被下候様、筋々宜御相達可被下儀、深重奉頼候、已上

卯九月　覚養坊（印）

御役所

御備物附

一杉原紙　五帖　一溝口紙　五帖
一拝敷　壱枚　一水引　金銀五手 金赤十五手
一御鏡餅　三重　一小餅　百ツ
一上菓子　三斤　一小豆　壱升五合
一御神酒　壱升五合　一油　五合
一蝋燭　弐斤　一線香　壱半束
一香具　沈香白檀其外　一平向　五拾ツ
一板札　弐枚　一折
一小奉書紙　拾五枚　一白麻折

天保子年差出候扣右之通ニ御座候、以上

御状致拝見候、峯伝太夫并御歩行多々良源内義、当秋ゟも打追其元詰被仰付候為仕廻方帰宿仕度、日数三十日之御暇銘々ゟ願出相成、去ル十八日夜汐ゟ其元出船之末、同廿日晩爰元参着、御付状之趣致承知候

一　御出入盲人広都義最早及老衰御奉公難渋ニ付、造酒都与申弟子相応之人柄ニ付、跡代之儀右之者江被
仰付被下度段、別紙之通願出ニ付、右願書被差越候間、御吟味之否、申越候様、致承知候、右者役々不揃共ニ而当節迄間ニ合不申ニ付、後便及御懸合義御座候

一　高嶋、半左衛門与申者評定所御用之趣被相

達候段、大庄屋ゟ達出ニ付其筋調子相成候処、右名前之者并御裁許仰渡等可蒙者同嶋江無之段達出候ニ付、其段大庄屋ゟ永昌代官所江申達■候処、代官も在佐嘉之義ニ付、其元手代リゟ直々代官所筋達出候様、示談相成候旨大庄屋ゟ申達候付、其御取計相成候様及御懸合候処、早速緒方弥七を以御達出之処、右者居合不申訳無之、尤奉公久キ事ニ而死亡共ニ者無之哉、尚評定所江も内々尋合、次第何れ与も可達出旨沙汰之由ニ付、永石権作を以評定所番宅御尋試之処、調子付も急々ニハ届兼候間、原田伝作ゟ永昌代官所江書附を以達出候通、可取計旨致承知候、左候而右者於其元及御懸合候通、弥七ゟ書取達出候而も可然哉ニ候得共、最前弥七代官所罷出候折、右様之事柄其元ニ而不取計候与も、為其永昌出張所被相建置候付而ハ於彼地手数相結候様、兼而可相心得旨沙汰有之由ニ付、右之次第伝作申達置候様致承知候

一　御組内赤司徳太夫伯父作右衛門儀、先年郡払之御手当之節、爰許居付、宗門方帳内ニも相加居候、然処現人ハ豆津罷在、人改之時々帳主難渋も有之儀ニ付、宗門出入相成度段、其筋ゟ願出候付、於其元御組扱亘リへ前断之次第被相談候様、先般及御懸合候処、差付武富平兵衛殿へ遂御示談被置候処、幸、当夏万部御執行ニ付帰村之御赦免相成居候付、何様其取計可致返答之末、漸ク相捌候由ニ而懸リ宗門方ゟ之入筈并寺筈をも別紙被相渡候ニ付、当節被差越候付其筋相達、爰元ゟ之払筈扨又寺払筈をも可差越旨、致承知、当節別紙弐紙差越義ニ御座候

一　分過夫料懸前急速相納候様、大庄屋江才足相成候由、右ニ付而者深堀蔵人義被差越義候条、再訴方仕寄被御取懸置候様之儀被成御承知、右者於其元も代官私宅呼出ニ而同様相達候付、尚亦再願可相整積ニ付打追猶予被呉度段被相達候処、色々事六ケ敷問合有之、是非

大庄屋筋ゟ一先取立候様現地出張可取計旨抔与懸リ助役荒木権六殿より演達ニ付、押而猶予之儀被相達置候得共、定而大庄屋筋へハ厳達可有之候間、其含答話有之仕候通諜シ合置候様致承知候

一　土井ノ首村嘉吉・千之助所持之網船盗ニ逢候末、評定所ゟ品渡リ之手数願出候様、懸リ究石井平九郎殿ゟ相達之委細、先書御懸合之処、右本人共遠方罷登候通ニ而ハ難渋ニ付、於其元作リ一類を以事済申義ニハ無之哉、其通可然候半ハ其御取計被成候様之旨御承知、其手筈被相談見候得共、口聞等有之義ニ而いつれ本人罷登候半而不相済事柄之由ニ付、早々罷登候通尚又其筋可相達旨致承知、早速本人共呼出、右之次第申達候処、往来之入費ハ扨置、当時闇中ニ而漁業最中之儀ニ付、本人罷登候通ニ而ハ甚難渋仕義ニ付いつれ卒被成下候道ハ有御坐間敷哉之段致歎願候間、為酒肴料何程歟を差出候通ニも可取計候条いつれ卒取計之道者有御座間敷哉、今一往御立入警固ともへ被相談、於右も是非本人共罷登候半而不相叶都合ニ候半者、其段被仰越次第早速罷登候通可取計義御座候

右廉々為可申越如斯御座候、恐惶謹言

九月廿三日　長渕萱右衛門
峯為之允　朋致（花押）
峯弥次右衛門（印）

渡辺五郎右衛門様

一筆致啓達候、御側古賀松一郎并稽古人之内末次秀太郎、原田大右衛門様江随従被仰付置候元中小性田代市蔵義最前御暇下之末、明廿四日ゟ爰元出立被罷登義ニ御座候、此段付状為可申越如斯御座候、恐惶謹言

九月廿三日　峯為之允　真興（花押）
長渕萱右衛門　朋致（花押）

峯弥次右衛門
渡辺五郎右衛門様

一筆致啓達候、猪之助殿組浦川長済悴長安儀、長崎蘭医へ伝習稽古為被仕度由ニ而当九月ゟ向辰八月迄之御暇、別紙猪之助殿ゟ書替を以願出相成候付、伺書相副其元差越候条、被相伺御下知之否、可被仰越候、此段為可申越如斯御座候、恐惶謹言

峰為之允
九月十八日　長渕菅右衛門
朋致（花押）
峰弥次右衛門
渡辺五郎右衛門様

伺手覚

猪之助組浦川長済悴長安儀前辺西岡春益老門弟罷成、其末諫早御家来山本源右衛門外療医江稽古為仕、近来於爰元開業相整罷在候処、当時西洋医学仕候ハ而不叶儀毎々其筋ゟ御達ニも相成候ニ付、長崎蘭医へ伝習為稽古差遣度、当九月より向辰九月まて御暇、別紙猪之助書替を以願出候、右者願之通被仰付方ニ者有御座間敷哉、遂吟味此段奉伺候、以上

卯九月

私与浦川長済悴長安儀前辺西岡春益老門弟罷成、其末諫早御家来山本源右衛門外療医江稽古為仕、近来爰元ニおゐて■■人ニ開業相整罷在候処、当時西洋医学仕候半而不叶儀毎々其筋ゟ御達ニも相成候得共、打栄佐嘉差遣、弘生館ニおゐて稽古をも不行届処ゟ是迄年月差送罷在候処、打追之姿ニ而ハ向様漢法開業御差留ニも相移候通ニ而ハ歎ケ敷次第奉存候、第一人命相預り候事柄不等開（ママ閑カ）儀ニ付、当時長崎へ蘭医罷越病院等被相立、諸国藩中ニも数多伝習相成趣ニ付、当夏以来ゟ折々彼地罷越伝習為仕度懸念罷在候処、幸、
御城下ゟ相良孝庵老病院塾長被相詰居候趣承リ及候ニ付、右人江伝習方遂示談候処、心能領掌、蘭医ニ茂右之趣申入相成、彼地通稽古為仕

候半ニ御座候、然ル処療治方格別究理之次第有之由、就而ハ何れ打栄稽古為仕度御座候ニ付、当卯九月ゟ向辰八月迄御暇奉願候条、支所無御座候ハヽ、願之通被差免被下様、御序之砌宜敷御披露頼入存候、以上

卯九月　　深堀猪之助

田代五八郎殿

伺手覚

御武具方大小銃御修理其外御家柄鉄炮術無之而不相済、中小性西久保忠太郎弟秀作右職稽古方被仰付置候処、上御番方御勤ニ付、長崎口御台場其外御備、太惣之大小銃御修理等之儀、聊之筋迄一々佐嘉仕向相成候義、殊之外御雑作ニ付、御仕組を以於爰元今壱人も同職御取立相成義ニ付、御家来之内ゟ人柄被差出度、相良五兵衛殿在番勤役中依示談、江口十兵衛二男収蔵被差出、先以御内輪ゟ稽古被仰付、刀剣鍛をも依願、桝方作太夫江弟子付罷在候処、上御仕組之儀御見合相成、収蔵義、亡緒方武平跡式江養子相続願出被仰付候、就而ハ前断刀剣鍛之儀太惣之胴銀無之而炎床開業不相叶、迚も自分ニ而難及手、旁ニ付、乍晩学、虎口前文武之稽古差部度志願、鍛冶稽古方遂御断度由申達、事情無拠相聞候ニ付、鉄炮術ハ秀作一人ニ而被相済、収蔵儀ハ当秋ゟ文武稽古方被仰付、左候而御当介之儀課業をも相備候半而難被差出筋ニ候へ共、是迄数年他之稽古方被仰付置候末ニ付而ハ課業之調子ニも難相成、自余ニ不相並次第有御座候付而ハ打追飯米塩噌丈被差出方ニ者有御座間敷哉、遂吟味此段奉伺候、以上

卯九月

伺手覚

上足軽今村官右衛門与申者、先祖香焼村住民ニ而数代前遠見方依勤功足軽ニ被　召抱、御奉公罷在候処、今度土地之御恩徳奉慕、足軽苗跡於佐嘉相譲、御家来之末ニ被召成被下度願出、志願之次第神妙之至ニ候、右者別紙吟味書之通り

御改革被召抱候半与申、自余之勧共相成儀ニ付
而ハ代々御歩行被召抱、御切米壱石被為頂戴、
館宗一次席ニ被仰付方ニ者有御座間敷哉、遂吟
味此段奉伺候、以上
卯九月
一筆致啓達候、峯五太夫義病所有之、武雄為入
湯、昨廿三日ゟ向日数十日之御暇別紙之通願出
候付、御頭人相達、被差免候通取計置候間、右
之亘リ程能御側可被仰上与存候、就而ハ伺書を
も相副差越候間、被相伺、
御差図之否、可被仰越候、此段為可申越如斯御
座候、恐惶謹言
峯為之允
九月廿四日
真興（花押）
長渕菅右衛門
朋致（花押）
渡辺五郎右衛門様
峯弥次右衛門
致追啓候、最前田口亥助へ被相含越候御整入物
之内、先便差越置候白砂糖其外代売揚別紙差越
申候、残品フラ子ル之儀、才一郎店ニ及探促候
得共、御注文丱色竪形地合無之、紺花色・白之
無地者有之候由、偖又手本切異人共肌着又ハ股
引等拵相用候反物之由、御用御座候ハヽ、弐丈三
尺五寸才一郎所持罷在、弐幅物壱尺ニ付代金三
朱ト銭壱匁かへ之由申達候条、御用之否、可被
仰越候、以上
九月廿三日
為之允
菅右衛門
弥次右衛門
五郎右衛門様
御答致拝見候、近国往来板札五拾枚并五八郎殿
ゟ之書付其外差越候処、無別条相達如跡方夫々
可被御取計旨、致承知候、跡近国札五拾枚之儀
も御日限不相迦通夫々御取計之儀不能申越候、
此段為御再答如此御座候、恐惶謹言
多々良平太夫
九月廿三日
義鳴（花押）

永石権作様
樋口弥次兵衛様
追而、権作殿ゟ去ル九日御仕出之御状致拝見候、年行司御頭人勤其外別紙之通触状を以被相達候由ニ而写被差越相達申候、右御答之義是迄致間落居候事共ニハ無御座哉、
為念如斯御座候、以上

一筆致啓上候、近国往来板札五拾枚先般如跡方其筋相納置候末、新札之儀明後廿九日亘リ被相渡旨ニ付、請取次第差越儀ニ御座候、左候而跡五拾枚之儀者前断新札于今不被相渡候付、是迄差扣置候得共、最早御日限無余日■ニ付、右者弥明廿八日相納義ニ御座候、此段御答旁為可申越如斯御座候、恐惶

九月廿七日　　樋口弥次兵衛
永石権作
多々良平太夫様

御状致拝見候、爰元村々当秋御物成廻米并ニ猪之助殿知行米陸地運送根居、跡方比竟其筋御願被開、永昌俵銭方江之根手紙弐封被差越、慥ニ相達申候、且又新穀札拾枚之内壱枚其元ニ而御取落相成候由ニ而今又壱枚被差越、無別条相達申候、此段御答如此御座候、恐惶謹言

九月廿六日　　峯五太夫（印）
渡辺五郎右衛門様

同廿七日　酉　晴天

一　昨廿六日夜九ツ時比御在所ゟ飛脚弐人到着、別紙通懸合来候、依之年行司江左之通深堀理右衛門を以達出候処、於然者則牟田口源吾調子合可申、併当正月御番所更代請持候ニ付而者、前断御印鑑所持不罷在いつれ之心得ニ而御番所勤罷在候哉、右御印鑑引渡無之ニ付而ハ其段達出乞請候半而不叶、心得之次第等書取、達出候様稠敷演達有之候由ニ付、尚用人申聞、深堀懸合可申段相達引取候由

口達

脇津御番所被相渡置候監物様御印鑑、来ル廿
九日迄之内相納候様被仰達候趣、永昌代官所
ゟ御達ニ付早速調子合候処、右御番所之儀当
正月ゟ家来勤被仰付、組内手明鐺牢田口源吾
江更代仕候処、引渡無之ニ付、其段御達仕候
様申越候、此段御達仕候、以上
　　　　　　　　御名内
　九月廿八日　　渡辺
　　重松基右衛門殿
　　庄嶋清五左衛門殿
　　伊東源蔵殿
一 今日去ル廿五日勘定所呼出御用ニ付、樋口弥
次兵衛江口津右衛門を以承合候処、白帆方乞筈
ニ付而峯弥次右衛門其外へ引合御用有之候条、
来ル廿九日罷出候様被相達候由ニ付、今日樋口
弥次兵衛を以代引合相整候処、左之通乞越有之
候由ニ付、其段及懸合候
　白帆方ニ付、備主従三人・足軽弐人、酉三月
十七日より同十八日迄日数三日、〆人数十五
人飯米壱斗三升五合被申乞候処、右者二日分
故、人別九升之筈、然者枡数四升五合壱倍ニ
シテ本行之通返上之事
　　白米九升
　　　右御立直段
　　　代銀拾四匁四分納前
一筆致啓達候、脇津御番所被相渡置候年行司御
頭人監物様御印鑑、来ル廿九日相納、左候而御
家老中より被差出候御印鑑同日受取候様、別紙
之通被相達候段、代官所ゟ触来候付、早速御番
所取調子相成候処、御組内手明鐺牢田口源吾江
当正月更代御番所請取相成候砌リ別紙写之通御
武具等請取、外ニ右様御印鑑請取相成居不申
段、達出相成候付、源吾引払之砌リ在番方へ納
方相成候義ニ者無之哉、為念在番方尋試候得
共、同所江も納方相成居不申由候末、御私領方
御請持被仰付以来御印鑑不被相渡儀ニ付、当節
相達前不相納段、年行司御談達相成度候、惣而
右御印鑑源吾儀請取罷在候哉之亘リ御与扱手筋

ニ而欤可被御聞糺与存候、此段納御日限差懸候
ニ付、為可申越態与夜通飛脚差立如此御座候、
恐惶謹言
九月廿六日　峯為之允
長渕萱右衛門
朋致（花押）
峯弥次右衛門（印）
渡辺五郎右衛門様

追而、長州船船頭殺害一件、爰許之処差起
居候処、其元之御都合何れ之次第共ニ御座
候哉、御聞得之次第も御座候ハヽ、早々可被
仰越与存候、以上

年行司頭人差次岩村右近殿・中野数馬殿居付被
相勤、附役拙者共ニ打追被仰付候事
去九月以後監物殿ゟ被相渡置候印鑑、来ル廿九
日迄之内相納候様、左候而御家老中ゟ之印鑑被
相渡儀ニ候条、同日迄之内請取相成候様之事
右之通相達候様与有之候条、筋々可被相達候、
尤御名印書載御承知可被成候、以上
伊東源蔵
庄嶋清五右衛門
重松基右衛門
右之通申来候条、可被得其意候、以上
卯九月廿四日　代官所
右之趣承知仕候、以上
脇津　御番所

伺通り
伺手覚
深堀理右衛門儀差競候内用有之日数御暇之儀、
別紙之通願出相成候、右者願通被仰付方ニ者有
御座間敷哉、遂吟味此段奉伺候
卯九月

同廿八日　戌　晴天
一　去ル廿六日晩来込之飛脚、今夕汐ゟ被差返候
ニ付、左之通

一　深堀理右衛門儀差競候内用有之日数十日之御暇并中小性中座番峯嘉二郎日数三十日、且又東御内御鎖口番御徒中尾卯兵衛大病相煩養生之末尚又得与養生相加度、左候而当秋ゟも打追爰許居付被仰付候ニ付仕廻方等仕度、旁ニ而日数廿日之御暇、将又同人病気ニ付為看病熊沢太義罷登居候処、右人々いつれも今廿八日夕汐より来込之飛脚船ゟ出船被罷下候ニ付、御在所へ之返答懸合等左之通

御状致拝見候、峯五太夫義病所有之、武雄入湯仕度、日数御暇願出ニ付、御頭人被仰達願通被差免置候間、右之亘リ程克御側申上候様之委細致承知相伺候処、願通被仰付旨ニ候、依之右願書伺書二も致御返達候、此段為御答如斯御座候、恐惶謹言

九月廿八日　渡辺五郎右衛門

峯弥次右衛門様

長渕萱右衛門様

峯為之允様

御追書致拝見候、田口亥助被含越候御調物、先便被差越置候白砂糖其外代銀売揚別紙被差越、御側相達置申候、外御注文フラ子ール之義、巣色竪形地合無之、紺花色白之無地ハ有之候由、扨又手本切之反物弐丈三尺五寸才吉所持罷在、尺ニ付代金三朱与銀(ママ銭カ)壱匁之由、右之品御用ハ無之哉之旨旁之趣致承知、御側申上候処、フラ子ール色違ハ一先御見合、右手本切之反物弐丈三尺五寸皆以御用被為在候間、御調入急便可被差越旨ニ候、此段為御答如斯御座候、以上

九月廿八日　五郎右衛門

弥次右衛門様

萱右衛門様

為之允様

御答書致拝見候、峯伝太夫・御徒多々良源内義去十八日ゟ帰宿御暇之末、同廿日其許参着之由

一　御出入盲人広都義最早及老衰ニ付、跡代弟子造酒都被仰付度願出之次第、御吟味之否、

追而被仰越候由

一　高嶋、半左衛門与申者、評定所御用之末、右名前之者居合不申段、永昌代官所へ達出候振合、原田伝作被仰達置候由

一　御組内赤司徳太夫伯父作右衛門宗門出入ニ付、請筈差越候処、其筋被相達其許ゟ之出筈別紙弐紙被差越、無別条相達候付、其筋相達置申候

一　分過夫料懸前急速相納候様大庄屋へ催促、於其許も同様催促ニ付、問合振其筋御慄（ママ諜カ）子合被含候様及御懸合候委細御承知之由、右一件、蔵人上着之上廻談半ニ候得共、只様事六ケ敷都合ニ而当惑之次第共ニ御座候

一　土井首村嘉吉・仙之助評定所御用之儀、本人共遠方罷登候通ニ而往来之入費者扨置、当時闇中漁業最中至極難渋之義ニ付何れとそ御取計之道者有御座間敷哉之旨、致歎願候間、少々酒肴料抔差出候者不罷登相済候様、猶又其筋遂内談候様、乍其上も是非本人共罷登候半而不相叶事候半ハ其段申越次第早速罷登候通可被御取計旨、委細之趣承知いたし樋口弥次兵衛其外相談、節角其取計仕置候へ共、当節迄何れとも相決兼候間、不日重而可及御左右存候

右廉々御再答為可申越如斯御座候、恐惶謹言

卯九月廿八日　渡辺五郎右衛門

峯弥次右衛門様

長渕萱右衛門様

峯為之允様

致追啓候、

綱姫様（蓮池ゟ御養娘）対州御縁組之末、御結納御答礼之御使者被為蒙

仰、去ル廿一日ゟ俄ニ彼地御越、無御滞御勤被為済、同廿三日被遊

御帰着候間、右之趣御頭人可被仰達候存候

一　勘定所呼出御用ニ付、樋口弥次兵衛を以承候処、弥次右衛門殿其外引合御用之旨ニ付、同人を以代引合相整候処、別紙之通去ル酉年

白帆方乞筈之内日数〆違、乞越一倍返上可相
整旨ニ候間、弥其通乞越相成居事ニ候半ハ納
銀前早々可被差越存候
一　御立入横尾文吾殿儀去ル十三日ゟ外邪煩候
末、病勢相進ミ其上下痢相副、別而急症ニ而
去ル十八日死去相成、苦々敷次第共ニ御座
候、就而者御仕組方調金御趣意通此末示談何
分行届可申哉、最前調金之三千金期限猶予を
も示談無覚束事ニ存候間、予〆御納金之御用
意被成置方ニハ有御座間敷哉、猶其許御含之
都合可被仰越置存候
右廉々為可申越如斯御座候、以上
九月廿八日　　五郎右衛門
弥次右衛門様
菅右衛門様
為之允様
一筆致啓達候、深堀理右衛門義出勤懸リ差付御
暇之儀、重畳恐入義ニ候へ共、無拠急成用向有
之儀ニ付、暫時立帰帰宿仕度日数御暇願出、扨

又台子番中小性峯嘉二郎仕廻方御暇日数三十
日、御鎖口番中尾卯兵衛右同廿日、銘々ゟ願出
相成、何れも今夕汐ゟ厘外津出船被罷下儀ニ
候、此段為附状如斯御座候、恐惶謹言
九月廿八日　　渡辺五郎右衛門
峰弥次右衛門様
長渕菅右衛門様
峰為之允様
追而、本人卯兵衛最前病気ニ付、為看病罷
登候一類熊沢太ニも今夕汐ゟ一同引払相成
義ニ御座候、以上
手覚
近年御出入被仰付置候鉄炮刀剣師吉蔵義、折角
致開業就中刀剣打立方執心ニ而取懸候へ共、地
行幽之身元ニ而地鉄買入等不行届、何分存通之
業前届兼候亘リ甚残念之次第ニ付、
御屋敷御用刀剣何程成共地鉄抔御買入を以御打
せ被下道者有御座間敷哉、勿論兼而御恩下之者
ニ付而ハ御奉公少々相心得、代金等格別引下、

壱本八両丈ニ而相納候通可仕間、何卒主願相達候通リ取計呉度段願出、最早御仕組前ニ者御用も無之訳ニ候へ共、折角御出入之者与申、第一直段合下直之事ニも候へ者何程欤者今又御打せ御囲被置候通ニ而ハ如何可有御座哉、尤剣之性合次第之儀ニ付、幸、御徒多々良源内注文之剣研上、白鞘入ニ《シテ》同人仕向候由ニ付、右を鑑定之ため差越見可申間、貴様御持下、右之趣致御談候通、峯弥次右衛門其外江委細御演達、於御在所猶吟味之否、申来候様可被相達候、以上

九月廿八日　渡辺五郎右衛門

深堀理右衛門殿

御状致拝見候、脇津御番所被相渡置候監物様御印鑑、来ル廿九日相納、左候而御家老中ゟ被差出候御印鑑同日受取候様、別紙之通被相達候段、代官所より触達ニ付、早速御番所御取調子之処、御組内手明鑓牟田口源吾へ当正月更代御番所受取之砌、別紙写之通リ御武具等請取分ニ右様御印鑑受取相成居不申段達出ニ付、源吾引払之砌在番方へ納方相成候義ニ者無之哉、為念同所御尋試候へ共無其儀候条、
此御方御請持以来御印鑑不被相渡儀ニ付、当節相達前相納候御印鑑無之段、年行司致談達候様、惣而右御印鑑源吾受取罷在候有無聞糺候様可取計旨御日限差懸リ候ニ付、態与夜通飛脚を以被仰越之由、彼是之委細致承知候、此段為御答如斯御座候、恐惶謹言

九月廿八日　渡辺五郎右衛門

峯弥次右衛門様

長渕萱右衛門様

峯為之允様

追而、長州船々頭切害一件、於其元又々差起居候付而者爰元何れ之都合候哉、聞得之次第も候半者早々御懸合および候様御端書之趣致承知候、右ハ爰元おゐても先達而原口重蔵殿ゟ一件気之毒之次第ニ付、何れとそ私勘弁之道者有之間敷哉、御■組内之義ニ付、役目を離レ内々相談候由沙汰有之候得共、最前ゟ縺

之次第御自分方之趣意相立候様、及答話候得共、格別相決候扱之所作も無之、聞次聞違之旨而已論判ニ付、相応之応対いたし置、其後羽室殿江都合尋試候処、何れ読消ニ者不相済、手数取〆者無之而彼役局手数不相詰由ニ而、役内江も未表向之栄へ出ニ者不相成候へ共、内話中之事ニ而何れ与も難取計、甚気之毒之次第ニ候、去迚表向対決之場ニも相移候通ニ而ハ何れニシテも迷惑之筋ニも可有之ニ付、内済仲入もいたし度候へ共、今所者詰リ合、彼役局も少シ困入候、潮合ニ不相成候而者手も難出抔少々呆顔ニ而問合方勧之口気共ニ而御座候、右之委細折角可及御懸合差含居候得共、去ル十九日ゟ伊東外記殿御用出崎ニ付、右之一条も内々含越ニ付而者、定而於其元取扱之沙汰可有之与重蔵殿ゟ之噂も有之、不解之御懸合仕候半者返而混雑も難計ニ付、差扣罷在たる儀ニ御座候、併当節之御都合ニ付、荒増申越候間、外記殿沙汰相成義候半者何れとも猶御高案御取合可相成義不能申越候、以上

致追啓候、今日御小物成所呼出ニ付、大塚慶太を以承候処、其元田町酒屋数右衛門義拝借銀有之、当九月廿七日限相納候期限之処、今日迄為何義なく納銀不相成候間、急速相納候通其筋相達候様演達之由御座候間、右之趣其筋可被仰達存候、此段為御懸合如斯御座候、以上

九月廿八日　五郎右衛門

弥次右衛門様

菅右衛門様

為之允様

一　今昼御当役様ゟ之御剪紙御到来、左ニ

貴様儀立願為成就於御当地所々被相越度、当冬来春ニ懸、日数四十日之御暇被相願候趣、達御耳候処、願之通被差免候旨被

仰付候、此段為可申達如斯御座候、以上

九月廿八日

御名様　　鍋嶋伊豆

一　右ニ付、御請札差出候事

一　先達而御在所ゟ懸合来候土井首村嘉吉・仙之助与申者共被盗品、品渡之手数を以被御引渡候ニ付本人とも罷登候半而不叶之処、当時闇中漁業最中之義ニ付、何分本人共難罷登ニ付、作リ人等ニ而相済間敷哉、警固共へ内談を遂ケ度一件、最前昨日山田又蔵を以警固共相談候処、尚申合、明日亘リ罷出沙汰可致様、警固伊東卯三申聞候由、然末、今昼後同人参リ候付酒食等差出、樋口弥次兵衛・又蔵両人参会候処、一件之義随分作リ一類を以相済可申、尤昨夜調子役石井平九郎殿へ胥身共ゟ右之振合を内話置候由、依之最前被逢（ママ盗脱カ）品別当相預リ居候段達出被成候様、於然者直様一類江被御引渡手数相済可申旨、彼是沙汰有之候之由

同廿九日　亥　晴天

一　今昼近国往来板札後渡之五拾枚、樋口弥次兵衛を以納方消印等相済、乞筈とも持帰相成候

一　同昼右往来札初渡之五拾枚、是又大塚慶太ニ而被相渡請取申候事

一　土井首村嘉吉・同村仙之助被盗品、別当預リ置候段達出之次第等左ニ、尤弥次兵衛を以評定所差出候処、石井平九郎殿面談、請取相成、左候而右之本人共病気ニ付一類之者共罷登居候由、右者最前相達置候通被逢（ママ盗脱カ）品大場之品々ニ付、品渡[redacted]之手筈願出候様相達置候末ニ付、別当義無相違相預居候半者被御引渡候ニ付、右一類之もの共罷出候様、演達有之候由

口達

深堀土井首村嘉吉・同村仙之助与申者共、去八月八日夜盗ニ逢候段銘々ゟ達出候次第ハ最前御達仕置候、然末右之品々別紙之通別当田中大助相預居候段達出候、依之右書附差出、此段御達仕候、以上

九月　　渡部（ママ）

石井又左衛門殿
石井平九郎殿

覚

一 網一通リ
一 櫓弐丁
〆 右者嘉吉分
一 小船壱艘
〆 右者仙之助分
右之通、土井首村嘉吉・仙之助、去八月八日夜盗ニ逢候品々慥ニ相預リ置申候、以上
卯九月 深堀別当
田中大助

一 右之通相達置候末、同朔日作リ一類手男市松壱人御仲間弥八為引連、嘉吉・仙之助両人之一類ニ《シテ》罷出候処、最前昨日別当ゟ預リ手形差出候書付を以、被盗品々別当ゟ受取候様被申渡候由

覚

一 網壱通リ
一 櫓弐丁
〆 右者嘉吉分
一 小船壱艘
〆 右者仙之助分
右之通、土井首村嘉吉・同村仙之助、去八月八日夜盗ニ逢候品々慥ニ相預リ置申候、以上
卯九月 深堀別当
田中大助（印）

校注（数字はページ数）

461下　**成松新兵衛**　佐賀藩士。物成二二〇石、内加米二〇石。士組代。

461下　**北原有右衛門**　佐賀藩士。実名方教。切米八〇石、内加米五石。

462下　**三江村々**　彼杵郡三重村。大村領と深堀領の相給。深堀領の枝村として樫山・長田（永田）・黒崎・平（多以良）・悉津（賤津）がある。いずれも現長崎市。

463上　**浦上村**　彼杵郡。大村藩と幕府領の相給。大村領は浦上家野村・浦上古場村・滑石村・浦上北村・浦上西村の五村、幕府領は浦上村山里と浦上村渕。山里にはカクレキリシタンの組織があった。

463上　**純民**　純、原文の文字は糸偏に盾。

463上　**曹洞菩提寺素龍和尚**　深堀鍋島家の氏寺曹洞宗金谷山菩提寺の二三世住職。愚海素龍。なお、この時期には既に為石の宝性寺に隠遁か（中尾正美『郷土史深堀』）。

463上　**白党**　キリシタンを黒党と呼ぶのに対しキリシタンでない者たち。

463下　**権宜**　その場に応じた処置。臨機のはからい。

463下　**諭達**　諭、原文の文字は言偏に愈。以下頻出する諭みな同じ。佐賀藩における書き癖。

463下　**浄福寺**　御崎村（現長崎市脇岬町）にある真宗寺院。

463下　**願正寺**　佐賀市にある浄土真宗寺院。鍋島勝茂は佐賀領内の浄土真宗寺院をすべて西本願寺派とするとともに願正寺を法頭職として領内の同宗寺院を支配させた。

463下　**西教寺**　御崎村（現長崎市脇岬町）にある真宗寺院。

463下　**大野原**　おおのばる。東彼杵町東部から佐賀県嬉野市に続く高原。大村藩領との境。

464上　**沖嶋**　沖之嶋村。深堀領。現長崎市伊王島町。

464下　**円成寺**　深堀にある寺。山号は亀登山。浄土真宗西本願寺派。梵鐘は長崎市指定文化財。境内に佐賀藩の長崎警備殉難者を弔う「万霊塔」がある。

465上　**何支欤**　なんしか。何にしろ。深堀方言。

465上　**相迦シ**　あいはずし。外す。

465上　**蚊焼村**　現長崎市蚊焼町。深堀領。

465上　**同十一日**　慶応三年八月一一日は西暦一八六七年九月八日。この日はキリスト教で安息日とされる日曜日。

465下　**天福寺**　長崎市樫山町にある曹洞宗寺院。

466上　もの社　者こそ。

467下　機関　たくらみ。企み。

468下　千布村　佐賀郡のうち。佐賀本藩領。

469上　西村半助　「嘉永七年寅四月下今宿町竈帳」に「横山平兵衛組　年行司下役・西村半助　三四歳」がみえる（三好不二雄三好嘉子編『佐嘉城下町竈帳』一一頁）。

469下　福聚院・秋光院　いずれも白石鍋島直章の子女。福聚院は備吉郎。早世。文政元年九月没。法名福聚院桂林秀芳。秋光院は駒。早世。文政元年九月没。法名秋光院幼露。（以上、鍋島報效会徴古館主任学芸員富田紘次氏のご教示による）。

469下　浄薩寺　佐賀市にある黄檗宗寺院。

470上　御上様御続　左馬助の妻筆（のち富喜）の実家は白石鍋島家。福聚院・秋光院は筆の早世した叔父・叔母にあたる。

470上　石井平九郎　佐賀藩士。物成六〇石。

471上　吉岡大助　佐賀藩士。切米三〇石。

472上　江ノ浦八丁分村　深堀領。現諫早市。江戸時代初期江ノ浦村から八丁分村を分村。鍋島家文庫「大小配分石高帳」には地米五八石余の八丁分村として見える。深堀鍋島家家老深堀猪之助の知行所。

472上　根居　ネズエと読むか。将来を見越して予め限度額を定めた許可証の意ではなかろうか。

475下　岩村右近　佐賀藩士。着座家。物成三〇〇石。

476上　庄嶋清五左衛門　佐賀藩士。治兵衛（扶持米二三石四斗）の嫡男。

476上　重松基右衛門　佐賀藩士。切米二五石。

476上　異宗門方一件　本件については対応する記事が伊東外記の日記に散見される。『幕末伊東次兵衛出張日記』（佐賀県近世史料第五編第一巻）参照。

479下　同十日　原文この日、日付のみにて記事なし。二二日条も同様。

483下　西持院　佐賀市久保田にある天台宗寺院。ここでは、その住持僧のこと。

485下　覚　この覚は四八七頁の追啓に「御側御用広口瓶其外別紙之通」とある別紙であろう。この場所にあるは不審。ただし乱丁ではない。

485下　フラ子ール　フランネル。flannei　紡毛織物。

488上　永昌　諫早永昌代官所。

492上　豆津　三根郡のうち。赤司寄合中の配分地。筑後川に臨む港津として栄え筑後国への渡し場ともなった。

492上　盲人広都　ひろのいち。「嘉永七年寅四月上芦町竈帳」に「孫六郎殿抱座頭　広都」56歳が見える（三好不二雄三好嘉子編『佐嘉城下町竈帳』一二一九頁）。なお一八日条（四九四頁）に造酒都の住居は高木町とあるが上記竈帳には見当たらない。

494下　宗対馬守　対馬藩主宗義達（のち重正）。弘化四年一一月生。文久二年一二月家督。直正養女綱姫と婚姻。一九日以降の記事参照。

495下　六角喜左衛門　佐賀藩士。御進物方。「文久元年御側役料帳」には御小性として名前がみえる。

496上　百田紙　和紙の一種。楮紙に土粉または石粉を混ぜたやや厚手の紙。福岡筑後川流域百田で生産。

496下　田代　肥前国基肄郡のうち。長崎街道の宿場。轟木まで一里。対馬藩領。対馬藩代官所があった。売薬で栄えた。

497上　境原　さかいばる。肥前国神埼郡のうち。長崎街道の宿場。神埼から一里半、佐賀まで一里半。

498下　〓指　未解読。この部分の写真。

499下　播磨守　対馬藩前藩主宗義和。一七代藩主対馬守義達の父。文久二年一二月隠居、家督を義達に譲る。

499下　寛寿院　義和の父義質（一四代藩主）の正室。越中富山藩主前田利謙の娘、喜久。

499下　慈芳院　義和の兄義章（一五代藩主）の正室。長門萩藩主毛利斉熙の娘、万寿。

499下　綱姫　直正養女。実父は蓮池藩主鍋島直与。嘉永三年九月一七日生。宗義達（重正）に嫁す。

501下　趨捨　取捨。取ることと捨てること。

503上　至念　志念に同じカ。祈念の意。

504上　千住大之助　佐賀藩士。実名義都。切米二〇石。

504上　欄干御茶屋　藩主の休憩所や幕府の使者らに対する迎賓館の役割を果たした施設。四代吉茂が新設し八代治茂が解体したが、一〇代直正が再興。現在の松原神社の鳥居から道路を隔てた東側あたりにあったとされる。

505下　縫殿　多久縫殿。佐賀藩士、実名安美。物成二〇〇石。大組頭。

505下　散使　村役。庄屋を補佐し帳簿整理などにあたった。

505下　執行主一　佐賀藩士。物成五〇石。

505下　左近　石井左近。大組頭。着座家。物成五〇〇石。既出。

505下　石井六郎兵衛　佐賀藩士。切米一五石。

506上　鍛冶町　深堀の小字。現三丁目。

507上　**轟木**　肥前国養父郡のうち。長崎街道の宿場。佐賀藩轟木番所があった。

508下　**廉々等左ニ**　五〇九頁下段の「御状致拝見候」に続く。前条一ツ書の「伺書」を綴じ込む都合上、離れたもの。乱丁ではない。

510上　**尤奉公久キ事ニ而**　半左衛門の条、「尤奉公久キ事ニ而」（五一〇頁上）から赤司作右衛門の条、「豆津罷在人改」（五一〇頁下）まで13行、底本（複製本）は脱落あり。原本により補う。

512下　**西岡春益**　佐賀藩医者。切米一四五石、うち加米五石。

512下　**〓人**　未解読。この部分の写真。

512下　**打栄**　うちはえ。打延。長期にわたって。久しく。

512下　**弘生館**　好生館。佐賀藩の医学校。天保五年医学館創設。安政五年好生館と改称。

512下　**相良孝庵**　弘庵（のち知安）。佐賀藩医。扶持米三六石。長崎の精得館（幕府医学校、長崎大学医学部の前身）でボードウィンに学び、日本の医学教育にドイツ医学を採用するのに貢献した。顕彰碑が東京大学病院構内にある。

512下　**蘭医**　マンスフェルトか。彼は精得館でボードウィンの後任として教授した。

513下　**炎床**　火床。ほど。鍛造用の炉。

513下　**虎口**　こぐち。城郭や陣営などの最も要所にある出入口。ここでは虎口前で武家としての役割を果たすことをいうか。

517上　**長州船船頭殺害一件**　本件については対応する記事が伊東外記の日記に散見される。『幕末伊東次兵衛出張日記』（佐賀県近世史料第五編第一巻）参照。

523上　**胥身**　胥吏に同義カ。胥吏は地位の低い役人、小役人。

日記　慶応三丁卯年十二月中

□□□□□（慶応三丁卯カ）年十二月中
□□□（茂精公カ）御代
□□

十二月朔日　辰　晴天
一　月次御祝儀被為
　請候事
一　請役所物書役清水良作ゟ左之通手紙到来ニ付、則書附相認、請役所差出候処、何れも退出後ニ付、明日差出被申候通江口小平太相談置候事
　御着□（京カ）之上御住居所之儀急々御伺可被成候、以上
　　極月朔日
　渡辺五郎右衛門様　清水良作
　　手覚
左馬助儀今度京都詰被仰付□□（被差カ）越候ニ付而者着京之上住居小屋之儀何れ之場所ニ而可有御座哉、此段奉伺候、以上
　卯十二月朔日
　　左馬助内
　　　渡辺五郎右衛門
一　峯弥次右衛門儀明朝ゟ被罷下候ニ付、含手覚左之通
　　手覚
今度
御上京ニ付御遣銀当時御取替被遊、正金五千両者御持登相成候半而相済間敷御都合之処、御路銀其外渡凡六百金計ならて無之由ニ付而ハ太総之御不足金案外之次第ニ候得共、此場ニ相成、被成方無之処ゟ御外へ三千両御側へ弐千両御取替之儀御願立相成候、右銀如何程可被差出哉、与ふて内廉御取替可被成義ニ被相考、依之右御取替銀総而御仕組方請銀ニシテ御持登相成候御遣銀之儀者左之通御銀配御納戸方へ上金渡方相成候通御蔵方御仕組方被相談、其御取計可被成候
一　正金千両余

右者旧元〆江口十兵衛儀納帳前御余銀
一　同
右者御家来大変御取替越銀返上高
一　同弐千両
右者旧御仕組方高浜助右衛門役内ゟ長州御
追討方御遣出相成候御宝蔵へ入金可相成備
金高
一　同
右者御仕組方ニ而前廉都合五千金ニ相嵩候
足金前
〆
以上
卯十二月朔日　　田代五八郎
峯弥次右衛門殿
手覚
今度　御上京ニ付、御土産其外御用物、左之通
相整仕登相成候様可被相談候
一　鱲子　　三拾五腹
一　鰹節　　五十連
一　刻多葉粉　　弐斗
一　塩辛
一　具路母粕漬　　小　弐桶
一　煮取　　小　壱壷
一　味噌　　三挺
一　醤油　　壱挺
一　味噌漬　　壱桶
一　酢漬　　壱桶
〆
以上
卯十二月朔日　渡辺五郎右衛門
峰弥次右衛門殿

同二日　巳　晴天
一　頃日差出置候御主従路銀其外乞筈之儀、御重
職様方ニ者的例無之ニ付請役所筋願出、其末於
御蔵方ニ御吟味被差出候通可相成間、則書付差
出候様、御蔵方手許中牟田源太夫ゟ申聞候付、

則書附相認メ江口小平太を以請役所差出候処、
端書相済、御蔵方差廻被置候、左之通

口達

左馬助儀今般京都詰被　仰付候付、爰元より彼地まて路銀補銀自余御見合被差出被下度奉願候条、筋々宜御相達可被下儀深重奉頼候、以上

左馬助内

十二月二日　渡辺五郎右衛門

羽室雷助殿

其外

右乞筈左之通、尤溝口竪紙認

正金五拾六両弐合五夕

右相渡候様御点合被差出可被下候、但左馬助儀京都　御屋敷詰被仰付被差越候付、不時路銀補銀上下弐拾五人前、本文之員数申乞儀ニ御座候、以上

左馬助内

卯十二月　渡辺五郎右衛門

園山滝馬殿

其外

一　深町太平太儀御用筋含登、今朝汐上着、手覚并懸合状、左之通

手覚

一　今般
御上京方ニ付、御上下御仕廻方御遣料として御蔵方旧役余銀其外之内、正金千五百両上銀之義、明後三日より仕登相成候事

一　御持登相成候御銀之儀者於佐嘉表何れ之筋ゟそ御調達相成度事

一　御仕組方其外之儀ニ付而者いつれ峯弥次右衛門被罷立候半而不叶義ニ付、
御上京御供御差繰相成置一件

一　御用鱲子・鰹節之義来月四日立飛脚より差登候事

一　異宗門信仰三ケ村之者共惣改心相成候一件之事

右廉々委細御案内之通、渡辺五郎右衛門江御演達可被成候、已上

十二月朔日　峯為之允
長渕萱右衛門
深町太平太殿

一筆致啓達候、今般
担那様御事御出京被為蒙
仰、追々被遊
御発駕筈ニ付、五郎右衛門殿ニも御供被仰付、右跡深堀蔵人江被仰付之旨、当節御頭人より達越相成候由、然処同人ゟ別紙之通御断書差出候付、其許差越候条、被遂御吟味、否早々可被仰越候、此段為可申越態与夜通飛脚を以如斯御座候、恐惶謹言
十二月二日　峯為之允
長渕萱右衛門
朋致（花押）
渡辺五郎右衛門様
峯弥次右衛門様
追而、賤津村・樫山村并沖之嶋村異宗門信仰之者共儀、段々取調子方相成候処、何れ之村も惣改心之場ニ相移候、依之於円成寺恒例之法会相済候後、去ル廿九日ゟ向日数五日右之者共為諭、脇津ゟ浄福寺・西教寺も相招法談有之、右日限之内いつれ之村方よりも不限男女参詣相成候様取計置候間、右之次第御頭人可被相達与存候、以上

御状致拝見候、今般
担那様御出京被為蒙
仰、追々被遊
御発駕筈ニ付、御供立之内山口弥平次、御小性并御祐筆方御広間番勤偖又中小性森頼助、手許目附被仰付候ニ付、右之趣我々ゟ人々相達候様御紙面承知之、相達候処、何れも御請相済申候、此段為貴答如斯御座候、恐惶謹言
十二月二日　峯為之允
真興（花押）
深堀蔵人
長渕萱右衛門

朋致（花押）

田　五八郎様

御状致拝見候、堤壮右衛門儀内用御暇、深堀助太夫・江口尉九儀仕廻方御暇之末、被罷下之由、去月晦日爰元下着相成申候、此段為御答如此御座候、恐惶謹言

十二月二日　峯為之允

真興（花押）

深堀蔵人

長渕菅右衛門

朋致（花押）

渡辺五郎右衛門様

一　御上京一准　御改名願被差出候、左之通

口達

私儀今度京都詰被仰付候付而ハ於彼地官名差支可申候付、滞京中一准致改名度奉願候条、御序之節、宜御披露頼入存候、尤替リ名左ニ致書載候

此内　〔孫六郎
　　　 七左衛門〕

以上

卯十二月　鍋嶋左馬助

鍋嶋上総殿

一　深町太平太儀今夜汐ゟ引払被罷下候事

同三日　午　晴天

一　請役所ゟ献米部割達帳を以被相達候事

附、十月ニ御蔵方ゟ達帳相成、同月之部ニ記置候故、此処略ス

一　大串春嶺義　御上京御供被仰付候処、親春円病気差重候旨ニ而御断書附出浮候付、御側相伺候処、願通被差免候事

伺手覚

今般御上京ニ付、御医師大串春嶺御供被仰付置候処、親春円病気差重候由ニ而別紙之通御暇奉願候、右者親子之情合難黙止無余義相聞

候付而者願通被差免、左候而右代重松玄雄江
被　仰付方ニ者有御座間敷哉、遂吟味候ニ
付、此段奉伺候、以上
一　横辺田代官所ゟ呼出ニ付、江口小平太を以承
候処、分過夫割合納銀之儀、今又催促有之候事
一　今度御上京ニ付、御側江之御取替願永石権作
を以、御進物方手許蒲原儀平へ差出置候、左ニ

口達

左馬助儀今般京都詰蒙
仰、難有仕合奉存候、依之差付仕廻方相整、御
差図次第追々出立可罷登候処、近拾年長崎口御
手配向ニ付而者地行家役之儀ニ而主従共心力之
限リ斯之通相勤来候末、長州御征伐両度之出陣
被
仰付、誠ニ武門之栄職ニ而、軍装戦具之用意不
少入費御座候上、他領永々宿陣ニ付而ハ就中御
国辱等相醸候而不相叶儀ニ付、何角ニ取繕も有
之、不厭財力出勢仕候処ゟ時勢柄与者乍申、分
外之失費相立、弥ケ上勝手向犇与差支、当今手
を束罷在候半与申、且ハ家役勤を差置、臨時之
御加役御請難申上至儀ニ御座候得共、乍恐御都
合も有之趣、分而御懇達御座候付、無余儀御
請、其為申上由ニ御(ママ無脱カ)座候得共、仕舞方肝要之
銀筋俄之儀ニ而調達体何分ニも行届不申、此場
行詰リ途方ニ暮候参懸御座候、就而者当時御用
繁之半、是等之義神以恐多奉存候得共、正金弐
千両御側向より御取替被差出被下候道ハ被相叶
間敷哉、伏而奉歎訴候、於然者御蔭夫々支度相
整、尖ニ出立、京都相詰可申与御鴻恩猶更難有
仕合奉存候間、前断之事情幾重ニも被聞召啓、
格別之御吟味を以何卒願通御聞済被下候様、
筋々宜被仰達可被下儀深重奉頼候、以上

左馬助内
卯十一(ママ)月　渡辺五郎右衛門
羽室雷助殿
其外

一　御上京ニ付、熨斗目　御紋服拝領并陶器拝領
払願書差出候、左之通

口達

左馬助儀今度京都詰被仰付候付而ハ於彼地勤向ニ依リ熨斗目着用之義も可有御座候処、先年拝領罷在候

御紋付最早相古ヒ何分難相用候、去迚自紋ニ而者不都合之儀も可有御座与奉存候付、近来是等之儀奉願候亘リ重畳恐多奉存候へ共、熨斗目

御紋服御内分拝領被仰付被下候義ハ被相叶間敷哉哉奉願候条、此節柄格別之訳を以何卒願之通被差免被下候様、筋々宜御相達可被下儀深重奉頼候、以上

左馬助内

卯十二月　渡辺五郎右衛門

増田忠八郎殿

六角喜左衛門殿

口達

左馬助儀今度京都詰被仰付候ニ付而ハ於彼地三御殿扨又御立入之向々・御出入銀主等ニ至迄手土産等差贈候半而相叶間敷奉存候付、御国産之品等手当仕義御座候へ共、格別之品無御座候ニ付、是等之義難奉願重畳恐多奉存候へ共、御囲之陶器之内何品欤拝領払被仰付被下度奉願候条、当節柄格別之訳を以何卒願之通被仰付被下候様、筋々宜御相達可被下儀深重奉頼候、以上

左馬助内

卯十二月　渡辺五郎右衛門

増田忠八郎殿

六角喜左衛門殿

一　受役所ゟ之御廻達孫四郎様御方ゟ差廻来候、左之通

別紙御側ゟ之書取差遣候条、御順達ニ而御覧被成候様可被御取計候、以上

十二月三日　羽室雷助

渕井弾助様　原口重蔵

高嶋猪七郎様　宮嶋寿平

追々被遊

御上京之旨被
仰出候
御親類・同格・御家老中へも可被相達
候、以上
御順達
河内様　大炊助様　若狭様
龍吉郎様　安芸様　備前様
与兵衛様　乾一郎様　伊豆様
鷹之助様　孫四郎様　左馬助様
大隅様　監物様　縫殿助様
〆
請役所ゟ之御廻達此方一覧相済候付、差廻申
候、以上
十二月三日
渡辺五郎右衛門様　佐藤源之允
一　右御廻達御順之通、大隅様御方江御仲間弥八
を以差廻置候事
一　古賀松一郎其外御暇帰宿ニ付、御側伺并附状
左之通リ

伺手覚
古賀松一郎・中小性峯嘉二郎・御徒多々良源
内儀差競候内用有之候旨ニ而銘々ゟ別紙之通
日数御暇願出相成候、右者願通被差免方ニ者
有御座間敷哉、遂吟味、此段奉伺候、以上
卯十二月三日
一筆致啓達候、古賀松一郎・中小性峯嘉二郎・
御徒多々良源内儀差競候内用有之、日数七日充
之御暇願出相成、明四日朝潮ゟ出船被罷下儀ニ
候、此段為附状如斯御座候、恐惶謹言
十二月四三日
渡辺五郎右衛門
峯弥次右衛門様
長渕菅右衛門様
深堀蔵人様
峯為之允様

同四日　未　晴天
一　泡玉様御法事ニ付、妙玉寺へ

御一家様御代香御寺勤受持大塚慶太被相勤候事
一　五八郎殿儀、今度　御上京方ニ付御用有之、被罷登居候処末、今昼汐ゟ引払相成候事

同五日　申　晴天

一　御蔵方御用ニ付、江口小平太を以承候処、今度御上京方ニ付御取替金三千両願高之内八百五十両被差出候段、達帳を以被相達候、左ニ
左馬助殿主従弐拾五人京都詰被仰付、追々出立可相成之処、近拾年長崎表御手配増ニ付而者心力之限相勤被来候末、長州御征伐両度之出陣ニ而外レ分之失費相立候半ニ付、仕廻方届兼候旨を以、正金三千両御取替被差出被下度、彼家来渡辺五郎右衛門より委曲願出之次第吟味之処、一体当時者御取替一切不被差出儀ニ候得共、前方ゟ各方京都詰被差越候類例無之、勤振等も不差分ニ付、去戊冬河内殿上京之節御取替金五百両被差出置、其後与兵衛殿にも同様被差出置候付、右ニ被相寄、当時諸色高価ニ付割増を以左之通被差出儀候条、此段筋々可被相達候
正金八百五拾両
以上
卯十二月四日　　御蔵方
右之趣承知仕候、以上
渡辺五郎右衛門

一　今夕御勝手方江上金飛脚到着、当冬宗門方納六杁米代銀役所附之人々江仕登来候由、右懸合状左ニ
一筆致啓上候、当冬相納候人別六杁米代銀、未御立直段不差分候得共、凡ニシテ別紙之通差越候条、到着之上ハ夫々相納候様、緒方弥七へ御申附可被下候、此段右之御懸合為可申越如斯御座候、恐惶謹言
熊常右衛門
十二月三日　義登（花押）
平七之丞

永石権作様
樋口弥次兵衛様
追而、各様并緒方弥七へ別紙之通補銀其外差登候条、夫々御配分可被下候、惣而六杓米代銀之儀、別紙之通米屋其外納を包之侭差登候間、自然嫌金其外有之儀も候ハヽ、右之上包を以、御懸合可被下候、以上

同六日　酉　晴天

一　石炭方御用ニ付、江口小平太を以承候処、御買揚石炭直増願、左ニ達帳之通被仰付候旨、被相達候事

高嶋・香焼石炭御買揚直段之儀、是迄之直段ニ而者引合兼候ニ付、直段揚被仰付度願出之末、御吟味之処、当今不景気ニ付願通ニ者御買揚難相成、則今ゟ左之通御買揚被仰付儀候条、可被得其意候

一　正銀拾八匁
右者高嶋白麻崎石炭百斤代
但元直段拾五匁、増銀三匁入テ

一　同拾五匁
右者高嶋・香焼鎔々石炭百斤代
但元直段拾三匁、増銀弐匁入テ

以上

卯十二月五日　　石炭仕与方

一　今昼汐月次飛脚船到着、御在所ゟ之懸合并深海在住源八儀

御上京一准御供被仰付、当飛船ゟ上着、同所在役ゟ之附状相達候、左之通り

一筆致啓達候、

御上京方御土産用鱲子当節別紙之通手当相成候様、其筋可相達旨致承知、鱲子之儀当年大払底之趣ニ付、塩囲有之候半者早々取仕立差出候様有之度、旁御懸合之趣承知之、則使番孫平差越、長崎市中及探促候得共、塩囲之品無之、仕立置之品も大之方計無之由ニ而些与不揃且色合悪敷候得共、三拾腹調入相成候、就而者当節可

差越候得共、鰹節研キ方間ニ合兼候付、右節相
納候上一同仕登可申、将又其内ニ者弥次右衛門
殿ニも御下可相成与見合置申候
一　川副寿一郎扱又江口央助儀二男十作儀当秋
ゟも打追稽古方被仰付候付、為仕廻方帰宿仕
度、日数十日充之御暇願出候末、被罷下候
由、御付状之趣致承知、去朔日爰許下着相成
候
右廉々御答取束如斯御座候、恐々謹言

多々良平太夫
義鳴（花押）

十二月三日　峯為之允
深堀蔵人
長渕萱右衛門
朋致（花押）

渡辺五郎右衛門様
峯弥次右衛門様

追而、酢漬金頭魚其許差越相成候様、脇津
詰長渕浅右衛門迄弥次右衛門殿ゟ欤御申残
被置候由ニ付、当節便ニ而初川忠之助迄平
ニ右衛門より壱桶ニして差越相成儀候、以
上

致追啓候、長渕猪右衛門其外ゟ忌引入書付別紙
之通出浮候付、書上相副差越候条、
御側可被御申上与存候、此段為御懸合如斯御座
候、以上

十二月三日　為之允
蔵人

五郎右衛門様

御状致拝見候、今般
担那様御事被遊御出京候就而者、御供立之内江
爰許在住源八儀一准使番被仰付旨、御紙面之趣
致承知候、急速出勤可仕候様申達置候処、今四
日立飛脚船ゟ差登儀ニ御座候、此段為付状如此
御座候、恐惶謹言

十二月四日　峯五太夫（印）

渡辺五郎右衛門様

同七日　戌　晴天

一　来込之月次飛脚今晩汐ゟ差立、御在所并深海在役峯五太夫江之懸合、左之通リ

一　永石権作儀差競候内用有之、明十八日ゟ向日数五日之御暇願出相成、今晩ゟ帰宿相成候事

一筆致啓達候、

担那様御出京ニ付、御外御取替金三千両願出之内八百五十両丈被差出旨、去ル五日御蔵方呼出ニ而別紙達帳之通被相達候、依之今又弐千金京大坂間ニおゐて御取替被差出度段、再訴可致廻談相整半ニ御座候、御側拝借金之儀者未御差図者無之候得共、御益付ならて不被差出旨、片岡利左衛門殿ゟ内沙汰有之儀ニ付而者御外同様向以出切等之願も相叶間敷都合ニ被相考候、就而者仮令御益付ニ《シテ》も拝借可致哉又ハ御外向今弐千金丈を是非願請ニ《シテ》御側向者見合可申哉、尚右之亘リ於其元得与御吟味之否、可被仰越候

一　石炭仕与方江先般願出置候塊炭直増之儀別紙達帳之通被仰付旨、昨六日同役所呼出ニ而被相達候付、右達帳写差越申候、五厘懸リ御断願借又問屋口銭御下渡願之儀、何れも願通難被仰付旨ニ而、右書付被差返候段者、弥次右衛門殿爰許御滞留中御承知之通ニ而、右者致再訴候通リ御談置も有之候付、其含ニ而書面取立見候得共、初発五厘懸リを被相納候御請之入割不案内ニ而、詮立候理所不能懸案ニ付、最前之願書当節差越候間、於其元得与御工夫、御高案之次第御取立、早々被差越度御座候、

右廉々為可申越如斯御座候、恐惶謹言

十二月七日　渡部（ママ）五郎右衛門

峯弥次右衛門様

長渕菅右衛門様

深堀蔵人様

峯為之允様

追而、御出京御発駕期限今以御差図無之、尤来ル廿日比ニ而も可有御座哉、何れ

年内ニ者　御出京無之而相叶間敷御都合之
由、
担那様御直ニ御承知之段
御沙汰御座候間、其御含可被成候、惣而御
供中路銀之儀、小屋之瀬
御出陣御見合を以、地道御定之上、弐割増
にして被相渡方ニ者有之間敷哉、御頭人御
滞佐嘉中相伺可置候処、其儀致物落候間、
於其元被仰達否被仰越度御座候、以上
御状致拝見候、
御上京方御土産用鱲子・鰹節御手当之儀、最前
及御懸合置候処、鱲子之儀払底ニ而不揃且色相
悪敷候得共、三拾腹御調入相成候由、鱲（ママ鰹カ）節之儀
磨方間ニ合兼候故、追々一同御仕登可被成旨、
致承知候
一　川副寿一郎・江口央助二男十作義、仕廻方
御暇之末、去ル朔日下着相成候由
一　かながしら酢漬壱桶弥次右衛門殿より長渕
浅右衛門へ御談被置候由ニ而当節平ニ右衛門
より初川忠之助迄仕向相成由、無別条相達申
候
一　長渕猪右衛門伯母死去ニ付、同人倅又長渕
浅右衛門ゟ忌引入達出候付、書上相副被差越
候旨致承知、御側申上候
右廉々取束御答為可申越如斯御座候、恐惶謹
言
十二月七日　渡辺五郎右衛門
峯弥次右衛門様
其外
御答書致拝見候、今般
担那様御出京ニ付、御供立之内使番其元在住源
八義一准御雇被仰付旨、最前及御懸合候処、其
段被仰達、当節飛船ゟ右之者罷登由、御付状之
趣致承知候、此段為御再答如斯御座候、恐惶謹
言
十二月七日　渡辺五郎右衛門
峯五太夫様

同八日　亥　晴天

同九日　子　晴天

一　御年寄衆ゟ御奉書御到来、御返札被差出候、
左之通り

御用之儀御座候条、明十日五ツ時
御登
城候様、此段可相達由
上意御座候、以上
　　十二月九日　　納富右膳
　　鍋嶋左馬助様　　原田小四郎
　　　　　　　　　井上丈左衛門

御用之儀御座候条、明十日五時登
城候様、
上意之趣御紙面承知之、奉畏候、此段為御請如
斯御座候、以上
　　十二月九日

納富右膳様
原田小四郎様　　鍋嶋左馬助
井上丈左衛門様

同十日　丑　晴天

一筆致啓達候、元中小性田代市蔵義、去ル七日
夜、厘外津武平宅ニおゐて怪我有之、同所波止
場御屋敷引取、養生半ニ御座候処、痛所稠敷、
不軽容体ニ付、一類初川忠之助其外ゟ其元荒木
丈之允其外江飛脚差立度願出ニ付、厘外船便福
田継ニシテ忠之助其外ゟ之別封差越義ニ候間、到
着次第其筋可被相達存候、此段為可申越如斯御
座候、恐惶謹言
　　十二月十日　　渡辺五郎右衛門
　峯弥次右衛門様
　長渕菅右衛門様
　深堀蔵人様
　峯為之允様

一筆致啓達候、永石権作儀差競候内用有之旨ニ而立帰、深海帰宿致度御暇願出ニ而去ル七日ゟ御屋敷引取、厘外町船下之末、同夜於武平宅潮間見合滞座中、馬渡大蔵・元中小性田代市蔵儀打送り離盃相催候、酒座何れ之都合ニ候哉、権作儀市蔵を及刃傷、絶命ニハ不及候得共、大分深手ニ而不軽容体之趣、大蔵偖又武平ゟ達出ニ付、早速樋口弥次兵衛・山田又蔵出張、同夜中波止場御屋敷引取、養生相加へ候通手配相成、今日迄も存命ニ候得共、何分養生行届可申哉無覚束容体之由ニ御座候、依之権作義者差付本庄一類宅江引取、相慎被罷在候様取計置、一件場所柄ニおゐて之事柄ニ付而者請役所筋江達出、表向之手数も可相整哉ニ候得共、未存命ニも有之、互ニ酒後一時之出来事ニ付、成丈ケ御名目等ニ不相拘通取計度申合、内々請役所筋示談相整半ニ御座候、何れ其筋之都合次第、委細者重而可及御左右、此段先以御含迄為可申越如斯御座候、恐惶謹言

十二月十日　渡辺五郎右衛門

峯弥次右衛門様

其外

一　昨九日御年寄衆ゟ御奉書御到来ニ付、今日御登　城之処、最前京都詰被仰付置候へ共、来正月中旬ゟ上様御上京被遊義ニ付、御供被仰付候旨、御直ニ被為蒙　仰候、就而者年始早々御発駕之御積之由、旁被　仰下候、委細御在所懸合越候、左之通り

一筆致啓上候、今十日御年寄衆ゟ之御奉書御到来ニ而御登　城之処、最前京都詰被仰付置候へ共、来正月中旬ゟ上様御上京被遊義候付、御供被仰付之旨、御直ニ被為蒙　仰候、依之御供与申者来正月御一同之出立ニ而可有御座哉、原田小四郎殿迄御尋被遊候処、矢張年明ケ御出立可然候得共、五六日者御先ニ御出立無之而不相済ニ付、年始

早々御出立之御積ニ而其御用意被成置候様沙汰相成候由、御退　城之上被仰下候、此段為御懸合如斯御座候、恐惶謹言

十二月十日　渡辺五郎右衛門

田　五八郎様

一筆致啓達候、
担那様先般京都詰被蒙仰候末、今日御年寄衆ゟ之御奉書御到来ニ而
御登　城之処、来正月中旬ゟ
上様御上京ニ付、御供被仰付候旨、為蒙　仰候段、御退　城之上被仰出候付、右之委細当節御頭人江申越義ニ御座候、此段為御懸合如斯御座候、恐惶謹言

十二月十日　渡辺五郎右衛門

峯弥次右衛門様

其外

致追啓候、先達而御手元方御注文相成候同様之硝子板拾枚、今又御用被為在義ニ付、其筋御手当急便御仕向有之候様被仰出候旨、御側ゟ被申達候間、其御取計可被成候、此段為御懸合如斯御坐候、以上

十二月十日　五郎右衛門

弥次右衛門様

其外

一　前断御上京御延引相成候付、御供中其外触達、左之通り
担那様御上京向正月早々ゟ御発駕被遊候通相決候間、其御心得可被成候、以上

十二月十日　役所

御側様

御勝手方様

御供中

一　諫早御屋敷ゟ左之通為御知候付返答差出、御側相伺、御待夜御野菜一折被差進、御当日御寺へ之御代香取計候、左之通り
以手紙致啓達候、来十一日ゟ十二日迄祥雲院百回忌相当ニ付、在所天祐寺・三ツ溝於大興寺法

事相営義ニ候、此段為御知如斯御座候、以上
十二月九日　中嶋九左衛門
渡辺五郎右衛門様　弥永三右衛門

御手紙致拝見候、来十一日ゟ十二日まて祥雲院様百回忌御相当ニ付、御在所天祐寺・三ツ溝大興寺ニおゐて御法事被相営候段、為御知御紙面之趣相達儀ニ御座候、此段為御答如斯御座候、以上
十二月九日　渡辺五郎右衛門
中嶋九左衛門様
弥永三右衛門様

此通リ
伺手覚
諫早御屋敷祥雲院様御法事、明十一日ゟ十二日迄御在所天祐寺・三ツ溝大興寺におゐて被相営候段、別紙之通為御知ニ付而者跡方比竟御待夜御野菜一折、御当日御代香白麻十帖被差出候通御仕成相成方ニ者有御座間敷哉、遂吟味此段奉伺候、以上
十二月十日

一　夕方御与扱武富平兵衛殿被罷出、伊東外記殿御手当之旨、御書附被相渡候付、御覧被成被成(ママ衍)候様可差上旨ニ而右御書付被差遣候付、左ニ写置候事
写
伊東外記
其方儀今度出崎中、上方筋流言之次第不容易義ニ付聞繕半、遊学被仰付置候大隈八太郎義前断為探索其筋可罷越哉之旨申立候次第尤ニ存候由ニ而、直様為致出船、右者御法も有之候処、一己之了簡を以、前断之次第、無調法之至リ候、依之被成御呵捨候
卯十二月十日
右之趣承知仕候、以上
伊東外記

一　永石権作御暇帰宿ニ付、跡差次江口小平太被仰付方ニ者有之間敷哉相伺候処、其通被仰付、同人相達、則出勤相成候事
以上

此通リ
伺手覚

永石権作義、差競候内用有之旨ニ而日数御暇之
儀願出、帰宿相成候処、御無人御用繁中ニ付而
ハ右差次江口小平太被　仰付方ニ者有御座間敷
哉、此段奉伺候、以上
十二月十日

同十一日　寅　晴天

一　御上京方御延引相成候付、御医師へ之懸合、
左之通
担那様御上京之儀、来正月早々
御発駕被遊候通被為蒙
仰候条、其御心得可被成候、此段為御懸合如斯
御座候、以上
十二月十一日
重松玄雄様　　渡辺五郎右衛門

口達
此方蔵方就要用正金三千両、御役内御声懸を
以、拝借罷在候付而者期限通リ当暮元利とも返
上可仕候処、近年勝手向差支候上、当秋私領田
方大損亡ニ而弥ケ上行詰、何分備銀届兼候付、
是等之儀難奉願重畳恐伏至極奉存候へ共、当暮
利金丈ケ相備、元金之儀者明六月御蔵究まて御
猶予被成下候儀者被相叶間敷哉、伏而奉歎訴
候、於然者御蔭右之期限ニ者聊無相違元利返納
仕候通目論見相付置可申与、御鴻恩尚更難有仕
合奉存候条、前件之事情幾重ニも被為　聞召
啓、何卒願通差免被下候様、筋々宜御相達可被
下儀深重奉頼候、以上
左馬助内
卯十二月　渡辺五郎右衛門
八戸彦兵衛殿

一　御上京方御延引ニ付、一准使番被仰付置候源
八義一先深海被差返置候付、在役方江之付状左
之通
一筆致啓達候、
担那様御事、昨十日

御登　城之処、来正月中旬ゟ
上様御上京被遊候ニ付、御供被仰付之旨、今又被為蒙　仰候、依之来正月早々可被遊　御発駕ニ付、御供之内先般及御懸合候一准使番被仰付罷登居候御仲間深泉源八義、今晩汐ゟ一先被差返置儀ニ候、尤　御発駕之比合ニ依リ□（重カ）而可申越候、此段為付状如斯御座候、恐惶謹言

十二月十一日　渡辺五郎右衛門

峯五太夫様

一　祥雲院様諫早御待夜ニ付、昨日伺置候通、御野菜一折被差送候処、御向方ゟも御茶講之御野菜御到来相成候事

一　夕七ツ過比御在所ゟ之飛脚到着、中来候廉々左之通、但上金陸飛脚ニ而才領付也

一筆致啓達候、例年之通、臘八之兎手当相成相納候付、弐疋差越候条、
上々様可被差上与存候、此段為可申越如斯御座候、恐惶謹言

十二月八日　峯為之允　真興（花押）

深堀蔵人

長渕菅右衛門　朋致（花押）

峯弥次右衛門

渡辺五郎右衛門様

致追啓達候、先達而申越置候御遣太刀之儀者御調入次第可被差越与存候事
御上京ニ付而御崎観（ママ音脱カ）寺ゟ担那様江御守并御菓子一箱差上候故、差越候条、可被差上与存候

一　御上京御供中江も御守致進上候由ニ付、包之侭差越候条御配分可被成存候、以上（ママ）

右為可申越如斯御座候、已上

十二月八日　為之允

蔵人

菅右衛門

弥次右衛門

五郎右衛門様

致追啓候、弥次右衛門江被相含置候江戸御登方
記録壱本并東御内御用小倉野一箱・白豆五舛、
当節差越相成申候、尤小倉野ニ者荒箱入与之侭
相整来、今又長崎整替候間合も無之、無拠其侭
ニ《シテ》差越相成儀ニ御座候条、自然御進物御用共
ニ候ハヽ、御重入与相成候歟、程能申上相成候様
被相談度御座候、以上

十二月八日　為之允
菅右衛門
弥次右衛門

五郎右衛門様

同十二日　卯　晴天

一　作右衛門殿儀今度御出京御供被仰付、為仕廻方帰宿相成居候処、弘道館御暇之儀、是迄一季中御定御暇日ニ而相済居候処、最早右日限相満候由ニ付、左之通御暇願差出候事

口達

家来樋口作右衛門儀、左馬助上京被仰付候付、
別段供申付儀ニ候、依之為仕廻方今十二日ゟ向
日数十五日之御暇奉願候条、此段支所無御座候
ハヽ、願通被差免被下候様筋々宜御相達可被下
儀、深重奉頼候、以上

左馬助内
十二月十二日　渡辺五郎右衛門

小代兵右衛門殿
米倉重兵衛殿
相良謙助殿

一　祥雲院様御法事ニ付、三ツ溝大興寺江之御代香、大塚慶太被仰付被罷越候

左馬助一家代香
白麻十帖　大塚慶太

一　西御内御小性馬渡大蔵義、差競候内用有之旨ニ而今十二日ゟ向日数五日之御暇願出相成候付、御内外相伺、願通被差免候付、跡差次之儀中原要右衛門被仰付、出勤相成候事

一　古賀松一郎其外、自朝潮上着相成候、付状左ニ
一筆致啓達候、左之人々仕廻方御暇下之末、明十日より爰元出立被罷登儀候
古賀松一郎
川副寿一郎
江口十作
中小性　峯嘉二郎
御徒　多々良源内
右付状為可申越如此御座候、恐惶謹言
峯為之允
十二月九日　長渕萱右衛門
朋致（花押）
峯弥次右衛門
渡辺五郎右衛門様
一　荒木□□□（文八郎カ）・相良茂三郎〻帰宿御暇、永石権作□□暇願継書付、銘々〻出浮ニ付、御側相伺願通被差免候事
伺手覚
一　荒木文八郎儀内用有之帰宿仕度、明十三日〻向日数十日之御暇別紙之通願出候、右者何れ之通可被仰付哉
一　相良茂三郎儀当秋〻文武稽古方被仰付候付、為仕廻方帰宿仕度、明十三日〻向日数廿日之御暇別紙之通願出候、且永石権作義日数御暇ニ而帰宿罷在候処、今日迄満日相成候付而者則出勤可仕候処、散々不快有之旨ニ而明十三日〻今又向日数十日之御暇別紙之通願出候、右者何れも願通被仰付方ニ者有御座間敷哉、遂吟味此段奉□□（伺候カ）、以上
十二月十二日
同十三日　辰　雨天
一　荒木文八郎・相良茂三郎義、日数御暇願出之末、昨朝潮古賀松一郎其外上着之船ニ而今日〻罷下筈之処、昼四ツ時比
担那様御退城、御上京方御都合有之、御急き相

成候様被為蒙　御達候段被　仰出候付、文八郎ニ者則下見合候通被仰付候、然処前断御急き之次第、山田又蔵義被相含越候通取計半、猶又御出立御急相成候様
御内外ゟ御達有之、御仕廻方何角御混雑ニ而又蔵義役内難差明、俄、文八郎義今晩□（汐カ）ゟ被相含越候通取計候、手覚并山本□□□（嘉平太カ）江之懸合、左之通

手覚

担那様御上京　御発駕期限相決候次第、山田又蔵含下相成候通、別紙手覚書にて相渡置候末、今又御都合有之、来ル十八日比ゟ　御出立相成候様、
御内外ゟ御達之旨ニ依リ御仕廻方御混雑ニ而又蔵義爰元難差明ニ付、俄ニ貴様被相含越候通取計候条、右之委細峯弥次右衛門其外御演達可被成候、以上

十二月十三日　　渡辺五郎右衛門

荒木文八郎殿

手覚

担那様御事最前京都御詰ニ被為蒙仰、
上□（様カ）御上京ニ付御供被仰付候段、去ル十日被為蒙　御達、右ニ付而者向年始早々　御発駕ニ而可有御座都合、厘外船便福田継を以早速申越置候、然処今日
御　登城中
上様最前者向正月中旬ゟ
御発駕之御治定候得共、肥後公来ル十八日ゟ御出立之旨申来候、夫ニ付　此御方ニも御急被遊候半而不相済御都合ニ移行、向年始三日四日比ゟ　御発駕可被遊御内定ニ候、右ニ付而者貴様ニ者来ル廿日比ゟ御出立無之而不相叶間、其御含被成候様御当役様より御内達ニ付、最前ハ其心得ニ而凡仕廻方相付置候へ共、年明出立与申御都合ニ付、供方等も一先在所差帰、諸般之手配年始出立之手□致替置候得者、又候廿日比出立与申義ハ迚□□□可申、併成丈差急廿四五之

比迄ニ者致□□通可取計、御答話被成置候間、其心得仕候様、御退　城之上被　仰出候、依之右之委細貴様被相含越義ニ候条、五八郎殿始峯弥次右衛門其外江御演達、御供方之人々弥次右衛門始早速出立有之候通可被相達候、以上

十二月十三日　　渡辺五郎右衛門

山田又蔵殿

一筆致啓達候、

担那様御出京方向年始之御発駕ニ而可有御座都合最前申越置候へ共、今又御都合有之、来ル廿日比ゟ　御出立被遊候通御差図相成候間、其御心得ニ而早速御出勤可被成候、此段御懸合如斯御座候、□□（恐惶カ）謹言

十二月十三日　　渡辺五郎右衛門

山本嘉平太様

□（追カ）而、本文之次第御雇使番源八江も貴様ゟ被相達、御連登可被成候、以上

一　御上京方ニ付、最前正金三千両御取替御願出之処、八百五拾両丈ケ被差出旨、達帳相成候付、今又弐千金京大坂ニ而被差出度、左之通願□差出候事

左馬助□（儀カ）今般京都詰蒙仰、追々御差図次第出立可罷登之処、近拾年長崎表御手配増ニ付而者家役之儀ニ而主従共心力之限リ相勤罷在候末、長州御征伐之儀両度共出陣被仰付、是又御先鋒家役武門之栄職ニ付、不厭財力出勢仕候処ゟ分外之失費相立、弥ケ上勝手向犇与差支、当今手を束罷在候半、何分仕廻方届兼候参懸ニ付、正金三千両御取替奉願候処、一体当時ハ御取替等一切不被差出儀ニ候得共、前方ゟ各様方京都詰被差越候類例無之、勤振等も不差分□□（ニ付カ）、去戊年河内様御上京之節御取替□□□（金五百カ）両被差出置、其後与兵衛様にも同様被差出置候ニ付、右ニ被相寄、当時諸色高価ニ付割増を以、正金八百五拾両丈ケ被差出旨蒙御達、難有仕合奉存候、就而者此上何角難奉願御座候得共、委細先

書奉願候通先年来御番方御手配増且両度之出勢ニ而家来以下々々迄困窮差迫居候末ニ付而者召連候通夫々手を付呉候半而不相叶、第一当節之儀前々平和之節江戸詰等之振合与相違、行列道具を始供方平服戎服両様之仕度ニ而彼是之入費案外之金高ニ相及、被差出被下候御合力御取替丈ニ而中々引足不申、甚苦配罷□□（在候カ）然処来正月中旬ゟ
上様御上京被遊候付、御供被仰付旨今又□□□□（蒙仰候付カ）而者於彼地
御□□□（所御供カ）并公辺之勤向を始、諸藩之御重□□□向合等も可有御座、然節ハ万般引受相勤候半而相叶間敷処、諸色沸騰之折柄何程之入費可有之哉、予メ目止も相附兼、御場所柄不束ニ而御外響ニ相懸候儀等出来候而不相叶、吃度用金相備可申之処、前顕之通、年来差支之末ニ而調達之道も相付不申、実以当惑之仕合御座候、依之重畳奉恐入候得共、於京大坂御取替金弐千両丈御備被下、入用之時々御渡被下候様伏而奉願候条、当節柄格別之訳を以何卒願通御聞済被下候様、筋々宜御相達可被下儀深重奉頼候、以上

左馬助内
卯十二月　　渡辺五郎右衛門
羽室雷助殿
其外

一　最前京都御詰之儀蒙　仰被為　居候処、
殿様御上京ニ付御供被仰（ママ付脱カ）旨、今又被為蒙　御達候付、左之通御進物方相伺候事

手覚

左馬助儀京都詰被仰付置候得共、
上様御上京ニ付御供被　仰付旨、今又蒙御達候付而ハ供方之儀最前伺通ニ而可然哉、扨又御発駕何日比ニ而左馬助出立如何可相心得哉、此段奉伺候、以上

左馬助内
十二月十三日　　渡辺五郎右衛門

一　原田大右衛門様随従被仰付置候元中小性田代

市蔵義致病死候段、一類樋口弥次兵衛其外ゟ達
出、妙玉寺へ仮葬之儀願出相成候付、同寺江之
懸合左之通り
大半切認
以手紙致啓上候、然ハ中小性田代庄蔵倅市蔵与
申人、於爰元病死ニ付、貴寺江□度旨、
一類ゟ願出相成候条、其御□成候、帰依
寺手数之義ハ追而□通可致候、此段為可
得貴意如斯御座候、以上
十二月十三日
妙玉寺様　渡辺五郎右衛門

一　今夕汐、堤壮右衛門・多々良平太夫其外上着
相成候、付状并平太夫含登候手覚、左之通り
□（一筆致啓達候カ）、堤壮右衛門・江口
尉九儀為仕廻方御暇下之末、明十二日より爰元
出立被罷登儀御座候、此段付状為可申越如此御
座候、恐惶謹言
十二月十一日　峯為之允
深堀蔵人
長渕菅右衛門
朋致（花押）
峯弥次右衛門
渡辺五郎右衛門様

覚
一　三江賤津村・黒崎村扨又沖ノ嶋村百姓異宗
門信仰之者共、段々理解申諭候処、当今ニ至
リ心得違罷在候儀存当リ、不残改心、今更後
悔仕候旨を以、仏体并書物等左ニ書載之通差
出候由、庄屋共ゟ達出申候
賤津村
一　仏体　壱ツ
一　書物　弐品
〆
黒崎村
一　仏体　弐ツ
一　書物　四品
〆

沖ノ嶋村
一　仏体　拾壱ツ
一　書物　五品
〆
右之通御座候、依之此向猶又心得違等不仕様、
一向宗円城（ママ）寺江参詣法談教化相整申候、自然仏
体其外相残所持之者有之候半者可差出旨手配中
ニ御座候、以上
　卯十二月
一　御上京ニ付、正金三千両御願出之処、八百五
拾両丈□□（可被差出カ）旨、先般達帳相
成居候末、今日銀蔵ゟ□□成候付、御勝手
方相達置候、尤御蔵方より銀蔵へ之根手紙写、
左之通り
　写
　渡辺五郎右衛門
正金八百五拾両
右之通、慶応三年御物成代之内より取替ニシテ可
被相渡候、但左馬助殿主従弐拾五人京都詰被仰
付、追々出立可相成之処、近拾年長崎表御手配
増ニ付而者心力之限相勤被来候末、長州御征伐
両度之出陣ニ而分外之失費相立候半ニ付、仕廻
方届兼候旨を以、正金三千両御取替被差出□□
及委曲願出之次第吟味之処、一体□□
（当時ハ御取カ）替一切不被差出儀候へ共、前方
□□（ゟ各様方京都詰カ）被差越候類例
無之、勤振等も□□（不差分候得共、去
戌カ）冬河内殿上京之節御取替□□（金
五百両被差カ）出置、其後与兵衛殿ニも同様□
□（被差カ）出置候付、右ニ被相寄、当時諸色
高価ニ付割増を以、如書載御取替被差出儀候、
以上
　慶応三年
　卯十二月十二日　深江助右衛門
　　坂部又右衛門
古賀卯蔵殿
中溝忠次郎殿

同十四日　巳　雨天

一　御懸硯方御用呼出ニ付、江口小平太を以承候処、□候御取替金弐千両之内□達帳を以被相達候、左之通り

御懸硯方達帳写

□（左馬助殿儀今般カ）京都詰被仰付、追々出立可相成□□（候処カ）、近拾年長崎表御手配向ニ付而者主従共心力之限相勤被来候処、長州御征伐両度之出陣ニ而軍装戦具之用意且他領永々宿陣ニ付而者　御国辱等相醸候而不相叶ニ付、不厭財力何角取繕、分外之失費共ニ而弥ケ上勝手向犇与差支、右之半、出立仕廻方ニ付而肝要之銀俄之儀ニ而調達体不行届、此場之行詰十方ニ暮候参懸ニ付、御手許ゟ正金弐千両御取替被差出被下度願出之次第無余儀相聞候、就而ハ去文久子年上総殿□（出京之節カ）御定御益付正金八百両壱ケ年□（御取替被差カ）出置候へ共、其砌とハ諸色直段□無之、当時者形之通之□無被差出候而者難渋□弐百両丈被相増、願出之半高□（正金千両御益カ）付、来辰十二月限返上ニして□（御取替カ）差出儀候条、可被得其意候

正金千両

右者月五朱御益付、来辰十二月限返上、引当之儀ハ証文相当之石数差出相成候様

以上

十二月十四日

右之趣承知仕候、以上

□**（同）十五日**　午　晴天

一　□初而　御目見之儀、与扱馬渡大蔵ゟ達出相成候付、御側相伺被為　請候事

被為請候　伺手覚

今日諸御礼被為請候哉、奉伺候

十二月十五日

初而　御目見并前髪取御礼

御扇子

御肴　田代平一郎

一　昨日達帳之末、御懸硯方差出候口達并正銀六拾八貫目受取拝借之手形、左之通り

口達

□□□□（左馬助儀カ）今般□□□（御上京カ）御供被仰付、追々出立可仕候処、近拾年長崎表御手配増ニ付而者主従共身力之限相勤罷在候末、長州御征伐両度之出陣ニ付而者、分外之失費相立、弥ケ上勝手向犇与差支、右之半、仕廻方何分届兼候故、正金弐千両丈御取替奉願候処、事情無余儀被為聞召啓候付、先年上総様御出京之節、御定御益付正金八百両壱ケ年御取替被差出置候例を以、当時諸色高価之折柄ニ依リ弐百両被相増、願出半高正金千両御益付来辰十二月限返上ニシテ御取替被差出旨蒙御達、難有仕合奉存候、就而ハ右引当証文相当之□（石数可差出カ）置候処、有様前文之通蔵元至極□御声懸調達其外之筋々壱ケ年□皆式差出、聊も余米無御座ニ付、□難奉願、重畳恐多奉存候へ共、□□（相続カ）米之内ゟ弐百五拾石、私領三根郡蓑原村・神埼郡駅ケ里村へ蔵備可仕置、別紙証文通ニ而御取替金御下渡被下度伏而奉願候条、当節柄格別之訳を以何卒願之通御聞済被下候様、筋々宜御相達可被下儀深重奉頼候、以上

左馬助内

卯十二月　渡辺五郎右衛門

片岡利左衛門殿

大江一次殿

覚

正銀六拾八貫目慥ニ受取拝借仕候、但左馬助上京ニ付仕廻方用、依于願、月ニ五朱御益付ニシテ御取納被仰付旨ニ付、来辰十二月限無疎返納可相整候、尤為引当私領蓑原村・駅ケ里村江相続

米之内白米弐百五拾石蔵納相整置候条、自然返
納遅滞之儀も御座候節ハ其筋御手当御御（ママ衍）取納可
被仰付候、右者格別之返上筋ニ付、聊跡之儀無
御座候、仍而証文如件
左馬助内
慶応三年　山田又蔵
卯十二月　初川忠之助
田代大九郎
渡辺五郎右衛門
片岡利左衛門殿
大江一次殿
一□決候ニ付、六角継飛脚□
（差立御在所申カ）越候、左之通り
一筆致啓達候、
担那様御上京御発駕御差急相成候段、荒木文八
郎被相含越候へ者遥御承知、弥次右衛門殿御始
御供方之人々定而早速立ニ而御登可相成義与存
候、然末
御発駕御日限成丈差延度
御内外江申達候得共、
上様ニも是非年内　御出船被遊候半而不相叶ニ
付、来廿日迄ニ者いつれ
御出船相成度段、訳而御懇達有之儀ニ付、無拠
廿日之　御発駕ニ相決、□手配相整義
候条、自然弥次右衛門殿□延引共
相成居候ハヽ、右之□通夜通ニ而も
御上着□越候、此段為可申越六角
継□如斯御座候、恐惶謹言
卯十二月十五日　渡辺五郎右衛門
峯弥次右衛門様
長渕菅右衛門様
深堀蔵人様
峯為之允様
追而、上様当節京都御守護被為蒙
仰候付、別段御供格別御人数増ニ相成五六
百人も被召連候由、右ニ付而者
此御方御朋勢之儀も少々なり共御連増無之
而可相済哉、節角御吟味半ニ候得とも今日

迄ハ不相決由、勿論被相増ニシテも差懸候□
□、迚も御出立一同御連越与候而者□□間
敷ニ付、跡立被差越候通ニ而可然□□
趣承知仕、左共ニ候ハヽ、案外之□□
之分明日ハ相決由ニ付、□□次第□
多々良平太夫儀早速被含下□□可取計申合
義ニ御座候、此段先以御含迄申越置候、以
上

一筆致啓達候、
担那様御上京御発駕御差急之次第、最前及御懸
合置候へ者猶御承知、最早御出船相成居候半と
存候、御日限之義来ル廿日ゟ之御発駕ニ相決候
付、自然御延引共ニ候ハヽ、早速御出船可相成義
不能申越候、此段為御懸合如斯御座候、恐惶謹
言

十二月十五日　渡辺五郎右衛門

山本嘉平太様

同十六日　未　雨雪

一　上様御上京別段御供之儀、御人数増ニ而五六
百人も被召連候趣ニ付而ハ御供方之儀打追之通
ニ而可然哉、受役所相伺候

手覚

左馬助儀今般
御上京御供被仰付候ニ付、供方人数最前相伺置
候得共、今度京都
御守衛被為蒙　仰候旨ニ付而者今又増人数等召
連候半而可然哉、此段奉伺候、已上

左馬助内

卯十二月　渡辺五郎右衛門

一　西久保平九郎儀御暇願出相成候付、御側相伺
□□□□（候処願通カ）被差免、今夕汐ゟ被罷
下候付、□□□□（附状左之カ）通り

伺手覚

西久保平九郎儀為仕廻方帰宿仕度、日数三十日
之御暇別紙之通願出候、右者願之通被差免方ニ
者有御座間敷哉、遂吟味此段奉伺候、以上

十二月十六日
一筆致啓達候、西久保平九郎儀仕廻方与して日数廿《〻》三十日之御暇願出相成、今夕汐ゟ厘外津出船被罷下儀ニ候、此段為付状如斯御座候、恐惶謹言

十二月十六日　　渡辺五郎右衛門

峯弥次右衛門様
長渕菅右衛門様
深堀蔵人様
峯為之允様

担那□□（様御カ）出京御発駕御日限来廿日与相決候段者昨夕刻ゟ六角継夜通飛脚を以申越置候へ者御承知候半と存候、同便御供方増人数被仰付候御都合、粗及御懸合置候末、色々御都合有之、御駕籠脇別段御供拾人丈被相増候通相決、爰許限詰合稽古人之内より左ニ書載之人々被仰付候通取計申候、委細ハ多々良平太夫儀不日引払之砌相談越義ニ御座候、此段為御懸合如斯御座候、以上

十二月十六日　　五郎右衛門

弥次右衛門様
其外

別段御供
樋口貞一
江口津右衛門
江副豹七郎
川副寿一郎
緒方収蔵
田中三郎助
大塚慶太
高浜伝之助
御雇　堤兵六
右同　江口十作

以上

致追啓候、当節増御供御人繰別啓之通、爰元役所見習稽古人等年齢之人柄総而之様御引揚ケ相成候ニ付而者御留主方反的御用支相成義候条、堤壮右衛門跡代御広間勤之儀、差付於其許誰そ

被仰付、早速出勤相成候様、自然相応之人柄も
無御座候ハヽ、其元学館部リ高浜貫一郎御□□□
而被仰付度御座候、見習之儀ハ大久保大助初秋
仰付相成居候へ者是又早速出勤相成候様、若其
儀不相叶都合も候ハヽ、□□（誰そカ）代人被仰度（ママ付脱カ）
御座候、此段為御懸合如斯御座候、以上

十二月十六日　　五郎右衛門

弥次右衛門様

其外

一　御発駕御日取廿一日ニ被相決候付、諸触出左
之通

担那様御事御上京被為蒙
仰、来ル廿一日昼九ツ時御立切ニ而被遊
御発駕儀候条、御屋敷御出
御門内御堪忍可被成候、以上

十二月十六日　　役所

詰中

塾詰中

御医師

担那様御事・・・・・・・・・・・・・・・・・
・・・・・・・・・・・・・、以上

十二月十六日　　渡辺五郎右衛門

立川悦之助様

堤甚吾様

松田匡蔵様

馬渡藤兵衛様

大庭庄太夫様

深町岩助様

深町兵蔵様

香月春陽様

平川儀哉様

重松豊安様

重松玄雄様

大串春嶺様

相良三郎兵衛様

中原要右衛門様

担那様御事・・・・・・・・・・・・・・・・
・・・・・・・・・・・・・、以上

十二月十六日　　　樋口弥次兵衛

宮崎芳兵衛様
牧口忠兵衛様
上原与吉様
山辺権蔵様
石丸熊吉様
馬渡伴一郎様
中西吉兵衛様
久米恒三様
枚町吉蔵様
江見龍右衛門様
牟田一右衛門様
高田新右衛門殿
綾部善蔵殿
石田吉兵衛殿
徳久儀一郎殿
古賀卯右衛門殿
江口松兵衛殿
百崎武兵衛殿

野口豊吉殿
市田兵右衛門殿
秋山政右衛門殿
北原重蔵殿
江頭喜兵衛殿
永松金次郎殿
永松伊兵衛殿
西久保官三殿
田中久兵衛殿
深町与三殿
原定一郎殿
宮田良右衛門殿
木下勘助殿
江副武兵衛殿
陣内太助殿
陣内武吉殿
西山久米蔵殿
野中喜代作殿

以手紙致啓達候、左馬助儀今般

御出京御供被仰(ママ付脱カ)候末、来廿一日ゟ致発駕儀ニ
候、此段為御知如斯御座候、以上
十二月十六日　渡辺五郎右衛門
渕井弾助様　片田江
古川作右衛門様　川久保
大隈新左衛門様　久保田
溝田新助様　松原
佐々木謹蔵様　武雄
中嶋弥七左衛門様　諫早
梶原九郎左衛門様　多久
古賀七太夫様　須古
吉岡仁右衛門様
草場甫介様　東御門
谷官郎左衛門様　神代
江村七郎右衛門様　西松原
光岡兵左衛門様　大田
高嶋猪七郎様　坊所
鍋　隼人様
石　左近様
原　大右衛門様
岡　杢佐様
坂　又右衛門様
御小性中様
各札
以手紙致啓上候、・・・・・・・・・・・・
・・・・・・・・・・、以上
十二月十六日　渡辺五郎右衛門
佐野又四郎様
綾部一郎左衛門様
藤山丈左衛門様
卯三郎殿事
石川七郎助様
石隈寿吉郎様
永田源之進様　御向与々扱
武富平兵衛様　御自与々扱
各札
以手紙致啓上候、左馬助様御事今般
御出京御供被蒙　仰候末、来ル廿一日ゟ被成御

発駕儀ニ御座候、此段為御知如斯御座候、以上
十二月十六日　渡辺五郎右衛門
深堀又太郎様
深堀弁次郎様
石井平学様
石井清八様
各札

一　当節御出京ニ付、大坂詰加賀権作殿并花屋仁兵衛へ之頼状、請役所飛脚便ニ而仕送候、左ニ
一筆致啓上候、弥増之寒気ニ御座候処、弥御健達可被成御勤奉敬賀候、然ハ左馬助義今般　御上京御供被　仰付、来廿一日ゟ爰許出立、筑州前黒崎ゟ船中罷登筈ニ候、就而者着坂之上万端御面倒可罷成間、宜御心副被成下度奉頼候、此段先以得貴意置候様申付如是御座候、恐惶謹言
十二月十六日　峯弥次右衛門
渡辺五郎右衛門
加賀権作様
追而、上着差付旅宿花屋仁兵衛方へ可被遂相談、同人江別封差越義ニ候得者乍憚貴所様ゟも尚又御申付可被下候、惣而供中別而不案内者計ニ御座候間、万事御心副被成下、御気付之次第等無御心置宜御差引被下候様、我々ゟも千万奉頼候、以上
未得御意候得共、一筆致啓上候、弥増寒気御座候処、弥無御障可被成御暮珍重存候、然者左馬助儀来ル廿一日より爰元出立、筑前黒崎ゟ船中ニ而致出京儀ニ候、就而者其許着船之上暫事時之旅宿貴宅へ致御相談度候間、供中食用等迄宜敷御心配致御頼候、此段為御相談如斯御座候、恐惶謹言
十二月十六日　峯弥次右衛門
渡辺五郎右衛門
花屋仁兵衛様
追而、其許着船懸上陸道御案内其外諸手当筋等迄万端宜致御頼候
供人数
一　用人ゟ徒通迄　三拾弐人

一　仲間ゟ又者迄　拾壱人
以上
口達
左馬助儀今般　御出京御供被仰付置候末、来廿
一日ゟ爰許致出京儀ニ御坐候、此段御達仕候、
以上
左馬助内
十二月十六日　渡辺五郎右衛門
羽室雷助殿
其外
一　手男市松暮過比上着、懸合来候廉々左之通
一筆致啓達候、元中小性田代市蔵逢刃傷候ニ付
而、一類荒木丈之允其外江樋口弥次兵衛其外ゟ
急々懸合越之儀有之、飛脚願出相成被差立候
処、右丈之允其外江之書状致物落候由ニ而、態
与手男を以被差越相達申候、右手男御用無之、
今朝ゟ出立差返儀ニ候、此段付状為可申越如斯
御座候、恐惶謹言
峯為之允（印）
十二月十四日　深堀蔵人
長渕萱右衛門
峯弥次右衛門
渡辺五郎右衛門様
御状致拝見候、
担那様御出京ニ付、御外御取替金三千両願出之
内八百五十両丈被指出旨、去ル五日御蔵方呼出
ニ而別紙達帳之通被相達候付、今又弐千金京大
坂間ニおゐて御取替被差出度段、御再訴御廻談
半之由、偖又御側拝借金之儀者未タ御差図ハ無
之候得共、御益付ならて不被差出旨、片岡利左
衛門殿ゟ内沙汰有之義ニ付而ハ御外同様向以出
切等之願茂相叶間敷都合ニ被相考候由、仮令御
益付ニシテも拝借可相成哉又者御外向今弐千金丈
是非願請ニシテ御側向者御見合可被成哉、尚右之
□□（亘リカ）於爰元遄与御吟味相成候通、委
細御申含之趣致承知候、右者御願方多々良平太
夫昨十二日ゟ含登相成居候得者御承知被成候半
与存候

一　石炭御仕与方江先般被御願出置候塊石直増之儀別紙達帳之通被仰付旨、去ル六日同役所呼出ニ而被相達候ニ付、右達帳写被差越、惣而五厘懸リ御断願偖又問屋口銭御下渡願之儀、いつれも難被仰付旨ニ而、右願書被差返候ニ付、御再訴書面御取立被懸候得共、初発五厘懸リを被相納候御請之入割御不案内ニ而、詮立候理所御取立被兼候由ニ而最前之願書当節被差越候間、於爰元遥与工夫取立、早々可差越儀致承知候

右□□□合旁為可申越如斯御座候、恐惶謹言

峯為之允

十二月十三日　深堀蔵人

長渕萱右衛門

峯弥次右衛門（印）

渡辺五郎右衛門様

追而、

御上京御発駕期限今以御差図無之、尤来ル廿日比ニ而も可有御座欤、何れ年内ニ者御出立無之而相叶間敷御都合之由、

担那様御直々御承知之段

御沙汰御座候間、致其含候様、惣而御供中路銀之儀、小屋之瀬　御出陣見合を以、地道御定之上、弐割増ニシテ被相渡方ニ者有之間敷哉、御頭人御滞留中御伺御物落ニ付、伺取可申越旨致承知候、相伺候処、矢張小屋之瀬

御出陣同様地道御定之上、弐割増ニシテ被相渡義ニ候条、御取計可被成候、以上

御状致拝見候、

担那様御事京都御詰被為蒙

仰候末、去ル十日御年寄衆ゟ之御奉書

御到来ニ付御登

城之処、来正月中旬

上様御上京ニ付、御供被為蒙

仰候段、被　仰出候付、右之趣頭人衆被仰越候趣致承知候

一　前断

御発駕年明ニ御差延相成候御都合ニ而ハ乍恐
殿様御事御鎧祝済十五六之比ゟ
御発駕之御積ニ者有御座間敷哉、於然ハ
担那様ニ者十日比ゟ之
御出駕ニ可有御座ニ付、弥次右衛門始爰元よ
り之御供立四日ゟ爰元出立可被罷登、凡内定
申合候条、同日出立之儀延引之御都合も候
ハ、可被仰越候
一　殿様御発駕之儀豊前中津迄御陸地ニ而蒸気
船ゟ被遊
御渡海候御都合可有御座哉、於然者
担那様ニも蒸気船被差出候御都合ニ者有御座
間敷哉、自然右御船三江津ゟ玄海御差廻、筑
前若松浦歟何れ之方ゟも御乗船相成候御都合
共ニ候ハ、於爰元相整候御土産物其外諸荷物
船底積込相成候分ハ脇津江差廻置、三江津ゟ
脇津乗廻之節積入被差廻候御示談之道ハ有之
間敷哉、勿論其元ゟ御陸地被差越候御荷物成
丈相減候御計、至極可然儀ニ付而ハ一刻も其
段御談試、都合被仰越度候、惣而御供登之儀
ニ付而ハ定而御供下をも被為蒙
仰候御都合ニ可有御座哉、
御滞京之長短ニより御仕廻方気与ニも可相拘
儀ニ付、右等之亘リ迄其筋御間繕可被仰越存
候
一　硝子板今又御用ニ付、調子可差越旨致承知
候
右御答旁為可申越如斯御座候、恐惶謹言
十二月十三日　　峯為之允
深堀蔵人
長渕菅右衛門
峯弥次右衛門（印）
渡辺五郎右衛門様
御状致拝見候、去十日御年寄衆ゟ之
御奉書御到来ニ付、御登
城之処、最前京都詰被
仰付置候得共、来正月中旬ゟ
上様被遊

御上京儀ニ付、御供被仰付之旨、
御直被為蒙
仰候、依之御供与申者来正月御一同之御出立ニ
可有御座哉、原田小四郎殿江
御尋之処、矢張年明御出立ニ而可然候得共、五
六日ハ　御先立無之而不相済付、年始早々
御出立之御積ニ而御用意被成置候様御沙汰相成
候由、御紙面之趣致承知候、此段為御答如斯御
座候、恐惶謹言

十二月十三日　田代五八郎（印）

渡辺五郎右衛門様

御状致拝見候、永石権作義差競候内用有之、帰
宿御暇願出ニ而去ル七日ゟ御屋敷引取、厘外津
船下之末、同夜於武平宅潮間見合滞座中、馬渡
大蔵・元中小性田代市蔵義相送離盃相催候、酒
席何れ之都合ニ候哉、権作義市蔵を及刃傷、大
分深手ニ而不軽容子之趣、大蔵偖又武平ゟ達出
ニ付、早速樋口弥次兵衛・山田又蔵出張、同夜
中波止場　御屋敷引取、養生相加へ候通手配相
成、今日迄も存命ニ候得共、何分養生行届可申
哉無覚束容体之由、左候而権作義ハ差付本庄一
類宅江引取、相慎罷在候様被御取計置、一件場
所柄ニおゐて之事柄ニ付而ハ請役所筋達出、表
向之手数も被相整哉ニ候得共、未存命ニも有
之、互ニ酒後一時之出来事ニ付、成丈ケ
御名目等ニ不相拘通被御取計度御申合、御内々
請役所筋御示談半ニ御座候由、何れ其筋之都合
次第、重而可被及御左右由、委細之趣致承知候

一　前断□（市カ）蔵義怪我養生半ニ御座候
処、痛所稠敷、不軽容体ニ付、一類初川忠之
助其外ゟ爰許荒木丈之允其外江飛脚差立度願
出ニ付、厘外津船便福田継ニ《シテ》忠之助其外ゟ
之別封被差越候由、致承知候
右廉々御答旁如斯御座候、恐惶謹言

峯為之丞
十二月十三日　深堀蔵人
長渕萱右衛門
峯弥次右衛門（印）

渡辺五郎右衛門様

一　今夜九ツ時比請役所ゟ之御廻達物、神代屋敷
ゟ為持来候、左之通り
別紙受役所ゟ之御廻達、此方一覧相済候付、差
廻申候、以上
十二月十六日
渡辺五郎右衛門様　佐藤源之允

別紙御側ゟ之書取差遣候条、御順達ニ而被成御
覧候様可被御取計候、以上
十二月十六日
古川作左衛門様　羽室雷助
高嶋猪七郎様　原口重蔵
宮嶋寿平

写

来辰正月ゟ三月迄京都三ケ月御詰
御警衛御上京被為蒙
仰候
□□（御親カ）類・同格・御家老中へも可被
相達候

□（御カ）順達
大炊助様　若狭様　龍吉郎様
安芸様　備前様　与兵衛様
乾一郎様　伊豆様　鷹之助様
孫四郎様　左馬助様　大隅様
監物様　縫殿助様

一　右御廻達御側差上、御覧相済候由ニ付、大
隅（ママ様脱カ）御方為持候手紙左ニ
別紙請役所ゟ之御廻達、此方一覧相済候付、差
廻申候、以上
十二月十六日
山崎内蔵進様　渡辺五郎右衛門

一　去ル十四日御取替金千両被差出旨御懸硯方ゟ
達帳之末、今又左之通願書差出候事

口達

左馬助儀今般
御上京御供蒙　仰、追々出立可罷登之処、近年
勝手向彝与差支、当今手を束罷在候半、仕廻方
届兼候参懸ニ付、正金弐千両御取替奉願候処、

去ル文久子年上総様御上京之節御取替金八百両被差出置候付、右ニ被相寄、当時諸色高価ニ付、弐百両被相増、正金千両被差出旨蒙御達、難有仕合奉存候、就而者此上何角難奉願御座候得共、委細先書奉願候通、先年来御番方御手配増且長州御征伐両度之出勢ニ而、家来以下々々迄混困窮差迫居候末ニ付而者、召連候通夫々手を付呉候半而不相叶、第一当節之儀前々平和之節江戸御供等之振合与相違、行列道具を始、供方一統平服戎服両様之仕度ニ而彼是之入費案外之金高ニ相及、御外向ゟ被差出被下候御合力侭又当節御取替丈ニ而者中々引足不申、甚苦配罷在候、然処於彼地者
御所御供并公辺之勤向を始、万般引受相勤候半而相叶間敷処、斯之通諸色沸騰之折柄何程之入費可有之哉、予メ目止も相付兼、御場所柄不束ニ而者御外響ニ相懸候儀等出来候而不相叶、吃度用金相備可申候処、前件之通、年来差支之末ニ而調達之道も相付不申、最早出立期限差迫リ実以当惑之仕合御座候、依之重畳奉恐入候得共、於京大坂御取替金今又千両丈御備被下、入用之時々御渡被下候様伏而奉願候条、当節□□（柄自カ）余ニ不相並格別之訳を以、何卒願之通御聞済被下候様、筋々宜御相達可被下儀深重奉頼候、以上

御名内

卯十二月　渡辺五郎右衛門

増田忠八郎殿

六角喜左衛門殿

同十七日　申　雨雪

一　御側御願出相成居候御取替金弐千両之内千両被差出旨、去十四日達帳相成候末、今日出方相成、江口小平太受取罷帰、御勝手方差遣被置候事

一　百武作右衛門殿儀頃日早打ニ而被罷下候末、追々上京相成筈ニ付、御招相成、廉々手覚を以

相頼置候、左之通、尤羽室雷助殿ニも御使被差
出被罷出候事
覚
主人
一　住居所壱ケ所
次屯迄有之度事
一　用人弐人屯
一　近習拾人屯
一　外□□（扈従カ）拾人屯
一　納戸弐人屯
一　徒八人屯
一　仲間以下拾壱人屯
一　膳方壱ケ所
右之通格々間繰成丈有之度事
十二月十七日
手覚
一　伏見ゟ下座見之事
一　同所ゟ牽馬之事
一　人足小頭之事
一　着京差付供中賄之事
右廉々先以御頼申上置候、委細者着坂之上尚
又先番を以御頼仕越義ニ付、宜御含置、諸般
御気付之次第無御心置御配慮可被下候、以上
十二月十七日　渡辺五郎右衛門
峯弥次右衛門
一　請役所□□馬願左之通
口達
一　継人足五拾人
一　本馬拾五疋
右之通、今般左馬助儀　御出京御供被仰付、
来ル廿一日ゟ致出立儀候ニ付、供立用其外人
馬書載之通、御高札前賃銭払境原付出ニシテ
駅々相備候様、筋々被仰達被下度、此段御達
仕候、以上
左馬助内
十二月十七日　渡辺五郎右衛門
羽室雷助殿
其外

一　御蔵方へ之現船願左之通
此末、来十九日付手紙を見るへし
口達
左馬助儀今度　御出京御供被仰付、来□□□□
□（ル廿一日ゟカ）致出立儀ニ付而者筑前黒崎
ゟ大坂□□（表渡カ）海乗船之儀、御定賃銀ニ
而者何分借入出来兼候趣承知仕、第一時分柄之
海上順着之程難計ニ付、現船ニ而被相渡被下
度、左候而当折柄ニ付、増供をも召連候様被仰
付、武器行列道具を始、主従荷物太捴之高ニ相
及候故、船数も御定ニ而者迚も運兼候付、乗
船・供船・馬船束而五艘丈被差出被下候様、旁
奉願候条、筋々宜御相達可被下儀深重奉頼候、
以上
御名内
十二月十七日　　渡辺五郎右衛門
藤瀬孫太郎殿
其外

同十八日　酉　晴天
一　別段御供拾人被相増候付、御進物方へ之達并
御入京之節御供伺、左之通
口達
左馬助儀今度　御出京御供被仰付、来ル廿一日
ゟ致出立儀ニ候、惣而供立之儀最前相伺置候
外、当折柄ニ付、今又小性拾人丈ケ相増儀ニ御
座候、此段御達仕候、以上
御名内
十二月十八日　　渡辺五郎右衛門
増田忠八郎殿
六角喜左衛門殿
手覚
左馬助儀今度　御出京御供被仰付、来ル廿一日
ゟ致出立儀ニ付而者
上様　□（御カ）着京之節、伏見ゟ歟御行列内
御供仕候半而可然哉、此段奉伺候、以上
御名内

十二月十八日　渡辺五郎右衛門

一　増御人数被召連候付、飯米其外御取替、御蔵
方へ之願左ニ

口達

左馬助儀今度　御出京御供被仰付、供立三拾五
人召連候通被仰付候得共、当折柄ニ付、自分ニ
八人丈召連儀ニ御座候、就而者是等之儀難奉願
御座候得共、右八人丈路銀駄賃其外扨又滞京中
飯料をも御取替被差出被下度奉願候条、何卒願
之通被差免被下候様、筋々宜御相達可被下儀深
重奉頼候、以上

御名内

十二月十八日　渡辺五郎右衛門

藤瀬孫太郎殿

其外

一　御在所□□（ゟ上カ）金陸飛脚到着、付状左
之通扨又峯弥次右衛門其外御供立之人々上着、
手覚其外左ニ

一筆致啓達候、御蔵方ゟ其元御勝手方江上銀ニ
付、飛脚之儀被申達、宰領付ニシテ差立申候、此
段為可申越如斯御座候、恐惶謹言

峯為之允

十二月十六日　真興（花押）

深堀蔵人

長渕菅右衛門

峯弥次右衛門

渡辺五郎右衛門様

手覚

今十七日佐嘉ゟ之飛脚到着候処、
上様当節京都
御守護為蒙
仰候ニ付、別段御供格別御人数増相成候ニ付而
者
此御方御朋勢之儀も少々成共御連増無之而可相
済哉、節角御吟味半之由、右ニ付、昨日相決、
御差図次第多々良平太夫被含下候通取計候段、
申越相成候得共、右者成丈ケ御断切之仰立相成
度次第、貴様被相含越義候条、右之次第峯弥次

右衛門江御演達可被成候、以上
十二月十七日　峯為之丞
長渕菅右衛門
向井喜助殿

一筆致啓達候、今十七日昼八ツ半時比、従佐嘉六角継飛脚を以、別紙写之通申越相成候ニ付、右飛脚押返差越候条、明後十九日迄ニ佐嘉御上着之御積ニ而御差急相成度与存候、就而者御上着日積之義者其許より渡辺五郎右衛門江者御懸合可被成存候、惣而自然風波強、諫早より之御出船難相成義も難計ニ付、多良越之節御自分雇人足賃其外為立聞金五拾両差越候条、御落手可被成候、此段為可申越大夜通シ飛脚を以如此御座候、恐惶謹言
十二月十七日　峯為之允
長渕菅右衛門
峯弥次右衛門様
追而、本文自然多良越之節者味噌其外儀者御見合セ相成候義不能申越候、以上

手覚

一御上京御留主中、渡辺五郎右衛門跡代長渕菅右衛門被差越置候通申上相成居候へ共、爰元別而御無人ニ而其儀不被相叶候間、其段申上相成、田代大九郎請持相成方ニ者有御座間敷哉之一件

一永石権作跡代之儀追而誰ソ可被仰付哉候得共、御上京御留主中、一先、江口央助被差越置方ニ者有御座間敷哉之一件

一異宗門惣改心之儀委細ハ央助含登相成候間、右之次第伊東殿江御談被置度一件

一異宗門方ニ付、沖之嶋其外村役共骨折候付、御気付等被為拝領候段申上相成居候様之一件

一伊東殿下男之儀、追々央助上便ゟ差登候間、向方相通居候様之一件

一　御旅中一准御側目附、深堀琢磨兼帯被仰付方ニ者有御座間敷哉之一件
一　西御内御小性馬渡大蔵跡、差次大塚八十右衛門江被仰付方ニ者有御座間敷哉之一件
右廉々御聞得之通、渡辺五郎右衛門被相談、夫々御取計可被成候、以上
　　十二月十六日　　峯為之允
　　　　　　　　　　深堀蔵人
　　　　　　　　　　長渕菅右衛門
　　峯弥次右衛門殿
　外ニ
一　御上京ニ付、幸天社江御自願文壱、御重職中ゟ同壱、御家来中ゟ同壱献上相成候を致御渡候、折・御熨斗之儀者於佐嘉相整度事

同十九日

一　黒崎ゟ之御渡海用現船五艘被差出被下度、最前請役所江願出候末、猶又　御上京方御納戸藤瀬孫太郎殿ゟも願出候様沙汰有之候付、去ル十七日願書孫太郎殿江差出置候処、御人数高ニ応し現船四艘丈ケ被差出旨、相達相成候、惣而黒崎御用達桜屋東四郎江之付手紙をも被相渡候ニ付、写置候、左ニ
附、本文付手紙之義手許目附森頼助・人馬方附御仲間田中良助明廿日ゟ差立為持越候、偖又人足五拾人・本馬拾疋境原ゟ付出之儀、先触状をも頼助被持越候也
　　　写
今般此方家老鍋嶋孫六郎殿上京ニ付、上下四拾四人其元ゟ大坂渡海相成候付、乗船四艘大小見計を以、手当相成候様、尤賃銀之儀者供立之内ゟ払方相成候付、其御心得可有之候、此段為可申越如斯御座候、以上
　　　　　　　　　　古賀鉄之助　判
　　十二月十九日　　成富杢右衛門
　　桜屋東四郎様
一　御主従三拾五人御出立御合力其外、請役所よ

り御蔵方江手数相成候末、同所ゟ御銀蔵江之懸
合手数相成候次第等左之通
附リ、此銀明廿日出方相成候事
主従三拾五人
乗馬壱疋　　左馬助殿

弐部半引
一　正銀弐拾壱〆六百匁
右者出立御合力

引なし
一　同弐拾壱貫六百目
右者諸色高価ニ付前条高之拾割増

弐部半引
一　同四貫三百弐拾匁
右者初旅ニ付弐割増

右之通、慶応三年御物成代之内より可被相渡
候、但今度　御上京御供被
仰付、御合力等之儀調子合吟味之処、去ル弘
化四年主水殿主従三拾人ニ而
御即位御使者として京都被差越候節、正定（ママ）銀
弐拾三貫目ゟ部引を以被差出置候付而者右見
合当節主従三拾五人ニ而従者壱人弐百目充被
相増、如書載差出義候、以上
慶応三年　　深江助右衛門
卯十二月十八日　　坂部又右衛門
古賀卯蔵殿
中溝忠次郎殿

一　前条御蔵方ゟ手数ニ左之通部引残正銀高御蔵
方江左之通認差出、銀蔵江一同入込相成候事
手覚
正銀四拾壱貫四拾目
右銀被相渡可被下候、但今度
左馬助儀
御上京御供被仰付候ニ付、出立御合力其外、
部引残リ本文之員数差出旨ニ付、如此御座
候、以上
左馬助内
卯十二月十九日　樋口弥次兵衛

一　人馬之儀一昨十七日請役所江願出候末、御蔵

方江差廻相成候由ニ而同所手数相済、抱夫江持
出、人馬帳付込被相渡候次第等左之通
卯十二月十七日御当役上総殿御聞届、御蔵方
　相達候様
　　卯十二月十九日御蔵方頭人聞届
　　　調子
一　人馬(ママ足カ)五拾人
一　馬拾壱疋
　右者戌年河内殿主従弐拾四人ニ而出京之
　節、被差出置候ニ付、壱人前人足弐(ママ合カ)人
　八杓、馬四合五杓余ニ当ル
一　人足五拾人
一　馬拾壱疋
　右者今度左馬助殿願馬、但主従三拾五人
　ニ割合候得者七拾弐人余ニ相揚候、馬拾
　五疋七合五杓ニ成ル
右之通、御蔵方手数を以抱夫江樋口弥次兵衛持
出候処、人足五拾人・本馬拾五疋人馬帳付込手
数相済、被相渡候事

一　御出京ニ付而者御主従路銀・小駄賃今日御上
京方御納戸方ゟ被相渡候、員数等左之通、尤江
口小平太請取御勝手方差遣候事
　御主従三拾五人前
　　正銀六貫百〇五匁六分弐厘
一　昨十八日夜、峰弥次右衛門其外御供之人々上
着、船三艘之内壱艘相残シ、跡弐艘并昨夕方上
金飛脚且才領とも今昼潮ゟ差返候事
一筆致啓達候、
担那様御事、愈来廿一日爰許
御発駕、同日神崎　御止宿ニ而、別紙御休泊附
之通、黒崎　御止宿之翌日同所御乗船、同日関
之戸御登海之
御積ニ而被遊
御登儀候条、御頭人可被相達存候、此段為可申
越如斯御座候、留ル
　　十二月十九日　峯弥次右衛門
　　　　　　　　渡部(ママ)五郎右衛門
深堀蔵人様

長渕菅右衛門様
峯為之丞様

一筆致啓達候、弥次右衛門被相含越候
御上京御留主中、渡辺五郎右衛門跡代長渕菅右
衛門殿被差越置候通最前申上相成居候得共、其
許御無人ニ付、五郎右衛門印形相残シ田代大九
郎請持陰勤相成候様之儀、相伺候処、伺通被仰
付旨ニ付同人相達儀御座候
一　永石権作跡代追而誰そ可被仰付哉候得共、
前断大九郎請持ニ付而者役所差支可申儀ニ
付、役内目附江口央助御留主中兼帯ニ而一准
役所被仰付候儀、是又前条同断、尤役所之儀
権作跡ハ遄江口小平太差次被仰付置候得共、
央助出勤相成候迚、御無人ニ而御用相弁兼候
付、堤壮右衛門代高浜貫一（ママ郎脱カ）御留主中一准被
差越置度、右ハ五郎右衛門ゟ最前及御懸合置
候通願候、早々爰許着揃部込相成候様被仰付
度、猶又申合儀御座候
一　異宗門惣改心之儀、追而央助被相含越候
旨、且右ニ付致太儀村役共御気付等拝領之儀
御側申上置候、伊東殿江ハ今晩弥次右衛門罷
出申演置義御座候
一　伊東下男追々被差越候段、前条同断
一　深堀琢磨御側目附兼帯之儀、相伺候処、伺
通被仰付旨ニ而相達儀御座候
一　西御内御小性馬渡大蔵跡、差次大塚八十右
衛門被仰付一件、永石権作内済相整候付、大
蔵義出勤候通遄取計置、於御内輪一条表向御
取揚不相成義ニ付、打追大蔵出勤被仰付方ニ
者有之間敷哉、於爰許示談候間、御内々右之
入割も申上置候、請役所筋ハ示談之末内済も
取計相成居候得ハ最早御内輪之場ニ而内済之
定不定相決候儀ニ付、猶御吟味相成度様委細
ハ追而多々良平太夫被含越通相談義御座候
一　向井喜助へ被相含越候別段御供被仰付候一
件、初発伝奏御達候由ニ而
上様明辰正月ゟ三月迄京都御守護被為蒙

仰候付、増御人数被召連候、依之
担那様ニも御同勢百人之御積ニ而増御人数被召連候様被相達候得共、遠在懸隔差懸候儀ニ而今度俄出立候間、地道副間ニ合兼候為体之半、俄之増人ハ今更何分難行届旨を以、御断申立候得共、御出立之御間ニ不合節ハ跡立出立相成候而も可然段、強而被相達、
担那様江も於殿中御懇談御坐候段、御退　城之上、被仰下、何分御断切与ハ難達出、御都合差迫候付、無拠爰許ニ而出来立候分最前申越置候通、拾人御連増相成候通、漸々ニシテ達啓候、多々良平太夫・田代大九郎相談取計為申儀ニ有之候、実ハ御跡ニ而出立之通ニシテハ於其許人柄御撰相成候半者今少々ハ御撰人も可有之哉候得共、然節ハ拾人位之増方ニ而不可済都合ニ相見候処ゟ前断之仕合御座候、[redacted]
右廉々御頭人被相達、其御取計被成度存候、
此段為可申越如斯御座候、留ル

十二月十九日　右両人

深堀蔵人様

其外

同廿日

一　今朝飯後御懸硯方ゟ呼出ニ而、樋口弥次兵衛差出候処、左之通達帳を以被相達候由

一　左馬助殿当節
御上京御供ニ付而時分柄出立難渋之訳を以、金弐千両御取替願出之末、御益付御取替被差出旨、御聞済相成候処、先訴願出相成候通、御番方御手配且長州御征伐両度之出勢ニ而家来以下々々迄困窮差迫居候末ニ付、召連候者共ニも夫々手を付呉候半而不相叶、第一当節之儀、　御所御勤　公辺勤向を始、万般引請候而之勤相成候半而相叶間敷、何程之入費可有之哉、目途も相付兼候得共、吃度要用金相備置候半而不叶之処、年来差支之末ニ付、調

達之道相絶、最早出立差懸リ当惑之参懸ニ付、今又金千両丈ケ於京都御取替被仰付度願出相成、上京ニ付而者一往御手添をも被仰付置、弥ケ上之儀ニ而難被御聞立候得共、委細願立之次第無拠ニ付、自然御外響ニも相懸リ候程之入用筋も有之候半者、於彼地願出相成候半者正金五百両丈迄者御取替被差出候義ニ候、返上振等者帰着之上被相決候通被仰付候条、可被得其意候、以上

卯十二月廿日

一 昨日御出立御合力御蔵方手数相済、御銀蔵江入込相成居候末、今日江口小平太を以、受取候、左ニ

一 正金六百両

一 正銀弐百四拾匁

右者御主従三拾五人前

一 当冬寒稽古済之上、左ニ書載之人々相伝申渡有之候段、文武方堤壮右衛門・深堀理右衛門より達出相成候、依之御在所申越之上相伺、自余見合御目録被為拝領筈ニ候得共、御上京御供之人々も有之、最早明日ゟ被遊御発駕候ニ付、於爰元左之通相伝銘々頂戴相成候通取計候事、尤追而御在所ニ者其段懸合之事

伺手覚

直心影流剣術当冬仕切稽古済之上、中嶋弥次兵衛殿ゟ相伝申渡シ有之候段、文武方ゟ別紙之通達相成候、右者自余見合尚又為御勧、目録相伝之人金弐百疋充、切紙同百疋充被為拝領方ニ者有御座間敷哉、遂吟味此段奉伺候、以上

卯十二月廿日

口達

直心影流剣術当冬寒稽古済之上、中嶋弥次兵衛殿より左ニ書載之人々相伝申渡有之候段、銘々ゟ達出相成候、此段致御達候、以上

目録

相浦平八郎
深堀禎太郎
末次秀太郎
緒方収蔵

以上

卯十二月廿日　文武方

切紙

深堀琢磨弟
小西才三郎
古賀松一郎弟
古賀八三郎
皆良田勝一

口達

江口央助二男十作、竹内體術馬渡千三郎殿江入門、当冬寒稽古相済之上、目録相伝申渡有之候段、達出相成候、此段致御達候、以上

卯十二月廿日　文武方

一　右何れも伺通被仰付候段、御側ゟ被申達候ニ付、御勝手方ゟ書出差入、銘々頂戴相成候事

一　御上京ニ付、御餞別御到来物之御向々、左之通

一　御肴　一折　鯛二尾　若狭様御使

一　御肴　一折　鯛二尾　河内様御使

一　御肴　二折　鯛壱　鴨三羽

右者十五日御首途御祝ニ付而、此向ハ御餞別・御歓也　鍋嶋隼人殿使

一　蝋燭　一居七斤　深堀又太郎殿　石井平学殿

一　御願文
一　御肴　一折　鯛二尾
一　御酒　一陶　定座入
一　蝋燭　一居　百挺　鷹之助様御使

一　籠之内　鯛一尾　鴨三羽　ミかん　小城御隠居　左兵衛佐様御使

一　御願文
一　御肴　一折　鯛一枚
　　　　　　　　赤貝二
　　　　　　　　たいらき十
一　御酒　一陶　三升
一　御袴地　壱反
大炊助様御一家様御使
木下助蔵
原口重蔵与々代
増田丈左衛門
諸岡作太夫与々代
副嶋甚左衛門
洪助之進与々代
西山利兵衛
高楊市兵衛与々代
川原栄左衛門

巻のし副
一　刻多葉粉　一包
原五郎左衛門殿
一　御肴　一折　鯛二尾
一　御願文
御与内手明鑓
田中雄八
同与中
清水良作
同与中

巻のし副
一　御多葉粉　一包
井原忠右衛門与々代
山田栄蔵
佐々木宇右衛門与々代

一　御願文
一　御肴　一折　赤目七喉
備前様御一家様御使

一　御願文
一　御肴　一折　鯛二尾
一　蝋燭　一居　百挺
上総様御一家様御使

巻のし
一　蝋燭　一居　七斤
縫殿助様御使

一　御願文
一　御肴　一折　鯛二尾
一　蝋燭　一居　百挺
若狭様御一家様御使

巻のし
一 御願文
一 蝋燭 一居 五斤
坂部又右衛門殿使

一 海陸御安全大麻
境原正一位社大宮司
山辺日向守

一 御願文
一 手柳 二 酒弐升充
一 御肴 二折 鯛一尾 たいらき九 海老九
伊東外記殿
其外御与侍中

一 御樽 一 酒弐升
一 御肴 一折 鯇一尾 たいらき九
相良五兵衛殿

一 稲荷社御守
江副大内蔵

一 御願文
一 御肴 一折 料銀

一 蝋燭 一居 百挺
伊豆様御使

一 御肴 一折 鯛壱尾 鴨弐羽
伊東外記殿

一 御願文
一 御肴 一折 鯛二尾
一 御酒 三升
一 蝋燭 一居 百挺
河内様御一家様御使

一 御肴 一折
一 蝋燭 一居 五斤
成富礼太郎殿

一 御願文
一 御肴 一折
一 蝋燭 一居 五斤
佐野又四郎殿

一 蝋燭 一居 三斤
納富春碩老

一 御肴 一鉢
一 阿丁丸
深堀弁次郎殿妹
於ふち殿

一　御肴　一折（ぼら二
　　　　　　　たいらき五
一　御菓子料一封　五百疋
　　　　　　　　　　大右衛門様御使
一　鳥　　一羽
一　平茸
　　　　　　　　　　相良丈之進殿
一　御肴　一折　鯛二尾
　　　　　　　　　　岡部杢佐殿
一　御肴　一折（鯛一尾
　　　　　　　たいらき十
　　　　　　　　　　左近様御使
巻のし
一　蝋燭　一居　五斤
　　　　　　　　　　孫四郎様御使
一　御肴　一折　赤目二
　　　　　　　　海老十
　　　　　　　　　　岡部七之助殿
右之外御上京として諸家様ゟ之御使、且御組内之人々其外被罷出候向々数多有之候得共略ス

同廿一日

一　御蔵方呼出シニ付江口小平太を以承候処、小筈払〆リ御立直段左之通被相達候事
一　当秋諸屋敷献米小筈払之儀、左之通被相極旨相〆リ候条、此段筋々可被相達候
一　白米三斗ニ付、代正銀百拾八匁
　　　　　　　　以上
　　　　　　卯十二月廿日
一　今廿一日ゟ
御上京被遊
御発駕候御祝御仕組、且又詰中御酒拝領等左之通
一　御菓子
一　御吸物　　ひれ鯛
一　御銚子
一　御重引　　柔へん
　　　　　　　山ノ芋
一　御台盃

一　御押　塩鰹
一　御銚子
沢山
一　御取肴　かまほこ　川たけ
あべ川
川茸
あわび
かんひよふ
其外七品
〆
一　御吸物　みそ魚
一　御鉢　魚
のり
青み
沢山
一　御三ツ物　砂糖漬
みかん
塩から
御料理
御鱠　魚
三嶋のり
青み
御汁　鏡大根
うけ

御平　魚
巻昆布
御飯
右者
担那様
御上様
若担那様
御母堂様
其御外
御主客四拾人様前
一　銚子
一　重　くじら
大こん
牛房
〆
一　鉢　鰤
右者御供中御徒迄并詰中袴着限、偖又御医
師、両
御内女中御仲居迄
〆　人数

一　右御祝開□

一　担那様御事、今昼八ツ時比益御機嫌能被遊
御発駕之御行列御供附并御休泊附等左之通
　附リ御出口御式台ゟ
　御上京御供附

一　御先番　御側ゟ壱人
　鑓持兼従者
　手男　徳右衛門
　両懸平夫壱人

一　御先立　黒崎迄　足軽壱人
　市田兵右衛門

一　御□□（具足カ）　平夫三人

一　御箱□　手男弐人

一　御鑓壱　御仲間　藤山清太夫
　黒崎迄　差次壱人

一　御徒　半点股引着　館宗一
　峰嘉二郎

一　御鉄砲四　半点股引着　小西三郎
　多々良鉄之助

　神埼迄　牧口常一

一　玉薬箱　末次秀太郎
　平夫壱人

一　御駕籠　陸尺六人

一　御扈従　田代文右衛門
　樋口作右衛門
　深堀琢磨
　深堀助太夫
　荒木文八郎
　山本嘉平太
　古賀松一郎
　江口尉九

　御広間　堤壮右衛門
　御祐筆兼　山口弥平次

一　別段御供　樋口貞一
　江口津右衛門
　緒方収蔵
　江副兵七
　川副寿一

田中三郎助
大塚慶太
高浜伝之助
堤兵力
江口十作
一 御草履　御仲間　松尾伝蔵
一 御長柄　黒崎迄　御仲間壱人
一 又小物者　手男兼御先番供兼
徳右衛門
一 御□□□（茶弁当カ）　平夫壱人
一 御乗替　平夫三人
一 御□□（牽馬カ）
黒崎迄　吉野十吉
次作
一 沓箱　平夫壱人
一 御提灯箱　弐　平夫弐人
一 合羽箱　三　平夫三人
一 竹馬　三　平夫三人
一 御両懸　壱　平夫壱人

一 御祐筆箪笥　平夫壱人
弐人舫
一 又小両懸　五荷　平夫五人
一 押　黒崎迄　北原重蔵
〆
一 御医師　重松玄雄
従者壱人
神埼迄　両懸ケ平夫壱人
一 御納戸并御台所兼　志波原八太夫
従者兼
御医師従者兼
使番　源八
一 人馬方附　御仲間　田中良助
一 手許目附　森頼助
一 御膳方　半点股引着　多々良源内
手男壱人
御膳箱　平夫壱人
一 御側頭御用人　渡辺五郎右衛門
小性壱人

鑓持平夫壱人
両懸平夫壱人
駕籠平夫三人
峰弥次右衛門
小性壱人
鑓持壱人
両懸ケ平夫壱人
かご平夫三人

一　御用人御目附兼

以上
〆人数
内
○印
通切四拾三人
卯十一月
御休泊附　十二月廿一日　御出立
休　泊　佐嘉
同廿二日
神埼　轟木　原田
同廿三日　同廿四日
冷水　飯塚　木屋ノ瀬

黒崎
以上
一　御発駕跡御家門御一類方様方、御跡御祝ヒ夜五ツ過時比迄御賑々敷御祝被遊候事
一　御発駕之節御門内御家来中白洲堪忍名披露相成候事
一　久保田御屋敷若狭様之御一統様ゟ御見立御使者壱人被差出、御門内ニ而名披露相成候事
一　上々様ゟ御見立御使者神埼迄立川作一郎仰付被差越候事
一　御家来惣代相浦平八郎右同断
一　御発駕ニ付、請役所其外江左之通御届相成候事
手覚
左馬助儀
御上京御供被仰付、今廿一日ゟ出立罷成義ニ御座候、此段御達仕候、以上
御名内
十二月廿一日　渡辺五郎右衛門

請役所　江者口達ニ而相達候事、附役三
人ニ当ル

御目附方
御進物方
学館
評定所
当無シ

同廿二日　晴天

一　昨日神埼迄御見立御使者被差越候相浦平八郎・立川作一郎今朝被罷帰、左之通相達候、依之御内差上、何れも御挨拶御使差出候

一筆致啓達候、
担那様御事、其許御発駕之末、益御機嫌能夕七ツ半過比神埼宿御到着被遊、明廿二日暁天御発駕之御積ニ御座候条、右之趣
上々様可被仰上候、偖又河内様御始諸家様より別紙之通御見立御使者被差出候条、御挨拶御使可被指出候、此段為御懸合如斯御座候、恐惶謹言

十二月廿一日　峯弥次右衛門
渡辺五郎右衛門
綽（花押）

田代大九郎様

覚

御門内　若狭様御一統様御使
慶長町構口　右同
右同　河内様御一統様右同
右同　大炊助様・於類様右同
右同　備前様　右同
右同　与兵衛様・乾一郎様右同
右同　伊豆様　右同
右同　鷹之助様　右同
右同　大隅様　右同
右同　縫殿助様　右同
高尾　上総様　右同
右同　鍋嶋隼人殿使

右之外御組内略之

以上

一　去ル十三日多々良平太夫儀御上京其外御用ニ付、登込相成居候之処、今昼汐ゟ引払相成候ニ付、左之通、御在所江懸合相成候事

一筆致啓達候、

担那様御事、今廿一日昼八ツ時益御機嫌能御発駕、別紙御休泊附之通被遊御旅行、恐悦御同意ニ奉存候、右ニ付而者来ル廿五日関之戸御渡之御日積ニ付、御祝被相整、御内外詰中江も袴着限重鉢ニ而御酒被為拝領候通取計義ニ候間、旁之趣、御頭人可被相達候、此段為可申越如此御座候、留ル

十二月廿一日　　田代大九郎

長渕菅右衛門様

深堀蔵人様

峰為之允様

追而、私儀渡辺五郎右衛門跡請持相勤候様被　仰付、乍不束御請申上候、以上

致追啓候、一昨廿日於御部屋御女子様御出生御座候、此段先以及御懸合義ニ御座候、以上

十二月廿二日　　田代大九郎

長渕菅右衛門様

其外

致追啓候、直心影流剣術且又體術当冬寒稽古済之上、相伝申渡シ有之候段、別紙之通文武方ゟ達出相成候、依之自余見合拝領銀等之儀其元申越之上取計相成筈之処、今般御上京御供之人々も有之候ニ付、於爰元相伺、人々頂戴相成候通取計為申義ニ御座候、以上

十二月廿一日　　田代大九郎

長渕菅右衛門様

深堀蔵人様

峰為之允様

手覚

一　向年始御奉行所江之御使者御留主中之儀ニ付而者夫ニ不相及義ニ者無之哉、御番方示談相成候様之事

一　篠原源右衛門へ塩雁御仕向其外御取合、御留主中御断相成方ニ者有之間敷哉之事
一　刀剣鍛冶吉蔵・研師清次御立入願之儀、深堀蔵人含下相成居候、右格別御支之筋も有之間敷、役々申合候ニ付、願之通御出入之儀年内中可申達事
一　御上京方御銀配之一件、委細御存之通ニ候事
一　峯弥次右衛門其外路用為立聞、金五拾両持登相成候処、入用無之ニ付、其侭御勝手方地道御遣料之内請込相成居候処、今般御上京ニ付、大御手元ゟ金五拾両差上相成候様申越相成居候迄物落ニ而無其儀ニ付、右金振替を以差上相成候条、早速返済相成候通御手元方可被相達候事
一　別紙御供附致御渡候事
右廉々御聞得之通、長渕萱右衛門其外へ可被相達候、以上
十二月廿二日　　田代大九郎
多々良平太夫様
手覚
永石権作刃傷一件、双方和熟を以、厘外武平宅并医師挨拶、死体取置等迄権作ゟ相弁、夫々内済相整、
上筋之都合も相知候模様之処、郡目附・下目附再度前之武平宅出浮、馬渡大蔵呼出シ内済之振合等且権作義於御内輪いつれ之通御取計相成候哉、于今本庄一類宅罷在候趣ニ付而者足軽ニ而も被相附置候哉之旨、相尋候ニ付、大蔵義者御屋敷詰之義ニ者候得共、其筋携ものニ無之、相心得不罷在候段、相答被置候由、被申達候故、権作義早速宿元引取相慎被罷在候通、一類呼出、渡辺五郎右衛門ゟ申達被置候、惣而清水良作義、一件最前ゟ心配之末ニ付、当今請役所ゟ之都合如何可有之哉、相尋候処、御目附方ゟ之聞合書請役所相廻居、一体者穏之文体ニ而、同輩中之義ニ者候得共、御蔵入之場所、殊ニ余症差起相果候与者乍申段々之末ニ付而者無何与難

相済旨、御目附方役内ゟ申達、前方之類例等調子中之処、近日請役所ニ而御吟味相成候者、最早内済相整身体をも夫々取片付候上之義、今更表立候通ニ而者死体をも発出見分手数彼是別而六ケ敷事ニ成立、不被相好事柄ニ付而者矢張内証之侭ニ而聞流相成方ニ者有之間敷哉、右之段、中野数馬殿被相含、大御目附江示談相成筈ニ相決居候得者、御目附方ゟも何欤申立相成間敷□与九分内済ニ可相決被相考候間、右談決之振合者為知可申由、良作ゟ申聞候、就而者前断御目附方ゟ大蔵江聞合候都合、於内輪ニ無御構被差置候事ともニ者無之哉与相探候様子ニ相見、勿論権作義其侭可差置事柄ニも無之ニ付而者御手当之次第、御発駕前伺取相成候通、御在所往覆復之日間も無之ニ付、五郎右衛門より右之入割被申上候処、御手当振者爰元之都合ニ依、取計候様被
仰出置候、偖又請役所之都合昨日者相分筈之処、良作ゟ何とも為知不申来候ニ付、今日私義
御城罷出、良作面談相尋候処、未御目附方江示談相成居不申候処、今日数馬殿御召御用ニ而御側被罷在候ニ付而者今日中相分候哉も難計旨申聞候、相分候半者可申越義ニ者候得共、幸、貴様義御引払ニ付、委細及御談候次第、御頭人被相達、予御吟味相成居候様、長渕菅右衛門其外御演達可被成候、以上

　十二月廿二日　田代大九郎

　多々良平太夫殿

同廿三日　晴天

一　文武寮鑑深堀理右衛門ゟ左之通達出相成候、依之餅三舛一重・御神酒壱升相備候様、御勝手方へ書出差入候事

　手覚

文武寮之儀、明年始聖前御備餅・御神酒等何れ之通可被仰付哉、此段致御達候、以上

　卯十二月　深堀理右衛門

一　大隅様御用人ゟ左之通申来候ニ付、返答差出候事

以手紙致啓達候、然者此方勝手向之儀自余不相双私領柄ニ而累年差支之上、先年両度之出勢且ハ村々去夏以来当秋作未曽有之大損毛、加之当春吉凶ニ付而臨時大物入、彼是打湊来、方今職分之御奉公も無覚束行迫ニ付、即今ゟ向五ケ年之間乍不都合式台向相畳、格外之減略相用、減人等申付候、依之歳暮年始暑寒其外御吉凶ニ付而之諸御取合、乍失礼堅及御断候、就而者自然御出或者御使者等之節拆不懸合ハ勿論、御挨拶等不行届義も可有之候間、旁之次第貴様方迄及御懸合置候様申付如此御座候、以上

十二月廿三日　山嶋（ママ崎カ）内蔵進

渡辺五郎右衛門様

御紙面致拝見候、然者其御方御勝手向之儀自余不相双御私領柄ニ而累年御差支之上、先年両度之御出勢且ハ村々去夏以来当秋作未曽有之大損毛、加之当春御吉凶ニ付而御臨時大御物入、彼是打湊来、方今御職分之御奉公も無覚束御行迫ニ付、即今ゟ向五ケ年之間乍不都合御式台向被相畳、御格外之御減略被相用、御減人等被御申付候、依之歳暮年始暑寒其外御吉凶ニ付而之諸御取合、堅被及御断、就而者自然罷出或使者等之節拆不懸合ハ勿論、御挨拶等不御行届義も可有之候間、旁之次第御紙面之趣申達儀ニ候、此段為御答如斯御座候、以上

十二月廿三日　渡辺五郎右衛門

山崎内蔵進様

一　十二月廿三日請役所達

尚以

大御前様江之伺御機嫌も御本丸ニ而被　仰上候様可被御申上候、以上

上々様江寒中伺御機嫌之儀、明廿四日可被相伺旨被相談候、此段可被相談候、以上

卯十二月　宮嶋寿平

原口重蔵

羽室雷助

其外
渡辺五郎右衛門様

同廿四日　昼比ゟ雨降ル

一　今度
御上京方ニ付、御願方其外面倒相成候向々、且又請役所助《ミ》物書役清水良作儀諸事懇ニ心配被致呉、且又御進物方助《ミ》物書役蒲原儀平ニも何欤心配有之候ニ付、左之通手紙付ニ《シテ》挨拶相成候事

甚寒之砌御座候処、弥御健勝可被成御勤奉敬賀候、然者今般上京ニ付而者諸事御(マヽ格脱カ)段之御配慮被成下重畳忝奉存候、随而近来乍是式、御樽料壱封・鰹節壱連進呈之仕候、聊右御挨拶之寸志迄ニ御座候間、御笑留可被下候、此段為可得貴意如斯ニ御座候、以上

十二月廿四日　渡辺五郎右衛門
田代大九郎

清水良作様

蒲原儀平様

乍是式御樽肴料壱封

一　金千疋　清水良作
一　鰹節壱連
一　金子弐百疋　蒲原儀平
一　唐木綿壱本ツヽ、　御蔵方付役今度御上京ニ付御供御納戸役
藤瀬孫太郎殿
一　鰹節壱連ツヽ、　御蔵方付役
八戸彦兵衛殿
一　ころふく　御懸硯方
一　鰹節壱連　片岡利左衛門殿
右者御使を以被差遣候
一　金弐百疋
右者御進物方御徒中
一　同三百疋
右者請役所台子坊主中
一　同百疋ツヽ、
右者御懸硯方手男中・御蔵方之内銀蔵手男中江

一　年行司役々例年相招参会相整来候処、今度
御上京方ニ付、諸事混雑共ニ而其儀不行届ニ
付、右為挨拶左之通被差送候

一　唐木綿弐着ツ、

年行司　田代判蔵
手元　川原弥右衛門
下役　西村半助
副嶋栄左衛門

此廉例年深堀大庄屋引付ニ付、部書出シを以
相整候

一　金百疋　手男中

一　今日献米方呼出シニ而献米方鵜野善兵衛ゟ被
相渡候書附写シ

覚

一　白米四拾弐石五斗三升

右米献米之内ゟ可被相渡候、但左馬助殿与切
米之内也

卯十二月　杁野武右衛門
太田儀八
小森清左衛門
八戸彦兵衛
藤瀬孫太郎

渡辺五郎右衛門殿

同廿五日

一　御進物方ゟ御用呼出ニ而京都表御都合有之ニ
付、担那様黒崎御滞座被成候様被相達、尤御書
取左之通

御用被為在候間、未御乗船相成居不申候半ハ於
黒崎表猶御差図相成候迄者御滞留可被成旨候事

手覚

今廿五日昼九ツ時比御進物方ゟ則御用ニ付、貴
様御出之処、京都表之依都合
担那様御事、重而御差図迄之処黒崎御滞留被成
候様被仰付候間、早速御家来ゟ早打を以申上候
様、増田忠八郎殿ゟ演達有之候ニ付、自分より
之早打他邦相越何分行届申間敷候間、御役筋ゟ

飛脚被差立度段被及御直答候得共、役筋ゟ与候而者無其儀候間、其心得ニ而早々手配相整候様被相達候由ニ付、私義早速同所罷出、忠八郎殿面談、御事柄之義ニ付、御書取ニ而も被相渡度申達候処、別紙書取被相渡候ニ付、貴様早打ニシテ被相越候通取計候間、委細御承知之通、渡辺五郎右衛門・峯弥次右衛門へ御演達可被成候、前断重而之御差図与申期限も相尋見候得共、京都ゟ之一左右次第之御事ニ付、予難被相決由ニ御座候、以上

十二月廿五日　田代大九郎

樋口弥次兵衛様

口達

左馬助儀今般

御上京御供被

仰付、去ル廿一日ゟ出立罷在候処、御用被為在候ニ付、猶御差図迄黒崎江滞留仕候様、右飛脚之儀も自分ゟ可差立旨、旁増田忠八郎殿ゟ被相達候ニ付、不取敢家来壱人早打ニシテ黒崎筋差越申候、此段御達仕候、以上

十二月廿五日　渡辺五郎右衛門

羽室雷助殿

其外

同廿六日

一　朝、越年飛脚并江口央助・高浜貫一郎上着之事

一筆致啓達候、如例年御嘉例物別紙之通差越申候、不相替右之次第幾久敷目出度存候、恐惶謹言

十二月廿三日　田代五八郎（印）

田代大九郎様

一筆致啓達候、例年之通御嘉例物差越相成候ニ付、宰領付ニシテ今日ゟ差立申候、不相替右之次第幾久敷目出度奉存候、此段為付状如斯御座候、恐惶謹言

十二月廿三日　峯為之允

真興（花押）
深堀蔵人
長渕菅右衛門

田代大九郎様

一筆致啓達候、江口央助・高浜貫一郎儀其元為
詰明廿四日ゟ爰許出立被罷登義ニ御座候、此段
付状為可申越如斯御座候、恐惶謹言
十二月廿三日　峯為之允
深堀蔵人
長渕菅右衛門
朋致（花押）

田代大九郎様

一筆致啓達候、渡辺五郎右衛門儀
御上京御供被仰付候付、跡代菅右衛門儀被差越
置候通、最前申上相成居候得共、爰元御無人ニ
付、貴様御請持被仰付候ニ付而者役所差支可申
ニ付、役内目附江口央助義御留主中兼帯ニ而一
准役所詰被
仰付、近々ゟ出立相成義ニ御座候、就而者書付
を以、老体与申病身ニ付、同人ゟ其許滞留中使
番壱人被相附被下度段願出相成候得共、使番之
儀無人共ニ付、於其許手男之内ゟ請持ニシテ被差
出旨被相達置候間、其御取計可被成候、惣而御
広間詰堤壮右衛門代之義高浜貫一郎被仰付、央
助一同出立相成儀ニ御座候

一　向年始御奉行御進達用御遣太刀之儀、御調
入次第被差越候様、先便及御懸合置候得共、
当便迄無其儀候条、右者急速御調入御仕向相
成候通御取計可被成与存候

一　長崎大木藤十郎ゟ寒中為
御伺、別紙之通到来ニ付、右箱物壱差越候条、
御内可被差上与存候

一　担那様御上京昨廿一日
御発駕ニ付、
上々様ニ右之御祝儀申上書上壱差越候条、
夫々可被差上存候

右廉々為可申越如斯御座候、恐惶謹言
峰為之允

十二月廿二日　真興（花押）
深堀蔵人
長渕菅右衛門
朋致（花押）
田代大九郎様
致追啓候、当節塩鮟鱇三拾盃差越候条、左ニ書
載之通可被差上候
一　塩鮟鱇拾盃
右者西御内より
三ノ御丸御献上用、五八郎殿出佐嘉中被仰
付置候ニ付差越
一　同弐拾盃
右者両御内江
御上京　御留主為伺
御機嫌妥許御家来中ゟ献上
右為可申越如此御座候、以上
十二月廿二日　為之允
蔵人
菅右衛門
大九郎様
猶以塩鰯壱苞充進上仕候、是又宜預御披露
候、以上
折紙ニシテ
一筆致啓達候、
上々様益御機嫌能被遊御座奉恐悦候、歳暮御祝
儀為可申上如斯御座候、御序之節宜預御披露
候、恐惶謹言
十二月廿三日　樋口作右衛門
田代五八郎　判
深堀猪之助　判
田代大九郎様
一　江口央助其外乗船帰ゟ左之通御在所懸合候事
一筆致啓達候、一昨廿五日四ツ時比御進物方よ
り則御用ニ付、江口小平太を以承候処、増田忠
八郎殿ゟ担那様御道操之儀被相尋候ニ付、御休
泊之次第被申達置候、然ル末同九ツ時比同所ゟ
今又則御用ニ付、樋口弥次兵衛を以承候処、京

都表依都合御用被為在候間、早速黒崎へ御滞留相成候様被仰付候間、早速飛脚差立可申上越旨被相達候ニ付、他邦越之儀何分自分ニ而早飛脚行届申間敷候間、御役筋ゟ被差立被下度旨、弥次兵衛ゟ再往被申達候得共、何分其儀不相叶候間いつれ御家来を以申上越候様演達之由ニ付、私儀御進物方罷出、忠八郎殿面談、事柄之儀ニ付而者御演達之侭飛脚与而茂難差立、殊ニ御用之御事ニ候得者御役筋ゟ御申越可相成義当然欤与存候得共、右様之筋御向合仕候通ニ而者時刻も押移、折角御差図之詮も無之通相成候ニ付而者、家来早打を以可申越候間、御書取被相渡度段相達候処、別紙被相渡候、依之駅々駕籠人足之儀請役所相達、抱夫方手数を取、委細弥次兵衛江相含、同八ツ半頃発足、昨廿六日昼前ニ者黒崎着之積ニ御座候、惣而清水良作ゟ承候ニ者、京都都合と申者、去ル九日薩藩数千戎服ニ而出勢、

禁裡九門外被取巻、大炮玉込候而相堅、守護職会津侯・武家伝奏・諸司代等不用之様ニ相成、左候而

将軍家重御手当被仰渡候条、参内可有之旨御所ゟ被仰渡候、若参内於無之者違勅之罪を鳴し御征伐可有之与之儀、然半、土州御隠居遥道容堂侯御参内、段々御議論之上、関八州丈打追被下置、其余諸国御料可被召上旨、台体者御料全被召揚候通仰渡筈之処、御同人右之御裁断ニ相決候由、偖又西ノ宮江相扣居候長州勢千余人漸々入京、薩藩一体ニ相成居、就而者将軍家ゟ此場薩を御伐被成筈ニ候得共、御場所柄を謹慎有之、御味方一同ニ一先大坂御入城相成、会津侯ニ者就中必死之覚悟ニ而、老若之士国許江差返リ壮士而已相撰取置候内、不少脱藩之もの有之候ニ付、其旨御届出相成居候、内々荒増旁之都合ニ付而者天下争端之折柄、

御着坂被遊候而如何之至儀ニ可相移哉、御一手御少人数之御旅中、不容易御事ニ奉察候ニ付、

御上様申上、御進物方ゟ之御書附面者黒崎御乗

船無之候半ハ与有之候得共、弥次兵衛儀も御跡
打相成候迚、空敷被罷帰候通ニ而者難相含ニ
付、船中増舸子ニ而御跡を慕ひ御追付不叶節者
大坂川口江乗越、御待請、いつれ御引帰被遊方
ニ者有之間敷哉、渡辺五郎右衛門其外江被相達
候通相談置為申儀ニ御座候、右之振合ニ付、
殿様御発駕も御見合之様ニ相聞候得共、肥後侯
御国元御発駕之末、一昨廿五日差俄ノ関御着之
趣ニ付而者如何御運可相成哉、格別之御家柄ニ
付而者大坂江御出被成ニ而者有之間敷哉、然節
者
殿様ニ者御延引被遊候共、別段御供御撰兵之内
弐三百人も此御方江御附属、御出坂被仰付間敷
ものニも無之哉之様風説有之、加之長崎表江薩
長之軍船押寄、御奉行所江取懸リ可申儀必定ニ
付、近日御目附衆早打ニ而
御城下被罷通候由、旁ニ付而者御在所表外患之
御用意も有之候半而叶間敷哉与奉存候、弥次兵
衛黒崎着之都合相分候半ハ重而可及御懸合候
間、先以■■■不取敢申越義ニ候条、御頭人江
■可被相達存候、恐惶謹言
　　十二月廿六日　田代大九郎
　　　長渕菅右衛門様
　　　　其外
致追啓候、昨廿五日河内様御家来罷出、江口小
平太面談之処、スヘンセール銃弐拾丁彼御方御
取入相成度候処、右員数注文相成兼候由、御臨
時方ゟ被相達、然処此御方様ニも弐拾挺丈御取
入可被成趣ニ付、被御取束、都合四拾挺之高御
注文相成度、御直約ニ而西洋御注文之末、近来
持渡、代銀之義於長崎御臨時方ゟ為替払相成、
追々甲子丸御船ゟ爰元積廻相成候趣ニ御座候、
就而者右之御都合御跡仰付置相成居候哉、相尋
候ニ付、いつれも相心得不罷在段相答候処、於
然者
担那様京都御便之砌、右之御都合被　仰上越被
下度旨、申達引取候由ニ御座候間、何れ之通相
運可然哉、右筒壱丁三拾壱弐両ニも可有之哉被

相考候間、御所置之次第急々可被仰越存候、此
段為御懸合如斯ニ御座候、以上
十二月廿六日　田代大九郎
長渕菅右衛門様
其外

口達

当折柄ニ付、屋敷詰之家来共砲術的前稽古為仕
度御座候条、可然場所被差出被下度、此段御達
仕候、以上
御名内
十二月廿六日　渡辺五郎右衛門
相良宗左衛門殿
其外

一　黒崎迄御供立之御徒其外、今晩帰着、相達候
付状、左之通

一　御供之内御徒其外黒崎迄之御供帰便ニ而相達
候事

一筆致啓達候、
担那様御事去ル廿一日其許
御発駕之末、最前御日積之通
御旅行、今廿四日木屋瀬御休後雨天相成、御道
中押々ニ而夕七時比、益御機嫌能、黒崎駅桜屋
藤四郎宅
御到着被遊候、依之明廿五日
御乗船、直ニ関渡被御乗通御積ニ御座候条、右
之趣
上々様可被御申上候

一　御供立之内御徒・御仲間其外、別紙名前之
者共御用無之ニ付、差返申候

右廉々為申越如斯御座候、恐惶謹言
十二月廿四日　峯弥次右衛門（印）
渡辺五郎右衛門
綽（花押）
田代大九郎様

追而、
東御内江御文一・箱物一・小倉飴五壷差越候
条、到着之上者可被差上候、以上
御供立之内差返候者共、左之通

御徒　北原重蔵
市田兵右衛門
御仲間　森永源蔵
宮田利助
御馬取　吉野十吉
次作
日雇小頭　甚七
良平
御荷物積物積込相済候
上者差返シ相成義ニ候
陸尺八人
番駕籠七人
蓑原夫三拾三人
右者何れも御当介御酒をも被相渡置候、以上
十二月廿四日
書上
御留主中為伺
御機嫌、両御内御舫、塩鮟鱇二十、御在所御家来中ゟ差上候由ニ而相達候ニ付、右品差上之、此段申上候、以上
十二月廿六日
同廿七日
一　越年飛脚返答、左ニ
御状致拝見候、渡辺五郎右衛門儀御上京御供被　仰付候ニ付、跡代菅右衛門殿被差越置候通、最前申上相成居候得共、其元御無人ニ付、私請持被仰付候ニ付而者役所差支可申ニ付、役内目附江口央助儀御留主中兼帯ニ而一准役所詰被仰付候、偖又御広間詰堤壮右衛門代、高浜貫一郎被仰付候由、其外委細御懸合之趣致承知候、右人々昨廿六日朝上着相成申候
一　向年始御奉行所御進達用御遣太刀之儀、被仰越候ニ付、精々遂採促候得共、近年切間之由ニ而漸古物一振手ニ入候ニ付、差越候条、右ニ而押々被相済度存候
一　大木藤十郎より寒中御伺之品御到来ニ付被

差越、慥ニ相達、
　御内差上申候
一　担那様御上京御発駕ニ付、
上々様江之御祝儀書上被差越、差上申候
一　御母堂様御用鮟鱇拾ツ、外ニ其許御家来中
ゟ御留主為伺
御機嫌両御内江被差上候同品弐拾ツ被差越い
つれも差上置申候
右御答為可申越如此御座候、恐惶謹言
　十二月廿七日　　田代大九郎
　　長渕菅右衛門様
　　深堀蔵人様
　　峯為之允様
追而、昨廿六日深海帰船便ニ而及御懸合候
担那様黒崎江御滞留被成候様、御進物方ゟ
被相達候書取致物落候ニ付、此節別紙写シ
差越
御状致拝見候、如例年御嘉例物別紙之通被差越
相達申候、不相替右之次第幾久敷目出度奉存
候、此段貴答如此御座候、恐惶謹言
　十二月廿七日　　田代大九郎
　　田代五八郎様
御状致拝見候、例年之通御嘉例物差越相成候ニ
付、宰領付ニシテ被差立候由、右飛脚昨廿六日朝
無別条相達申候、不相変右之次第幾久敷目出度
存候、此段為御答如此御座候、留ル
　十二月廿七日　　田代大九郎
　　長渕菅右衛門様
　　深堀蔵人様
　　峯為之允様
猶々塩鰯一苞充被差上候、是又遂披露申候、
以上
御状致拝見候、
上々様益御機嫌事（ママ克カ）被遊御座候、歳暮為御祝儀、
御紙面之趣遂御披露候処、御喜悦之御事ニ候、
此旨右可相達由御意ニ御座候、恐惶謹言
　十二月廿七日　　田代大九郎
　　深堀猪之助様

田代五八郎様
樋口作右衛門様
致追啓候、徒罪方呼出シニ而其元船津盗人三吉・同所官次郎納銀之儀、別紙書取を以被相達候条、早々御取立可被差越候、以上
十二月廿七日　田代大九郎
長渕菅右衛門様
其外様

深堀船津帳内盗人
三吉
正銀三拾九匁四分九厘
右者薬代其外
同九匁八分弐厘
右者新方惣願割合
〆　銀四拾九匁三分壱厘
右同所
官次郎
一　正銀拾匁四分弐厘
右者日々賃銭取引不足
〆
以手紙致啓達候、甚寒之節御座候処、――様弥御健達被成御座奉恐賀候、随而近来乍是式交肴一折進覧之仕候、聊寒中御伺申上候験迄ニ御座候間、御序之節宜御取成致御頼候、以上
十二月廿七日　渡辺五郎右衛門
田代大九郎
伊　外記様
中　数馬様
深　助右衛門様
坂　又右衛門様
御小性中様
各札
甚寒之節御座候処、弥御健達可被成御座奉敬賀候、随而近来乍是式交肴一折進覧之仕候、聊寒中御伺申上候験迄ニ御座候間、御笑留可被下候、以上
十二月廿七日

羽室雷助様
宮嶋寿平様
原口十蔵様
相良宗左衛門様
八戸彦兵衛様
藤瀬孫太郎様
副嶋左源太様
石井雄左衛門様
原五郎左衛門様
関判蔵様

渡辺五郎右衛門
田代大九郎

各札

甚寒之節ニ御座候処、弥御安康可被成御勤奉珍賀候、随而近来乍是式交肴一折進覧之仕候、聊寒中御見舞申述候印迄御座候条、御笑留可被下候、以上

十二月廿七日

南里与助様
田代判蔵様
清水良作様

渡辺五郎右衛門
田代大九郎

各札

一筆致啓達候、最前及御懸合置候御部屋御出生様、昨廿六日御七夜御手数被相整、御名於園様与御附被進候、依之跡方御比竟、園之御文字并唱とも相憚候様、爰元御家来中以下々々迄相達義ニ候間、右之趣御頭人可被相達候、此段為可申越如斯御座候、恐惶謹言

十二月廿七日　田代大九郎

長渕菅右衛門様
深堀蔵人様
峯為之允様

同廿八日

一　今夕方厘外船便を以、御在所江之懸合、左之通

一筆致啓達候、
担那様黒崎江御滞留被成候様、御進物方ゟ被相達候ニ付、樋口弥次兵衛を以申上越候次第及御

懸合候末、昨夜御進物方ゟ百武作右衛門殿呼返之飛脚罷帰り、作右衛門殿ニ者遄出船、跡打相成候得共、

担那様ニ者御間ニ合、其侭黒崎御滞留相成居候段承得候趣、今朝飯後、清水良作私小屋罷出申聞候ニ付、其侭陸飛脚を以及御懸合置候、然処、暮比御供ニ而罷越候日雇小頭并御馬取共罷帰候ニ付、調子合候処、矢張御日積之通、廿五日夕汐

御出船被遊候ニ付、右之者共ニ而同夜御跡江滞留、翌廿六日朝ゟ黒崎出立仕候得共、御立帰之御様子決而相心得不罷在旨申達、前断良作申聞候次第与不都合ニ付、早速増田忠八郎殿宅罷出相尋候処、作右衛門殿

担那様ニも御出船跡飛脚参着、空敷罷帰候由、然処、差急候侭間違之儀及御懸合、不行届之義ニ御座候、此段今又為御懸合厘外船便を以、如斯ニ御座候、恐惶謹言

十二月廿八日　　田代大九郎

長渕菅右衛門様

深堀蔵人様

峯為之丞様

追而、本文御供帰り之者共、弥次兵衛江廿六日昼四ツ時比直方ニ而行逢候処、

御出船之趣承知相成候ニ付、黒崎ゟ借船ニ而御追懸申上候間、其旨御屋敷相達候様、伝言有之候由、就而者

担那様ニ者昨夜者若松御泊船ニ而可有之、船頭共相談居候由、然者廿六日下ノ関御通船被遊候御事与被相考候得共者、格別不遠追附出来可申欤与夫而已申積居候、以上

同晦日

一　御城江歳暮御祝儀、朝五ツ半時比被相勤候、

名前左ニ

左馬助使者

相浦平八郎

左馬助妻使者
深堀禎太郎
左馬助母使者
江口小平太

甚寒之節御座候処、弥御壮健被成御座奉敬賀候、随而近来軽微之至ニ御座候得共、鰤一尾進覧之仕候、聊歳暮御祝儀申上候印迄ニ御座候間、御笑留可被下候、以上

十二月晦日

原五郎左衛門様　渡辺五郎右衛門
武富平兵衛様　田代大九郎

各札

一　深堀琢磨御旅中ゟ大早ニ而今夕七ツ半時比御屋敷参着有之、手覚左ニ

手覚

担那様御事、御用被為在候間、未御乗船相成居不申候半ハ重而御差図迄之処黒崎御滞留相成候様御進物方ゟ被相達候由ニ而、樋口弥次兵衛被相含越候次第、下ノ関湊ニ而致承知、依之其段申上、黒崎御引返シ被遊儀ニ候、就而者御進退何れ之通可被仰付哉、早速御進物方伺達出相成、御差図之旨被御含帰候様、貴様被相含越儀ニ候条、田代大九郎被相達其御取計可被成候、勿論御帰国相決候半ハ轟木駅迄ハ御供立駅継ニ而被相済義ニ付、同所ゟ之人数者蓑原村ゟ出夫相成候様、御手配之儀不能申越候、以上

十二月廿八日　峰弥次右衛門
渡辺五郎右衛門

深堀琢磨殿

一　右ニ付而者早速其筋伺出相成候半而不相成、何れ之都合所置取計可然哉、則大九郎義増田忠八郎殿宅被罷出、担那様思召之振合等差含、示談相成候処、事六ケ敷書立ニ相及間敷、一通さつと伺出相成候得者兎も角も御差図可相成候間、先以御城泊番へ者右之都合演達いたし置候様有之候ニ付、其通相運、左候而伺出之儀者明

元日

御城持出、猶演説を添、可相達なり

　附リ、前断ニ付、上総様江之御直書をも琢磨持参有之、直ニ御使を以被相達候

今般

御上京ニ付、御名儀御供被仰付、去ル廿一日発足罷在候処、御用被為

在候間、尚御差図迄黒崎滞留仕候様被相達候段、家来早打を以申越候処、湍黒崎出船跡ニ相成候得共、逆風ニ付、多分下ノ関辺滞船可罷在旨、同所ニ而承得候故、其侭船中追懸ケ下ノ関参着、前断御達之次第左馬助申達候処、京大坂辺不穏振合ニも相聞折柄、手廻而已ニ而行懸リ如何之至儀ニ可相移哉難計、自然御外響等引出候通ニ而者決而不相叶義ニ付、下ノ関相滞罷在候間、今一応御都合相伺、御差図之次第申来候様可仕旨、家来早打を以申越候ニ付、御差図可被成下候、此段御達仕候、以上

　十二月晦日　　御名内

渡辺五郎右衛門

増田忠八郎殿

其外

卯十二月晦日河内殿・御当役上総殿御一覧

為御上京向正月九日

御発駕可被遊旨被

仰出候

　付紙　御親類・同格・御家老中江も可被相達候

　御順達

河内様　大炊助様

若狭様　龍吉郎様

安芸様　備前様

与兵衛様　乾一郎様

伊豆様　鷹之助様

孫四郎様　御名様

大隅様　監物様

縫殿助様

一　御在所ゟ夜通飛脚夜五ツ時比相達ス

御状致拝見候、去ル廿五日御進物方ゟ則御用ニ
付、江口小平太被差出候処、増田忠八郎殿ゟ
担那様御道繰之儀被相尋候ニ付、御休泊之次第
被御申達置候由、然処又々同所ゟ今又御用ニ
付、樋口弥次兵衛被差出候処、京都表依都合御
用被為在候付、黒崎江御滞留相成候様被
仰付候間、早速飛脚差立可申越旨被相達、別紙
被相渡候由ニ而弥次兵衛被相含被差越、其外委
細之趣致承知候、此段御答為可申越如斯御座
候、恐惶謹言

十二月廿九日　峯為之允
真興（花押）
深堀蔵人
長渕菅右衛門
田代大九郎様

追而、御勝手方御遣料鰹節及払底ニ付、
急々差越候様致承知候、成丈急便仕向相成
候様其筋相達置候、左候而、御進物方ゟ被
相渡候別紙之儀、爰元江も写被差越置度存
候、以上

御状致拝見候、去ル廿五日河内様御家来被罷
出、江口小平太面談之処、スペンセール銃弐拾
挺彼御方御取入相成度処、右員数注文相成兼候
由、御臨時方ゟ被相達、然処
此御方ニも弐拾挺丈御取入可被成趣ニ付、被御
取束、都合四拾挺之高御注文相成度、御直約ニ
而西洋御注文之末、近来持渡、代銀之儀於長崎
御臨時方ゟ為替払相成、追々甲子丸御船ゟ其許
積廻相成候趣御座候由、就而ハ右之御都合御跡
仰付置相成居候哉、相尋候ニ付、いつれも相心
得不罷在段被相答候処、於然ハ京都御便之砌、
右之都合被仰上越被下度旨、申達引取候由御座
候間、何れ之通相運可然哉、右筒壱丁代金三拾
壱弐両ニも可有之哉ニ被相考候間、御所置之次
第急々可申越旨、委細之趣致承知候、御頭人相
達御吟味之処、一体ハ御上京方ニ付御物入有之
候故、右御筒御取入之儀御断相成居候得共、別
紙御懸合共ニ付而猶々不穏時節ニ付、弐拾挺丈

ハ御取入相成居候様、御吟味今又相軀候故、仰
付置之訳ニシテ弐拾挺丈御取入御取計可被成候、
尤御銀繰之儀於其許被出来兼候半ハ一刻も御申
越可被成候、此段御答旁如斯御座候、恐惶謹言
十二月廿九日　峯為之允
真興（花押）
深堀蔵人
長渕菅右衛門
田代大九郎様

一　請役所ゟ則刻御用呼出ニ付、高浜貫一郎を以
承候処、
担那様黒崎御出船之都合被相尋候ニ付、未タ早
打差立候家来も不罷帰、否不差分段、返答之
処、右相分候半ハ早速達出候様、羽室雷助殿ゟ
演達之由、引取被申達候事

一　大串春園・重松豊安向年始被渡
御目之儀、請役所ゟ触状を以被相達候、左之通、
左馬助様御家来
大串春園
重松豊安
右之人々年始ニ付正月九日被渡
御目儀ニ候条、
御城罷出、当番之御目附釣合申様可被相達候、
以上
卯十二月　宮嶋寿平
原口重蔵
羽室雷助
渡辺五郎右衛門様

一　横辺田代官役宅ゟ飯後御用ニ付、高浜貫一郎
を以て承候処、御私領中分過夫割合出銀之儀、
当節季ニ者是非相納候様、助役荒木権六殿ゟ演
達之由ニ候事

一　当歳暮向年始
上々様并御家門様方御扇子御取替ニ付、御目録
認、左之通
杉原折紙認
御扇子　一箱
右者

担那様
御上様
御母堂様
若担那様　御取替用
都合拾弐枚之事
杉原折紙認・溝口懸紙、上ニ目録与書載、歳暮年始
御扇子　一箱
右者河内様江従
御夫婦様被進候
右同断
御扇子　一箱
右ハ鷹之助様江従
担那様被進候
一
若狭様江者現御品御取替ニ付、手覚左之通
大半切認、歳暮年始
手覚
御扇子　一箱
若狭様江左馬助ゟ

御扇子　一箱
若狭様御夫婦様江幹ゟ
以上
一
担那様御上京御留主ニ付、御祝儀御使者并御上様　御母堂様ゟ之御祝儀御使者、左之人々被相勤、御帳場広木作太夫殿江被相達置候事
左馬助使者
相浦平八郎
左馬（ママ妻脱カ）助使者
深堀禎太郎
左馬助母使者
江口小平太
一
歳暮御式台御帳場被相立候事
一
詰中御祝儀御帳ニ而両御内申上候事
一
備中守様偖又各様方江御祝儀御使被差出候事
一
河内様・鷹之助様江御目録被差進候事
附り御向方ゟも同様御到来之事
一
若狭様へ御扇子手覚之通被差進候事
附り御向方ゟも御同様御到来之事

覚

正銀六拾八貫目慥ニ請取拝借仕候、但
御名様上京ニ付仕廻方用、依于願、月五朱御益
付ニシテ御取納被仰付旨ニ付、来ル辰十二月限無
疎返納可相整候、尤為引当私領蓑原村・駅ケ里
村江相続米之内白米弐百五拾石蔵納相整置候
条、自然返納遅滞之儀も御座候節者其筋御手当
御取納可被仰付候、右者格別之返上筋ニ付、聊
疎之儀無御座候、依而証文如件

御名内

慶応三年　山田又蔵
卯十二月　初川忠之助
田代大九郎
渡辺五郎右衛門

片岡利左衛門殿
大江一次殿

校注（数字はページ数）

534上 鱲子　カラスミ。ボラの卵巣を塩漬けにした後、干し固めた食品。長崎特産。

534下 刻多葉粉　食品が並ぶ中に刻多葉粉がリストアップされるのはやや不審ではあるが、原文の文字は刻多葉粉と解読される。

534下 具路母　黒藻か。海藻。食用とする。

536上 御頭人　深堀鍋島家の家老三人を指す。交代で政務に当たった。通常は在所の深堀にいるが、四日の記事には左馬助上京準備のため上佐していた田代五八郎が四日昼汐で深堀に戻ったことがみえる。

537上 一准　当分。一応。

538下 神以　しんもって。実に。まことに。

538下 尖二　先に。早々に。早速に。

539上 自紋　深堀鍋島の家紋は鍔に小槌。藩主鍋島家は杏葉紋。

540下 泡玉様　茂辰女・菊千代。早世。天保三年五月二三日生。同六年一一月四日没。法名泡玉院妙照童女。葬妙玉寺（以上長崎市深堀町樋口家所蔵文書）。この日は三三回忌にあたる。

541上 外レ分　分外を書き誤ったためレ点を付けたもの。

544上 京大坂間　京都と大坂のいずれか。間は二つ以上のうちの範囲を表す。～のうち。～の中で。

545上 木屋之瀬　長崎街道の宿駅。前年の長州征討に際し左馬助は筑前木屋瀬まで出陣した。

546上 同八日　原文この日、日付のみ。記事なし。

547下 上様　佐賀藩主鍋島直大。翌年正月から三月までの京都詰警衛を命じられた。一六日条参照。

548下 祥雲院様　諫早一〇代邑主茂成の室美濃（小城藩主直員女）。明和五年一二月没。

549上 天祐寺　諫早市にある曹洞宗寺院。諫早家の菩提寺。

549上 大興寺　佐賀市にある黄檗宗寺院。諫早家の佐賀における菩提寺。

549下 大隈八太郎　大隈重信。佐賀藩士。物成一二〇石。

550下 恐伏　不詳。恐縮などの意か。

552上 小倉野　和菓子の一種。求肥を小豆の漉餡で包み周囲に大納言小豆の蜜煮をはめ込んだもの。ただしここでは小豆を指すか。

552上 弘道館　佐賀藩藩校。天明元年開設。

552下 米倉重兵衛　佐賀藩士。切米二〇石。

557下　諭　諭字、原文は言偏に愈。
558下　古賀卯蔵　佐賀藩士。切米二〇石。
558下　中溝忠次郎　佐賀藩手明鑓。切米一一石。
559上　懸硯方　佐賀藩の御側役所。藩主手許金を管理。
559下　月五朱御益付　月利0・5％の利息を付けての意カ。
567上　加賀権作　佐賀藩士。切米五五石。大坂詰。
567下　黒崎　長崎街道の宿駅。北九州市八幡区。下関への渡海港口。安政七年に桜屋など二一軒の旅宿があった。
570上　三江津　三重津。佐賀郡三重村。早津江川に面する三重津には佐賀藩船手稽古所があり慶応年間には海軍基地として電流丸・甲子丸・晨風丸などが運航していた。
571上　(印)　印文は驍。五八郎の諱は賢驍。
573下　百武作右衛門　佐賀藩士。実名兼貞。物成八二石。京都留守居。
577上　多良越　長崎街道多良道は諫早～湯江～多良から多良岳矢答峠を越えて浜宿（鹿島市）に続く。
577下　伊東殿　伊東外記。既出。
578上　幸天社　深堀の鎮守社。現在の深堀神社。このころ現深堀小学校の地にあった。
578上　同十九日　この日以降干支と天候の記述がない場合がある。
578下　桜屋東四郎　筑前黒崎宿の旅籠屋。文化五年頃の創業といわれ、鹿児島藩・熊本藩・佐賀藩の御用達定宿。北九州市立八幡西図書館に桜屋の広間が復元されている。
578下　鍋嶋孫六郎　左馬助は十二月二日改名願を提出。孫六郎を名乗る。
580下　関之戸　不詳。下関か。
581上　残シ　残字、原文は歹。偏のみで旁の戔を略している。
581上　陰勤　かげつとめと訓むか。五郎右衛門の印形を残置しておき、その印形を用いて大九郎が代理として執務するという意味であろう。
581上　部込　はまりこみ。部は、はまると訓み、励む、没頭するの意。佐賀方言。
581下　異宗門惣改心之儀　弥次右衛門は一〇月二二日長崎出張中の伊東外記とキリシタン取締りについて相談したことが伊東の日記にみえる（『幕末伊東次兵衛出張日記』佐賀県近世史料第五編第一巻九五〇頁）。
584下　鍋嶋隼人　佐賀藩士。実名忠房。物成三七〇石。着座家。

584下　**小城御隠居左兵衛佐様**　小城藩九代鍋島直堯。

585上　**たいらき**　タイラギ。たいら貝。貝柱などを食する。有明海に産出。

585上　**佐々木宇右衛門**　佐賀藩士。物成一〇〇石。左馬助組。

585上　**田中雄八**　佐賀藩手明鑓。切米一五石。

585下　**諸岡作太夫**　佐賀藩士。物成一二五石。

585下　**高楊市兵衛**　佐賀藩士。扶持米三四石二斗。

586下　**佐野又四郎**　佐賀藩士。物成一八七石五斗。茂辰四女益千代の夫。

586下　**納富春碩**　佐賀藩一代医師。外科。扶持米一二石六斗。

592下　**慶長町構口**　佐賀城下の東の入口、長崎街道が通る。構口番所があり通行を取り締まった。現佐賀市東佐賀町。

593下　**御奉行所**　長崎奉行所。

597下　**ころふく**　呉絽幅連。近世に舶来のごつごつした毛織物。帯地や合羽地などに用いた。

598上　**川原弥右衛門**　佐賀藩手明鑓。切米七石。

598上　**鵜野善兵衛**　宇野善兵衛。佐賀藩手明鑓。切米一〇石。

598上　**太田儀八**　佐賀藩手明鑓。切米九石。

600下　**遣太刀**　祝儀の礼物として他人に贈る進献用の太刀。実用にはならない。

602下　**土州御隠居容堂侯**　土佐藩前藩主山内豊信。号容堂。

602下　**御上様**　孫六郎妻富喜を指す。おかみさまと訓むカ。

603上　**差俄ノ関**　佐賀関。熊本藩飛び地の鶴崎港がある。

603下　**スヘンセール銃**　スペンサー銃。米国で発明された元込式七連発銃。我国では当時の最新鋭銃、佐賀藩は戊辰戦争で活用した。

603下　**御臨時方**　藩の臨時出費の財源を確保するため設置された役所。冥加銀などの収入を管理した。なお、この時期には軍艦や銃砲の購入も取り扱った（木原溥幸『幕末佐賀藩の財政史研究』三七八頁）。

603下　**甲子丸**　佐賀藩の軍艦。イギリス製の蒸気船。元治元年受取。

604上　**相達候付状左之通**　この条りは次の一ツ書きの後にある「御供立之内差返候者共左之通」に続く。

604下　**関渡**　不詳。一九日条に見える関ノ戸に同じか。

606下　**御機嫌事**　事字、原文は異体字の叓。克の誤記と思われる。御機嫌克ごきげんよく。

607上　船津　深堀の小字。現三丁目。

608下　於園様　孫六郎娘。産母美那。廿二日条参照。のち家老深堀猪之助の養女となるも早世。深堀金谷山菩提寺の深堀猪之助家墓域に「深堀曾能稚女之墓　鍋島氏之四女　慶応三丁卯年十二月廿日出生　明治九丙子年十一月五日卒」と刻する神葬式墓石がある（中村美智子氏調査）。

609下　直方　長崎街道木屋瀬宿と飯塚宿の間の宿駅。現直方市。

609下　若松　筑前国遠賀郡のうち。黒崎浦から海上一里。現北九州市若松区。

609下　晦日　慶応三年一二月は大の月であるから晦日は三〇日。したがって二九日の記事を欠く。

611上　左馬助　茂精は上京に際し孫六郎と改名したはずであるが、依然旧称を用いている。

あとがき

わが郷土・深堀の歴史の勉強を始めたのは平成二年ころであった。銀行勤務のかたわら行った十年にわたるその成果を報告した『肥前国深堀の歴史』は、引用文献と史料の切り貼りのような作物ではあったが、思いがけずたくさんの方々に読んでいただき、新装版として版を重ねることとなった。それまで深堀の歴史を一書にまとめたものが他になかったせいであろう。

その後も勉強は続けている。史料となる古文書翻刻も続けたが、これを紡いで報告するには至らない。歴史研究の専門的訓練を受けていないわたくしには力にあまる。しかし翻刻した史料を提示し事例を紹介する程度なら素人にもできるのではないか。敢て本書を上梓する所以である。読んだ史料のうち最も量的なまとまりがある「深堀日記」を選んだため、はからずも大部なものとなってしまった。本書により、幕末の二年間（十一カ月）における深堀の状況を切り取ることができるのではなかろうか。佐賀藩の中でも特異な存在である深堀の歴史が解明されれば、佐賀藩史研究の隙間を埋めることに繋がるのではないかと密かに期待する。

郷土の先人の営為を知り歴史に学ぶことは多い。そしてこの豊かな歴史を有する郷土深堀の歴史を、深堀に住む子どもたちが誇りをもって語るようになることを切に願う。

郷土深堀の歴史に興味関心を寄せる方にとって本書がなにがしかお役に立つなら、まことに嬉しい。深堀の方なら、あるいは先祖の名前を見出すかもしれない。

ひとりで史料を読み始めてから随分年月がかかってしまった。この間、崩し字の解読には大勢の方々にご教示をいただいた。神戸新聞カルチュアセンター古文書教室・野田泰三先生、教室のお仲間のみなさん、鍋島報效会徴古館の藤口悦子さん、永松亨さん、神戸大学経済経営研究所・高槻泰郎先生、先生が主宰する六史会のみなさん、などである。さらに註を付す過程でもたくさんの方にお尋ねし教えていただいた。また、出版許可や史料原本の閲覧など、公益財団法人鍋島報效会と佐賀県立図書館資料課には何度もたいへんお世話になった。

長崎文献社の堀憲昭編集長にもいろいろとご厄介をかけた。

すべての皆さんに深く感謝申し上げる。

平成三十年一月

平　幸治

資料

深堀氏略系図

深堀仲光―能仲―行光―時光―時仲―時通―時明―時清―時豊―時遠―時澄―時兼―貴時―忠時―善時―英巴尼＝純賢＊

深堀鍋島氏略系図

＊純賢＝①茂賢―②茂里
- 茂知
- ③茂春
  - 茂明
  - ④茂久―⑤茂厚―⑥茂陳―⑦茂雅―⑧茂矩―⑨茂辰―茂勲―⑩茂精―茂麟―茂明―（以下略）

深堀鍋島家系図（茂辰子女）

茂辰

- 女子（勅のち絢　白石鍋島直喬へ嫁す）
- 茂勲（官吉郎　権五郎　七左衛門　父に先立って死し家督継がず）
- 政矩（慶吉郎　村田政恒へ養子）
- 孝祖（袈裟八郎　勘解由　石井孝寛へ養子）
- 種賛（順吉郎　原田種彬へ養子）
- 女子（悦、猶、清　深堀八左衛門へ嫁す）
- 貫房（雄三郎　藤山貫貞へ養子）
- 女子（泰　岡部十郎左衛門に嫁す。のち石川市十郎へ再縁）
- 男子（熊一郎　早世　花落院）
- 男子（安蔵　早世）
- 男子（虎三郎　石隈五郎左衛門へ養子）
- 女子（於留　早世　梅性院）
- 女子（菊千代　早世　泡玉院）
- 幸熙（鹿之介　三左衛門　綾部一郎左衛門へ養子）
- 女子（於橘　鍋島達之助へ嫁す）
- 女子（益千代　佐野又四郎へ嫁す）

深堀鍋島家系図（茂精子女）

茂精
- 茂麟（麟吉郎　安政五年生）
- 女子（熊千代）
- 女子（千代　城島忠八郎に嫁す）
- 男子（袈裟次郎）
- 女子（綱　堤春村へ養女）
- 女子（縫　高木菊次郎に嫁す）
- 女子（園　慶応三年生　深堀猪之助へ養女　早世）
- 男子（平三郎）
- 男子（己巳五郎　明治二年生　深堀守人跡を相続）
- 女子（鶴）
- 男子（虎雄　明治一四年生　深堀平蔵跡を相続）
- 女子（秀　明治一七年生　荒木家に嫁す）

主として『佐嘉御系図』（鍋島家文庫）による

縁戚関係図

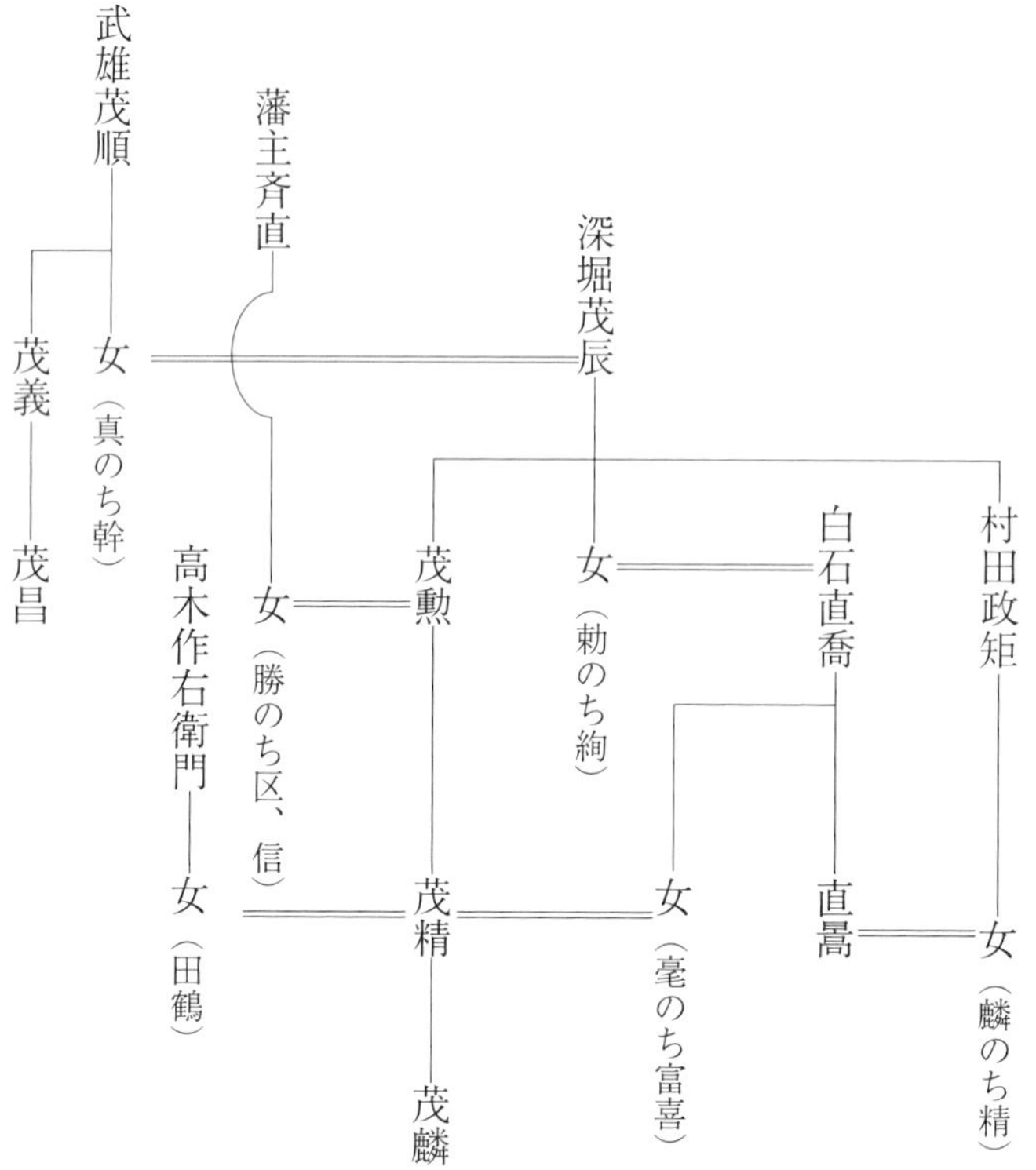

村田政矩
女（麟のち精）
白石直喬
直暠
女（毫のち富喜）
深堀茂辰
女（勅のち絢）
茂勲
茂精
茂麟
藩主斉直
女（勝のち区、信）
高木作右衛門
女（田鶴）
武雄茂順
女（真のち幹）
茂義
茂昌

「深堀日記」に見える深堀鍋島家臣人名一覧

あ		
相浦三兵衛	御手当被免	作右衛門一類
相浦平八郎		三兵衛伜
荒木文八郎	御側	
荒木丈之允	五八郎組・白帆方番船方	田代市蔵一類
荒木儀一	御徒	
い		
市田兵右衛門	御徒	
伊東五兵衛	猪之助組・白帆方番船方	
石丸熊吉	中小姓	
石田吉兵衛	御徒	
今村官右衛門	御歩行	
う		
宇都宮右太夫	中小姓	
梅原奥右衛門	御徒・深堀理右衛門組	
浦川長済	医師・猪之助組	
浦川長安		長済伜
え		
江口小平太		
江口津右衛門	猪之助組	
江口十兵衛	五八郎組・当役附御祐筆	
江口健吾		十兵衛四男
江口尉九	御側	
江口藤右衛門		
江口央助	役内目附	
江口十作		央助二男
江口久兵衛		
江口松兵衛	御徒	
江嶋利平	御徒	
江副豹七郎	若担那様御側	
江頭喜兵衛	御徒	
お		
小川末吉	深堀理右衛門組	
小川作助		末吉弟梅原家を継ぐ
小川文栄	中小姓扱	
小川右源太	帳究方	
小川貞哉		寿助養弟
大久保大助		
大塚慶太		
大塚八十右衛門		
緒方治作	作右衛門組	収蔵養父
緒方収蔵		江口十兵衛二男
緒方弥七	銀方下役	
大串春嶺	医師	
大串春円	医師	春嶺親
大庭庄太夫		
か		
川副勢兵衛		
川副寿一郎		
川原龍右衛門		
川原泰三		龍右衛門弟
川浪平蔵	御西御鎖口番	

か	香月春陽	医師	
き	北原重蔵	御徒	
	木下新右衛門		重松権七一類
	木下勘助		
	喜多忠一郎		
く	熊常右衛門	中小姓・五八郎組・郷津方手許	
	熊沢太	手許目附	常右衛門伜
	久米恒三		
こ	古賀松一郎	御側	
	古賀八三郎		松一郎弟
	小西亀一郎		
	小西郡兵衛	白帆方番船方	
	小西才三郎		深堀琢磨弟
	小西三郎		
	香田久米蔵	中小姓	
さ	相良茂三郎		
	相良三郎兵衛		
	坂井松次郎	足軽	
し	重松権七	猪之助組	
	重松豊安	医師	
	重松玄雄	医師	峯羽右衛門は母方叔父
	篠原久太夫	長崎屋敷屋代	
	志波原八太夫	五八郎組	
	城島七右衛門	白帆方番船方	
す	末次秀太郎		
	杉町吉蔵		
そ	副嶋大七	役内目附	
た	田代五八郎	御頭人（政雑当役）	
	田代文右衛門		
	平納右衛門	御料理方	
	平真作	御徒	
	平二右衛門	御臨時方	
	平七之丞	郷津方手許	
	高森五平		
	高浜貫一郎	学館指南役	
	高浜助右衛門	御仕組方元〆方	
	高浜伝之助		
	高比良可右衛門		
	高比良万助	御徒	
	高比良善十		
	田口亥助	若担那様御側	
	多々良源内	御徒・御膳方	
	多々良平太夫	猪之助組・政務相談人	喜多忠一郎一類
	多々良鉄之助	猪之助組	平太夫二男
	多々良良太郎		
	田代同助	五八郎組	
	田代幸之助		

た

田代平一郎
田代市蔵　原田大右衛門随従　庄蔵倅
田代観吾　脇津詰役格
田代大九郎　御蔵方相談人格
田代亥六　　大九郎倅
田代右源次　五八郎組・白帆方番船方
田代安太夫　　右源次倅
田代文平
田代伝右衛門　御境方御武具方御記録方
立川悦之助
立川作一郎　　悦之助倅
館宗一　御行列方下役
館米作　深海足軽
田嶋卯兵衛
田中三郎助
田中良助　御仲間
田中市兵衛
田中大助　別当

つ

堤壮右衛門　御広間番諸役所聞次
堤兵力（六）　　壮右衛門弟
堤甚吾

て

寺崎大助　作右衛門組　一太倅

と

鳥巣良作　中小姓
鳥巣熊之助　中小姓
鳥巣市之助
徳久良蔵　御仲間

な

長渕慶右衛門
長渕萱右衛門
長渕浅右衛門　帳究方
長渕武太郎
長渕猪右衛門
永石権作　御祐筆御文書方
永石半太夫
永石力太郎　　半太夫倅
中尾卯兵衛　御徒・御西御鎖口番　熊常右衛門実子
中尾利三郎　御徒
中尾広吉　中小姓・猪之助組
中原要右衛門
中西吉兵衛

に

西久保津右衛門
西久保伴右衛門
西久保平九郎
西久保忠太郎　中小姓
西久保秀作　　忠太郎弟
西久保官三
西九兵衛

の

野母新右衛門　御徒・堤壮右衛門組
野母観之允　御仕組方下役　新右衛門倅

の	野中喜代作		
は	原定一郎		
	原岡善次		
	原田伝作		
	初川右之助	猪之助組	
	初川忠之助	銀方	田代市蔵一類
ひ	樋口作右衛門	御頭人	
	樋口貞一		
	樋口弥次兵衛	御祐筆御文書方	
	樋口慶之允	御境方御武具方御記録方・猪之助組	
	平川儀哉		
	平川大助		
	平戸弾之丞		
ふ	深堀猪之助	御頭人	
	深堀助太夫	御火術方専業	
	深堀琢磨	御側弁諸役所聞次	
	深堀次郎右衛門		琢磨親
	深堀蔵人	政務相談人	
	深堀謙九郎	（蔵人の前名カ）	
	深堀理右衛門	文武寮鑑	
	深堀禎太郎		
	深町元道	医師	
	深町元仙		
	深町元亨		元仙二男
	深町春栄		
	深町太平太	役内目附	
	深町又右衛門	作右衛門組	
	深町運八		又右衛門倅
	深町与三		
	深町岩助		
	深町兵蔵		
	深水源八	深海御仲間	
	深水弥八	御仲間	
	福嶋貞一郎	作右衛門組	
	福嶋徳兵衛		
	福地錬八	学館指南役	
	藤山清太夫	御仲間	
ま	牧口剛平	猪之助組	
	牧口常一郎		剛平倅
	松尾伝蔵	御仲間	
	松永十右衛門	元〆方	永蟄居差免
	松本喜四郎	作右衛門召使	
	松田匡蔵		
	馬渡大蔵	御西御内御小姓	
	馬渡清助	御仲間	
	馬渡藤兵衛		
み	峯小五郎		

み
峯五平太
峯五太夫　深海在役
峯伝太夫　御東御内御小姓
峯小助　　伝太夫二男
峯作之丞　御山方
峯為之允　政務相談人
峯羽右衛門　　為之允親
峯弥次右衛門　政務相談人
峯理（利）兵衛　御遣夫方
峯嘉次郎　御広間台子番
峯嘉六
水町儀七　御仲間
水田清太夫　五八郎組
水田又五郎　　多々良平太夫四男
宮田利助　御仲間
宮田良右衛門　御徒
宮崎芳兵衛
皆良田太蔵　中小姓・猪之助組・深海代官手許
皆良田勝一　中小姓　太蔵倅
む
村井久米助　中小姓・作右衛門組
村井利七　　久米助倅
向井喜助　御境方御武具方御記録方
向井寿兵衛　白帆方番船方

も
森頼助　手許目附
森孫右衛門　白帆方番船方
森永源蔵　御仲間
や
山本嘉平太　御火術方専業
山本和忍右衛門　雑務相談人格
山辺権蔵　中小姓・五八郎組
山辺熊吉郎　　権蔵倅
山口卯兵衛
山口弥平次　当役附御祐筆
山口嘉藤次　中小姓・猪之助組
山口直吉　　嘉藤次倅
山口権作　中小姓・手許目附　喜多忠一郎一類
山口理四郎　　亀三郎倅
山田又蔵　役内目附
山田五兵衛　御仲間
よ
横尾柳碩　医師
横尾道碩　医師
吉田捲蔵
わ
渡辺五郎右衛門　御用人御目附　峯羽右衛門従弟

◆編者プロフィール（略歴）

平 幸治（たいら こうじ）

昭和19年（1944）深堀（長崎市）に生まれる。深堀小学校卒業まで同地にて生育。

昭和43年（1968）九州大学法学部を卒業。同年神戸銀行（現三井住友銀行）入行。

銀行勤務のかたわら郷土深堀の歴史を勉強、退職後も続け、現在に至る。

著書『肥前国深堀の歴史』（2002　新装版2014）

659-0024　兵庫県芦屋市南宮町18-18-417
（帰省先851-0301　長崎市深堀町六丁目202）

史料翻刻　**佐賀藩深堀日記**

発行日	初版　2018年2月1日
編者（翻刻）	平 幸治（たいら こうじ）
発行人	片山 仁志
編集人	堀 憲昭
発行所	株式会社 長崎文献社 〒850-0057 長崎市大黒町3-1　長崎交通産業ビル５階 TEL. 095-823-5247　FAX. 095-823-5252 ホームページ http://www.e-bunken.com
印刷所	モリモト印刷株式会社

ISBN 978-4-88851-286-2 C0021